广东技术师范学院资助出版

广东省人文社会科学重点研究基地广东技术师范学院民族研究所资助出版

赵炳林 ◎ 著

东北地区古代民族政权研究

DONGBEI DIQU GUDAI MINZU ZHENGQUAN YAN

暨南大学出版社
JINAN UNIVERSITY PRESS

中国·广州

图书在版编目（CIP）数据

东北地区古代民族政权研究／赵炳林著．—广州：暨南大学出版社，2013.12

ISBN 978－7－5668－0805－9

Ⅰ.①东…　Ⅱ.①赵…　Ⅲ.①古代民族—政权—史料—研究—东北地区
Ⅳ.①K280.3

中国版本图书馆 CIP 数据核字（2013）第 240911 号

出版发行：暨南大学出版社

地　址：中国广州暨南大学
电　话：总编室（8620）85221601
营销部（8620）85225284　85228291　85228292（邮购）
传　真：（8620）85221583（办公室）　85223774（营销部）
邮　编：510630
网　址：http：//www.jnupress.com　http：//press.jnu.edu.cn

排　版：广州市铧建商务服务有限公司
印　刷：广州市怡升印务有限公司

开　本：787mm×960mm　1/16
印　张：17.25
字　数：300 千
版　次：2013 年 12 月第 1 版
印　次：2013 年 12 月第 1 次

定　价：36.00 元

（暨大版图书如有印装质量问题，请与出版社总编室联系调换）

前言

东北民族政权是指历史上曾经存在于中国东北地区的政权，包括箕氏、卫氏、高句丽和震国等四大政权。另外，还有一个被朝韩学术界认为是真实存在，但实为神话传说的桓檀政权。

笔者试图在前人研究的基础上，充分利用古代资料，对相关问题进行再探讨，以期最大程度地还原历史的真面目。本书分五个部分展开。第一部分是关于桓檀政权的讨论。桓檀政权是朝鲜传说中的一个政权，其面世的时间相当于中国元朝时期。当时，朝鲜正遭受元朝的威胁，面临国破危险。作为最早记述桓檀神话的史书《桓檀古纪》，其实是相当于中国元朝时期的高丽人所写的东西，且由众人作品拼凑而成，并不是成于远古的古籍。所以，桓檀政权是处于民族危机中的高丽人为了唤醒民族自觉而编造的建国神话。

第二部分是讨论箕氏朝鲜。箕子是商末遗民，在周武王灭商后，东走古朝鲜之地，建立政权。该部分对箕子去周、来周时间，周武王会见箕子的地点，箕子与周朝的关系，箕子朝鲜的疆域范围，箕子政权的存续时间等问题进行了探讨。笔者认为箕子东走的时间为周武王十一年，来周时间为周武王十三年，即周灭商后的第二年。周武王见箕子于管地，而非成周。对于箕子朝鲜对周朝的态度是臣，还是不臣，是接受了周朝的分封，还是拒绝了周朝的分封，笔者认为，“封而不受”可能最接近历史的实际。箕子朝鲜建国的时间不早于周灭商的那年，即周武王十一年（前1052），灭亡时间为汉高祖十三年（前 194），前后存续 857 年。箕子朝鲜的东部包括现在的俄罗斯滨海地区、朝鲜的两江道、咸镜南北道、江原道和中国吉林的延吉地区，西部包括平安南道、黄海南北道的北部地区，东西到海，南与辰国相接。

第三部分主要讨论卫氏朝鲜。卫氏朝鲜是燕人卫满在朝鲜半岛建立的政权。该部分对卫满的族属，卫氏朝鲜灭亡的时间、疆域，卫氏朝鲜与西汉王朝的关系等问题进行了探讨。笔者认为卫氏朝鲜的建立者卫满是汉人血统，而非秽貊人。卫满建立政权的时间应在孝惠、高后之间的某一年。其疆域在半岛西部，大概以灭恶山脉为界，往东到江原道的箕山里，然后越过马息岭，最后往东至海。这是其南界。其北界为浿水之南，并狼林山脉分水岭以东之地一线。关于卫氏朝鲜和西汉的关系，不能断然否认其对西汉政权的归属，但也不能过分拔高二者的关系。两国的关系是中央和地方的关系，两国间的战争是分裂和反分裂的战争。

第四部分主要讨论高句丽。高句丽是源出于夫余的朱蒙建立的政权。该部分的探讨主要集中在高句丽的得名、族源、民族构成、灭亡后的人口去向、领土取向、疆域变迁、高句丽在东亚国际关系中的地位及中外史书对高句丽政权归属问题的记载等方面。本书认为，“句骊”之名是朱蒙南下后，用自己的族名取代原名“夫余”后的称呼，虽然字型有变，但基本上保留了原来槁离、高离、高夷的读音，然后在其前加一个“高”字，形成了高句丽的族名和国家名称。貊族是高句丽的主体民族，也是高句丽的唯一族源。作为一个民族的共同体，高句丽主要包括句骊、貊、秽、夫余、沸流、沃沮、荇、古朝鲜、汉、百济、新罗、契丹、突厥、肃慎、倭等族。高句丽在总章元年（688）被唐朝灭亡后，其人口流向了唐朝、新罗、突厥、契丹、日本等国，还有一部分在战后被唐朝和新罗军队杀掉。其领土也被新罗、唐朝、震国等国家所瓜分。高句丽的疆域有一个不断变迁的过程，总体来说，西部到了辽河，甚至辽河以西的地区，向东达于大海，向北到了今东流松花江地区，向南到了汉江，甚至更南的庆尚南道地区。高句丽建立后，为了能够在东北亚的国际秩序中占据一席之地，纵横捭阖，或吞并，或蚕食，或斗争，或称臣，使其在复杂的国际关系中存续了七百余年。对于高句丽政权的归属问题，中朝史书多有记载。总体来说，可以以《晋书》为界，分为两个时期。之前，中原王朝主要还是把高句丽作为境内少数民族政权来看待；之后，开始把它和百济、新罗、倭等国相提并论；从新旧《五代史》开始，明确把高句丽作为《外国传》和《四夷传》中的域外政权来看待了。这个变化过程反映了高句丽从中国地方政权向独立的域外政权发展的轨迹，也反映了中国历代王朝和高句丽政权的斗争过程。

第五部分主要讨论震国。震国是大祚荣背唐建立的政权。这一部分主要对民族学术语“别种”的概念界定，震国的族称、国号，震国的归属问题，震国的疆域，震国灭亡后的领土去向、人口去向及震国的外交关系等问题进行了探讨。笔者认为，“别种”一词有“分出去的种”和“不同的种”两种含义。勿吉、靺鞨和靺羯三者之间不存在前后相继的关系，“靺鞨”是族称，而非国号；“震国”是国号，而非俗称；“渤海”是族称，而非国号。渤海非高句丽种，大祚荣是粟末靺鞨人。震国经过大祚荣时期的奠基、大武艺的“斥大土宇”、大仁秀的“颇能讨伐海北诸部”，到大玄锡时，终于成为“海东盛国”。震国被辽朝灭亡后，其领土被辽朝、女真、高丽所据，还有一些被境内的割据者所占。人口主要流向辽朝，还有部分流向高丽。为了获得生存和发展，震国对突厥先傍结后背离，对新罗先事后侵，对唐朝貌恭而心不恪，对日本既事大，又抗争。这些都反映了震国事大政策的实质，即功利性、脆弱性、多向度性和表里不一性。

目　录

绪 论

选题缘由及其意义

选题缘由

东北民族政权研究是当下中外学术界，尤其是东北亚各国十分关注的论题，因而是一个热点问题。从历史上看，东北诸民族政权的归属问题似乎很明确，争论也不大。就连高丽的历史学家金富轼也认为箕氏朝鲜和卫氏朝鲜是归属于中国的地方政权，他说："海东有国家久矣，自箕子受封于周室，卫满僭号于汉初。"① 但是近年来，由于各种复杂的原因，中外学术界开始在其历史认同、政权归属、领土范围等方面出现了严重分歧。生长于西北的笔者向来比较关注边疆问题，对边疆地区的国际关系甚感兴趣。东北地区是中国领土不可分割的重要组成部分，但笔者对之了解甚少，总感觉是一种缺憾。而且，在硕士阶段，笔者主要研究西北史。在此过程中，笔者发现自己的知识缺乏系统性，对北方各民族之间内在联系的了解很模糊，所以想拓宽民族史的研究范围。这是笔者将此论题作为博士论文选题的主观原因。还有一个偶然因素使我选择以此作为博士论文的选题，那就是韩国国际交流财团在南京大学资助进行有关韩国史的相关研究。导师李昌宪教授和南京大学韩国研究所所长刘迎胜教授也同意笔者以此作为博士论文的选题。就这样，笔者从西北史研究转到东北史研究上来了。这个选择对我来说是一件非常痛苦的事情。因为要研究一个地方的历史，首先要对那里的地形地貌、风土人情有一个大致了解，而东北史对我来说是一个完全陌生的领域。为了把这个"烫手山芋"做好，我花了大量的时间去了解那里的风土人物和相关研究成果。在广泛而深入地熟悉相关史料和学术界研究状况之后，笔者决定，在前人研究的基础上，就东北民族政权继续进行探讨，以期得出比较公允的结论。

---

① ［朝］金富轼著，孙文范等校注：《三国史记》卷 29，《年表上》，长春：吉林文史出版社 2003 年版，第 335 页。

目前中外学术界对东北民族政权归属的研究，其观点从大的方面来说，主要有两种。韩国、朝鲜、日本等国的部分学者为一派，他们中的大多数认为檀君是朝鲜民族的始祖，檀君朝鲜是存在的；卫氏朝鲜的建立者卫满不是汉人，而是朝鲜民族系统的人；高句丽、震国（多数学者称为渤海国）是独立于中国历代王朝之外的政权；震国是高句丽的继承国，其建立者大祚荣是高句丽人；震国和新罗为朝鲜的北朝和南朝；王氏高丽是高句丽的继承国。而大多数中国学者则认为檀君是神话传说中的人物，檀君朝鲜也是虚构的历史神话，不是信史；卫氏朝鲜是燕人卫满建立的政权，在政权上归属于汉朝；高句丽和渤海国都是由中国人建立的地方少数民族政权；高句丽和王氏高丽在民族成分等方面是不同的，不能算作是继承关系；作为一个民族共同体，高句丽在灭亡后，就从历史上消失了；震国的建立者大祚荣是粟末靺鞨人，而不是高句丽人。到底孰对孰错？由于资料的限制和对概念理解的不同，这两种观点在很多方面都没有达成共识，基本上是各持己见，所以这个领域还有继续拓展和研究的空间。这也是我选择这个选题的重要原因。

选题意义

东北地区是中国的边疆地区，和朝鲜、俄罗斯相邻，与日本隔海相望，也与朝鲜半岛南部的韩国距离很近，而这些相邻近的国家也都是东北亚的重要国家。这是它们之间的地缘关系。在历史上，这一地区因政权嬗替、领土变迁、人口迁移、战争等原因，存在着纠缠不清的历史情结和民族问题。也因地缘、血缘、民族、历史等因素的存在，使相关研究非常复杂和棘手。

在这种情况下，就东北民族政权进行研究，不但对学术发展有好处，而且对弥合各方分歧大有裨益。但现实情况是，中外在东北民族政权归属问题上的分歧不但没有缩小，反而扩大了。如果任凭这种情势发展下去，无疑会由学术分歧上升到外交纠纷和国家矛盾。对此，我们应该有比较清醒的认识。

之所以出现这些现象，原因是多方面的，也是非常复杂的。最关键的一点是，学术界在这方面的研究受政治的影响比较大，甚至可以说，政治在某种程度上造成了中外学术界在这方面的分歧。笔者认为，研究政权问题，应该坚持实事求是的态度，历史的眼光和宽容大度的心态，而不应该站在现在的角度去人为规定古代的事情。今天的中朝疆域是在长期的历史过程中形成的，而不是在古朝鲜、高句丽、震国时期就已经定型了的。（即使这些政权的疆域也有一个变迁沿革的过程，为什么非要抓住不放呢?）如果任何一个国家都用最古时期或历史上某一时段的疆域作为标准而提出领土问题的话，那只会徒增混乱和矛盾，而不会有利于事情本身的解决和国际关系的稳定。

所以，对历史上曾经存在的东北诸民族政权进行研究，不但具有重大的学术意义，而且还具有一定的政治现实意义。研究这个问题，对正确认识历史时期东北诸民族政权的历史、解决学术争端、化解国际矛盾都有现实意义。

本论题的相关研究状况

本书主要探讨历史时期曾经存在过的檀君朝鲜（实为神话传说，由于行文需要，姑且看作一个阶段）、箕氏朝鲜、卫氏朝鲜、高句丽和震国五个政权。在分别叙述东北诸民族政权研究的现状之前，先介绍两篇综述性文章：其一为李德山《东北边疆和朝鲜半岛古代国族研究》（《中国边疆史地研究》2001 年第 4 期），这篇文章是关于东北边疆历史研究回顾与展望的笔谈专稿，其对中国东北边疆古代国族的研究、朝鲜半岛古代国族的研究状况作了概述，同时也提出了今后研究中应该重视的几个问题。其二为刁书仁《中朝边界沿革史研究》（《中国边疆史地研究》2001 年第 4 期），其对中朝边界沿革史研究的历程作了回顾，分为 20 世纪初至 20 世纪 50 年代，50 年代至 70 年代，80 年代至今；也对学术界有代表性的观点和存在的争议作了说明；对中朝边界史研究提出了一些建设性的建议。这些建议对今后的相关研究具有一定的指导意义。他所提出的问题也是比较客观和公允的。

檀君被写入朝鲜历史，始于《桓檀古记》，然后被高丽时代的一然和尚所编撰的《三国遗事》所征引。之后，檀君才在一些史书中有零星记载。对檀君，起初韩国学术界承认，但朝鲜否认。直到 1993 年 10 月朝鲜考古界自称发现了檀君墓①。至此，檀君朝鲜在朝鲜、韩国才都得到了承认，并被作为创国之君来看待。但在中国学术界，学者一致认为它是朝鲜史上的传说时代，不能算作信史。在檀君研究方面，中国学术界研究的着眼点主要不在于归属方面，而在于桓檀神话所反映的文化现象的多方面。杨万娟《韩国文化与中国楚文化渊源初探》（《中南民族大学学报》2005 年第 1 期）认为檀君神话是在古新罗统一朝鲜半岛后才出现的。秦朝末年逃往半岛的方士韩终可能就是檀君神话中桓雄的原型。新罗以熟练使用汉字的优势创造并记录下开国神话，神话中融入了大量的楚文化色彩。半岛学者金得榥《白头山与北方疆界——鸭绿江、图们江不是我们的国境》（《东北民族与疆域研究动态》

① 张琏瑰：《檀君与政治》，《中共中央党校学报》1997 年第 3 期。

1999年第1期）不但认为檀君真有其人，而且把其诞生之地长白山说成了朝鲜民族的圣山，是朝鲜民族政治文化的发祥地和民族史之根。李春华著，雷子金译《〈春香传〉：朝鲜民族深层文化意识的再现》（《延边大学学报》1999年第8期）把檀君神话和朝鲜民族中的烈女春香进行了对比研究，认为二者正反映了朝鲜民族的深层精神文化，即现实意识、德治意识和向上意识。在该文中作者把檀君作为神话来看待，而神话"是已经通过人民的幻想用一种不自觉的艺术方式加工过的自然和社会形式本身"①。徐东日在《朝鲜古典说话：朝鲜民族的文化意识》（《中央民族大学学报》2003年第6期）中认为，"檀君神话充溢着一种人本主义的思想情愫，它与其说是一个神话，倒不如说成是一则传说"。张碧波《长白山与太伯山考论》（《满语研究》2002年第2期）否认檀君及其檀君朝鲜的存在，他也认为其为神话，并非信史。张碧波《对古朝鲜文化的几点思考》（《北方论丛》1998年第1期）也表达了基本一致的立场。傅朗云《朝鲜民族族源神话研究》（《黑龙江民族丛刊》1995年第2期）中说"檀君神话的时间包括唐尧即位五十年庚寅到周武王即位乙卯年的约两千年时间"。他也认为"周武王东封箕子于朝鲜，可能也囚禁了最后一位檀君"。傅先生的态度有些不明朗，一方面说檀君是神话，另一方面又说实有其人。苑利《朝鲜族熊虎同穴神话源出北方羌族考——兼论中国彝语支民族熊虎图腾崇拜的北来问题》（《民族文学研究》2003年第4期）对檀君前朝鲜族熊虎崇拜的起源问题作了深入探讨。他认为，朝鲜的熊虎崇拜和西南彝族的熊虎崇拜，都有一个共同的更为古老的文化源头，即更加古老的羌文化。张琏瑰《檀君与政治》（《中共中央党校学报》1997年第3期）通过对700年来檀君在不同历史时期际遇的考察，总结和探索了关于檀君论争本身的意义。他指出，檀君枯荣变迁不是反映了檀君史，而是反映了朝鲜的政治社会史。另外，许辉勋《对朝鲜民族文化心理本原的神话学阐释》（《延边大学学报》1998年第4期）、刘子敏《从新罗建国神话传说看中国历史与文化的影响》（《东疆学刊》2001年第1期）、陈蒲清《古朝鲜族源神话与古代朝中文化关系》（《求索》1996年第3期）、赵杨《韩国和朝鲜神话研究之比较》（《东疆学刊》2005年第3期）、赵杨《熊女神话母题在韩国文学作品中的复制》（《解放军外国语学院学报》2001年第1期）、苑利《韩民族熊图腾文化来源考》（《乌鲁木齐职业大学学报》2003年第3期）、李晶《满通古斯民族与朝鲜民族神话传说之比较》（《延边大学学报》2004年第2

① 《马克思恩格斯全集》，北京：人民出版社1972年版，第113页。

期）、张春海《试论“朝鲜”和“阿斯达”的含义及关系》（《中央民族大学学报》2002 年第 1 期）、许辉勋《试论朝鲜神话所表现的原初宇宙观》（《延边大学学报》2002 年第 4 期）、宇汝松《试论檀君神话与道教的基本文化精神》（《中国道教》2004 年第 2 期）、王志国《檀君神话和弘益人间思想》（《吉林华侨外国语学院学报》2005 年第 1 期）等文章，都把檀君作为一种文化现象进行探讨。

箕氏朝鲜是商朝遗民箕子建立的政权，箕子及其所建政权也是学术界持续讨论的问题。闫素芬《箕子与箕子朝鲜》（《沧桑》2012 年第 1 期）对箕子及其一生作了一个全面的解读。陈蒲清《箕子开发古朝鲜考》（《求索》2003 年第 1 期）从古代中国史书的记载、古代朝鲜史书的记载、考古发现与民俗的证明、后代历史往前推断四个方面对箕子开发古朝鲜的问题进行了考证。张碧波、喻权中《朝鲜箕氏考》（《社会科学战线》1997 年第 6 期）对朝鲜名称的由来、箕氏朝鲜的地望、箕子其人以及箕子朝鲜诸问题进行了考证。李德山《关于古朝鲜几个问题的研究》（《中国边疆史地研究》2002 年第 2 期）对古朝鲜的名称、“八条之教”、古朝鲜与中央的关系等问题提出了自己的看法，驳正了有关的歪曲观点和不实之论，并对古朝鲜之于中华民族所作的历史贡献给予了充分肯定。杨军《箕子与古朝鲜》（《吉林大学社会科学学报》1999 年第 3 期）认为，箕子在周武王灭商之前，就已经到了朝鲜半岛，建立了国家。对于箕子为什么要去朝鲜，该作者认为商人在东北仍然保持着较雄厚的实力，因此这里是箕子最理想的选择。该作者还认为，箕子在十三祀来朝，周武王在管地会见箕子；箕子是先到辽西，然后才东迁朝鲜半岛的；“朝鲜”是地名，而非国号。随后张碧波发表了辩驳文章，即《关于箕子与古朝鲜几个问题的思考——与杨军先生商榷》（《吉林大学社会科学学报》2000 年第 3 期）。紧接着，杨军又写《再论古朝鲜研究中的几个问题——答张碧波先生》（《吉林大学社会科学学报》2000 年第 6 期）坚持了自己的观点。对于周武王会见箕子的地点，张博泉、魏存成《东北古代民族考古与疆域》（长春：吉林大学出版社 1998 年版）认为二人见面地点不在成周，而在管地。其实，对于周武王会见箕子于管地的问题，古书记载得已经很清楚了。现在有些学者不翻检古籍，硬是凭空地发表议论，是不严谨的。杨军《公元前朝鲜半岛的民族迁徙与融合》（《东北亚论坛》2002 年第 3 期）从中国古籍入手，对公元前朝鲜半岛上的民族迁徙与融合情况作了分析，认为朝鲜半岛最古老的土著居民是鸟夷；约公元前 11 世纪，殷商移民迁入大同江流域，与当地民族进行融合，形成良夷；半岛其他地区的夷人发展成为秽人；自西周中后期开始，生活在北方蒙古草原上的貊系部族逐渐向东、南迁徙，一支进入朝鲜半岛，与当地的秽人融合形成马韩；公元前3世纪至公元前2世纪末，中国人大量迁居朝鲜半岛，移民最多的是在大同江流域、汉江流域；公元前1世纪中后期，夫余人东迁、南下，其中一部分进入朝鲜半岛南部，使这里形成了新的民族格局。张方和《箕子与朝鲜半岛》（《中州古今》2000年第2期）对箕子在朝鲜半岛创立姓氏、开垦荒地、教民礼仪和法治等方面作了探讨。张碧波《古朝鲜文化探源》（《北方论丛》2000年第1期）从文化的角度对古朝鲜进行了探讨，认为古朝鲜文化有三个来源：一是中华古老的汤谷扶桑十日神话；二是颛顼高阳族团文化；三是殷商文化。顾铭学、南昌龙《战国时期燕朝关系的再探讨》（《社会科学战线》1990年第1期）对燕国与古朝鲜的和平交涉、燕朝的疆界问题、燕国对古朝鲜的领土扩张三个问题进行了讨论。张京华《箕子朝鲜时期的北方环境》（2001年上海"第四届韩国传统文化国际学术会议"论文）认为箕子朝鲜的历史是可信的，提出了三点理由：第一，两国"玄鸟生商"传说与卵生传说可以从理性角度给予合理的解释。第二，有学者提出朝鲜韩国的卵生传说是根据其他民族的起源传说编成的。但是，各民族在祖先起源方面并无编造的例证，在中国，夏商周三代的祖先起源传说就完全不同。如果有些民族的祖先起源传说有相似的现象，则是因为其具有相近的血缘关系。第三，有学者提出"玄鸟生商"与卵生传说是伪造历史，然而这些传说早在汉代就出现了，学者已基本不懂其真实含义，而人们对于自己不懂的事情是不能够伪造的。孙卫国《传说、历史与认同：檀君朝鲜与箕子朝鲜历史之塑造与演变》（《复旦学报》2008年第5期）认为，朝鲜半岛对其古代根基历史的认识经过了一个漫长过程。自朝鲜王朝以来，其认识发生了根本的变化，由极力推崇箕子，到独尊檀君朝鲜。当下意识与认同是决定这种变化的关键。朝鲜王朝作为明朝的藩国，处于中华世界体系之中，箕子作为来自中原王朝的教化之君，将朝鲜提升到"小中华"的地位，是朝鲜实现"由夷入华"的关键人物，因而受到极度尊崇，与此同时，檀君则处于被贬斥的地位。近代以来，随着西方与日本殖民势力的侵入，中华世界体系的解体，大韩民族国家的形成，箕子被抛弃，檀君作为民族祖先的地位得以确立并被强化，成为韩国加强民族凝聚力的灵魂。因而，现实需求与民族认同是研究韩国根基历史塑造的一个重要视角。

对于箕子和周朝的关系问题，自古到今一直争论不断。从历史记载来看，对周武王分封箕子之事似乎没有异议，如《潜夫论》、《后汉书》、《尚书》、两《唐书》、《通志》、《通典》、《太平寰宇记》等古籍，都认为分封一事真实存在。关键问题是箕子是否接受了周武王的分封。对此，中国学术界多认为箕子接受了分封。但问题其实并没有那么简单，封而不受可能比较接近于历史事实，《汉上易传》、《书传》、《尚书疑义》等古代史书都认为箕子"师而不臣"。明代经学家马明衡甚至否认周武王曾经分封过箕子。

箕子朝鲜历史缺乏完整性的问题，也是学术界比较关注的。在关于它的历史记载中，只有三位国王有名有姓，即箕子、第四十代孙否、末代王准，中间缺乏世系。一些学者借此否定历史上曾经存在过箕氏朝鲜。这给箕氏朝鲜的相关研究带来了莫大的困扰。先秦史学家王彩梅在其专著《燕国简史》中认为，"燕国的历史虽然很悠久，但是它的早期情况，在文献中确保存得很少"。燕国历史记载保存很少，遑论箕氏朝鲜。黄历鸿、吴晋生《"箕子朝鲜"钩沉》（《北方文物》2001 年第 3 期）从文献学的角度对古朝鲜世系不全的问题给予了说明，是很有说服力的，文中认为作于西周时期的《逸周书·箕子解》可能在秦代以前就已佚亡，故没有留下关于箕子后代的记录。

箕氏朝鲜的疆域也是学术界讨论比较激烈的论题。首先对于其最初统治中心的问题，就产生了分歧。一派认为最初在辽东的大凌河流域，遭遇燕国打击后才转移到了今平壤地区。阎海先生是这一观点的支持者，在其作《箕子东走朝鲜探因》（《北方文物》2001 年第 2 期）中就表达了这一观点。张博泉《箕子与朝鲜研究的问题》（《吉林大学社会科学学报》2000 年第 3 期）甚至认为箕氏朝鲜最初的活动中心在辽西。都兴智《关于古朝鲜研究的几个问题》（《史学集刊》2004 年第 2 期）肯定了箕子在朝鲜半岛建立政权的事实，而且认为箕氏朝鲜的疆域范围到了辽东和辽西。另一派则认为，箕氏朝鲜的活动中心最初在大同江地区，这一论点的最早提出者为东北史著名专家金毓黼，他在专著《东北通史》（北京：五十年代出版社 1944 年版）中具体表达了这一观点。张碧波也支持金毓黻的观点，在其作《关于箕子东走朝鲜问题的论争》（《北方文物》2002 年第 4 期）中从文献和考古两个方面驳斥了"箕氏朝鲜在辽西说"，认为其一开始就在辽东。同作者《关于箕子东走朝鲜问题的论争——与阎海先生商榷》（《北方文物》2002 年第 4 期）就阎海的观点进行了辩驳，一驳箕子朝鲜"辽西说"，二驳箕子朝鲜为"殷商王朝余脉说"，认为半岛为古之辰国，曾经是殷商先王开辟的海外属地。刘子敏《也谈古朝鲜的几个问题——与都兴智先生商榷》（《史学集刊》2005 年第 4 期）对都先生的观点进行了批驳，即否认箕氏朝鲜的范围曾经到达辽东、辽西地区。李健才《公元前 3—公元前 2 世纪古朝鲜西部边界的探讨》（《社会科学战线》1998 年第 5 期）对古朝鲜的西部边界作了探考，认为古朝鲜在辽东即今辽宁说并无可靠的根据，古朝鲜的活动中心在今辽河下游的说法是站不住脚的，平壤应该是古朝鲜的活动中心。同作者《关于汉代辽东、乐浪两郡地理位置问题的探讨》（《社会科学战线》1993 年第 1 期）对汉四郡以前辽东郡和乐浪郡的地理位置进行了讨论。文中认为，辽东郡在今辽河以东到今朝鲜的清川江一带，郡治在今辽阳市；乐浪郡在今朝鲜的大同江流域，郡治在今朝鲜的平壤。山川形便和犬牙交错是古代政区划分的两个特点，其中“山川形便”是疆界的最大特点。疆域往往是通过一些自然的大山或大河作为两国界限的，“因河为塞”即为这个意思。当然一些人工屏障也往往被作为疆域界限，如中国秦长城、汉长城、明长城和朝鲜半岛的大宁江长城等。但由于朝鲜半岛和中原相隔甚远，中间又隔着许多少数民族政权或势力，故中原对其了解甚少，以至于对半岛河流的记载相当混乱，张冠李戴现象非常普遍，这给我们研究疆域问题带来了很大困难。学术界对此也是争论不已，分歧很大，莫衷一是。对于浿水、列水和满潘汗到底是今天的哪条河，学术界也争论不休。韩国学者李丙焘先生认为大同江在汉代是列水，而不是浿水（转引自顾铭学、南昌龙《战国时期燕朝关系的再探讨》，《社会科学战线》1990 年第 1 期）。张碧波、喻权中《汉四郡考释》（《学习与探索》1998 年第 1 期）认为列水就是今天的载宁江。朝鲜学者韩百谦在《东国地理志》中认为清川江当为浿水，完全符合《朝鲜传》的有关记载，又与《汉志》对浿水的描述不矛盾，是最合适的解释。当然在未有考古发现以前，清川江说终非定论。顾铭学、南昌龙《战国时期燕朝关系的再探讨》（《社会科学战线》1990 年第 1 期）认为，满潘汗很可能来自三条水的水名，即汶水、沛水、汗水。汶水为今朝鲜平安北道的昌城江，沛水为今大宁江，汗水则为浿水。这其实是一种很模糊的说法，不可取。刘子敏《高句丽故地沿革考》（《通化师范学院学报》1996 年第 1 期）认为以大宁江长城为地理坐标，完全可以肯定此浿水即今清川江。顾铭学、南昌龙认为列水为今之大同江，甚至武断地说：“除有意不承认者外，中外学者莫不首肯。”张博泉《箕子与朝鲜研究的问题》（《吉林大学社会科学学报》2000 年第 3 期）认为满潘汗为今鸭绿江。李德山赞同张博泉的观点，并在其作《关于古朝鲜几个问题的研究》（《中国边疆史地研究》2002 年第 2 期）中说满潘汗在今鸭绿江下游南岸一带。著名的魏晋史专家逯耀东先生在其《从平城到洛阳——拓跋魏文化转变的历程》（中华书局 2006 年版）中说，浿水即今之鸭绿江。李健才《评辽水、浿水、列水均指今滦河说》（《黑龙江民族丛刊》1999 年第 3 期）根据文献与考古资料，指出“辽水、浿水、列水均指今滦河说”的错误，认为辽水并无汉武帝以前和以后之分，均指今辽河；汉初的浿水指今清川江，后汉到隋唐的浿水指今大同江；列水指今朝鲜的载宁江，而不是大同江，但列口则是指载宁江和大同江合流后的入海口。刘子敏《战国秦汉时期辽东郡东部边界考》(《社会科学战线》1996 年第 5 期) 对辽东郡的东部边界及其沿革情况作了探考。阎忠《燕北长城考》(《社会科学战线》1995 年第 2 期) 认为燕北长城有南北两道，南道长城可称为燕北"内线长城"，北道长城可称为燕北"外线长城"，其中燕北内线长城又有东西两段。

除了几条河流在学术界争论不休之外，关于疆界范围的研究也是众说纷纭。对于其北部疆界，学术界多认为就在平壤地区，但这种观点无视箕氏朝鲜在燕将秦开攻伐前后领土的变化，而且对其北疆的界限划定太过于笼统，把西部北界说成了两国的界限，殊不知狼林山脉把朝鲜北部分成了客观存在的两部分，所以箕氏朝鲜的北部应以东西两界来说明。要研究东部的北界，必须要对沃沮和秽的地理范围有准确的了解。沃沮、秽的地理分布是关键。秽即东秽，为后来震国的东京之地。日本学者松井在《渤海五京考》(津田左右吉著，陈清泉译：《渤海史考》，台湾商务印书馆 1964 年版) 中把东京比定为咸镜北道的镜城；鸟居龙藏在《海东绎史》中将其比定为镜城、富宁等地。韩国学者丁镛在《大韩疆域考》中将其比定为咸镜北道的钟城；谭其骧在《中国历史地图集》中将其比定在吉林珲春附近。对于沃沮，学者们也争论不休。日本学者箭内亘等在《满洲历史地理》中认为，沃沮之地为咸镜道全部①。

卫氏朝鲜是继箕氏朝鲜之后朝鲜半岛上的第二个政权，建立者是燕人卫满。其享国不永，传之三代，便为西汉所灭，而后西汉政府在半岛上建立了玄菟、乐浪、临屯和真番四郡，从而把其置于中央政府的郡县管理之下。

关于卫满国籍的问题在中外学术界，特别在中韩学术界产生了激烈的争论。韩国学者金贞培在《韩国民族的文化和起源》(上海：上海文艺出版社 1993 年版) 中认为，燕国境内多貊族，认定卫满及其跟随者为"朝鲜人系统"。吴彦勤《论卫满是中国人而非朝鲜人》(《蒙自师范高等专科学校学报》2001 年第 1 期) 对金贞培的观点进行了反驳，认为卫氏朝鲜是由中国政治流亡者统治的、容纳古朝鲜各族人民和历代中国亡民在内的国家。张碧波《卫氏朝鲜文化考论》(《社会科学战线》2002 年第 4 期) 对卫氏朝鲜的政权

---

① [日] 箭内亘、稻叶岩吉、松井等：《满洲历史地理》第一卷，《汉代之朝鲜》，东京：南满洲铁道株式会社大正二年 (1913) 版，第 23 ~ 24 页。

性质与归属、从青铜文化到铁器文化的考古文化学、政权的灭亡与汉四郡的设立等三个方面作了简要的考论，对卫氏朝鲜在中国东北的民族与政权之间存在的基本历史联系作了必要的考释，认为没有箕氏朝鲜就没有卫氏朝鲜，就没有汉四郡，就没有高句丽及迁都平壤，也就没有渤海占有高句丽之旧疆，这就构成了中国东北民族基本的内在的历史联系。张亦认为卫氏朝鲜是中国历史与中国东北史不可或缺的一环。李健才《评汉代乐浪郡在今辽河以西说》（《中国边疆史地研究》2001 年第 1 期）对卫氏朝鲜疆域的西界进行了考证。关于疆域方面的研究，基本上也是对朝鲜半岛上河流的考证，这些已在箕子朝鲜部分中予以说明，此处不再赘述。但卫氏朝鲜的相关研究相对于箕氏朝鲜而言，不论从论文数量，还是从质量来说，都是比较薄弱的环节。

高句丽研究是中外学术界研究的热点，可以说这方面的研究已经很深入了。但中外学术界在这方面的分歧并没有弥合，反而有愈加扩大之势，不能不让人担心。对高句丽的研究[①]，涉及高句丽的族属认定、族名、疆域、与中国历代王朝及周边国家关系、灭亡后的领土和人口去向等问题。除了领土和人口去向方面基本定论外，其他方面总是各执一词，争论不休，也没有一个令人完全满意的、各方都能接受的观点。

1877 年，奉天桓仁县书启关月山在通沟岗的荒草中发现了好太王碑，这一重大发现直接开启了中国学者对高句丽的研究。但这些研究仅仅局限在对金石文字的考证上，很少涉及其他方面。而最早对高句丽归属问题进行研究的当推著名的东北史学家金毓黻。20 世纪 40 年代出版的《东北通史》开始把高句丽民族与国家的历史纳入到了中国东北历史的范畴，并提出高句丽起源于东北秽貊族系的观点。金毓黻的观点在中国学术界起了开先河之功，很多后继学者也基本采用了其观点。新中国成立后，由于意识形态等方面的原因，中国学术界对此的研究进入了长达三十余年的冷清时期。但在此期间，日本、韩国和朝鲜等国在这方面的研究很多。直到改革开放以后，我国才打开了冷清的局面。孙进已《高句丽历史研究综述》（《社会科学战线》2001 年第 2 期）对学术界关于高句丽名称、族源、流向、建国、归属和中国及周边各朝的关系等问题进行了概述。

在高句丽的得名方面，清代学者段玉裁《说文解字注》中认为高句丽以

① 关于高句丽的研究状况，孙进已已经在《高句丽历史研究综述》（《社会科学战线》2001 年第 2 期）中作了总结。笔者在这部分的学术回顾部分，基本援引了孙先生的观点，只是在其基础上作了一点补充。在此特作声明，并对孙先生表示感谢。

山川得名。朝鲜学者李肯翊《燃藜室记述》(《清入关前史料选辑第一辑》,北京:中国人民大学出版社1984年版)中也认为其因山水之胜甲于天下而得名。傅斯年先生《东北史纲》(北京:国立中央研究院1932年版)认为"高"与"句骊"为两词。日本学者白鸟库吉《高句丽名称考》据《三国志》考证,认为高句丽乃"大城"之意(转引自孙进己:《高句丽历史研究综述》,《社会科学战线》2001年第2期)。孙岳《东北貊族源流研究》(《辽海文物学刊》1994年第2期)基本认可白鸟的说法,说是"高城"之意。傅朗云《东北民族史略》(长春:吉林人民出版社1983年)认为高句骊即高大的黑马。王绵厚《古代高句丽族称探源》(《辽海文物学刊》1987年第2期)认为,先秦时的"高夷"和汉魏史书中的"句丽"结合起来,才应该是高句丽的始型。王绵厚《高句丽民族的起源及其考古学文化》(《中国考古集成·东北卷》,北京:北京出版社1997年版)认为,"高"为方位,而"句骊"为其本义,合起来可解读为"双足驰行于高山曲谷之民族"。同一作者,却有两种截然不同的观点。李德山《高句丽族称及其族属考辨》(《社会科学战线》1992年第1期)认为"高丽"一词为复合族称,其民族主体是由同姓同族的介、莱两族所组成的,高句丽王族以高为氏,也就是以介为氏。梁志龙《高句丽名称考释》(《辽海文物学刊》1996年第1期)通过定音勘同的方法,考证了高句丽的族名,认为句丽两字组合可作朱离,"离"通"明",朱明正是太阳的另一名称。曹德全《高句丽名称辨疑》(《高句丽·渤海研究集成》,哈尔滨:哈尔滨出版社1997年版)把高句丽解释为"高山曲谷中结伴同行的鹿"。傅朗云《东北亚历史民族——高夷·高丽·高句丽》(《东北亚论坛》2001年第1期)通过综考文献、考古、民俗资料,得知高夷、高丽、高句丽等三个不同族称的民族,在源流史上至关密切。综上可以看出,关于高句丽族名由来的讨论,真是意见纷呈,既有理性的考据分析,也有似是而非的望文生义。

关于高句丽的族属方面①,中国学术界存在着秽貊说、夫余说、殷商说、炎帝说、高夷说等不同的观点,主要原因在于史书记载的混乱。《汉书》、《后汉书》等书记载高句丽起源于秽貊一系;《魏书》、《北史》、《梁书》、《周书》、《陈书》、《隋书》、《通典》等书记载高句丽起源于夫余;《三国

① 关于高句丽的族属方面,王绵厚已经在《高句丽起源的国内外代表性观点解析》(《社会科学辑刊》2006年第1期)中作了比较全面的总结。在此基础上,笔者做了补充工作。再次特别说明,并对王先生表示感谢。

志》、新旧《唐书》、新旧《五代史》、《宋史》等书记载高句丽起源于夫余别种；孔晁著《逸周书》记载高句丽起源于高夷。由于以上典籍记载存在差异，致使今人在研究此问题时遇到了很大的困扰，也导致了学术界在此观点上的严重分歧。蒋秀松《关于东北民族源流的问题》（《黑龙江民族丛刊》2000 年第 3 期）认为古代东北地区少数民族的起源，大都可以追溯到新石器时代诸文化类型，即便较晚形成的民族，也主要来源于东北地区原有的族体。刘子敏、金荣国《〈山海经〉貊国考》（《北方文物》1995 年第 4 期）认为，无论是在战国时期从中国大陆迁移来的燕人，还是融入燕人的貊国土著居民，其后裔皆成为汉魏时期西北朝鲜土著汉人的一部分，在加强汉民族与东北亚其他民族的经济文化交流中发挥着积极作用。金毓黻在《东北通史》中认为《魏略》中所说的"槁丽"音近句丽，当为古代的高夷。孙进己《东北民族史稿》（长春：吉林大学出版社 1977 年版）中认为，朱蒙出自夫余国，也认为高句丽的族源中既有秽人，也有貊人。张博泉《东北古史研究中的几个问题》（《东北史研究》1983 年第 1 期）认为高句丽源自貊人。姜孟山《试论高句丽族的源流及其早期国家》（《朝鲜史研究》1983 年第 5 期）认为高句丽在建国以前，原地已经存在高句丽人，即貊人，高句丽是貊人的一支。庄严《高句丽族源初探》（《朝鲜史研究》1983 年第 5 期）则认为高句丽是由秽貊系人融合不同系种的人构成的。傅朗云《东北民族史略》（长春：吉林人民出版社 1983 年版）认为高句丽属于貊族。陈连庆《西汉与新莽时期的少数民族士兵》（《史学集刊》1984 年第 2 期）认为高句丽出自貉族，貊人和貉人为同一种人，只不过写法不同罢了。耿铁华《高句丽民族起源与民族融合》（《社会科学辑刊》2006 年第 1 期）认为传统的秽貊说、夫余说颇有疑义，殷商说似乎更有说服力。坚持此观点的还有李殿福、孙玉良《高句丽简史》（韩国首尔：三省出版社 1990 年版）等。李德山《高句丽族称及其族属考辨》（《社会科学战线》1992 年第 1 期）在承认高句丽出自夫余的基础上，进而认为夫余的主体民族是由同属炎帝族系的番、徐两族组成，故得出了高句丽也出自炎帝一系的结论。范犁《高句丽族属探源驳议》（《高句丽研究文集》，延吉：延边大学出版社 1993 年版）认为高句丽出自商族，以后在历史发展过程中，吸收了夫余、秽、貊等族的人，形成了秽貊。也认为高句丽的族源应至少追溯到周初的高夷。金岳《东北貊族源流略考》（《辽海文物学刊》1994 年第 2 期）对史书中关于高句丽族属的记载作了统计，然后得出了高句丽出自夫余的结论。耿铁华、赵福香《秽貊、高句丽及其相关问题》（《通化师范学院学报》1998 年第 2 期）认为东北的部族不一定都是秽、貊的别种，反倒是东北诸多民族、部落被中原史家笼统地看成为蛮貊、秽貊。耿铁华《高句丽民族起源与民族融合》（《社会科学辑刊》2006 年第 1 期）认为，许多新的证据表明，在高句丽民族起源问题上殷商说似乎更有说服力。魏存成《高句丽考古》（长春：吉林大学出版社 1994 年版）认为高句丽王族源出于夫余，高句丽和夫余同属秽貊族系。夫余和秽更密切一些，高句丽和貊更密切一些。李宗勋《高句丽族源流略考》（《中朝韩日关系史研究论丛》，延吉：延边大学出版社 1995 年版）认为高句丽源自貊人系列。李殿福的观点是一种比较折中的看法，认为王族来源于夫余，而高句丽的主体应是生活于浑江中游和鸭绿江一带的貊人（《东北考古研究（一）》，郑州：中州古籍出版社 1995 年版）。孙进己《东北史研究（一）》（郑州：中州古籍出版社 1995 年版）认为高句丽的涓奴部起源于高夷，桂娄部、绝奴部起源于卒本夫余及北夫余，秽人也是高句丽的一个来源，汉人也是。这是一种大杂烩式的观点，基本上把东北各古族都囊括进高句丽的族源了。刘子敏《高句丽历史研究》（延吉：延边大学出版社 1996 年版）认为高夷是高句丽的先人，其位置应该在发人和秽人之间。张碧波《殷商、高句丽、满族“三仙女”族源神化的比较研究》（《满语研究》2000 年第 1 期）从文化的角度论述了高句丽的族源问题。武玉环《渤海与高句丽族属及归属问题探析》（《史学集刊》2004 年第 2 期）对高句丽的族属问题有所论及。另外，在高句丽族属研究方面，还有王绵厚《高句丽民族的起源及其考古学文化》（《高句丽、渤海研究集成（一）》，哈尔滨：哈尔滨出版社 1997 年版）等人的专文研究，在此不再一一赘举。

疆域沿革和历史地理也是高句丽政权研究的重要方面。在疆域沿革方面，张甫白《高句丽五部与统一的民族和国家》（《黑龙江社会科学》1996 年第 1 期）认为高句丽五部是在朱蒙立国前后以桂娄部为核心联合其他四部而形成的，但为适应国家统治的需要，在五部的基础上仿中原“五方土”制建立民族与国家的政治体制，其随着高句丽奴隶制的改变，进而发展为“五褥萨”制，与后来东北的渤海、辽、金所实行的五京制当有历史的渊源关系。刘子敏《高句丽疆域沿革考辨》（《社会科学战线》2001 年第 4 期）对高句丽五部疆域的形成、向辽东方面的扩展、北部疆域的扩展、东北至东南疆域的变迁及西部疆域的伸缩等问题进行了较为详细、全面的考证和论述。还有刘子敏《高句丽族故地沿革考》（《通化师范学院学报》1986 年第 1 期）也对高句丽的故地进行了探考。除此之外，还有陈连开《唐代辽东若干地名考释》（《社会科学战线》1981 年第 3 期），刘永智《也谈“萨水究在何处”》（《东北地方史研究》1985年第1期)、《萨水考略》(《社会科学战线》1987年第4期),王绵厚《隋唐时期辽宁建置述考》(《东北地方史研究》1986年第1期),孙进己《古代东北民族的分布(上、下)》(《东北地方史研究》1985年第1期),王健群《玄菟郡的西迁和高句丽的发展》(《中国边疆史地研究》1991年第1期),谭其骧《历史上的中国和中国的历代疆域》(《中国边疆史地研究》1991年第1期),耿铁华《高句丽南北道的形成和拓展》(《高句丽历史与文化研究》,长春:吉林文史出版社1997年版),李健才《关于汉代辽东、乐浪两郡地理位置的探讨》(杨昭全主编:《中朝边界研究文集》,吉林社科院内部1998年版),徐德源《先秦到隋唐时期辽东地方归属问题考议》(刘厚生:《黑土地的古代文明》,呼和浩特:远方出版社2002年版),耿铁华《高句丽疆域调查与研究现状》(《黑土地的古代文明》)等都从不同的视角对高句丽的地理、历史问题展开了探讨,有利于准确把握高句丽的整体疆域。王小甫《新罗北界与唐朝辽东》(《史学集刊》2005年第3期)对高句丽的疆域、高句丽灭亡后领土去向等问题有所提及。张碧波、喻权中《汉四郡考释》(《学习与探索》1998年第1期)对汉乐浪、临屯、玄菟、真番、带方五郡的疆域、文化渊源、与周邻文化区域的关系诸问题作了探讨。苗威《乐浪郡研究综述》(《中国边疆史地研究》2006年第3期)对中朝韩日等国的乐浪郡研究状况作了总体的概述。张博泉《汉玄菟郡考》(《吉林大学社会科学学报》1980年第6期)对玄菟郡治高句骊城的位置、玄菟郡的属县及其定位问题进行了探讨。张博泉《真番郡考》(《北方文物》1985年第4期)对真番郡的设置、郡治等问题进行了考证。倪屹《第二玄菟郡探讨》(《延边大学学报》2002年第2期)认为第二玄菟郡是在汉昭帝将汉四郡合而为一之后,将玄菟郡又重新置于原辽东郡长城之外、辖区之内的,它同汉武帝所置之郡(第一玄菟郡)在时间和空间上皆无共同之处。赵红梅《真番郡考疑》(《社会科学战线》2004年第6期)认为,北沃沮的范围包括今中国的延边地区、牡丹江地区的东部、俄罗斯滨海地区和朝鲜的咸镜北道。同时认为,东沃沮和南沃沮是对同一地区的不同称谓,其地仅为今朝鲜咸镜南道一带。曾宪姝《高句丽好太王时期的扩张活动》(《通化师范学院学报》1996年第1期)对好太王扩疆掠土的活动作了论述。魏存成《近年来我国高句丽考古的主要发现与研究》(《东北亚论坛》2001年第1期)认为,我国高句丽考古的发现与研究取得了很大成果,主要集中在都城、山城、墓葬及出土的遗物等几个方面。这些发现和研究,为我们探讨高句丽的社会历史、文化特点及其周邻地区,尤其与中原地区的联系提供了重要资料。

关于高句丽灭亡后人口的流向问题，其实在史书中已经说得很清楚了，即主要流向了中国唐朝内地、新罗、突厥、契丹、日本及后来的震国。学术界在这方面基本没有争议。但高句丽灭亡后其遗民流向上述国家的人口数量问题是学术界比较注意却又很无奈的问题。由于历史记载不清，现在要对其进行精确的描述，几乎不可能。尽管在这方面，有学者进行了蠡测，但不能让人满意，臆测的成分较大，甚至有捏造数字、造框装数的现象。孙进己《东北民族源流》（哈尔滨：黑龙江人民出版社 1987 年版）对高句丽灭亡后的人口流向问题进行了探讨，认为居住在中国辽宁省的高句丽人在国亡后融入到了汉人中，也有些投奔了突厥；居住在吉林省的高句丽人融入到了震国；居住在朝鲜北部的高句丽人和其他如秽人、韩人、新罗人、百济人一块融合成了后来的朝鲜族。其观点显得有点绝对化了，事情并不像孙先生所说的那样简单。孙进己《北方民族的多源多流和主源主流》（《求是》1981 年第 4 期）也表达了和上书相同的观点。张博泉《东北地方史稿》（长春：吉林大学出版社 1985 年版），李殿福、孙玉良《高句丽简史》（韩国首尔：三省出版社 1990 年版），王钟翰《中国民族史》（北京：中国社会科学出版社 1994 年版），朱铉男《高句丽的王室遗裔辽阳高氏家族》（韩国高句丽研究会：《高句丽研究》第一辑，1995 年版）等文章及著作也表达了基本相同的看法。李永勋《朝鲜族姓氏漫谈》（沈阳：辽宁民族出版社 1998 年版）考察了朝鲜姓氏的由来，发现在今天韩国的姓氏中，真正起源于高句丽的姓氏为数极少，所占比例也很小。梁玉多《高句丽遗民的渤海化进程》（《哈尔滨学院学报》2002 年第 9 期）对高句丽灭亡后其遗民的归属问题进行了考证，认为其遗民中的相当大一部分逐渐成为震国居民，在震国的兴起和发展中发挥了重要的作用。费驰《对中韩学者关于高句丽遗民问题的比较研究——兼与韩国学者金玄淑商榷“高句丽遗民的自我意识”问题》（《长春师范学院学报》2005 年第 1 期）通过比较金先生同中国学者的研究，认为在高句丽遗民与高句丽归属关系的问题上，刘厚生、马大正等人的观点是符合史实、令人信服的，金玄淑提出的论据与所作的论证尚不能推翻刘厚生等人的观点。由于史书对高句丽灭亡后人口的流向问题交代得比较清楚，所以学术界基本上没有争议。秦升阳、李乐莹、黄甲元《高句丽人口问题研究》（《通化师范学院学报》1997 年第 4 期），秦升阳《高句丽人口研究》（《中国边疆史地研究》2004 年第 4 期）对高句丽在曹魏、南北朝和盛唐时期的户口规模和高句丽发展过程中民族融合的情况以及流向问题进行了叙述和探讨。李德山《高句丽族人口去向考》（《社会科学辑刊》2006 年第 1 期）对高句丽的人口流向及其数量问题进行了探讨。赵炳林《高句丽灭亡后人口流向考》（《前沿》2010 年第 9 期）对高句丽灭亡后人口的流向及数量问题也进行了研究。

高句丽政权的归属问题也是学术界持续热烈讨论的主要问题之一，这方面的分歧可以说是最大的，主要原因是出现了学术问题政治化的倾向。中外学者在这方面的观点很难趋同，且分歧有越来越大之势。史籍中对高句丽归属的记载可以说是比较明了的，但由于论者在使用史料时，有时掐头去尾，并没有对整个句子的意思进行完整理解，所以得出了令人难以信服的结论。还有一些理解性的问题一直困扰着一些学者，如纳贡、秉朔、赐官等，这些到底是政权归属的充分条件，还是必要条件等？总之，关于这方面研究的状况着实不能令人满意，下面对其研究状况作一介绍①。

20 世纪，日本学术界有观点认为高句丽是独立国家。中国学者金毓黻在《东北通史》中首加辩驳，实际上开始了中外学术界关于高句丽归属问题的争论。金先生指出："高句丽一族本出夫余，为吾中华民族之一部，且其立国于东北最久，与后来王氏高丽、李氏朝鲜杂有别种不同。"建国初期，著名历史学家范文澜、吕振羽、尚钺、郭沫若等在其通史著作中，把高句丽初期作为中国地方政权处理②。谭其骧《历史上的中国和中国历代疆域》（《中国边疆史地研究》1991 年第 1 期）认为应以迁都平壤为界，之前为中国地方政权，之后为独立国家。当时孙进己《东北民族史稿》、《东北民族源流》，张博泉、苏金源、董玉瑛等的《东北历代疆域史》（长春：吉林人民出版社 1981 年版），佟冬《中国东北史》（长春：吉林文史出版社 1998 年版），翁独健先生《中国民族史纲要》（北京：中国社会科学出版社 2001 年版），徐杰舜《中国民族史新编》（成都：四川民族出版社 1992 年版），王钟翰《中国民族史》（北京：中国社会科学出版社 1994 年版），耿铁华《高句丽起源和建国问题探索》（《求是》1986 年第 1 期），孙玉良、李殿福《高句丽同中原王朝的关系》（《博物馆研究》1990 年第 3 期）等都认为高句丽是中国的地方政权和中国境内的少数民族。也就是说，范文澜等只是把高句丽初期作为中国地方政权，而把都城迁到平壤后的高句丽作为独立政权处理。而朱寰《世界中古史》、张维华《中国古代对外关系史》（北京：高等教育出版社

① 在高句丽政权归属方面，孙进己《高句丽历史研究综述》（《社会科学战线》2001 年第 2 期）和韩忠富《国内高句丽归属问题研究综述》（《社会科学战线》2001 年第 5 期）都做过总结性概述。笔者只是在他们两位先生的基础上补充了 2001 年以后研究状况的综述部分。特此说明，并感谢两位先生。

② 孙进己：《高句丽历史研究综述》，《社会科学战线》2001 年第 2 期。

1993年版)、蒋非非《中韩关系史·古代卷》(北京：社会科学文献出版社1998年版)等都把高句丽作为独立国家来看待，而没有分初期和后期。孙进己先生说："当时的世界史著作受日、韩观点影响，把高句丽看作建立在朝鲜半岛上的朝鲜国家。"笔者对此说不敢苟同，同样的中国学者，认为把高句丽说成是独立国家就是受到了日、韩影响，那其他人怎么没有受到影响？笔者认为，他们这样写，一是对高句丽归属问题有自己的看法，二是写作过程中的技术因素使然，如果不把高句丽作为朝鲜历史的一部分，朝鲜史和世界史就很难写了，也就是朝韩学者所说的"虚化了朝鲜历史"。后来，到了20世纪90年代，杨昭全、孙玉梅《中朝边界史》(长春：吉林文史出版社1993年版)，孙进己《高句丽的归属》(《东北亚民族史研究》，郑州：中州古籍出版社1994年版)，刘永智《中朝关系史研究》(郑州：中州古籍出版社1994年版)，刘子敏《高句丽历史研究》(延吉：延边大学出版社1996年版)，姜孟山《高句丽史的归属问题》(《黑土地的中国文明》，呼和浩特：远方出版社1999年版)，张碧波《关于历史上民族归属与疆域问题的再思考》(《黑土地的古代文明》，呼和浩特：远方出版社1999年版)，武玉环《渤海与高句丽族属及归属问题探析》(《史学集刊》2004年第2期)都从不同的角度论证了高句丽归属中国的理由。孙进己在《高句丽历史研究综述》(《社会科学战线》2001年第2期)中把学术界在高句丽归属问题上的分歧归结为六个方面：第一，称臣、纳贡、受册封算不算归属；第二，高句丽建立在哪国疆域内；第三，王氏高丽和高句丽的关系；第四，民族归属与政权归属的关系；第五，对相关各国历史上的研究范围问题和政权、民族在历史上的归属的统一问题；第六，怎样处理历史和现实、政治与学术的关系。韩忠富先生在《国内高句丽归属问题研究综述》(《社会科学战线》2001年第5期)把归属问题上的分歧总结为四个方面：第一，高句丽是中国古代北方少数民族地方政权；第二，高句丽是古代朝鲜国家；第三，以迁都平壤为界，之前为中国地方政权，之后为独立国家；第四，高句丽史首先是中国史，其次是朝鲜史，应该"一史两用"。李淑英、耿铁华《两汉时期高句丽的封国地位》(《中国边疆史地研究》2004年第4期)对高句丽在各个历史时期的地位问题作了探讨，认为它虽然曾侵扰过辽东、玄菟、乐浪等地，但这都属于边郡地方的冲突，高句丽作为边郡封国的地位没有改变。

高句丽和中央王朝及周边各国的关系，也是学术界注意的主要问题。范文澜《中国通史简编》以来的中国通史著作，都认定高句丽当时属玄菟郡管理。孙玉良、李殿福《高句丽同中原王朝的关系》(《博物馆研究》1990年第3期）论述了高句丽对两汉的隶属、同曹魏的冲突和慕容氏的争夺，也认为高句丽与北魏交好，接受南北朝的册封。杨昭全、孙玉梅《中朝边界史》也以高句丽和中央保持册封贡赐关系而认定两国为隶属关系，而且迁都前后没有实质性变化。刘子敏《高句丽国与南北朝的关系》（《中朝韩日关系史研究论丛》，延吉：延边大学出版社1995年版）认为高句丽与南北朝的关系，一方面是中国古代民族关系的一部分，另一方面是古代中朝关系史的一个重要内容。显然，刘子敏的观点是自相矛盾的，既然是中国古代民族史的一部分，怎么又说是中朝关系的重要内容呢？孙进己《高句丽王国和中央皇朝的关系》（《东北民族史研究》，中州古籍出版社1996年版）认为，在东汉180余年中，高句丽和东汉相互间也发生过多次战争，但高句丽绝大部分时间都臣属于东汉。终魏之世，两战凡四年，仍以和平为主。高句丽在晋代也参加了中国的割据战争，但是还保持了和当时中央皇朝的贡赐关系。王东福《统一新罗的出现对公元7—9世纪东北亚国际秩序的影响》（《东疆学刊》2000年第3期）对新罗统一朝鲜半岛前后东北亚国际局势的变化进行了对比研究，也对统一后东北亚国家关系格局的形成进行了探讨。文中认为，统一之前，东北亚国家关系格局处于战争无序的状态，统一之后这一状态才结束。罗继祖《辽东公孙氏联吴抗魏及其和高句丽关系》（《东北地方史研究》1985年第4期）、张国庆《略论汉武帝对乌桓和对秽、东沃沮、高句丽的不同治理方式》（《沈阳师范学院学报》1988年第3期）、徐贵通《中原王朝对高句丽诸王的册封》（《高句丽历史与文化研究》，长春：吉林文史出版社1997年版）等也论及高句丽与汉魏两晋的关系。另外，孙进己《高句丽王国和中央皇朝的关系》（《东北民族史研究》，郑州：中州古籍出版社1996年版）、康德文《高句丽何以能同南北朝长期和平相处》（《高句丽历史与文化研究》，长春：吉林文史出版社1997年版）等也对中国与高句丽的关系作了论述。李大龙《从高句骊县到安东都护府——高句骊和历代中央王朝关系述论》（《民族研究》1998年第4期）从两汉到唐王朝时期各王朝对高句丽管理的角度，依据史书，包括朝鲜汉文史书的记载，并结合一些考古资料，对高句丽和各中央王朝的关系作了较详细的探讨，认为高句丽自始至终都是我国历史上的边疆少数民族政权，和“中韩关系史”没有任何关系。刘子敏《古代高句丽同中原王朝的关系》（《东疆学刊》1996年第3期）通过考证，认为高句丽族的先人“高夷”自西周就居住在我国东北地区（今浑江流域）；战国时期曾纳入燕辽东郡的辖区；秦汉时期沿袭战国旧制。至元凤六年（前75）时，汉昭帝才将高句丽居地从辽东郡划出，并在此重置玄菟郡，即第二玄菟郡。

对于高句丽和周边民族或国家的关系问题，论述者相对较少。李殿福、孙玉良《高句丽与中原王朝的关系》（《博物馆研究》1990年第3期）论述了高句丽与新罗、百济、靺鞨、日本的关系，认为高句丽在占据辽东以后，采取倒戈向南对新罗、百济征伐不断，形成与新罗对峙的局面，向北对靺鞨以及日本则采取了友好睦邻的外交政策。孙进己《高句丽族和周边各族的关系》全面论述了高句丽族和汉族、鲜卑、契丹、肃慎、靺鞨、新罗、百济的关系。孙进己等《高句丽国史》（沈阳东北亚研究中心1999年版）则用更多的史实论证了高句丽族与其他各族的关系。杨秀祖、侯雪峰《试论高句丽与夫余的关系》（杨春吉、耿铁华、刁书仁、衣兴国：《高句丽历史与文化研究》，长春：吉林文史出版社1997年版）探讨了高句丽和夫余的关系。刘永智《高句丽的南进与三国的争霸》（《中朝关系史研究》，郑州：中州古籍出版社1994年版）认为，4世纪高句丽确定南进政策后，与新罗、百济争霸朝鲜半岛，最后百济、高句丽联合，迫使新罗联唐。王健群《好大王碑文中倭的实体》（《博物馆研究》1985年第3期）、耿铁华《好大王碑文中的倭》、滕红岩《高句丽与倭的关系》等都根据《三国史记》的有关记载，探讨了高句丽和倭的关系。而朱旻暾《高句丽与日本的交往》一文则依据日本的文献史料论述了高句丽与日本经济文化交往的发展。韩昇《“魏伐百济”与南北朝时期东亚国际关系》（《历史研究》1995年第3期）对“魏伐百济”历史记载的真实性进行了考证，也对此事件发生的背景及其对南北朝国际关系的影响进行了论述。张碧波《论4至10世纪东北亚政治格局及高句丽、渤海与日本“结援”的历史真相》（《北方论丛》2001年第2期）认为由于唐王朝边疆两个地方民族政权——高句丽、震国与邻国新罗、百济争霸，与唐王朝发生利益冲突，进而相继与日本“结援”，日本则趁机插手朝鲜半岛事务，妄图打破东北亚政治格局，与唐王朝抗衡。韩国磐《南北朝隋唐与百济新罗的往来》（《历史研究》1994年第2期）对了解高句丽与隋唐王朝的关系也有帮助。都兴智《唐政权与朝鲜半岛的关系述论》（《史学集刊》2001年第3期）对唐平百济和高句丽，设立熊津五都督府、鸡林州都督府和安东都护府等问题进行了探讨，认为百济、新罗、高句丽都是隶属于唐王朝的地方民族政权。范恩实《靺鞨与高句丽关系史研究》（《鞍山师范学院学报》2003年第1期）以靺鞨诸部中三个强大的部落——粟末、黑水、白山为中心，分别探讨了它们与高句丽的关系，从而分析6—8世纪东北亚地区的形势，明确判断史书所载靺鞨的正确指向，为一系列历史事件的正确解答提供了充分的证据。刘子敏《走出高句丽历史研究的误区》（《东疆学刊》2000年第1期）

对班固、应劭和范晔的错误说法和朝鲜史书中的有关记载进行了辨析，也对中国史书中误将高句丽同王氏高丽混为一谈的原因作了探究。

震国是由大祚荣在唐万岁通天年间（696—697）建立的少数民族政权。大祚荣是粟末靺鞨人，在唐总章元年（668）唐朝灭亡高句丽后，被唐政府强迁到了营州地区。武则天万岁通天年间（696—697），营州都督赵文翙实行民族歧视政策，导致了契丹首领孙万荣、李尽忠等领导的各族人民大起义。隋朝时趁乱南下，被高句丽打败，高句丽灭亡后被强迁到营州的粟末靺鞨人也加入到了叛乱队伍当中，在大首领乞四比羽和乞乞仲象的带领下东走。唐朝一方面授予乞四比羽和乞乞仲象二人职位，一方面派李楷固率兵追逃。其间，乞四比羽被杀，乞乞仲象病死。后大祚荣吞并乞四比羽所部，打退了李楷固的追兵，在东牟山据山倚水固守，建立了震国。

震国，学术界也通常称之为渤海国，它和高句丽一样，也是中外学术界持续讨论的问题。对震国的研究涉及各个方面，既有对震国建立者大祚荣族属的认定，也有对震国政权归属的争论；既有对震国人口的讨论，也有对其疆域的研究；既有对震国与唐朝关系的探讨，也有对震国同新罗、日本等周边国家关系的讨论。但总的来说，中外学者之间的分歧还是很大的，最主要的原因是出于政治方面的考虑。如俄国学者 Э. В. 沙弗库诺夫说："对于渤海国的历史与文化的兴趣，不仅是由于学术研究的目的引起的，而在某种程度上说还是由于政治企图引起的。"这句话虽然有点夸大其词，但不可否认，政治原因使这个问题复杂化了。下面对此领域的研究状况作一综述。先看四篇综述性文章，它们对中国、朝鲜、韩国、日本和俄罗斯关于震国的研究状况作了总结性概括。

刘晓东《中国渤海史研究的四次热潮及其代表性成果》（《北方文物》2005 年第 3 期）阐述了中国震国史研究的四次热潮及其代表性成果。刘认为，就热潮的发端与形成而言，除第一次热潮与大的社会变动或政治事件有关外，其他三次热潮均发生在新中国成立以后，而且与重大考古发现与考古成果有关。就代表性成果而言，第一次热潮仅限于文献史料的整理与研究，第二、三次热潮开始或在相当程度上利用考古资料，现在正经历的第四次热潮，则是以考古学资料为研究对象而展开的全方位震国史研究。对震国历史研究状况进行评述的文章虽然不多，但对于我们了解国内外学术界的相关研究状况必不可少。俄罗斯学者 Э. В. 沙弗库诺夫著，杨振福译《对朝鲜学者关于渤海国论著的客观评述》（《北方文物》2006 年第 1 期）对朝鲜和韩国关于震国研究的状况作了概述，作者认为在对震国及其在邻国与邻族的历史上所起作用的问题上，韩国学者所持的观点具有不小的客观性。由于历史的原因，这个国家（震国）的领土现已分属于俄罗斯、中国及朝鲜。因此，不能把震国的历史仅仅看作是上述诸国当中某一个国家历史的组成部分。震国的历史不仅是中国历史的组成部分，同样也是朝鲜等国历史的组成部分。但是，震国是历史上曾经存在过的一个政权，而当时俄罗斯的国家形态都没有形成，怎么会与震国沾上边呢？又怎么能说震国是俄罗斯历史的一部分呢？日本学者熊谷公男著，王禹浪译《日本与渤海的交流史及近年来日本方面的研究状况》（《北方文物》2000 年第 1 期）对日本学术界的震国研究状况作了概述。日本学术界认为，震国史应该属于朝鲜史研究范围，并且主张震国是高句丽的继承国（石井，1975 年）；在震国民族的构成上，近年来提出了是以靺鞨等诸民族复合形成的多元民族构成（酒寄雅志，1992 年）；对日本与震国外交关系的研究状况也进行了概述，文中认为，过去日本仅对日唐关系的历史表现出极大的关心和偏爱，现在已经意识到日罗、日震关系的重要性；在日本与震国的关系上，727 年震国派使前往日本是出于当时震国正处于孤立的外交困境中，为了打开孤立外交局面；后来，出于贸易上的考虑，才使日震关系维系了 200 年的时间。盖莉萍《五十年来俄罗斯学术界的渤海史研究》（《黑龙江社会科学》2006 年第 6 期）对五十年来俄罗斯对远东震国地区考古的组织、主要参与者和成果等作了概要介绍。

从整体上研究震国历史的几部专著，首先有必要在这里提及的是金毓黻《渤海国志长编》（哈尔滨：黑龙江人民出版社 1995 年版），孙玉良《渤海史料全编》（长春：吉林文史出版社 1992 年版），王承礼《渤海简史》（哈尔滨：黑龙江人民出版社 1984 年版），《中国东北的渤海国与东北亚》（长春：吉林文史出版社 2000 版），王承礼、刘振华《渤海的历史与文化》（延吉：延边人民出版社 1991 年版），魏国忠、朱国忱和郝庆云《渤海国史》（北京：中国社会科学出版社 2006 年版）。前两者都以史料汇编的形式，全面展现了震国的历史，是研究震国历史必不可少的基础性著作。《渤海简史》是王承礼在以往震国史研究的基础上推出的一部专著，虽然部头不大，但论述比较全面。《渤海国史》是新近出版的，也是最全面反映震国历史的一部力作，反映了震国史研究的最高水平。

靺鞨名称的研究是学术界比较关注的问题。杨军《粟末靺鞨与渤海国》（《中国边疆史地研究》2005 年第 3 期）对靺鞨、靺羯和勿吉三个族名作了探讨，认为靺鞨本名靺羯，是从勿吉音转而来的；对粟末靺鞨人降隋的时间、随突地稽内附的人数、高句丽灭亡后被迁到营州地区的粟末靺鞨的人数等问题进行了考证，认为以震国王室大氏为代表的粟末靺鞨在建立震国的靺鞨人中不占多数。李德山《白山靺鞨史论》（《社会科学战线》2006 年第 1 期）认为，白山靺鞨人作为震国的一分子，对本族本国的发展同样作出了重要贡献。在其后的历史发展中，随着整个震国的南迁，白山靺鞨部的震国人也随之南下，迁徙到了海州，即辽宁海城地区。这时，地域意义上的所谓白山靺鞨部已不复存在，消失在了历史的舞台上。魏存成《唐鸿胪井刻石与渤海政权的定名、定位及发展》（《吉林大学社会科学学报》2006 年第 1 期）通过研究鸿胪井刻石和相关文献，对震国建立的时间、政权名称、性质及震国和唐朝关系进行了考述。李玲、东青《也谈“靺鞨”名称之始见》（《北方文物》1997 年第 2 期）认为论靺鞨名称之始见者，不应含混地首推现行《北齐书》卷 7、卷 8，因这两卷已非《北齐书》原貌，而是后人取《北史》有关部分补配而成。而在探讨靺鞨名称之始见问题的同时，还要正视“靺羯”称谓的存在。纪胜利、郝庆云《渤海国初见之际国号考》（《中国边疆史地研究》2004 年第 2 期）针对目前史学术界多将渤海建国伊始称之为“震国”或“振国”的问题，根据中外文献及考古材料，认为其建国之初的国号应为“靺鞨国”，而“震国”或“振国”只是它的俗称。魏国忠、郝庆云《渤海建国前史事考》（《学习与探索》2001 年第 1 期）对震国建国前的史事做了系统的考证，认为在营州之乱时，当地靺鞨人口少说也有六万人左右，在当时当地的居民总数中无疑占了相当大的比重。他们参与了营州之乱。大祚荣东奔的时间不晚于 697 年的八月末或九月之交，东奔队伍中的主体民族是粟末靺鞨人。马一虹《古代日本对靺鞨的认识》（《北方文物》2004 年第 3 期）对震国的国号问题作了探讨，认为《续日本书记》卷 8 记载的日本人诸君鞍南所到之靺鞨国，似乎还可能泛指震国以及震国领土之外的其他靺鞨部。赵炳林《再论大祚荣政权的族称和国号问题》（《历史教学》2010 年第 2 期）认为，史书中出现的勿吉、靺羯、靺鞨不存在前后相继的关系，三种称呼基本都并存于史书中。勿吉和靺羯是北朝统治者对靺鞨的污蔑性称呼。靺鞨和渤海都是族称，而非国号。震国是国号，而非俗称。在震国和日本的交往中，日本曾称震国使者为“高丽使”，称震国为“高丽”。魏国忠、郭素美、魏建华《关于渤日交聘中的“高丽国”问题》（《北方文物》2001 年第 1 期）对此进行了考证，认为这个所谓的“新高丽国”、“北国”、高丽后续国或继承国都是难以成立的。王成国《唐代渤海国姓氏研究》（《北方论丛》2005 年第 4 期）在对金毓黻《渤海国志长编》中的《族俗考》对震国姓氏缘起和姓氏类别进行考据和研究的基础上，对震国姓氏的相关问题作了粗线条的勾勒，认为震国的姓氏结构，首先是震国王族大氏；其次是原中原汉族豪门右姓；第三是原靺鞨和部分高句丽贵族之右姓；第四是由已经汉化了的靺鞨平民和高句丽平民，以及从中原流向震国的汉人组成的庶姓群体。

震国的族属和归属问题是学术界重点讨论的问题。孙进己《渤海民族的形成发展过程》（《北方文物》1994 年第 2 期）对震国的主体民族、震国民族的形成过程及其民族特征作了探讨。武玉环《渤海与高句丽族属、族俗的比较研究》（《社会科学辑刊》2005 年第 5 期）对震国的族属问题进行了考述，并对震国和高句丽的族属、族俗进行了比较，认为震国的建立者大祚荣及其主体民族为粟末靺鞨人。郝庆云《简述渤海国主体民族的族属》（《黑龙江民族丛刊》2003 年第 2 期）认为震国的主体民族只能是靺鞨，或确切地说是粟末靺鞨，而绝非高句丽族或高句丽遗民。姜守鹏《再谈渤海国的族属问题》（《社会科学战线》2001 年第 3 期）对“别种”一词和南北国问题进行了探讨。杨军《靺鞨诸部与渤海建国集团》（《民族研究》2006 年第 2 期）结合靺鞨七部的发展演变，分析了渤海建国集团的族属问题。他认为，大祚荣出自“粟末靺鞨附高丽者”，渤海建国集团主要由原伯咄、安车骨、拂涅、白山等四部靺鞨人构成，粟末靺鞨人和高句丽人所占比例都不大。同作者《渤海“土人”新解》（《北方文物》2006 年第 2 期）认为日本史书《类聚国史》中“土人”是指震国建国初期在政治生活中起主导作用的粟末靺鞨人，“土人”的称呼，可能源自粟末靺鞨人的自称——粟末。王成国《唐代渤海国姓氏研究》（《北方论丛》2005 年第 4 期）认为，唐代震国姓氏，除王族大氏外，还有高、张、杨、窦、乌、李等右姓，以及与汉族姓氏相通的庶姓。从震国民族姓氏构成及其发展演变过程可以看出，震国姓氏是其接受中原文化后在姓氏文化上的反映。日本学者北村秀人著，陈春霞译，刘晓东校《高丽时代渤海系人管见》（《北方文物》2000 年第 4 期）以震国大氏为中心，论述高丽政治、社会中渤海系人的活动状况。郭素美《渤海国历史的归属》（《北方论丛》2002 年第 2 期）认为大祚荣及其主体民族都是我国古代的靺鞨人；震国是在中国土地上建立起政权的，是唐朝的“国中之国”；唐朝把震国视为自己的封藩和所羁縻的地方民族自治政权；震国和唐朝在政治上亲睦和好；震国灭亡后，其故地大部分在我国历朝历代的固有版图内，其后裔大多数融入汉族。臧荣《渤海国史的归属问题——谈中韩两国历史教材关于渤海国的不同表述》（《历史教学》1998 年第 6 期）通过对中韩历史教科书内容的比较研究，发现了两国在震国归属问题上的分歧，主要表现在：震国究竟是哪一个古代民族建立的？统治民族和主体民族究竟是谁？震国文化的归属应该怎样评价？和唐文化有怎样的关系？在历史渊源和最终归属上，渤海人应归入哪一个民族，最后又融入何族？作者认为，在韩国历史教科书的古史部分，还未能做到如实、客观、公正地反映历史原貌。相关研究还有孟庆山《渤海国靺鞨民族的变迁与文化发展》（《辽宁工程技术大学学报》2004年第1期）等文章。

在唐朝和震国的关系方面，学术界对双方和好方面的研究比较多，而对唐、震交恶的研究则很少。宋卿《渤海忽汗州都督府朝贡唐王朝述论》（《史学集刊》2006年第5期）从震国忽汗州都督府与唐朝朝贡关系的角度，探讨震国政权与唐朝关系的特点与目的，探讨震国政权与唐朝之间的政治隶属关系，以论证朝贡是唐代羁縻府州重要的政治统治形式之一。肖红《从渤海国和中央皇朝关系的演变看渤海国的归属性质》（《北方文物》2004年第1期）以震国与唐朝关系的演变过程入手，来具体探讨震国的归属，观察其在各个阶段上的一些具体变化，认为震国“宪象”中华，全面引进和融合大唐文化，促进了震国政治、经济和文化的发展，从而成为“海东盛国”。对震国和唐朝关系的研究，也是震国研究领域一个比较重要的方面。刘晓东《“车书本一家”的考古学诠释——论渤海文化中与中原文化的趋同性》（《北方文物》2002年第1期）从震国的都城建制、墓葬形制、陶器类型、货币经济、纪年与历法、语言与文字等六个方面，充分论证了震国文化的发展和繁荣过程，也就是震国不断向中原王朝学习、趋同的过程，体现了震国与中原王朝之间的统一关系，从而得出了震国文化是中原盛唐文化在中国东北的分支的结论。张殿甲《鸭绿江中上游高句丽、渤海遗址调查综述》（《北方文物》2000年第2期）对鸭绿江中上游震国时期的考古调查作了综述，对研究震国疆域有一定的帮助。周喜峰《论唐代渤海国儒学文化教育》（《中国边疆史地研究》2006年第2期）论述了唐代震国儒学文化教育的宗旨、内容及其影响，指出作为唐朝地方政权的震国，不仅在政治制度等方面仿效唐朝，而且在文化教育方面也学习唐朝，将中原的儒学文化作为其教育的主要内容。日本学者上田正昭撰，王维坤译《古代日中关系史上的问题点——以隋、唐、渤海的交流为中心》（《西北大学学报》1996年第3期）认为古代日中关系是极其和平友好的，但遣唐外交并不是在和平友好的气氛中展开的，而是在极其紧张和对立的复杂环境下进行的。同时作者还认为，在遣唐外交的背后，还存在着日本和震国之间的交流关系。对于震国和唐朝矛盾的方面，学术界涉及很少。俄国学者Э. В. 沙弗库诺夫著，杨振福译《索格狄亚那人的貂皮之路》（《北方文物》2003年第1期）一文曾有论及，认为安禄山叛乱后，震国很快与安禄山建立起了友好关系，这就导致了唐朝平息叛乱后唐与震国关系的急剧恶化。

震国在建立初期为了和大唐对抗，结援日本、新罗和突厥。对他们之间关系的研究也引起了学术界的兴趣，但在研究过程中，不可避免地受到了政治的影响，有些结论是很牵强和不能服众的。崔粲、杜尚侠《渤海与日本通聘目的及影响初探》（《首都师范大学学报》1995 年第 3 期）认为不仅唐朝的中央政权与日本友好往来，而且隶属于唐朝的地方民族政权也与日本保持友好的通聘关系；震国聘日的首要目的是发展经济、进行贸易，其次是进行文化交流。日本还有明显的政治目的。魏国忠《论渤日关系中的对等外交》（《日本学刊》1996 年第 1 期）认为震国在和日本的交往过程中，始终坚持对等外交，不肯称臣或事大于日本。俄国学者 Э. В. 沙弗库诺夫著，杨振福译《索格狄亚那人的貂皮之路》（《北方文物》2003 年第 1 期）对震国和日本的经济交流也有较多论述。王承礼、王巍《从朝贡外交看渤海和日本的关系——以国书体例和聘使往还年限之争为中心》（《北方文物》1996 年第 4 期）认为，从 192 年间两国的朝贡外交看，睦邻友好是外交关系的主流，但由于日本与震国国力不同，日本坚持把震国视为藩国，以上国的姿态要求震国称臣纳贡，而震国最初坚持自主独立，中期以后又迫于日本的压力趋于妥协，使两国关系的发展出现了许多不愉快与矛盾，给两国外交蒙上了许多阴影，导致两国关系受到了扭曲和损害。

对震国历史地理的研究也是震国政权研究中的一个重要方面。孙秀仁、朱国忱《渤海国上京京畿南北交通道与德理镇》（《黑龙江民族丛刊》1994 年第 3 期）对震国上京京畿南道的具体经路与走向、震国上京黑水道的经路与走向和上京黑水道的重要关隘德理镇的具体位置进行了考证。另外在一些专著和前面的综述中，对震国的地理历史等问题有所论列，兹不赘述。

震国和高句丽是否有继承关系？中外学术界有着截然不同的观点。国外学者认为震国就是高句丽的继承国，而中国学术界则认为两者不存在继承关系。震国和高句丽之间的关系是东北史研究的重要内容，也是中外学术界研究的一个热点。对这个问题的研究涉及政治、民族关系，也涉及民族和政权归属的问题。张碧波《高句丽与渤海论略》（《黑龙江民族丛刊》2001 年第 3 期）对高句丽国与震国的关系、震国与高句丽遗民的关系进行了研究。王成国《渤海是继承高句丽的国家吗?》（《社会科学战线》2001 年第 6 期）认为震国非但不是高句丽的继承国，也不是与高句丽同源同宗的民族，但二者都是源于中国东北的古代民族。同作者《渤海与高句丽比较研究》（《学习与探索》2004 年第 1 期）认为，高句丽和震国是两个族源族属、文化属性截然不同的民族。族源上，二者虽土生土长于中国东北，但民族形成的轨迹却各不相同；文化上，震国文化不是高句丽文化的继承者，所谓的“海东文化”实则是汉化了的震国文化，这与高句丽固有文化占主导的情况大相径庭；政权上，震国民族政权不是高句丽政权的延续，震国政权的建立与高句丽的灭亡并没有丝毫的因果关系和内在联系。张碧波《关于渤海王室高句丽意识的考辨》（《北方论丛》2002 年第 1 期）认为，震国的主体民族及其领袖大祚荣为中国东北地区的粟末靺鞨族，震国为唐朝的一个边疆州和地方政权。魏国忠、郭素美《“海东盛国”——渤海在历史上的地位和作用》（《满族研究》2005 年第 2 期）认为震国在其存在的 200 多年时间里，不但开放进取和善于吸收先进文明的特点，创造出丰富多彩、饶有特色的灿烂文化，而且同周邻各国各族密切联系，积极开展经济文化方面的交流，因而在八九世纪东北亚地区的国际关系中扮演着重要的角色，具有举足轻重的地位。

以上是对檀君朝鲜（姑且把檀君朝鲜作为政权，以便行文）、箕氏朝鲜、卫氏朝鲜、高句丽、震国五个政权实体研究状况的全面回顾。总体来看，关于这方面的研究形势喜人，硕果累累。这些研究为我们正确了解历史时期东北诸民族政权提供了必要的条件。但金无足赤，人无完人，任何东西都有它的不足之处，历史时期东北诸民族政权归属的研究也概莫能外。原因是多方面的，就客观原因而言，因为上述所讲的东北诸民族政权所在地域已经成了俄罗斯、朝鲜和中国的一部分，相关国家也把其纳入到了他们国家的历史研究范围，这些古代民族也事实上成为了跨国民族。而且，关于东北民族政权的资料本身就不多。这些无疑给相关领域的研究和交流带来了很大困难。从主观方面看，古代东北诸民族政权研究，是一个相当敏感的问题，既是历史问题，也是政治问题，所以，在研究过程中，不可避免地会出现一些学术问题政治化的倾向。这种政治化倾向的存在在一定程度上遮蔽了历史的真相。从相关论文的发表情况来看，正面的、和政府观点相一致的文章发表得多，而与之相左的文章则相对要少。这就导致了学术界众口一词、千人一面的状况。“学术无禁区”只能存在于理论层面，在现实研究中，还客观存在着这样那样的“敏感区域”，让人裹足不前。由于这个问题，中外学术界在对此领域的研究上，往往是带着某种特定目的寻找有利于支撑自己观点的史料，甚至不惜掐头去尾、断章取义而缺乏对史料的完整掌握和理解。而且，对其研究的随意性很大，如对同一条河，可以说它是半岛最北的河流，也可以说是最南的河流。甚至同一作者的不同文章里，对一条河流的说法也不一样。

最明显的例子，如浿水，有的学者说是鸭绿江，有的说是清川江，有的说是大同江，也有的说是载宁江。这真是众说纷纭，令人眼花缭乱。虽然研究成果卓著，但形成定论的很少，绝大多数论题还存在着争议。有些问题在国内基本形成了定论，但国外却并不认同；相反，有些问题在国外基本形成了定论，在国内则完全相反。更为严重的是，这些分歧并没有弥合的趋势。真理只有一个，所以，最后的结论应该是趋同的，而不是两条平行线。造成这种情况的原因，也确实需要中外学者和政治家深思和反省了。疆域的形成是几千年变迁的结果，应该放在历史的长河里去看待这一问题，不应用静止的观点去规定古代的疆域和归属。“历史是发生过的事实，它是应该最没有意识形态化的，是什么就是什么，时间、地点、人物都是死的，事件的整个来龙去脉，都是客观的。若拼命用某一种主观意识给它朝某一个方向去解释，这本身很成问题，因为历史的根本就是追求真相”①。这是著名自由学者傅国涌就《南都周刊》记者深度采访上海市历史教科书试点失败问题时所发表的言论，姑且引用在此。

基本概念的界定

本书所要探讨的东北民族政权，包括了檀君朝鲜、箕氏朝鲜、卫氏朝鲜、高句丽和震国五个政权。檀君朝鲜就是朝鲜神话传说中的檀君在王俭（今朝鲜平壤）建立的国家，虽然是神话传说，但也是朝鲜民族文化的重要内容和朝鲜人民精神生活的一部分。本书对檀君朝鲜的研究，主要是对其真伪进行探讨。箕氏朝鲜是商末遗民箕子东走朝鲜后建立的国家。本书主要就其族属，东走，和周朝、汉朝关系等问题来探讨其归属等问题。卫氏朝鲜是燕人卫满在西汉末年东逃朝鲜后建立的政权，本书从其族属、卫满的身份认定、疆域和西汉关系等方面探讨其归属问题。高句丽是兴起于西汉玄菟郡高句丽县境的一个政权，建立者为朱蒙，本书主要从其族名、族属、民族构成、疆域、灭亡后的人口和土地流向，中国及周边少数民族的关系，史书对其归属问题的记载等方面讨论其归属等问题。震国是粟末靺鞨人大祚荣建立的政权，本书从其族名、族属、疆域、和唐朝及周边国家的关系、灭亡后人口和土地流向等方面讨论其归属问题。也就是说，在本书中，族名、族属、民族构成、疆域沿革、人口和土地流向、和中原王朝及周边政权的关系等方面是讨论东

① 徐友渔、傅国涌：《权力废掉了“历史”》，《南都周刊》2007 年 10 月 9 日。

北诸民族政权归属等问题的几个重要因素。这些也构成了本论题研究的主要内容。

“归属”是一个历史概念。对它的认识，也是学术界热烈讨论的问题。本书认为，归属是有其充分和必要条件的。什么是充分条件？充分条件就是构成一个事物必须要具备的条件，但由于历史是一个非常复杂的事物，其充分条件的形成应该是多种因素的组合，而非一两个条件就能达到的。什么是必要条件？对于政治实体来说，就是作为一个政权所应该具备的基本特征。举例而言，纳贡、册封是政权归属的必要条件，也就是说，藩属国向宗主国纳贡和宗主国对藩属国封官是作为宗藩关系的重要特点而存在的。收税、驻军、派官是政权归属的充分条件，只有那些被收税、驻军和直接任命官员的地区才是一个国家的重要组成部分。

“族属”和“归属”是两个互相联系而又相互区别的概念。由于历史的变迁、人口的迁移，很多民族都成了跨国民族，如高句丽族、渤海族等。造成的结果是，同一族属的民族往往属于两个或多个国家，一个国家往往由多个民族组成。“归属”往往是对政权而言，指政权和政权之间关系的规定性。不能把族属和归属两个概念混同起来，但学术界往往有人要把它们生硬地等同起来，造成了研究上的极大混乱。

第一章　古朝鲜的历史沿革

第一节　檀君神话及其相关问题

一、一然《三国遗事》对檀君的记载及对“朝鲜”地名的考释

在对古朝鲜问题进行专题探讨之前，不得不对“檀氏朝鲜”问题作一澄清，因为不管其是否存在，檀君及“檀氏朝鲜”已经成为学术界探讨的一个重要论题，也是朝鲜人民文化生活中的一个重要组成部分。檀氏即“谭君”，又名“坛君”，被现今朝鲜和韩国视为民族之祖、开国之君。据一然和尚《三国遗事》关于檀君引用的情况观之，檀君源自《古记》和《魏书》。可见，最早记载檀君之事者，当为《古记》，但其已经佚失（姑且这么说，后面再展开讨论）。后人将《三圣记》、《 檀君世纪》、《北夫余纪》、《太白逸史》等书汇总在一起，名曰《桓檀古记》。《魏书》也是先《三国遗事》而记载檀君神话的古书，但这里的《魏书》绝非魏收所著的《魏书》，当另有所指，也已佚失。或者根本就不存在一然所说的《魏书》，也许是一然为了增加檀君神话的可信度而假托的产物。朝鲜《三国遗事·纪异二·古朝鲜》引述两书如下：

> 《魏书》云：“乃往二千载，有坛君王俭，立都阿斯达。开国号朝鲜，与尧同时。”《古记》云：“昔有桓因庶子桓雄，数意天下，贪求人世。父知子意，下视三危太白，可以弘益人间，乃授天符印三个，遣往理之。雄率徒三千，降于太白山顶神坛树下，谓之神市，是谓桓雄天王也。将风伯、雨师、云师，而主谷、主名、主病、主刑、主善恶，凡主人间三百六十余事，在世理化。时有一熊一虎，同穴而居，常祈于神雄，愿化为人。时神遗灵艾一炷、蒜二十枚曰：‘尔辈食之，不见日光百日，便得人形。’熊、虎得而食之，忌三七日。熊得女身，虎不能忌，而不得人身。熊女者无与为婚，故每于坛树下咒愿有孕。雄乃假化而婚之，

孕生子，号曰坛君王俭。以唐尧即位五十年庚寅都平壤，始称朝鲜。又移都于白岳山阿斯达，又名弓忽山，又今弥达，御国一千五百年。周武王即位己卯，封箕子于朝鲜，坛君乃移于藏唐京，后还隐于阿斯达，为山神，寿一千九百八岁。”①

上引史料中的“白岳山”即今朝鲜宁边境内的妙香山，阿斯达山为今朝鲜九月山。对于“朝鲜”的得名，从《朝鲜史略》看，是以地形“东表日出之地”② 而得名的。明代郑若曾也认为，“朝鲜”是以地得名，其作《郑开阳杂著·朝鲜考》云：“朝鲜国近日本，以其在东，朝日鲜明，故名。”③ 郑若曾之说委实有点牵强附会。“日本”一名是比较晚才出现的，但“朝鲜”一词至迟在商周时就出现了。《史记·朝鲜列传》引《集解》张晏曰：“朝鲜有湿水、洌水、汕水，三水合为洌水，疑乐浪、朝鲜取名于此也。”④《索隐》：“朝音潮，直骄反。鲜音仙。以有汕水，故名也。汕一音讪。”⑤ 也就是说，“朝鲜”的得名与水有关。张博泉持“以水得名说”。他的证据有两个：郭沫若在《殷契粹编》中释“朝”为“萌”⑥；《易·明夷》中有“箕子之明夷”⑦。张博泉根据以上两书所提供的信息，认为，“萌”即“明”。再根据《三国志·魏书·东夷传》中“箕子既适朝鲜”⑧ 的记载，他认为，“朝

① ［朝］一然著，孙文范等注：《三国遗事·纪异二·古朝鲜》，长春：吉林文史出版社 2003 年版，第 30 页。

② （明）无名氏：《朝鲜史略》卷 1，四库册 466，第 368 页。

③ （明）郑若曾：《郑开阳杂著》卷 5，《朝鲜考》，四库册 584，第 565 页。

④ （汉）司马迁：《史记》卷 115，《朝鲜列传》，北京：中华书局 1959 年版，第 2985 页。

⑤ （汉）司马迁：《史记》卷 115，《朝鲜列传》，北京：中华书局 1959 年版，第 2985 页。

⑥ 郭沫若：《殷契粹编》，北京：科学出版社 1965 年版，第 1039 页。

⑦ （魏）王弼：《周易注》卷 4，四库册 7，第 232 页。

⑧ （晋）陈寿：《三国志》卷 30，《魏书·东夷传》秽条，北京：中华书局 1959 年版，第 848 页。

鲜”的古义为“明夷”，为东方“九夷”① 之一。张碧波也认为，朝鲜的古名为“明夷”，并且说它与“旸谷”、“明夷”一样均属汉语言文化，来源于东方海上日出之象②。张碧波的观点无疑是值得商榷的，因为古朝鲜语明显不属于汉语语系，学术界到现在都搞不清楚它究竟属于哪个语系，而这成为语言学术界的一大疑团。黄力鸿、吴晋生用阴阳八卦分析了朝鲜的得名，说朝鲜之名可能来自离卦，离卦代表日、东，东方为日，故名日本，早晨能看见鲜红的太阳，故名朝鲜③。

可以看出，对“朝鲜”一词的解释比较有说服力的大致有两种：一是以水得名，一是以日得名。笔者认为，用单纯的汉语系统去解释“朝鲜”一词的含义及其得名，这种研究方法本身是值得商榷的。因为，“朝鲜”的得名最有可能是源自于古朝鲜语言。从《三国史记》、《高丽史》的《地理志》中可以看出，有很多古朝鲜的读音在史书中遗留了下来，而它们是不能用汉语去释读的。如《三国史记》卷 35 载，新罗滨阳县原为高句丽的杨根县，古朝鲜语称为“去斯斩”。《高丽史》卷 58 载，高句丽大杨菅郡，古朝鲜语称为“马斤押”。很明显，“去斯斩”和“马斤押”都是古朝鲜语音，它们是不能用汉语去解释的，这样的例子，不胜枚举。这说明，在高句丽时期和统一新罗时期，甚至王氏高丽时期，在地名的读音上，既有古朝鲜遗留下来的读音，也有从中国传过去的汉语读音。所以，在古朝鲜时期，肯定有区别于汉字的语言系统，虽然没有文字，但作为语音这个活标本还是部分地保留了下来。所以作为国名的“朝鲜”为古朝鲜语的可能性是很大的。

二、《桓檀古记》的成书年代和内容

从《三国遗事》引用的情况看，最早记录檀君及其建国问题者当为《古

---

① 关于九夷的说法，《后汉书·东夷传》载，夷有九种，“曰畎夷、于夷、方夷、黄夷、白夷、赤夷、玄夷、风夷、阳夷”。梁沈约注《竹书纪年》卷上载：“（帝芒）二十一年命畎夷、白夷、玄夷、风夷、黄夷、阳夷。”只说了六种夷，可能是缺略所致（见四库册 303，第 10 页）。宋王应麟《诗地理考·四海》载：“《尔雅》九夷八狄七戎六蛮，谓之四海。《疏》曰，‘夷类有九：畎夷、千夷、方夷、黄夷、白夷、赤夷、玄夷、风夷、阳夷’（见四库册 75，第 672 页）。“千夷”可能是“于夷”之误。宋郑樵《通志·东夷序略》说：“夷有九种，曰畎夷、千夷、方夷、黑夷、白夷、赤夷、元夷、风夷、阳夷。故孔子欲居九夷也。”（《通志》卷 194，台北：新兴书局 1965 年版，第 3105 页）

② 张碧波：《朝鲜研究的误区》，《黑龙江民族丛刊》1999 年第 4 期。

③ 黄力鸿、吴晋生：《“箕子朝鲜”钩沉》，《北方文物》2001 年第 3 期。

记》。对于《古记》及其相关问题的研究，到目前为止，国内学术界可以说是只知其名，不知其余。由于对其缺乏必要的解读，严重影响了学术界对檀君问题的深入探讨。笔者认为造成这种状况的最重要的原因是学术界很少有人能看到这本书。《桓檀古记·凡例》载："古记引用始自一然氏之遗事，而今其古记不可得见，乃以《三圣记》、《檀君世纪》、《北夫余纪》、《太白逸史》合为一书，名曰《桓檀古记》。"《桓檀古记》和《古记》是否为同一本书？我们从文献学的角度来探究，也许能窥探出其中之究竟。

首先，我们从《桓檀古记》的字里行间窥探一下其成书年代。在《古记》的第二部分，即《三圣记下》中，谓其作者为元董仲。对"元董仲"，稍一疏忽，就容易错过一个重要的历史时间信息。因为在其他部分中，都没有注明朝代，只写作者。所以"元董仲"往往会在通常情况下被认为是一个姓元名董仲的人。但实际上，"元"是朝代名，即元朝。因为在当时，高丽已经被蒙元征服，成为元朝的征东行省，所以在名称前加"元"理所当然，可能为元人之意。文中的内容也印证了笔者的假设。《檀君世纪》载："呜呼痛矣！夫余无夫余之道，然后汉人入夫余也。高丽无高丽之道，然后蒙古入高丽也。若其时之制，先而夫余有夫余之道，则汉人归其汉也。高丽有高丽之道，则蒙古归其蒙古也。"据此看出，《三圣记下》成书时间的上限在蒙元征服高丽之后，即高丽高宗时期或以后。前面已经述及，《檀君世纪》为《桓檀古记》之一部分。而此段文字中的"蒙古入高丽"之事当也发生在高宗时期。而《桓檀古记》各部分的成书时间也应大体同时。

《古记》和《桓檀古记》是否为同一书？从《桓檀古记·凡例》的记载看，它们是两本不同的书。但笔者认为，它们为同一书的可能性是很大的。第一，如果《古记》是记录古朝鲜时期书籍的话，檀君神话早就应该在中国的《史记》、《汉书》等古籍中有所反映。对这么重要的历史信息，中国古代史家是绝对不会放过的。中国的古代史家基本都能秉笔直书，虽书中也会夹杂一些荒诞不经的叙述，但檀君神话也不可能因有荒诞内容而被拒载。第二，从檀君神话大规模出现的时间看，都在蒙元征服高丽之后。在面临国破家亡的情况下，朝鲜文人的民族自觉意识被唤醒，他们开始利用融通佛道诸子的丰富知识，编造了既能"弘益人间 "，又能抵御外侮的建国神话，这是檀君神话出现的历史语境。从这两点可以得出结论，在《桓檀古记》问世之前，不可能再有什么《古记》了。要有的话，也是一然为了增强神话的可信度和提高神话的感召力而有意作的假托。从而可以断定，它和《三国遗事》基本上为同一时期的著作，只不过前者稍微早一点罢了。

《桓檀古记》由《三圣记》、《檀君世纪》、《北夫余纪》、《迦叶原夫余纪》、《太白逸史》、《桓檀古记》、《神市开天记》七个部分组成。《三圣记》由上下两篇组成，上篇记载了桓因建国、桓雄弘益人间、檀君建立古朝鲜、箕子东迁、卫满建国、汉武帝灭右渠、高邹牟建立高句丽等事，也就是记载了高句丽建国之前古朝鲜的事情。文章充斥着道教思想。其中贯穿着桓檀朝鲜、箕子朝鲜、卫氏朝鲜和高句丽一以贯之的统续观念。下篇记载了桓因、桓雄弘益人间，熊女化人，桓国发展，蚩尤和轩辕争斗等内容，把蚩尤视为自己的祖先。

《神市开天记》记载桓雄所建国家的传世情况。神市是其所在国家的首都名称，后来迁到了青邱国，传18世，历1565年。

《桓君世纪》由《序》和正文两部分组成。《序》论述了史学和士气、政与气、人与道的关系，人、性、神、气、命之间的关系，指出了国家危亡的原因是由于国家无道。从《序》中可看出，高丽知识分子为了树立民族自信心、反抗蒙元入侵而进行的努力，包括要建立自己的史学体系的努力。可见，元朝征服高丽，彻底唤醒了朝鲜民族的自主意识、主体意识、自觉意识和存亡意识。这就无意中表明了檀君神话为后人编造的事实。《檀君世纪》记载了历任檀君在位时期的活动，其间经历了从檀君王俭到第四十七世檀君古列加共3616年的历史。内容比较丰富。

《北夫余纪》由上下两篇构成。上篇记载了从始祖檀君解慕漱到四世檀君高于娄153年的历史；下篇记载了从五世檀君高豆莫到六世檀君高无胥24年的历史。

《迦叶原夫余纪》记载了始祖解夫娄、金蛙、带素三世47年的历史。

《太白逸史》由《三神五帝本纪》、《桓国本纪》、《神市本纪》、《三韩管境本纪 》、《苏涂经典本训》、《高句丽国本纪》、《大震国本纪》、《高丽国本纪》八部分构成。《太白逸史》实际上是对上述各书的总括性记载。可以看出，《太白逸史》的成书年代一直到了高丽的后期。这也与笔者前面所说《桓檀古记》成书年代的下限基本一致。

三、一然及其《三国遗事》

檀君神话最早见于《桓檀古记》，到后来才收入高丽僧人一然编写的《三国遗事·纪异》中，从而使该神话得以保留下来。13世纪以后出现在李承休《帝王韵记》、《东国李相国集》、《世宗实录·地理志》，权近《应制诗注》和《龙飞御天歌》，李重焕《八域志》等朝鲜古籍及中国明朝无名氏著的《朝鲜史略》等文献中，但它们都是以《三国遗事》为蓝本的①。记载檀君神话最早者为《古记》（当为《桓檀古记》），这一点应该是没有问题的。但是学术界多认为檀君神话源自《三国遗事》，这是错误的②。实际上，是《遗事》引用了《古记》的记载。

一然，原名金见明，字晦然，号无极、睦庵，后改称一然，法号普觉，高丽庆州獐山县（治今韩国庆尚北道庆山郡）人，生于高丽熙宗二年（1206，元太祖元年）。一然九岁时便出家到海阳无量寺当了和尚，十四岁从陈田寺大雄披剃。后在多座寺庙攻读禅经，22岁时就因学业优秀而闻名遐迩，并获禅科应试及第。及第后又在琵琶山、吾鱼寺、仁兴寺、麟角寺等寺庙参禅，成为高丽曹溪宗迦智山系著名僧人，曾任三重大师、禅师、大禅师。一然精通诸子百家之说，著述甚丰，撰有佛教书籍百余种，但大多已经失传。76岁时，忠烈王赐予其“冲照”之号，册封他“国尊”这一国家最高僧籍。1283年，一然被封为“国尊”。1287年7月8日，一然在庆北义兴麟角寺溘然长逝，享年84岁。

一然和尚在收集和整理9世纪以前的朝鲜传说和歌谣方面有一定的贡献。《三国遗事》是一然晚年的著述，共有五卷，分为王历、纪异、兴法、塔像、义解、神咒、感通、避隐、孝善九个部分。从此书分科方式来看，可能受到了中国《梁高僧传》等僧传的影响。该书叙述了高句丽、百济和新罗的历史和佛教传布的情况。尽管该书有“怪力乱神”的荒诞描写，但也反映了朝鲜半岛古代社会的政治、经济、文化等方面情况，更是语言学、民俗学、历史地理学、宗教学及雕刻、建筑、美术等方面的珍贵资料，是一部文献价值很高的史书，也是朝鲜古代的宝贵文学遗产之一。该书的成书年代为13世纪80年代前后。

四、檀君朝鲜是神话传说

对于檀君存在与否的争论，一直是学术界讨论的一个热点。檀君朝鲜是否为信史，也是中外学术界一直争论不休的问题。否定者和肯定者都有其言之凿凿的根据。否定者认为，檀君记事荒诞不经；《三国遗事》是私人著述，

---

① 傅朗云：《朝鲜民族族源神话研究》，《黑龙江民族丛刊》1995年第2期。

② 产生错误的原因主要是很多学者并不知道《古记》、《世纪》到底是什么样的书。如张琏瑰说，“内容和成书年代不得而知”。（《檀君与政治》，《中共中央党校学报》1997年第3期）其实，《古记》就是《桓檀古记》，《檀君世纪》是《桓檀古记》中的重要部分，主要叙述了檀君的世系等内容。

无史料根据；金富轼《三国史记》和徐兢《宣和奉使高丽图经》不载其事；魏收《魏书》也无相关记载。肯定者认为，檀君记事荒诞不经，正好说明其来自古代，保留了原始的东西；保存了原始社会的生活痕迹和原始思维，具有一定的社会、历史和文化意义，有一定的真实性；《遗事》所言并非无根据。一然是一个治学严谨、通贯诸子佛道的高僧，学识渊博，不可能凭空捏造①。

我们有必要一分为二地看待否定者和肯定者的根据，不能全盘地肯定，也不能一概否定。笔者认为檀君朝鲜杜撰的可能性是很大的。但这个杜撰绝对不是从一然和尚开始的，因为他只是引用了《魏书》和《古记》的内容。笔者的怀疑点在《魏书》上，首先，魏收所著述的《魏书》没有记载檀君之事。如果是记载曹魏时期历史的《魏书》，那么陈寿《三国志·魏志》肯定会有所提及。再者，司马迁《史记》、班固《汉书》和范晔《后汉书》也丝毫没有提及檀君之事。而这些史书中也有一些荒诞不经的记载。中国史书中出现檀君，主要在明清时期。如明代郑开阳《郑开阳杂著·朝鲜考》，明代无名氏《朝鲜志》，清代钟渊映《历代建元考》、《骈字类编·檀君》、《佩文韵府·檀君》，揆叙《使朝鲜杂诗五首》等书中都有关于檀君的记载。这些著述的成书年代都在蒙元征服高丽以后，也就是说基本上无一例外地取材于《三国遗事》。这就更加肯定了檀君是高丽末年文人杜撰的事实。

所以，爱国和尚一然有可能为了增强檀君的可信度，假托已经失传的《魏书》。这种情况在古今史家中也是存在的。

由于行文需要，关于《古记》的问题在前面已经做过讨论，这里不再多说。要强调的一点是，《古记》和《桓檀古记》是同一种书，也成书于蒙元征服古朝鲜之后。即使有先于《桓檀古记》的《古记》，那也和《魏书》一样，都是一然假托的结果，同样不足为信。

据此，笔者认为，在蒙古入侵高丽之前，可能从根本上说就没有檀君这个传说。它就是高丽的有识之士为了增强朝鲜民族的主体性，抵御蒙古入侵而精心编造的建国神话。对此，张琏瑰曾经指出过，他说："一然作《遗事》，利用撰述稗史演绎檀君，借宣扬民族始祖，激扬民族精神，表示对蒙元压迫之抵抗。"②但一然并不是檀君神话的最初杜撰者。如果之前有的话，中国正史是不会弃而不顾的。宋人徐兢在《奉使高丽图经》中也记述了很多高丽的怪异之事，但却没有记载到檀君，就很深刻地说明了这一问题。

①②　张琏瑰：《檀君与政治》，《中共中央党校学报》1997 年第 3 期。

至于学术界所说的檀君之事荒诞不经等，并不能够作为否定檀君的根据，因为很多民族都有过建国神话。对此应该客观看待，不能人云亦云。

所以，檀君朝鲜并不是信史，而是爱国的高丽人在蒙元不断侵扰、国家遭受灭顶之灾时，为了唤醒国人的民族意识，奋起抵抗蒙古人入侵而精心编造的建国神话，然后经过文人仕宦的不断加工和渲染，最终成为朝鲜人民文化生活中的重要组成部分。檀君神话是高丽中后期和朝鲜时期为了树立“主体史学”、反对“事大史学”、增强民族自觉、抵御外侮的结果。

五、国际关系中檀君的际遇变化

由于檀君神话的出现本身就是复杂政治斗争的体现，故对它的态度往往也随着国际关系的变化而有所不同。“二战”之后，南北朝鲜分立，分别倒向资本主义阵营和社会主义阵营。韩国一致认为檀君是真实存在的，而朝鲜学术界则认为是虚构的。1993 年 10 月，朝鲜宣布发现了檀君的遗骨，进而认为他是真实的存在，遂建立起规模宏大的檀君祠、檀君陵之类的纪念物，同时对境内的箕子墓进行了全面的清理。

现在让我们把这个事件放在历史的大环境中进行探讨。1989 年苏中关系的正常化及次年苏韩外交关系的建立，使朝鲜的战略地位急剧下降。1991 年底苏联的解体也使中国的战略地位受到影响。在这种情况下，朝韩双方关系开始缓和，中国和韩国的关系也开始解冻。1992 年，朝韩两国同时加入联合国，说明朝鲜承认了韩国。这为中韩建交铺平了道路。1992 年 8 月 24 日，中国和韩国正式建立外交关系。

中韩建交对朝鲜刺激很大，使朝鲜与中国的传统友谊遇到了前所未有的困境，朝鲜开始向中国提出领土要求，批评中国的改革开放政策等。在这种境况下，朝鲜端出檀君是可以预料的。故朝鲜承认檀君与否，完全取决于中朝关系的冷热变化。

从檀君出现的时代、内容及不同国际关系中的际遇等方面看，檀君及其檀氏朝鲜只是应时而撰的神话，并非信史。朝鲜史专家刘子敏也说，“所谓‘古朝鲜’即指箕氏朝鲜和卫氏朝鲜，所谓的‘檀君朝鲜’仅是神话，并非信史”①。故不能把它视为古朝鲜的第一个政权，古朝鲜的真实历史应该从箕氏朝鲜算起。檀君只能作为文学化的形象，出现在文学作品中。

① 刘子敏：《高句丽族源研究》，《社会科学战线》2002 年第 5 期。

第二节 箕氏朝鲜及相关问题

一、箕子及其相关问题考证

(一) 箕子及其东走、来周时间

中国正史皆以箕氏朝鲜为古朝鲜的起始王朝。箕子实有其人，并非虚构，"箕，国名，子爵"①。"微子、箕子，实是畿内采地之爵，非畿外治民之君，故云子也"②。《尚史·箕子》谓"箕子名胥余，纣之亲戚，或以为诸父，或以为庶兄"③。《史记·宋微子世家》云"箕子者，纣亲戚也"④。他是商纣王时的重臣，官至太师，位至三公。孔子曰"商有三仁焉"⑤，箕子即其一。他是对朝鲜产生过重大影响的一位历史人物，受到世代朝鲜人民的尊重和爱戴，高句丽人"事灵星神、日神、可汗神、箕子神"⑥。在20世纪90年代以前的朝鲜和韩国，还有祭祀箕子的祠庙。商纣王荒淫无道，"傲然酒池肉林之间"⑦，拒谏饰非，群臣不附，国势日下。"三仁"力谏无果，比干被剖心观窍，微子无奈隐去，箕子佯狂为奴。"微子之去，箕子之奴，比干之死，各反之于心而各得其致身之地"⑧。周灭商后，周武王命召公"释箕子之囚"⑨。箕子不忍商亡之痛，远走辽东，建立古朝鲜国。

箕子是哪年远走辽东的？要解决这个问题，首先要搞清楚周灭商的时间。我们还是从周武王孟津观兵谈起，因它是周灭商的前奏。《史记·周本纪》："文王绪业九年，武王上祭于毕，东观兵至于孟津。"⑩《皇王大纪·纣

---

① (明) 王樵：《尚书日记》卷9，《洪范》，四库册64，第477页。
② (魏) 郑小同：《郑志》卷上，四库册182，第328页。
③ (清) 李锴：《尚史》卷24，《箕子》，四库册404，第412页。
④ (汉) 司马迁：《史记》卷38，《宋微子世家》，北京：中华书局1959年版，第1609页。
⑤ (宋) 时澜：《增修东莱书说》卷14，《尚书·微子》，四库册57，第266页。
⑥ (后晋) 刘煦等：《旧唐书》卷199上，《高丽传》，北京：中华书局1975年版，第5320页。
⑦ (宋) 时澜：《增修东莱书说》卷14，《尚书·微子》，四库册57，第268页。
⑧ (宋) 时澜：《增修东莱书说》卷14，《尚书·微子》，四库册57，第270页。
⑨ (汉) 司马迁：《史记》卷3，《殷本纪》，北京：中华书局1959年版，第108页。
⑩ (汉) 司马迁：《史记》卷4，《周本纪》，北京：中华书局1959年版，第120页。

王》“西伯薨，葬于毕。”① “毕，文王墓地名也。”② “毕星主兵，故师出而祭毕。”③ 可见，“毕”既指文王墓，又指毕星。“绪业九年”为周武王继位第九年（纣王三十二祀）。那么，为什么要称“文王绪业九年”呢？周文王受命灭商，但未完成，武王“以大统未集，安有改元称王之事?”④ 故继位而不改元。“绪业”可理解为继承文王的未竟灭商事业。

《史记·周本纪》把孟津观兵的时间说为文王绪业九年。但《集解》谓：“武王十一年东观兵，十三年克纣。”⑤《金滕篇》云：“十一年武王服阕，观兵孟津，十三年克纣，十五年有疾，周公请命，王有瘳，后四年而崩，则武王年九十三年矣。而太史公云九年王观兵，十一年伐纣，则以为武王即位年数与《尚书》违甚疏矣。”⑥ 为什么《史记》与《集解》及《金滕篇》所记时间不一致呢？这是有原因的，《皇王大纪·纣王》载：“因文王，九年为十一年。”⑦《尚书全解·周书》也说：“上承文王之年为十一年”⑧。“九年”、“文王之年”都是指文王绪业九年。为什么要把“九年”改为“十一年”呢？原因有二：文王受命⑨九年即亡，而自己伐纣时，恰好又是文王绪业九年，出于忌讳，把九年改为了十一年；行将灭商，意即文王的“受命”之事和“绪业”任务即将完成，必须要使用自己的年号。

孟津观兵后，周是否立即向商发起了进攻，史书记载是有分歧的。前引《集解》和《金滕篇》都载，孟津观兵后，并没有立即发起进攻，而是两年后才发起灭商战争的。《史记·周本纪》也说是“居二年”后，才“遍告诸

① （宋）胡宏：《皇王大纪》卷10，《纣王》，四库册313，第108页。

② （明）陶宗仪：《说郛》卷28上，《鸡肋·上祭于毕》，四库册877，第547页。

③ （清）惠士奇：《礼说》卷6，《春官一》，四库册101，第508页。

④ （宋）胡宏：《皇王大纪》卷10，《纣王》，四库册313，第97页。

⑤ （汉）司马迁：《史记》卷4，《周本纪》，北京：中华书局1959年版，第121页。

⑥ （汉）司马迁：《史记》卷4，《周本纪》，北京：中华书局1959年版，第121页。

⑦ （宋）胡宏：《皇王大纪》卷10，《纣王》，四库册313，第111页。

⑧ （宋）林之奇：《尚书全解》卷23，《周书》，四库册55，第437页。

⑨ “受命”和“绪业”是两个不同的概念。何为受命？《尚史》卷5引《史记正义注》云：“二国相让后，诸侯咸尊西伯为王，盖此年受命之年称王也。”（四库册404，第72页）。《史记正义》卷4引《帝王世纪》云：“文王即位四十二年，岁在鹑火，文王更为受命之元年，始称王矣”。（《史记》卷4，北京：中华书局1963年版，第119页）而后者是因文王未完成克商事业，武王继位时，为了继承其父遗志，只称“绪业”，没有改元。而黄历鸿和吴晋生在其合写文章《“箕子朝鲜”钩沉》（《北方文物》2001年第3期）中认为，“《尚书大传》的作者假造了‘文王受命’纪年，与事实不符”，但缺乏依据。

侯”[①]，灭亡商纣的。但《皇王大纪》载，孟津观兵后，即向商纣发起进攻，并灭亡了商纣王朝[②]。

笔者认为《皇王大纪》的记载是对的。因为，周文王绪业九年，即是商纣王三十二祀，而此年，正也是商纣灭亡的时间，不可能再有两年后的灭商战争了。为了清楚起见，简单列表如下（表中未注出处者，在正文已出现，并有注）：

商纣王	周文王	周武王	箕　子
二十三祀	“文王受命九年而崩”		
二十四祀	文王绪业元年	“二十四祀，周西伯发元年”（《皇王大纪》卷10，《纣王》）	
三十二祀 商朝灭亡	文王绪业九年 武王十一年	“文王绪业九年，武王上祭于毕，东观兵至于孟津”（“因文王，九年为十一年”）	周武王命召公“释箕子之囚”。“箕子不忍食周粟，走之朝鲜”
	武王十三年	“后二年，问箕子殷所以亡”	“于十三祀来朝”（周武王十三年）

周武王灭商后，为了缓和因灭商造成的政局动荡，采取了一些抚慰措施。“封商纣子禄父殷之余民，已而命召公释箕子之囚，命毕公释百姓之囚，表商容之闾，命闳夭封比干之墓”[③]。“释箕子之囚”在周灭商的那年，即武王十一年。当年，箕子东走朝鲜。那么，他何时来周呢？《汉书·五行志七上》载“惟十有三祀，王访于箕子”[④]，何以称“祀”，不称“年”？因为在周称“年”，在商称“祀”。《书传·周书·洪范》卷上谓：“在周而称祀，亦箕子不事周之意。”[⑤]《尚书疑义·周书·泰誓》云“称祀不称年者，则武王重箕

① （汉）司马迁：《史记》卷4，《周本纪》，北京：中华书局1959年版，第121页。

② （宋）胡宏：《皇王大纪》卷11，《武王》，四库册313，第110页。

③ 《史记》卷4，《周本纪》，北京：中华书局1959年版，第126页。

④ （汉）班固：《汉书》卷27上，《五行志七上》，北京：中华书局1964年版，第1315页。

⑤ （宋）苏轼：《书传》卷10，《周书·洪范》，册54，第575页。

子之不臣，尊箕子之道，故特以商之旧称之，此圣人大公无我之心也。”① “十有三祀”是何时？《大学衍义》卷二谓为“武王即位之十三年”②。《尚书疑义·周书·泰誓》“则谓十有三祀者，是箕子受封之十有三祀矣”③。这两种说法都是值得商榷的。《史记·周本纪》“武王已克殷，后二年，问箕子殷所以亡，箕子不忍言殷恶，以存亡国宜告，武王亦丑，故问以天道”④。“后二年”，是指灭商后的第二个年头，即武王十三年。“武王十三年”与“武王即位之十三年”在实质上是有区别的，“武王即位之十三年”可以理解为武王继位的第十三个年头，而第十三个年头即是武王十五年了（因改九年为十一年之故），是在周灭商后第四年，而不是“后二年”。箕子被封在周武王十一年，武王在完成灭商后六年即死去。也就是说，箕子被封十三年时，武王已经死去六年之久了，怎么会有武王问道，箕子演述洪范之事呢？

（二）箕子与周朝的关系

周武王分封箕子于朝鲜之事，是应该予以承认的。王符《潜夫论·五德志》载“武王封微子于宋，封箕子于朝鲜”⑤。《后汉书·涉》：“昔武王封箕子于朝鲜，箕子教以礼义田蚕，又制八条之教。”⑥《尚书注疏·卷五考证》：“朝鲜，箕子所封，不应在化外。”⑦《周易集注·周易下》：“箕子逃之朝鲜，武王以朝鲜封之，因以洪范援于武王，人方知其不狂。”⑧《旧唐书·温大雅传》：“辽东之地，周为箕子之国，汉家之玄菟郡耳，魏晋已前，近在提封之

① （明）马明衡：《尚书疑义》卷4，《周书·泰誓》，四库册64，第170页。

② （宋）真德秀：《大学衍义》卷2，四库册704，第514页。

③ （明）马明衡：《尚书疑义》卷4，《周书·泰誓》，四库册64，第169页。

④ （汉）司马迁：《史记》卷4，《周本纪》，北京：中华书局1959年版，第131页。

⑤ 据《史记·鲁周公世家》、《尚书全解·周书》等书的记载，周分封微子于宋是在周成王朝，不在周武王朝。而《越绝书·吴内传》说在武王朝，“兴师伐纣，杀之。武王未下车，封比干之墓，发太仓之粟，以赡天下，封微子于宋，此武王以礼信也”。王应麟《困学纪闻·考史》对此进行了辨惑，曰：“其殷后则初封武庚于殷墟，复以叛而诛之。更命微子为殷后。《诗》、《正义》曰：‘《书序》微子之命，是宋为殷后。成王始命之。’《乐记》：‘武王投殷之后于宋，其实武王之时，始封于宋，未为殷后也。成王命为殷后，当爵为公，地方百里。’《史记》以为成王之时，始封微子于宋，与《乐记》又乖”。（四库册854，第376页）

⑥ （南朝宋）范晔：《后汉书》卷85，《东夷列传》涉条，北京：中华书局1965年版，第2817页。

⑦ （汉）孔安国撰，（唐）孔颖达注：《尚书注疏·卷五考证》，四库册54，第140页。

⑧ （明）来知德：《周易集注》卷7，《周易下》，四库册32，第216页。

内，不可许以不臣。”[①]《通志·四夷传·朝鲜》：“朝鲜，周封殷太师之国。”[②]《通典·边防一·东夷上》：“周初，封商太师国于朝鲜。”[③]《太平寰宇记·四夷·朝鲜》：“朝鲜，周封箕子之国。昔武王释箕子之囚，箕子不忍食周粟，走之朝鲜。武王闻之，因以朝鲜封之。”[④]《朝鲜史略·箕子》：“周武王克商，箕子率中国人五千人朝鲜，武王因封之，都平壤。”[⑤] 苏轼、应劭、颜师古等也认为，周武王封箕子于朝鲜是事实[⑥]。

箕子是否接受了周武王的分封，是一个值得探讨的问题。《汉上易传·下经》说箕子“不受封，去之朝鲜”[⑦]。《书传·周书·洪范》云“武王之得箕子，盖师而不臣也”[⑧]，意即周武王以箕子为师，但并不以之为臣。也就是说，周武王尊重箕子的政治选择，并没有强迫他朝周。《尚书疑义·周书·泰誓》也表达了基本相同的观点。他们认为箕子不受封的理由是：一是箕子作为商朝贤人，有强烈的尊君观念，“殷其沦丧，我罔为臣仆?”[⑨] 箕子虽然痛惜商纣王，但“无害其为爱君之心”，把商亡“归咎于天”[⑩]。他想效法伯夷、叔齐，不食周粟，避周远走。二是“武王将立殷后，必以箕子为首，微子次之，而卒立武庚者，必二子辞焉”[⑪]，也就是说，周灭商后，当立者应是身为太师、三公的箕子，而不是地位低于他和微子的武庚，说明箕子和微子肯定是拒绝了周武王的分封。明代经学家马明衡对周武王分封箕子，持怀疑态度。他在《尚书疑义·周书·洪范》中说：“若说武王封之，必有命辞若微子之命者。夫子必录之，即《书·亡序篇》亦无有，是未必武王封之也。”

① （后晋）刘煦等：《旧唐书》卷61，《温大雅传》，北京：中华书局1975年版，第2360页。

② （宋）郑樵：《通志》卷194，《四夷传·朝鲜》，台北：新兴书局1965年版，第3105页。

③ （唐）杜佑：《通典》卷185，《边防一·东夷上》，北京：中华书局1988年版，第4984页。

④ （宋）乐史：《太平寰宇记》卷172下，《四夷·朝鲜》，四库册470，第594页。

⑤ （明）无名氏：《朝鲜史略》卷1，《箕子》，四库册466，第368页。

⑥ （宋）苏轼：《书传》卷10，《周书·洪范第六》（四库册54，第575页）；颜师古、应劭对《汉书》做注时，都说“太史公曰武王封箕子朝鲜而不臣也”，对《史记》的说法予以肯定。

⑦ （宋）朱震：《汉上易传》卷4，《上经》，四库册11，第129页。

⑧ （宋）苏轼：《书传》卷10，《周书·洪范第六》，四库册54，第575页。

⑨ （宋）苏轼：《书传》卷10，《周书·洪范第六》，四库册54，第575页。

⑩ （宋）时澜：《增修东莱书说》卷14，《尚书·微子》，四库卷57，第269页。

⑪ （宋）苏轼：《书传》卷10，《周书·洪范第六》，四库册54，第575页。

他认为，周武王有可能未曾分封过箕子。

对于箕子与周的关系，我们应历史地、客观地看待。箕子在武王十三年来周，对武王演述《洪范》，是否就说明二者之间是臣属关系？问题没有那么简单，笔者认为至少在箕子朝，二者并没有立即建立起臣属关系。“封而不受”可能最接近历史事实。那么对武王问道，箕子演述之事怎么解释？《尚书疑义·周书·泰誓》云：“若陈洪范，则大公道理自是不妨，武王不臣箕子而问道，箕子传道武王而不臣，各行其本，心之诚然而无所愧焉耳矣。”① 这是最有见地的解释。周武王虚怀若谷，宽宏大量，对箕子的政治选择给予了充分的尊重和理解，不求他为臣；箕子也率真诚恳，和武王阔谈治国之要，但原则分明，不称臣于周。二人之间达成了一种高度的默契，表现出两位杰出政治家的宽广胸襟和超迈气度。《尚书大传》所说“箕子既受周之封，不得无臣礼，故于十三祀来朝”② 并不符合客观实际。武王是“亲虚己”③ 访问箕子，向他虚心求教，但并没有箕子朝周的迹象。还有，武王和箕子会见的地点不在成周而在管地④，就更说明了这点。

二、箕氏朝鲜相关问题考证

关于箕氏朝鲜的历史，缺乏完整的记载，有迹可寻的只有开国之君箕子及末代二王箕否和箕准的片段，中间四十世没有记载。这可以说是中古史上一个难以解开的谜，引起了学术界持续而热烈的探讨，但没有一个令人信服的结论。这段历史的缺失，对我们研究箕氏朝鲜造成了莫大困难，也为某些学者否定箕氏朝鲜的存在提供了藉词。

（一）箕子、箕否间历史缺载的原因

为什么箕子和箕否之间的历史缺乏记载呢？下面试做分析：首先，《竹书纪年》卷2载“自东迁以后，（周）始纪晋事”⑤，这是一则颇具提示性的史料，说明西周史官记载历史是有选择的，有些多记，有些少记，有些不记。

① （明）马明衡：《尚书疑义》卷4，《周书·洪范》，四库册64，第170页。

② （清）孙之騄：《尚书大传》卷2，《商书》，四库册68，第401页。

③ （汉）班固：《汉书》卷27上，《五行志七上》，北京：中华书局1964年版，第1315页。

④ 张博泉、魏存成：《东北古代民族·考古与疆域》，长春：吉林大学出版社1998年版，第48页。

⑤ （南朝梁）沈约：《竹书纪年》卷下，《幽王》，四库册303，第31页。

循着这个“暗示”，翻检《竹书纪年》等史书，便可发现一种现象：西周时期，对处于边疆地区诸侯国的记载非常少，如燕、赵等，正如《索隐》所说“并国史先失”。而关于宋、魏等国的记载相对要多。先秦史专家王彩梅也说，“燕国的历史虽然很悠久，但是它的早期情况，在文献中却保存得很少，甚至连召公以后的几个国君的名谥都未曾留下记载”①。燕国史缺载，遑论比它更远的古朝鲜。但到东周时期，关于晋、燕、赵、楚等诸侯国的记载便多了起来，尤其是战国时期。箕氏朝鲜的情况可能也属这种。其次，箕氏朝鲜和周朝的来往极少，也有不宗周的可能，虽在战国时期的争霸中，曾有过宗周的迹象，但那只是借以扩张的幌子而已，正如金毓黻所说：“是时中国诸侯之争霸者，必尊周室以自生，而朝鲜亦欲兴兵击燕，以尊周室。”②《文献通考·四夷考·朝鲜》引述《魏略》云：“昔箕子之后，朝鲜侯见周衰，燕自尊为王，欲东略地。朝鲜侯亦自称为王，欲兴兵，遂击燕以尊周室，其大夫礼谏之，乃止，使礼西说燕，燕止之，不攻。”③ 再次，在西周时期，各诸侯国是不能擅自写史的，它们的历史主要由周朝中央史职人员来记载。而到了春秋时期，写史的权限下移，诸侯国开始记录自己的历史。战国时期又强化了这种趋势。秦灭六国后，比较完整地保留了他们的史书。作为与燕国相邻、并有一定臣属关系的箕氏朝鲜，燕国史官肯定会有所言及。故朝鲜的历史不见于西周、春秋，而见于战国和秦汉。最后，黄历鸿、吴晋生先生对此也作了解释：“作于西周的《逸周书·箕子解》可能在秦代以前就已佚亡。”④ 而后世司马迁、班固在写《史记》、《汉书》时，由于缺乏相关史料，又没有著录这段历史，遂使之成为千古之谜。

历史缺载，世系犹存。《朝鲜史略·箕子》“至四十代孙否属于秦，子准立，为卫满诱逼，浮海南奔”⑤。可见，箕准就是第41代孙，加上箕子和其

① 王彩梅：《燕国简史》，北京：紫禁城出版社2001年版，第53页。

② 金毓黻：《东北通史》，北京：五十年代出版社1944年版，第56页。

③（元）马端临：《文献通考》卷324，《四夷考·朝鲜》，台北：新兴书局1965年版，第2548页。

④ 黄历鸿、吴晋生：《“箕子朝鲜”钩沉》，《北方文物》2001年第3期。

⑤（明）无名氏：《朝鲜史略》卷1，《箕子》，四库册466，第369页。

儿子，共传四十三世，有四十三王①。据《凤城琐录》载，箕氏之后有韩氏、鲜于氏，而且在今平壤有箕子井。我们不能因为一段历史阙如，就否定箕氏朝鲜的存在。其是一个不容抹杀的真实存在。末代两王箕否和箕准也有名有姓，为古代诸多史书所记载，就更加说明了这一点。

（二）箕氏朝鲜的存续时间

箕氏统治古朝鲜大概多少年？我们可以进行推算。它的建立不早于周灭商的那年，即周武王十一年（前1052②）。至于灭亡时间，《后汉书·东夷传》："汉初大乱，燕齐赵人往避地者数万口，而燕人卫满击破准而自王朝鲜。"③《三国志·魏书》："汉初，燕亡人卫满王朝鲜。"④ 两书都说是在汉初，没有说具体时间。卫满进入古朝鲜，与燕王卢绾叛逃匈奴有关。卢绾与汉高祖刘邦为世交，权倾一时，"至其亲幸，莫及绾者"⑤。《史记·高祖本纪八》载："（前202）十月，燕王臧荼反，攻下代地。高祖自将击之，得燕王臧荼。即立太尉卢绾为燕王。"⑥ 但是，卢绾后来卷入陈豨谋反案，而遭到西汉政府的讨伐。刘邦一死，他便逃奔匈奴。《汉书·高帝纪一下》载，"（十三年）夏四月甲辰，帝崩于长乐宫。卢绾闻之，遂亡入匈奴"⑦，时间为公元前195年。卫满也趁此机会，逃入朝鲜。所以箕氏朝鲜的灭亡时间最早为汉高祖十三年（前195），前后存续了约857年。但《郑开阳杂著·朝鲜考》云："史称箕子封朝鲜，传四十一代至王准，凡九百二十八年，而失国于卫满。"⑧ 两者相差71年，可能是由于对灭商时间推算上的不同。

---

① 《李朝英祖实录》四十六年一月条载"由箕子逮于箕准为四十二世。"（《李朝英祖实录》，学习院东洋文化研究所版，第228页）。这显然是错误的，并没有把箕子的儿子一世包括进去，应为四十三世。李德山先生谓："准确地说古朝鲜的箕氏统治凡传了四十二世。"（见李德山：《关于古朝鲜几个问题的研究》，《中国边疆史地研究》2002年第2期）

② 黄历鸿、吴晋生：《"箕子朝鲜"钩沉》，《北方文物》2001年第3期。

③ （南朝宋）范晔：《后汉书》卷85，《东夷列传》，北京：中华书局1965年版，第2917页。

④ （晋）陈寿：《三国志》卷30，《魏书》，北京：中华书局1959年版，第849页。

⑤ （汉）班固：《汉书》卷34，《卢绾传》，北京：中华书局1964年版，第1891页。

⑥ （汉）司马迁：《史记》卷8，《高祖本纪八》，北京：中华书局1959年版，第381页。

⑦ （汉）班固：《汉书》卷1下，《高帝纪一下》，北京：中华书局1964年版，第79页。

⑧ （宋）郑若曾：《郑开阳杂著》卷5，《朝鲜图说》，四库册584，第565页。

（三）箕氏朝鲜的疆域

关于箕氏朝鲜的疆域，学术界有很大的分歧。有学者认为，最初的统治中心在辽西的大凌河流域，西周末春秋初迁到辽东地区，遭到燕国打击后，才移到了鸭绿江以南地区①。也有一些学者不这样认为，坚持其一开始统治中心就在今朝鲜平壤市②。笔者认为后者是正确的，前者把疆域所及之地看成了统治中心，犯了概念错误。《山海经·海内北经》："朝鲜在列阳东，海北山南，列阳属燕。"③"列阳"即列水的北面，山南水北为阳。再看郭璞的注："朝鲜，今乐浪县，箕子所封也。列亦水名也，今在带方。带方有列口县。"④"列水"是今天的哪条河？意见纷纭，莫衷一是。有学者说是载宁江，有学者说是大同江⑤。在这里需要指出，史籍对古朝鲜河流地名的记载是非常混乱的，并由此导致了今天学术界对其认识的模糊。从这则史料看，列水就是大同江。笔者认为，《山海经·海内北经》把浿水和列水张冠李戴了，而郭璞更是不加分辨地对其作出解释。《战国策·燕一》载，苏秦说燕文侯"燕东有朝鲜、辽东，北有林胡、楼烦，西有云中、九原，南有呼沱、易水"⑥。"呼沱"即今滹沱河，与易水均在今山西、河北境内。《战国策》所记为战国燕将秦开击朝鲜前的燕国疆界，并不是后来的疆界情形。《文献通考·四夷考·朝鲜》引述《魏略》云："后子孙稍骄虐，燕乃遣将秦开攻其

---

① 阎海在其文章《箕子东走朝鲜探因》（《北方文物》2001年第2期）中说："箕氏朝鲜地域有一个自西向东移的过程，并非是一成不变的。在箕子建国之处，其地应包括辽西及辽东部分地区，后来东移至辽河以东，包括朝鲜半岛北部地区，至秦开拓占辽东之后，其疆才萎缩至鸭绿江以东。"张博泉在其文章《箕子与朝鲜研究的问题》（《吉林大学社会科学学报》2000年第3期）中说"箕子适朝鲜地在辽西"。

② 金毓黻认为，箕氏朝鲜一开始就在大同江地区，见《东北通史》（北京：五十年代出版社1944年版）。张碧波从文献和考古两个方面驳斥了"箕氏朝鲜在辽西说"，认为其一开始就在辽东（《关于箕子东走朝鲜问题的论争》，《北方文物》2002年第4期）。

③ （晋）郭璞注：《山海经》卷12，《海内北经》，四库册1042，第66页。

④ （晋）郭璞注：《山海经》卷12，《海内北经》，四库册1042，第66页。

⑤ 李丙焘也认为，大同江在汉代是列水，而不是浿水，见顾铭学、南昌龙合写论文《战国时期燕朝关系的再探讨》（《社会科学战线》1990年第1期）。而张碧波、喻权中在合写的论文《汉四郡考释》（《学习与探索》1998年第1期）中却说列水即今之载宁江。

⑥ （春秋）左丘明著，（汉）刘向整校：《战国策》卷29，《燕一》，上海：上海古籍出版社1978年第2版，第1039页。

西方，取地二千余里，至满潘汗为界，朝鲜遂弱。”① 这说明，在秦开击朝鲜之前，朝鲜的疆域至少在鸭绿江以北地区，也极有可能到了辽西地区。只是在遭秦开军事打击后，其领土才南缩到了满潘汗以南。“满潘汗”又名“番汗”、“汗水”、“沛水”等②。满潘汗即今清川江③。《史记索隐·朝鲜列传》载：“自始全燕时，尝略属真番、朝鲜，为置吏，筑障塞。秦灭燕，属辽东外徼。”④ 可见，“满潘汗”和“浿水”在此当指同一条河流，即清川江。“沛水”可能就是“浿水”。“上下障”即南北两条屏障，或为水，或为山，或为人工设障。在此当指清川江和大同江两条大河⑤。这可以找到旁证，燕人卫满逃奔朝鲜时，是“东走出塞，渡浿水，居秦故空地上下障”⑥，然后“说准求居西界”⑦ 的。“塞”指大宁江长城，位于大宁江及其支流昌城江以及昌城江的支流城兴川的东岸，南起平安北道博川郡的中南面，向北经过元南里，宁边郡的古城里，泰川郡的龙兴里、鹤塘里、德化里、丰林里、阳地里，东仓郡的鹤峰里、鹤松里、凤龙里、鹤城里，直至新安里⑧。《朝鲜史

① （元）马端临：《文献通考》卷324，《四夷考·朝鲜》，台北：新兴书局1965年版，第2548页。

② （汉）班固：《汉书》卷28下，《地理志八下》，北京：中华书局1962年版，第1627页；（清）洪迈：《容斋续笔》卷8，《地名异音》，四库册851，第464页。

③ 关于满潘汗为今哪条河流，学术界众说纷纭。在这里略举几种说法：朝鲜学者韩百谦在《东国地理志》中认为浿水即清川江，列水是汉江。顾铭学、南昌龙在合写论文《战国时期燕朝关系的再探讨》（《社会科学战线》1990年第1期）中认为，“满潘汗”很可能来自三条水的水名，即汶（满）水、沛水、汗水。汶水在今朝鲜平北之昌城江，沛水为今大宁江，而汗水则为浿水，即今之清川江。其实，昌城江和大宁江都注入了清川江。刘子敏在论文《高句丽族故地沿革考》（《通化师范学院学报》1996年第1期）中说：“我们以‘大宁江长城’为地理坐标，完全可以肯定此浿水即今清川江。”李德山在论文《关于古朝鲜几个问题的研究》（《中国边疆史地研究》2002年第2期）中说满潘汗在今鸭绿江下游一带。

④ （汉）司马迁：《史记》卷115，《朝鲜列传》，北京：中华书局1959年版，第2985页。

⑤ 韩国学者李丙焘也认为，上下障为今清川江和大同江，但他认为大同江在汉代是列水，而不是浿水，见顾铭学、南昌龙《战国时期燕朝关系的再探讨》（《社会科学战线》1990年第1期）。而张博泉在论文《真番郡考》（《北方文物》1985年第4期）中说：“疑雩障为上障，在真番境，阳障即下障，在乐浪。”

⑥ （宋）郑樵：《通志》卷194，《朝鲜》，台北：新兴书局1965年版，第3105页。

⑦ （清）董秉忠等：《盛京通志》卷108，《杂志》，四库册503，第236页。

⑧ 阎忠：《燕北长城考》，《社会科学战线》1995年第2期。

略》卷1注“浿水”为大同江，这是错误的，应是清川江。对于“上下障”的地理范围，刘子敏认为“乃是延伸到清川江以南，秦长城以西的沿海之地”①。显然，刘子敏也认为浿水即清川江，但可惜的是，他犯了严重的地理方位错误，清川江在大宁江的南面，长城只能在其北，不可能在其南。所以，“上下障之地”应在清川江以南求之，但当在清川江和大同江之间的沿海狭长地区。

在燕击箕氏朝鲜之前，其北部的西边界在清川江以北，甚至到了鸭绿江以北和辽西之地。之后才大体稳定在清川江一线。

以上讨论的是箕氏朝鲜北部的西边界问题。它的东部疆域相对于西部来说，要广阔得多。学术界对这个问题注意不够，认为它的北界就是清川江，殊不知，清川江是发源于狼林山脉南麓的由东北向西南流入黄海的一条河流，是不能完整构成箕氏朝鲜的北部疆界的。《后汉书·涉传》：“涉北与高句骊、沃沮，南与辰韩接，东穷大海，西至乐浪。涉及沃沮、句骊，本皆朝鲜之地也。昔武王封箕子于朝鲜。”②《后汉书·高句骊传》：“沃沮、东涉皆属（高句骊）焉。”③显然，《后汉书·涉传》中的“涉”是指东秽，它和沃沮都是先属古朝鲜，后属高句丽的。现在让我们来逐一考察它们的疆界。东秽故地就是以后渤海国的东京府，又名龙原府。日本学者松井在《渤海五京考》中将东京比定为咸镜北道的镜城。鸟居龙藏在《海东绎史》中将其比定为咸镜道镜城富宁等地。韩国学者丁镛在《大韩疆域考》中将其比定为咸镜北道钟城。谭其骧在《中国历史地图集》中将其比定在中国吉林珲春附近。《朝鲜志》卷上云“江陵府，本秽国”④。故东秽的范围大致可确定在今朝鲜半岛从咸镜北道中部到江原道的临海狭长地区，可能到了今韩国江原道的江陵。沃沮有北沃沮、南沃沮两个地域族团，史书中的“东沃沮”即南沃沮。《后汉

① 刘子敏：《“秦故空地上下障”考》，《博物馆研究》1996年第4期。刘子敏在其另一论文《高句丽族故地沿革考》中说，“应为今朝鲜的博川至平安南道江西郡的咸从里附近的沿海狭长地带”，把北线从清川江移到了博川江流域。（《通化师范学院学报》1996年第1期）

② （南朝宋）范晔：《后汉书》卷85，《东夷列传》秽条，北京：中华书局1965年版，第2817页。

③ （南朝宋）范晔：《后汉书》卷85，《东夷列传》高句骊条，北京：中华书局1965年，第2813页。

④ （明）无名氏撰，（清）兰泉之辑：《朝鲜志》卷上，《庆尚道》，四库册594，第379页。

书·东沃沮传》："东沃沮在高句骊盖马大山之东，东滨大海，北与挹娄、夫余，南与涉貊接，其地东西狭，南北长，可折方千里。"又载："又有北沃沮，一名置沟娄，去南沃沮八百余里，其俗皆与南同，界南接挹娄。"①《后汉书·挹娄传》："挹娄，古肃慎之国也，在夫余东北千余里，东滨大海，南与北沃沮接，不知其北所极。"② 可以看出，《东沃沮传》和《挹娄传》关于北沃沮和挹娄方位的记载是互相矛盾的。前者说挹娄在北沃沮的南面，而后者说挹娄在北沃沮的北面。《新唐书·渤海传》云："沃沮故地为南京，曰南海府。"③"南京"即今咸兴，在故秽地镜城之南。箭内亘认为，沃沮之地为咸镜道全部④。津田左右吉认为，沃沮故地无论是广泛之解释，无论为精密之考证，皆为今之咸镜道方面⑤。赵红梅认为，北沃沮的范围包括中国的延边地区、牡丹江地区的东部、俄罗斯滨海地区和朝鲜的咸镜北道。同时说，东沃沮和南沃沮是对同一地区的不同称谓，其地仅为今朝鲜咸镜南道一带⑥。赵红梅对沃沮范围的界定显然太大，把属于高句丽的东部地区也包括进去了。比照秽的分布地域，大体来说，沃沮在北秽在南，但有相间分布的现象。沃沮和秽有可能相间分布于俄罗斯滨海地区、咸镜道的沿海狭长地带和江原道江陵以北的部分地区。《三国志·魏书·高句丽传》："高句丽在辽东之东千里，南与朝鲜、涉、貊，东与沃沮，北与夫余接。都于丸都之下，方可二千里，户三万。"⑦ 据刘子敏的研究，高句丽在五部形成以后，其疆域向东已达不咸山（长白山）北麓，向南已达萨水（清川江）上游，其东南则是盖马大山（狼林山脉）⑧。刘子敏所说高句丽的东界当是箕氏朝鲜东部北界的一部分，当领有今朝鲜的两江道、慈江道、咸镜南道和中国吉林的延吉等地区。

---

① （南朝宋）范晔：《后汉书》卷85，《东夷列传》东沃沮条，北京：中华书局1965年版，第2816页。

② （南朝宋）范晔：《后汉书》卷85，《北狄传》，北京：中华书局1965年版，第2812页。

③ （宋）欧阳修等：《新唐书》卷219，《渤海传》，北京：中华书局1975年，第6182页。

④ ［日］箭内亘、稻叶岩吉、松井等：《满洲历史地理》第1卷，《汉代之朝鲜》，东京：南满洲铁道株式会社大正二年（1913）版，第22~23页。

⑤ ［日］津田左右吉著，陈清泉译：《渤海史考》，北京：商务印书馆1939年版，第138页。

⑥ 赵红梅：《真番郡考疑》，《社会科学战线》2004年第6期。

⑦ （晋）陈寿：《三国志》卷30，《魏书》，北京：中华书局1959年版，第843页。

⑧ 参见刘子敏的论文《高句丽疆域沿革考辨》，《社会科学战线》2001年第4期。

现在我们从总体上归纳一下箕氏朝鲜的疆域，它的东界应包括现在的俄罗斯滨海地区、朝鲜的两江道、咸镜南北道、江原道和中国吉林的延吉等地区，西界包括平安南道、黄海南北道的北部地区。东西到海，南与辰国相接。

综上，箕子及箕氏朝鲜是客观存在的。尽管箕子朝鲜没有和西周立即建立起封贡关系，但其后代也有“宗周”的迹象和曾经臣附过燕、秦及西汉的事实，不管这种臣附是外力所致，还是主动所为。箕氏朝鲜存续时间达八百多年之久，但其中绝大多数时段缺乏相应的历史记载，这是一个非常偶然的现象，但也是有其原因的。在战国时，箕氏朝鲜的国力达到了顶峰，疆域广阔，在西边据有清川江以南，东界据有今俄罗斯滨海地区以南，南界和辰国为邻的广大地区。但由于其错误的对外政策，招致了燕国的致命打击，使得国土内缩，国力下降，最后被燕人卫满所灭，箕氏朝鲜被卫氏朝鲜取而代之，结束了其八百余年的历史。①

第三节 卫氏朝鲜及其相关问题

卫氏朝鲜是继箕氏朝鲜之后在朝鲜半岛北部建立的第二个政权。它的建立者卫满是燕国具有周王室血统的汉人。其疆域基本上承袭了箕氏朝鲜的范围，并有所扩大。但它国祚不永，传至三代，便被强大的西汉王朝所灭。西汉政府在其域内设立了乐浪、玄菟、临屯和真番四郡，从而实现了从间接控制到直接管辖、从侯国到地方郡县的转变，在中国行政区划史上具有重要的意义。卫氏朝鲜的归属问题，是一个十分复杂的问题，涉及古代中朝疆界和领土问题。

关于卫氏朝鲜，史书记载相对于箕氏朝鲜而言要多一点，但还不完整，如卫氏朝鲜传国三代，到第二代就没有任何记载了。即使对卫满和右渠的记载也很少，而且不系统。我们还需从那些散见的史料中去钩沉。

一、卫氏及卫氏朝鲜的兴亡

（一）卫氏及其卫氏朝鲜的建立

“卫”出自姬姓，为周文王与后妃太姒的儿子康叔的封国名，是有周一

① 有关箕氏朝鲜及相关问题，笔者曾发表《箕氏朝鲜及相关问题再考证》（《黑龙江史志》2010年第2期）一文。

代的贵族之家。到秦二世时，其后代的爵位被废止，遂以封国名为姓①。可见，卫满是具有周朝皇室血统的汉人，绝非秽貊系的古朝鲜人②。关于卫满入朝鲜前的情况，《史记》、《汉书》、《后汉书》、《三国史记》等书都没有留下任何有价值的记载。对他的记载，都是从他逃往朝鲜、建立卫满朝鲜开始的。司马迁、班固等史家也都没有给其立传。

卫满是与燕王卢绾有着某种特殊关系的人。《资治通鉴》卷21载："燕王卢绾反，入匈奴，燕人卫满亡命，聚党千余人椎髻蛮夷服而东走出塞，渡浿水，居秦故空地上下障，稍役属真番、朝鲜蛮夷及燕亡命者王之，都王险。"③ 从中可以看出，卫满是卢绾之乱中的一个逃荒者。除此之外，还有很多史书中写他到朝鲜是因为"亡命"④，《三国志·魏志》说他是"亡人"⑤。为了搞清楚卫满的身份，我们再往下探究。他南下朝鲜时，带有"千余人"。从史书记载看，这些人都是他的"党"，即同伙。这些"党"要么是卫满的私交，要么是手下。以此观之，卫满绝对不是一个默默无闻的无名小卒。史书虽然丝毫没有提及卢绾与卫满的关系，但可以肯定地说，他与燕王卢绾是

① （宋）邓名世撰，王力平点校：《古今姓氏书》卷31，《辩证》，南昌：江西人民出版社2006年版，第465页。

② 朝鲜半岛学术界认定卫满是古朝鲜人，他们的理由是：第一，卫满王朝时期的官制与当时中国汉朝的官制不同，是古朝鲜特有的官制。第二，卫满建立政权后，国名仍沿用"朝鲜"，依然以王险城为都邑。以上转引自张碧波的文章《卫氏朝鲜文化考论》（《社会科学战线》2002年第4期）。韩国金贞培和李丙涛等是这种观点的代表者，他们认为，卫满是"朝鲜人系统"，说"在燕的亡民中可能也是以朝鲜系的人为中心形成集团的"，此论点见于金贞培《韩国民族的文化和起源》（上海：上海文艺出版社1993年版）一书。对此，吴彦勤先生有专文发表，即《论卫满是中国人而非朝鲜人》（《蒙自师范高等专科学校学报》2001年第1期）。

③ （宋）司马光：《资治通鉴》卷21，《汉纪十三》，元封二年，北京：中华书局1963年版，第684页。

④ （明）无名氏：《朝鲜史略》卷1，《卫满》，四库册466，第368页；（汉）荀悦：《前汉纪》卷14，《孝武五》，四部丛刊初编本，第99页；（清）傅恒等：《历代通鉴辑览》卷16，四库册335，第392页；（宋）乐史：《太平寰宇记》卷172下，《四夷一·东夷总述》，四库册470，第594页；（清）穆彰阿，潘锡恩等：《大清一统志》卷421，《朝鲜》，四库册483，第667页；（唐）杜佑：《通典》卷185，《边防一·东夷上》，北京：中华书局1960年版，第4986页；（清）沈炳巽：《水经注集释订讹》卷14，四库册574，第275页；（宋）王钦若等：《册府元龟》卷957，《外臣部·国邑》，北京：中华书局1960年版，第11256页；（宋）王钦若等：《册府元龟》卷1000，《外臣部》，北京：中华书局1960年版，第11729页。

⑤ （晋）陈寿：《三国志》卷30，《魏志》，北京：中华书局1974年版，第846页。

有某种特殊关系的，否则卢绾之乱不会危及他。关于卢绾之乱，上节已经提及，在此简单一叙。卢绾是和汉高祖刘邦出生入死、共同战斗、又有亲戚关系的人，也是当时功盖朝野、权倾一时的人。平息燕王臧荼之乱后，刘邦即任命他为燕王。他是受到分封的少数异姓王之一。但由于受到吕后、审食其等人的暗算，被指与陈豨有染①，而遭到了西汉政府的大张挞伐。刘邦一死，卢绾便逃奔匈奴。匈奴对卢绾非常重视，封之为东胡卢王。这在《史记·卢绾列传》中有载："四月，高祖崩，卢绾遂将其众亡人匈奴，匈奴以为东胡卢王。"② 应注意到，西汉政府在镇压卢绾之乱中，是采用剿抚并用、恩威相济的策略来瓦解卢绾集团的。在这种情形下，卫满为什么没有归正，而是逃奔古朝鲜呢？笔者认为有三个方面的原因：第一，他可能是卢绾手下举足轻重的人，担心日后遭到吕后集团的清算；第二，他已经看到了箕氏朝鲜江河日下的颓势，想伺机夺权；第三，不可否认，他也许还有恢复卫氏家族昔日辉煌的野心。对于第三点，应该引起学术界的注意。

卫满是汉人，不是古朝鲜人。《史记·朝鲜列传》载："朝鲜王满者，故燕人也。"③ 笔者认为，在燕人的民族构成中，肯定有大量的东夷民族，即秽貊族系的人种，也有为数众多的匈奴和东胡民族，如山戎等。但不可否认，这其中还有很多的汉人，不能认为燕人是清一色的秽貊人。正如韩国学者李丙焘所说："燕民的构成，不能不认为那里不仅是汉人系统，而且包含着东胡系统和朝鲜人系统的人。"④ 前已叙及，卫满是周朝皇室的后代，随着历史的变迁，其祖先后来迁徙到了辽东。我们知道，古朝鲜人是属于古代秽貊族

① 燕王卢绾是否与陈豨有染？笔者认为那只是吕后、辟阳侯审食其等人欲置卢绾于死地而编造的谎言。在吕后当政时期，大力清除异姓王，卢绾当为其中一个。《前汉纪》卷4太祖十二年冬十月条说得比较客观，"或言燕王绾与豨通谋。上召卢绾。卢绾谓其臣曰：'往年族淮阴侯彭越，皆吕后计，今上疾病，吕后妇人专欲诛异姓及大功臣。'遂称疾不行，上怒使樊哙将兵击之。绾将其家属与数千骑居长城下，欲候上，差自入谢之"。《史记·卢绾列传》载"汉十一年秋，陈豨反于代地。高祖如邯郸击豨兵，燕王绾亦击其东北"（中华书局1959年版，第1238页）。说明卢绾对汉廷还是忠诚的。卢绾不朝见刘邦和最后逃奔匈奴确实与其惧祸有关，并不能说他有反心。

② （汉）司马迁：《史记》卷93，《卢绾列传》，北京：中华书局1959年版，第2639页。

③ （汉）司马迁：《史记》卷115，《朝鲜列传》，北京：中华书局1959年版，第2985页。

④ ［韩］金贞培：《韩国民族的文化和起源》，上海：上海文艺出版社1993年版，第165页。

众的族众，它西邻燕国，双方在各方面的交流很多，甚至有通婚的可能。但这些不可能改变一个族众的民族特性。作为其党，当也是汉人，不可能是东夷人。上引史料中说卫满逃奔古朝鲜时，乔装成夷人，即古朝鲜人的模样，“椎髻蛮夷服”①、“为胡服”②、“魋结蛮夷服”③，蒙混过关。可以肯定地说，“椎髻蛮夷服”者，不只是卫满一人，当为全体逃奔者。试想，如果他们是古朝鲜人的话，根本不必乔装，就可以大模大样地进入古朝鲜之域。

卫满是以欺诈手段推翻箕氏朝鲜的。对于他如何推翻箕氏朝鲜的统治和登上王位，史书的记载很多，“汉初大乱，燕齐赵人往避地者数万口，而燕人卫满击破准而自王”④。《朝鲜史略·卫满》“卫满因卢绾乱，亡命来渡浿水，诱逐箕准，据王俭城，仍号朝鲜”⑤。《前汉记·孝武五》卷14元封二年冬十月条：“卢绾之反也，燕人卫满亡命，聚党千余人在辽，居秦故地，稍稍侵属其东小蛮夷而王之。”⑥《文献通考·朝鲜》对这个过程叙述得更为具体：

> 及绾反，入匈奴，燕人卫满亡命，为胡服，东渡浿水，诣准降。说准求居西界，故中国亡命为朝鲜藩屏，准信宠之，拜以博士，赐以圭，封之百里，令守西边。满诱亡党众稍多，乃诈遣人告准，言汉兵十道至，求入宿卫，遂还攻准。准与满战，不敌也。⑦

从这些史料中可看出卫满夺权经历了渡浿水、说准求居西界、积聚力量、最后夺权这样一个过程。在上一节中，对相关问题已有过讨论，鉴于行文需要，于此，还需要简单提及。浿水当为今清川江。史料中“秦故空地”、“秦故地”、“秦之空地”究竟在什么地方？讨论这个问题对于了解燕、秦、西汉

---

① （宋）司马光：《资治通鉴》卷21，《汉纪十三》，北京：中华书局1963年版，第684页。

② （元）马端临：《文献通考》卷324，《朝鲜》，北京：中华书局1965年版，第2548页。

③ （汉）司马迁：《史记》卷115，《朝鲜列传》，北京：中华书局1959年版，第2985页。

④ （南朝宋）范晔：《后汉书》卷85，《东夷列传》秽条，北京：中华书局1965年版，第2817页。

⑤ （明）无名氏：《朝鲜史略》卷1，《卫满》，四库册466，第369页。

⑥ （汉）荀悦：《前汉纪》卷14，《孝武五》，四部丛刊初刊本，第99页。

⑦ （元）马端临：《文献通考》卷324，《朝鲜》，北京：中华书局1965年版，第2548页。

与古朝鲜的疆界问题，是不可缺少的。刘子敏先后发表了两篇有关“秦故地”的学术文章，对其进行了比较深入的探讨。一说“应为今朝鲜的博川至平安南道江西郡的咸从里附近的沿海狭长地带”①；一说“乃是延伸到清川江以南秦长城以西的沿海之地”②。刘子敏之所以得出这个结论，是基于对秦长城朝鲜段方位的判断。秦长城在古朝鲜的地段，是从碣石起，向北沿大宁江方向绵延，然后进入燕境。要弄清这个问题，首先要知道秦长城的东终点问题。《太平寰宇记》卷70谓：“秦筑长城，起自碣石，在今高丽旧界”③。《行水金鉴》援引《史记索隐》再引《太康地志》云：“乐浪有遂成县，有碣石，长城所起。”④ 从这些史书记载来看，其终点在碣石，而碣石又在遂成。那遂成在哪里？有学者说在朝鲜平安南道江西郡咸从里，也有人说在黄海北道载宁江沿岸的遂安，但都在大同江以东地区。从考古结果来分析，秦长城的古朝鲜段就是大宁江长城，以博川附近为起点，根本没有延伸到大同江以南地区。阎忠说：“位于大宁江及其支流昌城江以及昌城江的支流城兴川的东岸。”⑤ 阎忠这则材料中有一点错误，即大宁江应该是昌城江的支流，昌城江是由鸭绿江分流出来的，向南流入西朝鲜湾的河流，而大宁江则是发源于今新温温泉附近，后汇入昌城江，然后流入海的一条河流。它的流程要小于昌城江。秦长城只是在燕长城的基础上稍加修葺而已，最远到达今清川江，即当时的疆界——满潘汗。所以“秦故地”只能是清川江以南的沿海地带，不可能到达大同江以东的地区。

卫满在“秦故地”立稳脚跟后，主要做了两件重要的事情：一是收集流亡之人，积聚力量；二是骗取古朝鲜王箕准的信任。当时，燕、齐、赵民为避乱大量流入古朝鲜，“胜等起，天下叛秦，燕、齐、赵民避地朝鲜数万口”⑥。“准乃置之于西方”⑦，把他们都安置在西部地区，而这些地区正好是

---

① 刘子敏：《高句丽族故地沿革考》，《通化师范学院学报》1996年第1期。

② 刘子敏：《“秦故空地上下障”考》，《博物馆研究》1996年第4期。

③ （宋）乐史：《太平寰宇记》卷70，《土产・蔓荆子》，四库册469，第572页。

④ （清）傅泽洪：《行水金鉴》卷86，《运河水》，四库册581，第368页。

⑤ 阎忠：《燕北长城考》，《社会科学战线》1995年第2期。

⑥ （晋）陈寿：《三国志》卷30，《魏志・秽传》，北京：中华书局1959年版，第848页。

⑦ （元）马端临：《文献通考》卷324《朝鲜》引《魏略》，北京：中华书局1965年版，第2548页。

卫满的活动基地。“满诱亡党众稍多”①，他们自然也就成了卫满日后发动政变的拥护力量。卫满能在极短的时间内建立起一支足以灭亡古朝鲜的力量，说明当时流往古朝鲜的汉人是相当多的②。卫满通过欺骗的手段取得了箕准的信任，并“求居西界”。首先，他主动提出要藩卫古朝鲜的西界。这正中箕准的下怀，在他看来，利用卫满来守卫国家的西部疆界，可以弥补军力不足的问题。所以对他恩宠有加，“准信宠之，拜以博士，赐以圭，封之百里，令守西边”③。他的这些养兵积谷、掩人耳目的举措为其发动政变创造了良好的条件。在条件成熟后，卫满便露出其真实面目，借口汉兵进攻，进宫藩卫，乘箕准不备，向其发起了进攻。箕准不敌，奔窜海中，自称韩王，后被百济所灭。卫满随后粉墨登场，建立政权，开始了卫氏朝鲜近百年的统治。

卫满为什么能轻而易举地推翻箕氏朝鲜④？我们从卫满和箕准两个方面来分析原因。从卫满方面看，卫满在灭亡箕氏朝鲜前是做了充分准备的。南下时，他就带了“千余人”，这“千余人”有可能就是受过训练的士卒；诈居西界后，又收聚流亡人，极力扩充力量，壮大自己，还不断地蚕食周边弱小民族，“稍稍侵属其东小蛮夷而王之”⑤；从战略战术上来讲，卫满是有备而来的，处于主动态势。再看箕氏朝鲜方面，我们在前节已经讲过，它在战国时，势力曾达到最高峰。但由于其骄虐，想僭越称王，遭到了紧邻的燕国的致命打击，使其疆域向南内缩两千里，箕氏朝鲜从此一蹶不振，丧失了逐

① （元）马端临：《文献通考》卷 324《朝鲜》引《魏略》，北京：中华书局 1965 年版，第 2548 页。

② 对于卫满收聚的亡命之人，很明显是在秦末汉初的中国混乱中，逃往古朝鲜的中国燕、齐、赵人。但韩国学者金贞培为了达到论证卫满是古朝鲜人的目的，说“在燕的亡民中可能也是以朝鲜系的人为中心形成集团的”。不管是卫氏，还是其党，都是汉人和以汉人为中心无疑。

③ （元）马端临：《文献通考》卷 324，《朝鲜》，北京：中华书局 1965 年版，第 2548 页。

④ 对卫满灭箕氏朝鲜，学术界基本没有异议，但张博泉据《史记·朝鲜列传》中“尝略属真番、朝鲜”和《索隐》对它的解释“尝略二国以属己也”及《博物志》“其后燕伐之，朝鲜亡”，认为真番、朝鲜二国已被燕所灭亡（《箕子与朝鲜研究的问题》，《吉林大学社会科学学报》2000 年第 3 期）。张博泉把“略属”和“亡”等同起来了，“尝”表曾经之意，说明燕国曾经使真番和朝鲜臣服过自己，但并不能说明灭亡了这两个国家。陈蒲清对此有间接回应，在其论文《箕子开发与朝鲜考》中说：“我们如果不否认汉武帝灭卫氏王朝建立乐浪等郡的历史，就不可轻易否认卫氏王朝取代箕氏王朝的事实。”（《求索》2003 年第 1 期）。

⑤ （汉）荀悦：《前汉纪》卷 14，《孝武五》，四部丛刊初刊本，第 99 页。

鹿辽东的基本条件，也组织不起有效的战斗力量。无怪乎，卫满说要为其藩卫时，箕准如获至宝。箕准没有看清卫满的真实面目，被其蒙混，而且给予他充分的信任，把西部的藩卫权交给他，这就使卫满以此为幌子，肆意发展自己的势力，直到卫满将要发起进攻时，箕准还蒙在鼓里。所以，其在战术上处于极端不利的被动地位。虽然史书没有提及匈奴与卫满在灭箕氏朝鲜中的联系，但不可否认的是，这其中肯定有匈奴的战略配合。因为卫满原本就是卢绾的手下，他们有互为犄角的可能。对此，张碧波在其文章中有过论述[①]。在这样的情况下，箕氏朝鲜的灭亡就是必然之事了。

（二）卫氏朝鲜的兴亡

关于卫氏朝鲜建立的时间，史书没有明确记载。有学者说是在公元前194年[②]，也有学者说是在孝惠、高后之间（前194—前180）[③]。在这里有必要对这个问题进行探讨。首先要明确，卫满南亡古朝鲜与卢绾北逃匈奴为同一年，即汉高祖刘邦驾崩当年，即公元前195年。刘邦之死与讨伐黥布有关，他在讨伐黥布时，为流矢所伤，后因拒绝治疗身亡。刘邦驾崩后，卢绾和卫满各奔匈奴和古朝鲜。卫满到古朝鲜后，是否在极短的时间内就准备充分，向箕准政权发起进攻了呢？答案是否定的。正如前文所论及的那样，他到古朝鲜后，是通过召集流亡汉人、取得箕准的信任等一系列准备后，才问鼎政权的。而这些实力的储备，也不可能是一蹴而就之事。故笔者倾向于张碧波的观点，即在孝惠、高后之间的某一年建立政权，但“某一年”肯定是期间的前几年，而不是后几年。

在卫满统治朝鲜时期，国力强盛，和西汉政府的关系比较融洽，主要是因为他得到了西汉中央政府的支持。首先，西汉政府承认了卫氏政权。到孝惠、高后时，天下初定。这时，卫满已经在平壤建立了政权。当时，西汉北有匈奴和东胡民族环伺，南有蛮人侵扰，故无暇顾及东北一隅，便承认了这个客观事实。卫满也因此获得了合法地位，这无疑为其扩张提供了合法性和保护伞。西汉政府虽然承认其为外臣，但卫满政权必须要尽到地方政权的义

---

① 张碧波：《卫氏朝鲜文化考论》，《社会科学战线》2002年第4期。

② 黄历鸿、吴晋生在其合著的论文《“箕氏朝鲜”钩沉》中说，箕氏朝鲜灭亡于西汉卢绾之乱和卫氏朝鲜建国的前194年，见《北方文物》2001年第3期。

③ 张碧波在其论文《卫氏朝鲜文化考论》中说“于孝惠、高后之间（公元前194至公元前180年）建立了卫氏朝鲜政权”（《社会科学战线》2002年第4期）。

务和责任：一要藩卫塞外安全，“辽东太守即约满为外臣，保塞外”①；二要保证东夷国家朝见天子的道路畅通无阻，“诸蛮夷君欲入见天子，勿得禁止”②。西汉朝想通过这些措施来约束和羁縻卫满。但卫满对中央政府阳奉阴违，表面上“四时朝谒”，暗中却收聚流亡汉人，扩张势力，侵吞周围诸小民族和国家，“以故，满得以兵威财物，侵降其旁小邑，真番、临屯皆来服属，方数千里”③，“沃沮皆属焉”④，“兼有涉貊与高句骊、沃沮地，凡数千里”⑤，境域渐广，力量渐强，骄心滋长，开始走上了“抗命不宾”之路。

这种情形到卫满之孙右渠时，更为严重，“所诱汉亡人滋多，又未尝入见。辰国欲上书见天子，又雍阏不通”⑥。“抗命不宾，故于是而伐之”⑦。右渠大量招纳汉人投附，不朝见汉天子，而且阻壅辰国入贡。这些举措完全背离了卫满和西汉辽东太守起初订立的盟约。对此，西汉政府也试图以和平手段解决，遣涉何诏谕右渠。但他“终不肯奉诏”，以至涉何“刺杀送者”裨王长。“朝鲜怨何”⑧，袭杀涉何。双方冤冤相报，使矛盾不断升级，最后导致了一场战争的爆发。西汉政府招募天下死罪犯人充军，以杨仆为楼船将军，从海路进攻王险城；以荀彘为左将军，从辽东陆路进攻。但由于二将不睦，致使前线作战不利。而朝鲜则予以极其顽强的抵抗。在这种情况下，汉廷又派卫山“往谕右渠”⑨。但由于双方互相猜忌，功败垂成。汉廷遂下了灭亡卫氏朝鲜的决心，派济南太守公孙遂前往，给以“有便宜得以从事”⑩ 的权力。公孙遂执楼船将军杨仆，左将军荀彘并楼船军，急攻朝鲜。这时，朝鲜内部

① （汉）司马迁：《史记》卷115，《朝鲜列传》，北京：中华书局1959年版，第2986页。

② （汉）司马迁：《史记》卷115，《朝鲜列传》，北京：中华书局1959年版，第2986页。

③ （宋）乐史：《太平寰宇记》卷172下，《四夷一・朝鲜》，四库册470，第594页。

④ （晋）陈寿：《三国志》卷30，《魏志》，北京：中华书局1959年版，第846页。

⑤ （清）穆彰阿，潘锡恩等：《大清一统志》卷421，《朝鲜》，四库册483，第667页。

⑥ （汉）司马迁：《史记》卷115，《朝鲜列传》，北京：中华书局1959年版，第2986页。

⑦ （汉）荀悦：《前汉纪》卷14，《孝武五》，四部丛刊初刊本，第99页。

⑧ 《御批历代通鉴辑览》卷16，《世宗孝武皇帝》，四库册335，第392页。

⑨ （汉）司马迁：《史记》卷115，《朝鲜列传》，北京：中华书局1959年版，第2987页。

⑩ （汉）司马迁：《史记》卷115，《朝鲜列传》，北京：中华书局1959年版，第2988页。

发生了内讧事件，尼溪相参派人杀了朝鲜王右渠，然后投降汉朝，卫氏朝鲜灭亡。

西汉政府先后派涉何、卫山去和平解决矛盾，但由于朝鲜不奉诏而告失败。与此同时，先派杨仆、荀彘，后派公孙遂，欲用武力解决，但又因二将不睦，公孙遂处事乖张而久攻不下。但朝鲜内部则在抵抗汉军的问题上发生分裂，亲汉势力杀掉右渠，国家灭亡。卫氏朝鲜作为西汉政府的一个藩属政权，兴也在汉，灭也在汉。

在双方力量极不对称的情势下，右渠自不量力，违命抗诏，虽然组织了殊死抵抗，但也没有逃脱失败的命运。何况，朝鲜在右渠时，周边的形势对其非常不利，“元朔元年，涉君南闾等畔，右渠率二十八万口诣辽东内属。武帝以其地为苍海郡，数年乃罢”①。再者，其内部也是不稳固的，在抵抗汉军的关键时刻，发生了相路人、相韩阴、尼溪相参、将军王唊等人发动的政变，最后导致了朝鲜的灭亡。

二、卫氏朝鲜的疆域以及与西汉的关系

（一）卫氏朝鲜的疆域

关于卫氏朝鲜的疆域问题，杨昭全等人已经有所论及，他们认为，卫氏朝鲜与汉之疆界，“自是仍如箕氏朝鲜，仍以浿水（清川江）为界”②。张碧波在其论文《卫氏朝鲜文化考论》（《社会科学战线》2002 年第 4 期）中又沿袭了这个极不全面的说法。张博泉立论的根据是《汉书·朝鲜传》和《后汉书·东夷传》中的相关记载和他本人的论文《汉四郡考释》（《学习与探索》1998 年第 1 期）。他的结论是：“箕氏朝鲜、卫氏朝鲜旧壤已纳入汉王朝的直接管辖之下，其南境已在载宁江、礼成江、临津江—汉江以北，与辰韩相邻。”这是一个含混不清的结论，与其这样规定疆界，还不如不规定。疆界是两国之间的边界线，应是一条线，而不是几条平行的线。现在我们来看三江的位置，载宁江发源于今灭恶山脉北麓，向西北注入大同江，然后入海；礼成江发源于黄海北道妙角山西南，向西南和汉江相汇，流入大海；临津江发源于江原道阿虎飞岭南，向西南与汉江相汇，注入大海。张博泉把彼此相

① （南朝宋）范晔：《后汉书》卷 85，《东夷列传》秽条，北京：中华书局 1965 年版，第 2817 页。

② 杨昭全等：《中朝边界史》，长春：吉林文史出版社 1993 年版，第 37 页。

距甚远的三条平行的河流作为古朝鲜的南界，真有谬以千里之感。还有，载宁江并没有和汉江相汇，而是向北流，然后和大同江相汇，注入大海。而张博泉却把它们统统归于汉江，似为不妥。

古朝鲜的东西界很清楚，都及于海，无须讨论，关键是南北两界不好确定。我们先看北界，前面已经说到，古朝鲜是在西汉初年建立的政权。西汉是郡县制和分封制并行的一个朝代。在封邦建国时，分封同姓或异姓有功者为王，燕王卢绾即异姓王之一。而燕国又与古朝鲜相邻，它的东界和南界即古朝鲜的北界。同时，它又和高句丽接壤，高句丽的南界和东界也构成了古朝鲜的北界。我们在讨论卫氏朝鲜的北疆时，千万不能以偏概全，错误地把西汉与它的交界线定为它所有北部的边界线。

"辽东于汉初，虽已置郡，而地以浿水为界，自浿以外皆燕人卫满所据。故其时辽东太守特与满申禁约，而政迹未有闻也。建孝武元封三年，悉定辽东，分设真番、临屯、乐浪、玄菟四郡，益置官吏。于是，循声卓然可纪矣。"① 辽东置郡，即辽东郡。《太平寰宇记·四夷一·东夷一》："汉兴，以其远难守，复修辽东，改塞以浿水为界。"显然，西汉与古朝鲜是以浿水为界的。上节已经论及，"浿水"即清川江②。"改塞以浿水为界"就是因河为塞。

① （清）董秉忠等：《盛京通志》卷53，《明宦》，四库册502，第247页。

② 刘子敏认为，浿水是今清川江，他说："关于'浿水'是哪条河，学术界也众说不一。但我们以'大宁江长城'为地理坐标，完全可以肯定此浿水即今清川江。"（见《高句丽族故地沿革考》，《通化师范学院学报》1996年第1期）何谓"大宁江长城"？就是西汉初年修复的秦长城。燕将秦开进攻箕氏朝鲜后，斥逐两千里，两国遂以满潘汗为界；卫满渡浿水南下，居上下障；西汉建立后，辽东太守约卫满为外臣，两国以浿水为界。张博泉认为，满潘汗为今鸭绿江（《箕子与朝鲜研究的问题》，《吉林大学社会科学学报》2000年第3期）。还有，今大同江在汉代称什么？张碧波、喻权中认为列水即今大同江。（《汉四郡考释》，《学习与探索》1998年第1期）刘子敏也持相同观点，他在解释《山海经·海内北经》的史料"朝鲜在列阳东"时，说："'列阳'即指今大同江的北部地区"，显然刘子敏把"列水"看成是大同江了。刘子敏又在同文解释《三国史记·高句丽本纪》史料"二十七年（44）春三月，汉光武帝遣兵渡海，伐乐浪，取其地为郡县，萨水已南属汉"时说："所谓萨水，即今清川江。今清川江在战国时称汗（汉）水；西汉时称浿水；东汉时称萨水，而'浿水'之名，移于列水（今大同江）。"顾铭学、南昌龙说："而列水为今之大同江，除有意不承认者外，中外学者莫不首肯。"也有学者认为，"列水"为今载宁江，如张碧波、喻权中在其论文《汉四郡考释》（《学习与探索》1998年第1期）中说："列口即列水的入海口，列水即今朝鲜半岛载宁江，在列水入海处南岸，其北岸为黏蝉县地。"

这说明，西汉以前，两国是以长城为塞，即作为边界的。西汉时，便以长城以南的清川江为两国边界线，以南为古朝鲜，以北为辽东郡所辖。据《汉书·地理志八下》载，辽东郡下辖番汗，“番汗，沛水出塞外，西南入海”①。“沛水”即满潘汗，也就是今天的清川江。《水经注·浿水》：“浿水出乐浪镂方县，东南过临浿县，东入于海。”② 《水经注集释订讹》卷14引许慎言，“浿水出镂方，东入海”③。同书引《十三志》云：“浿水县在乐浪东北，镂方县在郡东，盖出其县，而径镂方也。”④ 三书虽然对其发源地有不同的说法，但有一点是相同的，就是都认为它东流入海了。《水经注集释订讹》说：“其水西流经故乐浪朝鲜县，即乐浪郡治，汉武帝置。”⑤ 显然其作者沈炳巽是说向西流入海了。但有一个问题出现了，今平壤所在地就是西汉时的朝鲜县。从《订讹》这则史料来看，沈炳巽把浿水视为大同江了。这些都是古代中国人对朝鲜河流的模糊认识造成的。《汉书·地理志八下》：“浿水，水西至增地入海。”⑥ 结果一条河，其流向相反了。到底孰对孰错呢？我们再看其他史实：卫满当年投奔古朝鲜时，是先越塞，然后渡浿水，最后求居西界的。他不可能跑到东海岸渡河；西汉在朝鲜半岛的势力并没有越过半岛中部的系列山脉，与之为界的河流不可能东流；西汉楼船将军杨仆、左将军荀彘讨伐右渠，破渠于浿水。我们试作分析如下：不管是卫满，还是杨、荀二将，他们南下浿水，肯定是要占据王险城（今平壤），而它就在西边靠近海的地方。如果浿水东流的话，不可能经过王险城。当时，右渠在浿水设置浿水上军、浿水中军、浿水下军，目的就是要保卫首都王险城的安全。所以，说浿水东流入海是错误的。

搞清楚了浿水是今清川江后，还远远不够，因为它是一条发源于单单大岭（狼林山脉）南麓的河流，从东北向西南，绵延千里。那么，单单大岭以东的今俄罗斯滨海地区、盖马高原、白茂高原、咸镜山脉以东滨海平原、咸兴平原等地是否也属于卫氏朝鲜？从文献记载看，这些地方就是汉武帝灭古

---

① （汉）班固：《汉书》卷28下，《地理志八下》，北京：中华书局1964年版，第1626页。

② （晋）郭璞：《水经注》卷14，《浿水》，四库册573，第237页。

③ （清）沈炳巽：《水经注集释订讹》卷14，《浿水》，四库册574，第275页。

④ （清）沈炳巽：《水经注集释订讹》卷14，《浿水》，四库册574，第275页。

⑤ （清）沈炳巽：《水经注集释订讹》卷14，《浿水》，四库册574，第275页。

⑥ （汉）班固：《汉书》卷28下，《地理志八下》，北京：中华书局1964年版，第1627页。

朝鲜后的岭东七县，原为古朝鲜的领土，即后来的玄菟、临屯之地。这说明，狼林山脉以东的沿海地区，也属于卫氏朝鲜的领地，因为卫氏朝鲜承袭了箕氏朝鲜的领地。因此，西汉在半岛的势力，在卫氏朝鲜期间，仅限于清川江以北，狼林山脉以西的地区，并不包括岭东。现在我们可以对卫氏朝鲜的北界划一条大致的线了：浿水之南，并狼林山脉分水岭以东之地一线，当为古朝鲜之地。刘子敏在其论文《高句丽族源》中说："无论箕氏朝鲜还是卫氏朝鲜，其位置皆在朝鲜半岛，其北界的东部未越过今朝鲜咸境南北道之间的摩天岭，其北界的西部则未越过今清川江。"赵红梅也说："向北未过清川江和摩天岭，向南可达黄海道、江原道辖境，这比箕氏朝鲜的领土扩大了约四分之三的面积。"①摩天岭就是咸镜南北道的界山。都兴智对此持有异议，认为，其西界远远超过了清川江②。笔者认为，刘子敏说得过于保守，它的东西界都应超过了其所说的界限。《后汉书·涉传》载，汉初，燕亡人卫满统治朝鲜时，沃沮臣属于卫氏朝鲜③。而沃沮故地当在今咸镜北道的镜城南北的广大地区。而都先生所说，则是箕氏朝鲜遭到燕国打击前的疆域情形。之后，遂稳定在了清川江一线。

我们再来看卫氏朝鲜的南界。所谓南界，就是它和辰国的界限。要讨论它，不可避免地要涉及乐浪郡和真番郡的范围问题。元封三年（112）汉武帝灭亡卫氏朝鲜后，便在其地建立了四个郡，即乐浪、玄菟、真番、临屯。到汉昭帝时，对汉四郡进行了较大规模的调整。《后汉书·涉传》载："至昭帝始元五年，罢临屯、真番，以并乐浪、玄菟。"④ 这则史料是让学术界很头疼的事，并围绕它写了很多文章，进行讨论。有的说有错简现象⑤，有的说有衍文现象⑥。出现这个问题的根源，在于作者对史料的判读出现了偏差，实际上它本身是对的。对学术界削足适履的现象，应该批评。笔者对这则史料的判读是：在始元五年（前86），撤废了临屯、真番，然后把它们的所属县归并到了玄菟和乐浪两郡，临屯划归玄菟，真番划归乐浪。后玄菟由于秽、

① 刘子敏：《高句丽族源》，《社会科学战线》2002年第5期。

② 都兴智：《关于古朝鲜研究的几个问题》，《史学集刊》2004年第2期。

③ （南朝宋）范晔：《后汉书》卷85，《东夷列传》秽条，北京：中华书局1965年版，第2817页。

④ （南朝宋）范晔：《后汉书》卷85，《东夷列传》秽条，北京：中华书局1965年版，第2817页。

⑤ 刘子敏：《战国秦汉时期辽东郡东部边界考》，《社会科学战线》1996年第5期。

⑥ 周振鹤：《西汉政区地理》，北京：人民出版社1987年版，第216页。

貊人侵扰，移到了句丽之地，这就是学术界所说的第二玄菟郡。笔者认为，不能过分苛责古人在行文顺序上的不合理之处，因为我们自己也经常出现这种现象。

从辽东四郡的位置看，玄菟和临屯在北面，是没有异议的。关键是真番郡的位置，北、南两派各执一词，争论不休。但总体来说，“真番在北说”后来居上，有很大的学术市场，乐浪郡在最南方，说真番郡在最南方是有误的[①]。但“南说”也有言之凿凿的证据。我们还是从史料入手，去判断问题的正误。《后汉书·地理志八下》乐浪条云：

> 乐浪郡，武帝元封三年开。莽曰乐鲜。属幽州。户六万二千八百一十二，人口四十万六千七百四十八。有云鄣。县二十五：朝鲜、訷邯、浿水、含资、黏蝉、遂成、增地、带方、驷望、海冥、列口、长岑、屯有、昭明、镂方、提奚、浑弥、吞列、东暆、不而、蚕台、华丽、邪头昧、前莫、夫租。[②]

在二十五县中，东暆、不而、蚕台、华丽、邪头昧、前莫、夫租为单单大岭以东的七县，即“岭东七县”。“东暆”治今朝鲜江原道元山；“夫租”为古代的沃沮[③]，治今咸镜北道的镜城附近；“华丽城”“在今朝鲜咸镜南道永兴一带”[④]；郭璞注《山海经》在对“吞列”的注中说：“分黎山，列水所

① 关于真番的地理位置，有在乐浪北和乐浪南两种说法。都兴智教授认为在乐浪的北面，其立论依据是：《汉书·地理志下》玄菟郡条下载“古真番、朝鲜胡国”（真番是东夷古国）和《史记·朝鲜列传》引应邵语“玄菟，本真番国”及《后汉书·东夷传》“元封三年灭朝鲜，分置乐浪、临屯、玄菟、真番四郡。至昭帝始元五年，把临屯、真番，一并乐浪、玄菟，玄菟复徙句丽”三则史料。都兴智的结论是，应邵是东汉学者，其说较为可信；认为临屯并入乐浪、真番并入玄菟，如果真番在乐浪南的话，玄菟是不可能隔乐浪而并真番的。倡南说者清代舆地学者杨守敬开其端，在其作《晦明轩稿》中，据《汉书》的《朝鲜传》和《武帝纪》的注解，认为，“真番、辰国欲上书天子，朝鲜雍阏弗通，是真番郡当在朝鲜之南，故朝鲜得以阏之。且远于临屯千里，直与三韩相接矣”。后世学者多宗此说。

② （汉）班固：《汉书》卷28下，《地理志八下》，北京：中华书局1964年版，第1627页。

③ 倪屹：《第二玄菟郡探讨》，《延边大学学报》2002年第2期。

④ 刘子敏：《高句丽疆域沿革考辨》，《社会科学战线》2001年第4期。

出，西至黏蝉入海，行八百二十里。”[①] 这说明，“吞列”在今载宁江的上游地区。“分黎山”似乎为今灭恶山脉的云达山；“屯有县”旧有三说，即黄海道黄州、黄州东南凤山郡、京畿道临津江下游的丰德（开城西南）[②]；稻叶岩吉在《满洲发达史》中定遂成县为黄海北道遂安县[③]。而李健才认为，遂成县在今朝鲜平安南道江西郡咸从里，在大同江的西面。两者还是有一定距离的。但从遂成是长城起点来看，它肯定在大同江西面。故李健才的说法比较接近实际。李健才在其文《公元前3—公元前2世纪古朝鲜西部边界的探讨》（《社会科学战线》1998年第5期）中对带方、黏蝉、列口三个县作了探讨，带方县的治所即后来带方郡的治所，在今朝鲜黄海道凤山郡土城内（唐土城、古唐城）；黏蝉县在今朝鲜平安南道龙冈郡西于乙洞古城；带方郡的列口县在今朝鲜黄海北道殷粟郡。张博泉也认为，列口在黄海南道的殷粟[④]。而张碧波、喻权中认为列口即列水的入海口，列水即今朝鲜半岛载宁江，在列水入海处南岸，其北岸为黏蝉县地。同时，张、喻二人对长岑、含资、海冥也进行了考释，其认为，丰川郡有长岑山，当今松禾郡真风里之远周山，长岑县当在此。《汉书·地理志八下》曰：“长岑、驷望，封箕子县也。”[⑤] 长岑县则近于朝鲜县，朝鲜县为今平壤市所在。含资，《汉书·地理志八下》注“带水西至带方入海”[⑥]，则含资当在带水上游，带水即今北汉江。海冥、提奚、南新均在乐浪郡南部，具体地址待考[⑦]。两位先生的说法虽有点似是而非，但大致指出了它们的位置。可以看出，除岭东七县外，其余都在今载宁江沿岸地带。另外还注意到，在今朝鲜江原道临津江右岸有一个地方，叫箕山里，说明这个地方曾经也是箕氏朝鲜及后来卫氏朝鲜势力范围所及之地。

由于资料极其有限，而且歧义迭出，故要准确判断乐浪的南界，是不可能的。但我们可以根据已知的地名作出大概的判断，西面大概以灭恶山脉为

---

① （汉）班固：《汉书》卷28下，《地理志八下》，北京：中华书局1964年版，第1627页。

② 张碧波：《卫氏朝鲜文化考论》，《社会科学战线》2002年第4期。

③ 见张碧波、喻权中：《朝鲜箕氏考》，《社会科学战线》1997年第6期。

④ 张博泉：《箕子与朝鲜研究的问题》，《吉林大学社会科学学报》2000年第3期。

⑤ （汉）班固：《汉书》卷28下，《地理志八下》，北京：中华书局1964年版，第1627页。

⑥ （汉）班固：《汉书》卷28下，《地理志八下》，北京：中华书局1964年版，第1627页。

⑦ 张碧波、喻权中：《汉四郡考释》，《学习与探索》1998年第1期。

界，往东到江原道的箕山里，然后越过马息岭，最后往东南至海。这一线的左右方圆之地大致为卫氏朝鲜和辰国的分界线。

（二）卫氏朝鲜与西汉的关系

对于卫氏朝鲜与西汉的关系，我们也应像看待箕氏朝鲜与周、燕、秦的关系那样，不能有过高的评价。如果为了某种特定目的，过分地拔高或贬低卫氏朝鲜与西汉的关系，是不切实际的，也不是一个史学工作者所应做的事。

卫满最早于公元前194年取代箕氏朝鲜而建立政权，但卫满与西汉的关系在此之前就已经存在了。前已述及，卫满是与燕王卢绾有一定关系的人。他的背汉附朝，是当时国内政治矛盾和民族关系的产物。西汉初年，由于经历了秦末农民战争和四年楚汉战争的破坏，西汉经济凋敝，国力衰弱，政治不稳。从高祖五年（前202）起，无年不反，先后有燕王臧荼、楚王信、赵相、贯高、赵相国、陈豨、淮阴侯韩信、梁王彭越、淮南王黥布、楚王交反①，真是年年有反事，岁岁不平安。匈奴雄张漠北，伺机南下，高祖七年（前200），进攻马邑。后高祖亲征而又有白登之围。所以，西汉无力对匈奴和卫氏朝鲜同时用兵。于是，对匈奴实行和亲的方式，对古朝鲜则让他们履行一定的约定：约为外臣，保塞；保障真番旁众小国入贡之路畅通。“汉兴，为其远难守，复修辽东故塞至浿水为界”②。这是一种比较消极的御边政策，根本无法挡住卫氏朝鲜的向外扩张。西汉通过这种“不为”的政策，欲达到养兵积谷，休养生息的真正目的。卫氏则利用这种“外臣”的招牌，迅速扩大自己的势力范围。汉惠帝时，卫氏朝鲜已经“兼有涉貊与高句骊、沃沮地，凡数千里”③。通过惠帝时的扩张，卫氏朝鲜占领了今咸镜北道南部、咸镜南道和两江道及鸭绿江北的部分地区了。而且，卫氏朝鲜和匈奴遥相呼应④，这对西汉造成了严重威胁。

---

① （汉）司马迁：《史记》卷8，《高祖本纪》，北京：中华书局1959年版，第381~392页。

② （宋）乐史：《太平寰宇记》卷172下，《四夷一・朝鲜四至》，四库册470，第595页。

③ （清）穆彰阿、潘锡恩等：《大清一统志》卷421，《朝鲜》，四库册483，第667页。

④ 对于卫满和匈奴的关系，张碧波有比较全面的论述。他认为，卫满随着力量的壮大，与卢绾的“东胡卢王”集团相勾结，并在匈奴势力的支持下，武装政变推翻箕氏朝鲜，建立了卫氏朝鲜。同时，认为汉武帝东灭卫氏朝鲜的目的，就是要“以断匈奴之左臂。”（《卫氏朝鲜文化考论》，《社会科学战线》2002年第4期）

由于拓地愈广，骄横之心愈炽，卫氏开始对西汉中央抗命不恭，而且大量招诱汉人，背弃卫满对中央的承诺，阻遏辰国等“旁众国”朝贡朝廷。西汉开始想劝谕右渠，但他抗旨不遵，且杀涉何；又派卫山和解，却因互相猜疑，不欢而散。但这时的西汉已今非昔比，国力变得非常雄厚，遂展开了对匈奴和卫氏朝鲜的军事行动，左击匈奴、右击卫氏。最后都取得了重大的胜利，卫氏灭亡，匈奴降款。

卫氏朝鲜作为中央政府统治下的地方政权，兴也由汉，亡也由汉。它和西汉的关系，是中央和地方的关系；两国的战争，是分裂和反分裂的战争。对此，应该是没有异议的。但不能否认，卫氏朝鲜和箕氏朝鲜一样，从建立伊始，便图谋从中央分离出去。研究这段历史的学者对这一点应有清醒认识，过分夸大他们和中央政府的和好关系，并不符合客观实际。但他们的分裂只能给他们带来灭顶之灾，箕氏骄而有燕将秦开的致命打击；卫氏骄而有西汉荀、杨二将的军事行动。

第二章　高句丽政权及相关问题

第一节　“高句丽”的得名及其族源

一、“高句丽”的得名

《汉书·地理志》和《汉书·王莽传》谓为“高句骊”，前云“高句骊，莽曰下句骊”。关于“高句丽”一词的解释，众说纷纭，莫衷一是，在学术界尚未形成统一的说法。总体来说，大致可分为三种：以山水得名；审音勘同得名；望文生义得名。主山水得名者，为清代段玉裁，今人曹德全、王绵厚等。段注《说文解字》中说：“凡地名有‘句’字者，皆谓山川纡曲，如句容、句章、句余，高句丽是也。”① 曹德全谓“高句丽”为“高山曲谷中结伴同行的鹿”②。王绵厚谓为“双足驰行于高山曲谷之民族”③。主审音勘同得名者有日本学者白鸟库吉，中国学者孙进己、梁志龙等。白鸟库吉、孙进己、金岳等认为，“句丽”是由东汉末玄菟郡在靠近高句丽地方修筑的“沟娄”城演化而来的④，尽管读音相近，但仅凭高句丽所领衣帻的地方而命名一个政权，显然失之偏颇。王绵厚认为，“高句丽”是由先秦的“高夷”和汉魏“句丽”合成⑤。而梁志龙认为，“句”通“朱”，“丽”通“离”，然后据此说“句丽”即“朱离”，“离”又通“明”，又即朱明。他又作了进

① （清）段玉裁：《说文解字注》，上海：上海古籍出版社 1981 年版，第 88 页。

② 曹德全：《高句丽·渤海研究集成》，哈尔滨：哈尔滨出版社 1997 年版。转引自孙进己《高句丽历史研究综述》，《社会科学战线》2001 年第 2 期。

③ 王绵厚：《中国考古集成·东北卷》，北京：北京出版社 1997 年版。转引自孙进己《高句丽历史研究综述》，《社会科学战线》2001 年第 2 期。

④ ［日］白鸟库吉：《白鸟库吉全集》卷 3；孙进己：《东北民族史稿》，长春：吉林人民出版社 1977 年版；以上两书转引自孙进己《高句丽历史研究综述》，《社会科学战线》2001 年第 2 期；金岳：《东北貊族源流研究》，《辽海文物学刊》1994 年第 2 期。

⑤ 王绵厚：《古代高句丽族称探源》，《辽海文物学刊》1987 年第 2 期。

一步的推断："朱明正是太阳的另一个名称。"① 梁说很有新意，既附会到了它的始祖，又联想到了它的崇拜物——太阳，看似完美，实为妄测。从字面意思得名者有朝鲜学者李肯翊、中国学者傅朗云等先生。前者在《燃藜室记述》中谓："高丽取山高水丽之意，盖山水之胜甲于天下。"② 完全是从字面意思来解释，不足取。后者谓："高句骊即高大的黑马"③，也是完全从字面意思而来，同样是不足取的。

以上诸说臆测的成分很多，缺乏必要的史料支撑，虽能自圆其说，但不能让人信服。但诸说给我们提供了某种可资利用的信息。翻检史籍，关于高句丽的记载是相当混乱的。现把史籍中的各种不同记载胪列如下：

《汉书·地理志》和《汉书·王莽传中》谓高句丽为"高句骊"，前云："高句骊，莽曰下句骊。属幽州。"④ 后云："其东出者，至玄菟、乐浪、高句骊、夫馀。"⑤ 从《地理志》可看出，在新莽前为"高句骊"；新莽时，为了贬低其地位，改为"下句骊"，同时也改高句骊王为侯。据此可以断定，"句丽"为其本义，而"高"可能表地位，也有可能表族姓。王绵厚先生也说："高为方位，而句丽为其本义。"⑥ 《后汉书·夫余传》也谓为"高句骊"，云："夫馀国，在玄菟北千里。南与高句骊，东与挹娄，西与鲜卑接，北有弱水。地方二千里，本涉地也。"⑦ 说明在两汉时，"高句骊"为其称呼。但同书又谓为"貊"、"句骊"，云："句骊一名貊，有别种，依小水为居，因名曰小水貊。"⑧ 故我们可以看出，古人在记载古地名时，有很大的随意性，我们也没有深究的必要。同书《三国志·魏书·毌丘俭传》中也称为"高句骊"或"句骊"，谓："正始中，俭以高句骊数侵叛，督诸军步骑万人出玄

① 梁志龙：《高句丽名称考释》，《辽海文物学刊》1996年第1期。

② ［朝］李肯翊：《燃藜室记述》，转引自孙进己《高句丽历史研究综述》，《社会科学战线》2001年第2期。

③ 傅朗云、杨旸：《东北民族史略》，长春：吉林人民出版社1983年版，第42页。

④ （汉）班固：《汉书》卷27下，《地理志八下》，北京：中华书局1964年版，第1626页。

⑤ （汉）班固：《汉书》卷99中，《王莽传》，北京：中华书局1964年版，第4115页。

⑥ 王绵厚：《中国考古集成·东北卷》，北京：北京出版社1997年版。转引自孙进己《高句丽历史研究综述》，《社会科学战线》2001年第2期。

⑦ （南朝宋）范晔：《后汉书》卷85，《东夷列传》秽条，北京：中华书局1965年版，第2810页。

⑧ （南朝宋）范晔：《后汉书》卷85，《东夷列传》高句骊条，北京：中华书局1965年版，第2814页。

菟，从诸道讨之。句骊王宫将步骑二万人，进军沸流水上，大战梁口，宫连破走。”① 而在同书《夫余传》和《高句丽传》中，有时称“句丽”，有时称“高句丽”。《宋书·高句骊传》中或称“高句骊”，或称“高骊”。《梁书·高句骊传》则是“高骊”、“高句骊”、“句骊”诸名称毕见。《魏书·高句丽传》有时称为“高句丽”，有时称为“高丽”。《周书·高丽传》云：“自号曰高句丽，仍以高为氏。”② 其后诸史皆称“高丽”。

在这里我们可以得出这样一个结论：“高骊”、“句骊”两者都是“高句骊”的简称；“高丽”、“句丽”都是“高句丽”的简称；“丽”从“骊”字演化而来。此外，也可看出，高句丽最初被称为“高句骊”、“高骊”或“句骊”，这三个名称一直沿用到了南北朝。南北朝时，北朝称“高句丽”或“句丽”，南朝则沿袭以前的称呼。大概南北朝是其国名变化的过渡期。从《周书》开始，就径称“高丽”了。至于新莽时的“下句骊”及《三国志》中的“高句丽”或“句丽”则为历史的偶然，后者也极有可能是历史记载的失误。

在这里，我们再追溯一下“句骊”得名的原委。有人认为句丽是由“索离”、“高夷”、“高离”、“藁离”、“橐离”等名音变而来。③ 这个说法是正确的。“索离”等名原为夫余名，在朱蒙④南下到南夫余后，繁衍生息下来了王族一系，即“句骊族”，并把其国名也改为句骊。至于为什么要在前面加“高”，有两种可能：第一，由于地处辽山（长白山），地势相对北夫余高，故称高句丽；第二，表现了朱蒙发自内心的欲超越逼他出走的北夫余的一种愿望，以此表明自己和北夫余的承继关系和区别。这在《后汉书·高句丽传》中说得很清楚，云：“初，北夷索离国王出行，其待儿于后妊身。王还，

① （晋）陈寿：《三国志》卷23，《魏书·毌丘俭传》，北京：中华书局1959年版，第762页。

② （唐）令狐德棻等：《周书》卷49，《高丽传》，北京：中华书局1971年版，第884页。

③ 孔晁注《逸周书》时，称高夷即高句丽。金毓黻认为，《魏略》中的“槁离”，音近句丽，当即古之高夷，亦即《后汉书》之高句丽。在这里，金毓黻把“槁离”（北夫余）混同于高丽。同时，在《后汉书》中写为“高句骊”，而非高句丽。耿铁华也这样认为，说“高句丽族起源于我国东北，是东北古老民族之一，他们自称槁离。”（《高句丽起源及建国问题探索》，《求是学刊》1986年第1期）。耿说其实沿袭了《魏略》、孔晁、丁谦、金毓黻等的说法。

④ 朱蒙，一名邹牟，一名象解。见金富轼著，孙文范等校勘：《三国史记》卷13，《高丽纪一》，长春：吉林文史出版社2003年版，第173页。

欲杀之。"① 这则史料说的是北夫余王侍女孕朱蒙之事。《三国志·魏书·夫余传》转引《魏略》语中说为"高离"，云："昔北方有高离之国者，其王者侍婢有身，王欲杀之，婢云：有气如鸡子来下，我故有身。"②《梁书·高句骊传》中称为"櫜离"，云："东明本北夷櫜离王之子。"③ 很显然，"高离"、"櫜离"等都是指北夫余，也是"句骊"的音变之源。"索离"的"索"是入声字，从音韵学的角度来看，它并非"句骊"的音变，但是很明显，"索"和"櫜"形相似，有可能是误写。但必须要指出的是，从"高离"等转化而来的是句丽（骊），而不是高句丽（骊）。

现在我们就清楚了，"句骊"之名是朱蒙南下后，用自己的族名取代原名夫余后的名字。虽然字形有变，但基本保留了原来槁离、高离、高夷的读音。然后在其前加上了一个"高"，形成了高句丽的族名和国家名称。

二、高句丽的族源

关于高句丽的族源问题，学术界也进行了持续的讨论，意见纷呈。主流观点有二：一为貉（貊），一为夫余别种。这两种观点的分歧源于史籍记载的不同，聊举几例，便可说明问题。《汉书·王莽传中》云："貉人犯法，不从驺起，正有它心，宜令州郡且尉安之。"④ 在这里，把高句丽人说成了貉人；《后汉书·高句骊传》载："王莽篡位，貊人寇边。""句骊一名貊，有别种，依小水为居，因名曰小水貊。"⑤ 可见，"貉"与"貊"在意思上是一致的，所指都是高句丽人。最早说高句丽是夫余别种的是《后汉书·高句骊传》一书，其云："东夷相传以为夫余别种，故言语法则多同。"⑥ 此说一开，后者相踵，《三国志》、新旧《唐书》、新旧《五代史》、《宋史》等书都沿袭了下来。但我们不能因为说高句丽为夫余别种的史籍多，就认定高句丽人就

① （南朝宋）范晔：《后汉书》卷85，《东夷列传》夫余条，北京：中华书局1965年版，第2810页。

② （晋）陈寿：《三国志》卷30，《魏书·夫余传》，北京：中华书局1959年版，第842页。

③ （唐）姚思廉：《梁书》卷54，《高句骊传》，北京：中华书局1973年版，第801页。

④ （汉）班固：《汉书》卷99中，《王莽传》，北京：中华书局1964年版，第4130页。

⑤ （南朝宋）范晔：《后汉书》卷85，《东夷列传》高句骊条，北京：中华书局1965年版，第2814页。

⑥ （南朝宋）范晔：《后汉书》卷85，《东夷列传》高句骊条，北京：中华书局1965年版，第2813页。

是夫余别种。因为古人互相传抄的情况比比皆是，不一而足的。《魏书·高句丽传》载："高句丽者，出于夫余，自言先祖朱蒙"，说得更为直截了当，去掉了"别种"二字。《北史·高丽传》载："高句丽，其先出夫余。"[①]《梁书·高句骊传》载："高句骊者，其先出自东明。东明本北夷橐离王之子。"[②]其后，《周书》、《隋书》、《通典》等书皆径称高句丽源出于夫余。《三国史记·百济本纪第一》也载："其世系与高句丽同出扶余，故以扶余为氏。"[③]其实，去不去"别种"二字，并不影响我们的判断，因为这里的"别种"是"分出去的种"之义，二者存在着血缘上的统属关系。[④]对此，我们将在第三章有专门探讨，此不赘述。

我们先对上述两种观点进行分析。首先要肯定，高句丽王朱蒙出自北夫余，而其东的高句丽是指朱蒙在卒本川（今辽宁浑江）建立的国家。在这里需要弄清楚的是，在朱蒙南下之前，卒本川地区是否已经有人生息，是否有国家抑或部族联盟存在。答案是肯定的，不但有大量的土著貊人生息在那里，而且形成了占有一定范围的部族联盟国家。"其都旧有人，不知所从来，自称天帝子解慕漱，来都焉。"[⑤]

朱蒙"至夫余而王焉，其后支别为句骊种也"[⑥]。这条重要史料多为学者所忽略。《梁书》中的这条史料，至少给我们提供了三个有用信息：朱蒙来之前，这里就有国家，名东夫余[⑦]；来之后，由朱蒙这一王族又繁衍下来了一支，即句骊种。句骊与貊不同种，是"别为句骊种也"。那么北夫余就是高夷（槀离、橐离、句骊等）种，而高句丽主体民族即为貊种。但句骊这一系人不会太多，据《三国史记·高句丽纪一》载，朱蒙东走时，随从者只有乌伊、摩离、陕父等三人，途中又遇到着麻衣者、着衲衣者、着水藻衣者三人。后来，朱蒙妻与子类利及亲信屋质、句邹、都祖等逃归卒本川。故"句

① （唐）李延寿：《北史》卷94，《高丽传》，北京：中华书局1974年版，第3110页。

② （唐）姚思廉：《梁书》卷54，《高句丽传》，北京：中华书局1973年版，第801页。

③ ［朝］金富轼著，孙文范等校注：《三国史记》卷23，《百济纪一》，长春：吉林文史出版社2003年版，第275页。

④ 赵炳林：《"别种"辨义》，《中南民族大学学报》2009年第1期。

⑤ ［朝］金富轼著，孙文范等校注：《三国史记》卷13，《高句丽纪一》，长春：吉林文史出版社2003年版，第174页。

⑥ （唐）姚思廉：《梁书》卷54，《高句骊传》，北京：中华书局1973年版，第801页。

⑦ ［朝］金富轼著，孙文范等校注：《三国史记》卷13，《高句丽纪一》，长春：吉林文史出版社2003年版，第174页。

骊”族即是他们的后代。“句骊”应与“高夷”、“槁离”、“藁离”等一脉相承，都是指北夫余；再看《汉书·地理志八下》的记载：“玄菟、乐浪，武帝时置，皆朝鲜、涉、貉、句骊蛮夷。”① 这则史料说明，“句骊”是作为一个民族存在于东北的，既指族，又指国。可见，高句丽国家中，有句骊、貊等民族，这也正好说明了高句丽国家的民族构成。至于《好太王碑》所说，“惟昔始祖邹牟王之创基地，出自北夫余天帝之子”② 只是说明高句丽王朱蒙出自北夫余，但以此即说整个高句丽民族源于北夫余，那就大错特错了。

前已论及“句丽”之名源于“高离”、“槁离”、“高夷”，但绝不能说高句丽的族源是它们。这是在研究高句丽族源问题时，必须要避免的错误。耿铁华对把高句丽王族的族源简单说成是高句丽族源的做法进行了批评③。这种批评是中肯的、有见地的。但事实是，很多学者犯了这一错误④，看样子，改变一种陈说确实不容易。

有人将秽、貊混而为一⑤，这是错误的，是在判读史料时发生的句读错误。《汉书·王莽传中》有“诛貉将军阳俊、讨秽将军严尤出渔阳”⑥ 一语，即能说明，秽（涉）、貊（貉）是不同的民族，也不是民族的泛称，而是专称。武玉环也不认为秽、貊同族同种，说秽与貊为东夷同一族系中的两个分支⑦。日本学者和田清把秽和貊从种族上加以区分，说貊是高句丽，秽是夫余⑧。韩国学者金贞培也认为，“秽和貊是各个以广阔的地域为住地的单个的

① （汉）班固：《汉书》卷28下，《地理志八下》，北京：中华书局1964年版，第1658页。

② 耿铁华：《好太王碑新考·引言》，长春：吉林人民出版社1994年版。

③ 耿铁华：《高句丽民族起源与民族融合》，《社会科学辑刊》2006年第1期。

④ 金毓黻认为，《魏略》之“槁离”即《后汉书》之“高句丽”，其实前为“北夫余”，后才为“高句丽”，这是不同的两个概念（《东北通史》，北京：五十年代出版社1941年版）；耿铁华认为，槁离本非秽貊，后来才被称作秽貊，意即槁离后来就成了秽貊，实际上是把槁离说成了高句丽的族源（《高句丽起源及建国问题探索》，《求是学刊》1986年第1期）；刘子敏认为，高夷是高句丽族的先人（《高句丽历史研究》1996年版）；金岳认为，高句丽源出于夫余（《东北貊族源流研究》，《辽海文物丛刊》1994年第2期）。

⑤ 张博泉在其著作《东北地方史稿》中认为，高句丽出自秽貊，亦即貊。耿铁华也认为，槁离在吞并了周围民族后形成秽貊（《高句丽起源及建国问题探索》，《求是学刊》1986年第1期）。

⑥ （汉）班固：《汉书》卷99中，《王莽传》，北京：中华书局1964年版，第4121页。

⑦ 武玉环：《渤海与高句丽族属及归属问题探析》，《史学集刊》2004年第4期。

⑧ 见［韩］金贞培著，高岱译：《韩国民族的文化和起源》，上海：上海文艺出版社1993年版，第22页。

存在”①。我们可以据此作出如下判断：貊是高句丽主体民族的族源；而夫余则是高句丽王族的族源。因高句丽的主体民族是貊族，故貊是高句丽的唯一族源。那些认为高句丽是多源多流的观点②，只是一种折中的看法。高句丽统治区内有秽、汉、朝鲜、句骊等族，那只是这个国家的民族构成而已，是两个不同的概念，不能混为一谈。

除了夫余说和貊说外，还有高夷说、炎帝说、商人说等。前已述及，“高夷”其实为北夫余最早的别称，与槁离、索离等一脉相承。晋人孔晁对《逸周书》中“高夷”的解释是有误的。孔晁可能误把北夫余说成了高句丽。炎帝说显得有些荒谬，定音勘同是可以的，但必须要和一定的史料相结合，不能想当然地进行任意的比附。前已论及，高丽（骊）是比较晚出现的概念，是高句丽（骊）的简称。且《梁书·高句骊传》写得很清楚，“句骊”是高句丽的王族，也是其国号，“高”是附在其上的，是或表族姓、或表方位的名词。那么对“句骊”怎么去定音勘同呢？商人说有一定的道理，商朝遗民箕子东走，设“八条之教”，建立箕氏朝鲜，即古朝鲜。但也有一个问题，商人东走者有多少人？是不是古朝鲜的主流民族？不言而喻，箕子带去的遗民不会多到超过土著人的数量，也不可能是当地的主流民族。所以说，商人只能是高句丽民族的组成部分，但不可能是高句丽的族源。

所以，高句丽的族源是貊，但在其流变过程中，又吸纳了汉、秽、肃慎、古朝鲜等民族，成为一个多民族的国家共同体。高句丽第二代王琉璃王有一名为雉姬的妃，就是汉人。

弄清楚了高句丽的族源问题，接下来再看它的流布情况。关于其最早分布，芮逸夫、傅斯年、金贞培等先生都有比较一致的看法，认为貊族分布在山东半岛、辽东半岛的部分地区。他们也对构成高句丽民族的秽的分布范围有所论述，认为其分布在今吉林、松花江、嫩江等地和半岛的一部分③。

---

① ［韩］金贞培著，高岱译：《韩国民族的文化和起源》，上海：上海文艺出版社1993年版，第22页。

② 孙进己认为，高句丽的涓奴部起源于东夷的高夷，高句丽的桂娄部、绝奴部起源于卒本夫余及北夫余，秽人也是高句丽的一个来源，汉人是高句丽族的一个重要来源。孙进已其实说的是高句丽的民族构成，而非族源。［《东北民族史研究》（一），郑州：中州古籍出版社1996年版］。

③ 见［韩］金贞培著，高岱译：《韩国民族的文化和起源》，上海：上海文艺出版社1993年版，第22～36页。

第二节　高句丽的民族构成

其实在前面考述高句丽的族源、族属时，多少论及了高句丽的民族构成问题。但还是有必要在这里进行系统、全面的论述。可以肯定地说，高句丽是一个多民族的国家，也可以看作是当时东北辽海地区所有民族的集大成者，就像蒙古是北方民族的集大成者、藏族是青藏高原民族的集大成者一样。也可以说高句丽是当时辽海地区民族融合的中心，“四方闻之，来附者众”①。不管别人承认与否，这么说丝毫没有夸大其词的意味。高句丽有相对于周边民族在文化上、经济上、军事上的优势，形成了对他们的强大吸引力和自身的同化功能，周边民族则不断地融入高句丽社会。其中一些民族随着历史的演进，被高句丽民族同化了，这是一个不容否定的历史事实，学术界对此应该承认。

高句丽国家是由高句丽、貊、秽、夫余、沸流、沃沮、荇、故朝鲜、汉、百济、新罗、契丹、突厥、肃慎（勿吉、靺鞨）、倭等人构成的。②

我们在前面的论述中，已经提到了貊和高句丽是高句丽国家的两个民族，前为主体民族，后为王族，他们都是高句丽的重要民族。因前已述及，故此不再赘述，重点探讨其他民族构成。

夫余人。从族源上来说，夫余为秽人。《后汉书·夫余传》云夫余“本涉地也”③。《三国志·魏书·夫余传》载：“其印文言‘涉王之印’，国有故城名涉城，盖本涉貊之地。”④ 高句丽始祖朱蒙本来自夫余，后来发展成为高句丽的统治民族——句骊（丽）。《三国史记·高句丽纪一》载：“朱蒙乃与乌伊、摩离、陕父等三人为友”⑤，南下卒本川。《三国遗事·高句丽》云朱

① ［韩］金富轼著，孙文范等校注：《三国史记》卷13，《高丽纪一》，长春：吉林文史出版社2003年版，第175页。

② 赵炳林：《高句丽的民族构成述略》，《长春理工大学学报》2010年第1期。

③ （南朝宋）范晔：《后汉书》卷85，《东夷列传》涉条，北京：中华书局1965年版，第2810页。

④ （晋）陈寿：《三国志》卷30，《魏书·夫余传》，北京：中华书局1959年版，第842页。

⑤ ［韩］金富轼著，孙文范等校注：《三国史记》卷13，《高句丽纪一》，长春：吉林文史出版社2003年版，第174页。

蒙“与乌伊等三人为友，行至淹水”①，与《三国史记》同。而《魏书·高句丽传》言：“朱蒙乃与乌引、乌违等二人，弃夫余，东南走。”②《北史·高丽传》云：“朱蒙乃与焉违等二人东南走”③，“朱蒙”即朱蒙，“焉违”当与《魏书》中的“乌违”为同一人。三书所载稍有出入，前为三人，后为二人，且名称有异。但可以看出，“乌伊”与“乌引”当为一人。乌伊和摩离后来成为朱蒙手下的得力大将；陕父官至大辅，后因朱蒙拒谏，而“去之南韩”④。两人或三人、人名相同还是不相同，并不重要。但有一个重要信息是肯定的，即高句丽人中从一开始就有夫余人存在。后来与朱蒙妻及儿子类利一同南下到卒本川的屋智、句邹、都祖等也为夫余人⑤。之后，随着高句丽力量的强大，不断有夫余人投奔于它。高句丽大武神王五年（22），夫余王从弟“与万人来投，王封为王，安置掾那部”⑥。后来，夫余被勿吉所灭，而后被高句丽所并。“其孙莫来渐盛，击夫余而臣之。”⑦故夫余人在高句丽的人口构成中是占有一定比重的。

沸流国人。沸流国是朱蒙到卒本川后首先征服、并纳入自己疆域的国家。据《三国史记·高句丽纪一》记载，朱蒙到卒本川后，见沸流水（今富儿江）中有菜叶漂流而下，知上游有人居住，乃以打猎为名，溯流而上，果然发现一国，即沸流国。在战争中，沸流国败。其国王松让遂于朱蒙二年（前36）举国来降，“以其地为多勿都，封松让为主”⑧。在高句丽语言中，谓复旧土为多勿，故称。稍加留意，这句话可以给我们提供某种信息，即沸流国

① ［韩］一然著，孙文范等校注：《三国遗事》卷1，《纪异二·高句丽》，长春：吉林文史出版社2003年版，第37页。

② （北齐）魏收：《魏书》卷100，《高句丽传》，北京：中华书局1974年版，第2214页。

③ （唐）李延寿：《北史》卷94，《高句丽传》，北京：中华书局1983年版，第3110页。

④ ［韩］金富轼著，孙文范等校注：《三国史记》卷13，《高句丽纪一》，长春：吉林文史出版社2003年版，第175页。

⑤ 参见［韩］金富轼著，孙文范等校注：《三国史记》卷13，《高句丽纪一》，长春：吉林文史出版社2003年版，第174、176页。

⑥ ［韩］金富轼著，孙文范等校注：《三国史记》卷14，《高句丽纪二》，长春：吉林文史出版社2003年版，第184页。

⑦ （唐）令狐德棻等：《周书》卷49，《高丽传》，北京：中华书局1971年版，第884页。

⑧ ［韩］金富轼著，孙文范等校注：《三国史记》卷13，《高句丽纪一》，长春：吉林文史出版社2003年版，第175页。

是原来北夫余或东夫余的故土。《桓檀古记》中的《三圣记上》载："乙未汉昭时，进据夫余故都，称国东明，是乃新罗故壤也。至癸亥春正月，高邹牟亦以天帝之子继北夫余而兴复檀君旧章词，解慕漱为太祖，始建元为多勿，是为高句丽始祖。"① 可见，"多勿"最初为年号之义。

荇人。荇人也为东夷民族，居于太白山东南，国小力微。朱蒙六年（前32），王命乌伊、扶芬奴讨伐荇人国，"取其地为城邑"②。

鲜卑、乌桓、匈奴人。高句丽琉璃王十一年（前9），高句丽王听从大将扶芬奴的建议，行反间之计，攻破其都城，"首尾受敌，计穷力屈，降为属国"③。东汉末年桓、灵之际（147—190），高句丽雄张辽海，数侵辽东。而当时该地为鲜卑、乌桓人所居，亦有匈奴人杂居其间，"自伯固时，数寇辽东，又受亡胡五百余家"④。史书并没有记载"亡胡"究竟为什么族，但我们可以做一些比较肯定的判断。让我们看《三国志·魏书·乌丸传》的记载："汉末，辽西乌丸大人丘力居，众五千余落，上谷乌丸大人难楼，众九千余落，各称王，而辽东属国乌丸大人苏仆延，众千余落，自称峭王，右北平乌丸大人乌延，众八百余落，自称汗鲁王，皆有计策勇健。"⑤ 同传《鲜卑传》引《魏书》曰，顺帝时（126—145），"后乌丸校尉耿晔将率众王出塞击鲜卑，多斩首虏，于是鲜卑三万余落，诣辽东降。匈奴及北单于遁逃后，余种十余万落，诣辽东杂处，皆自号鲜卑兵"⑥。可见，乌桓、鲜卑和匈奴人也当为高句丽人口之重要组成部分。

梁貊人。高句丽琉璃王三十三年（14）秋八月，王命乌伊、摩离领兵二

① 安含老：《三圣记上》，见《桓檀古记》第一部分。bbs. gophor. cn/cjkv/read. php? tid = 3763&page = e 125K 2007 - 9 - 8 - 百度快照。

② ［韩］金富轼著，孙文范等校注：《三国史记》卷 13，《高句丽纪一》，长春：吉林文史出版社 2003 年版，第 175 页。

③ ［韩］金富轼著，孙文范等校注：《三国史记》卷 13，《高句丽纪一》，长春：吉林文史出版社 2003 年版，第 177 页。

④ （晋）陈寿：《三国志》卷 30，《魏志·高句丽传》，北京：中华书局 1959 年版，第 845 页。

⑤ （晋）陈寿：《三国志》卷 30，《魏志·乌丸传》，北京：中华书局 1959 年版，第 834 页。

⑥ （晋）陈寿：《三国志》卷 30，《魏志·鲜卑传》，北京：中华书局 1959 年版，第 837 页。

万，“西伐梁貊，灭其国，进兵袭取高句丽县”①。

海头人、曷思人，二者都立国于鸭绿江流域。高句丽大武神王五年（22），北夫余王金蛙之季子（带素之弟），在带素被杀后，“知国之将亡，与从者百余人，至鸭绿谷。见海头王出猎，遂杀之。取其百姓，至此始都，是为曷思王”②。大祖大王十六年（68）八月，“曷思王孙都头以国来降，以都头为于台”③。

盖马人，立国于盖马大山附近。大武神王九年（26）十月，王亲征盖马国，“杀其王，慰安百姓，毋掳掠，但以其地为郡县”④。

句荼人。大武神王九年（26）十二月，“句荼国王闻盖马灭，惧害及己，举国来降”⑤。

乐浪人，居地在今大同江地区。大武神王二十年（37），“王袭乐浪，灭之”⑥。但六年之后（44），又被东汉所据，以为乐浪郡。

藻那人。大祖大王二十年（72）二月，“遣贯那部沛者达贾伐藻那，虏其王”⑦。

朱那人。大祖大王二十二年（74）十月，“王遣桓那部沛者薛儒伐朱那，虏其王子乙音为古邹加”⑧。

“秽”人。在文献中有时写为“涉”，有时写为“狣”，其实相同。秽北与高句骊、沃沮接，南与辰韩接，东穷大海，西至乐浪。“涉及沃沮、句骊，

① ［韩］金富轼著，孙文范等校注：《三国史记》卷13，《高句丽纪一》，长春：吉林文史出版社2003年版，第181页。

② ［韩］金富轼著，孙文范等校注：《三国史记》卷14，《高句丽纪二》，长春：吉林文史出版社2003年版，第184页。

③ ［韩］金富轼著，孙文范等校注：《三国史记》卷15，《高句丽纪三》，长春：吉林文史出版社2003年版，第191页。

④ ［韩］金富轼著，孙文范等校注：《三国史记》卷14，《高句丽纪二》，长春：吉林文史出版社2003年版，第184页。

⑤ ［韩］金富轼著，孙文范等校注：《三国史记》卷14，《高句丽纪二》，长春：吉林文史出版社2003年版，第184页。

⑥ ［韩］金富轼著，孙文范等校注：《三国史记》卷14，《高句丽纪二》，长春：吉林文史出版社2003年版，第187页。

⑦ ［韩］金富轼著，孙文范等校注：《三国史记》卷15，《高句丽纪三》，长春：吉林文史出版社2003年版，第191页。

⑧ ［韩］金富轼著，孙文范等校注：《三国史记》卷15，《高句丽纪三》，长春：吉林文史出版社2003年版，第191页。

本皆朝鲜之地也"①。按今天地理位置而言，秽人主要分布在吉林省及朝鲜半岛北部，是这一地区的土著。目前学者认为，西团山的文化遗存是秽民族的先民留下来的②。后汉武帝灭卫氏朝鲜后，在朝鲜半岛设立四郡。汉昭帝时，对四郡进行合并，把临屯、真番撤罢，归并玄菟和乐浪。"自单单大岭以东，沃沮、涉貊悉属乐浪"③。元初五年（118），"复与涉、貊寇玄菟，攻华丽城"④。建光元年（121），高句丽王"宫遂率马韩、涉、貊数千骑围玄菟"⑤，这里的"涉"当是东秽。汉时，"自单单大山岭以西属乐浪，自岭以东七县，都尉主之，皆以涉为民。后省都尉，封其渠帅为侯，今不耐涉皆其种也。汉末更属句丽"⑥。正始六年（245），乐浪太守刘茂、带方太守弓遵"以岭东涉属句丽，兴师伐之，不耐侯等举邑降"⑦，"沃沮、东涉皆属焉"⑧。秽人也随着土地一起成了高句丽的编户齐民。东秽归附高句丽后，成为其对外征战的重要力量。

沃沮人。沃沮是秽貊系统中与高句丽关系较为密切的一部分人，表现为语言、居住形式、服饰都和高句丽相同⑨。沃沮有北沃沮、南沃沮和东沃沮三个大的政权。沃沮族被纳入高句丽的过程，也是高句丽对其军事征服、拓疆略地的过程。高句丽对沃沮的征服是从征服北沃沮开始的，早在始祖朱蒙时，北沃沮就已成为其领土。朱蒙十年（前28）十一月，"王命扶尉伐北沃

① （南朝宋）范晔：《后汉书》卷85，《东夷列传》秽条，北京：中华书局1965年版，第2817页。

② 孙进己：《东北民族源流》，哈尔滨：黑龙江人民出版社1987年版，第119页。

③ （南朝宋）范晔：《后汉书》卷85，《东夷列传》秽条，北京：中华书局1965年版，第2813页。

④ （南朝宋）范晔：《后汉书》卷85，《东夷列传》高句骊条，北京：中华书局1965年版，第2814页。

⑤ （南朝宋）范晔：《后汉书》卷85，《东夷列传》高句骊条，北京：中华书局1965年版，第2815页。

⑥ （晋）陈寿：《三国志》卷30，《魏志·东夷传》秽条，北京：中华书局1959年版，第848页。

⑦ （晋）陈寿：《三国志》卷30，《魏志·东夷传》秽条，北京：中华书局1959年版，第849页。

⑧ （南朝宋）范晔：《后汉书》卷85，《东夷列传》高句骊条，北京：中华书局1965年版，第2813页。

⑨ 王文光：《中国民族发展史》，北京：民族出版社2005年版，第172页。

沮，灭之。以其地为城邑”①。北沃沮，一名置沟娄，去南沃沮八百余里。东沃沮在高句丽盖马大山之东，东滨大海，北与挹娄、夫余接，南与秽貊接。武帝灭朝鲜，以沃沮地为玄菟郡。“后为夷貊所侵，徙郡于高句骊西北，更以沃沮为县，属乐浪东部都尉。”② 后因“其土迫小，介于大国之间，遂臣属句骊”③。大祖大王四年（56）七月，“伐东沃沮，取其土地为城邑，拓境东至沧海，南至萨水”④，“沧海”指日本海，“萨水”指清川江。我们也可从《北史·高丽传》的记载中看出，高句丽的疆域“东至栅城，南至小海，北至旧夫余”⑤，“栅城”即今吉林珲春附近，“小海”当指今渤海。这些地方包括了北沃沮、东沃沮的所有地区。南沃沮当在今江原道地区，史籍虽没有记载何时归高句丽，但其后来成为高句丽领土，却是不争的事实，以后的溟州（治今江陵）便是。

商人。在这里之所以要把商人与商族、汉人分开来叙述，主要有三方面的原因：一是要表明箕氏朝鲜的建立者是商人；二是商人和商族是两个概念，商人包括商族，但商族并不全是商人；三是要表明商人和汉人还是有所区别的，从严格意义上来讲，汉族是在秦汉时期形成的。箕，原名胥余，是商纣王之叔父，是商末“三贤”之一，因其封国在箕，而被称为箕子。周武王灭商，箕子东走朝鲜，设“八条之教”，管理彼地，周武王承认了这一现实。箕子东走时，带去了一部分商民。这些商民属东夷系列，居住在环渤海地区。这已被考古实物所证实。在古朝鲜地区，发现了相当多的石斧、石刀、石簇、半月形石刀。而这些遗物正是中国龙山文化的典型特征。而且，“如像商部族盛行的鸟图腾、支石墓、拔齿习俗等，在朝鲜半岛的青铜时代也普遍存在”⑥。后来，高句丽占据古朝鲜，这些商人后裔便成为其编民了。

汉人。汉族很早就成为高句丽的民族之一。秦末，“陈胜等起，天下叛

① ［韩］金富轼著，孙文范等校注：《三国史记》卷13，《高句丽纪一》，长春：吉林文史出版社2003年版，第176页。

② （南朝宋）范晔：《后汉书》卷85，《东夷列传》东沃沮条，北京：中华书局1965年版，第2816页。

③ （南朝宋）范晔：《后汉书》卷85，《东夷列传》东沃沮条，北京：中华书局1965年版，第2816页。

④ ［韩］金富轼著，孙文范等校注：《三国史记》卷15，《高句丽纪二》，长春：吉林文史出版社2003年版，第191页。

⑤ （北齐）魏收：《魏书》卷100，《高丽传》，北京：中华书局1974年版，第2215页。

⑥ 汪高鑫、程仁桃：《东亚三国古代关系史》，北京：北京工业大学出版社2006年版，第4页。

秦，燕、齐、赵民避地朝鲜数万口”①。秦人东走之事在《三国史记》中也有记载，曰：“中国之人，苦秦乱，东来者众。”② 这是汉人第一次大规模向朝鲜半岛迁移。高句丽第二代王琉璃王类利的妃子雉姬，便是“汉家之女也”③。后雉姬和鹘川人之女禾姬争宠，负气出走。琉璃王挽之不回，写下了脍炙人口的千古爱情绝唱：“翩翩黄鸟，雌雄相依。念我之独，谁其与归?”④卫满到朝鲜后，“稍役属真番、朝鲜蛮夷及故燕、齐亡命者王之，都王险”⑤，这当中的燕齐之亡民当有很多汉人。至其孙右渠时，由于所诱汉亡人滋多，加上壅塞真番、辰国入贡道路，招致了亡国的灭顶之灾。故国川王十九年（197），“中国大乱，汉人避乱来投者甚多”⑥。东川王二十一年（217）八月，“汉平州人夏瑶以百姓一千余家来投，王纳之，安置栅城”⑦。故国壤王二年（385），陷辽东、玄菟，“虏男女一万口而还”⑧。同年，“幽、冀流民多来投”⑨。在隋朝和高句丽的战争中，很多隋人落入到高句丽之手。到了唐朝，唐高祖诏令高句丽“彼处有此国人者，王可放还，务尽抚育之方，共弘仁恕之道”⑩，高句丽荣留王唯命是从，“悉搜括华人以送之，数至万人”⑪。

---

① （晋）陈寿：《三国志》卷30，《魏书·东夷传》秽条，北京：中华书局1959年版，第848页。

② ［韩］金富轼著，孙文范等校注：《三国史记》卷1，《新罗纪一》，长春：吉林文史出版社2003年版，第3页。

③ ［韩］金富轼著，孙文范等校注：《三国史记》卷13，《高句丽纪一》，长春：吉林文史出版社2003年版，第177页。

④ ［韩］金富轼著，孙文范等校注：《三国史记》卷13，《高句丽纪一》，长春：吉林文史出版社2003年版，第177页。

⑤ （汉）班固：《汉书》卷95，《朝鲜传》，北京：中华书局1964年版，第3863页。

⑥ ［韩］金富轼著，孙文范等校注：《三国史记》卷16，《高句丽纪四》，长春：吉林文史出版社2003年版，第202页。

⑦ ［韩］金富轼著，孙文范等校注：《三国史记》卷17，《高句丽纪五》，长春：吉林文史出版社2003年版，第205页。

⑧ ［韩］金富轼著，孙文范等校注：《三国史记》卷18，《高句丽纪六》，长春：吉林文史出版社2003年版，第222页。

⑨ ［韩］金富轼著，孙文范等校注：《三国史记》卷18，《高句丽纪六》，长春：吉林文史出版社2003年版，第222页。

⑩ （后晋）刘昫等：《旧唐书》卷199上，《高丽传》，北京：中华书局1975年版，第5321页。

⑪ ［韩］金富轼著，孙文范等校注：《三国史记》卷20，《高句丽纪八》，长春：吉林文史出版社2003年版，第251页。

这说明，在高句丽国中，是有很多汉人的。

百济人。高句丽境内的百济人多为饥馑逃亡和战败被俘之人。高句丽大武神王二年（19）正月，“百济民一千余户来投”①。广开土王六十三年（475）九月，“王帅兵三万侵百济，陷王所都汉城，杀其王扶余庆，虏男女八千而归”②。文咨明王八年（499），“百济民饥，二千人来投”③。这在《三国史记·百济纪四》中也有记载，具体为百济“汉山人”。512年，“侵百济，陷加弗、圆山二城，虏获男女一千余口”④。婴阳王十八年（607）五月，“遣帅攻百济松山城，不下，移袭石头城，虏男女三千而还”⑤。

新罗人。从历史记载来看，高句丽境内的新罗人主要是从战争中掳获的。婴阳王十九年（608）二月，“命将袭新罗北境，虏获八千人”⑥。

契丹人。契丹和高句丽曾经有过藩属关系，二者之间的人口迁移肯定是存在的。广开土王元年（392）九月，“北伐契丹，虏男女五百口，又招谕本国陷没民口一万而归”⑦。高句丽莫离支泉盖苏文死后，诸子内讧，“男生走保国内城，率其众与契丹、靺鞨兵内附”⑧。说明在高句丽国内有数量众多的契丹兵民。

肃慎（后为挹娄、勿吉、靺鞨）人。肃慎是东夷之一，“鸟夷是肃慎之先民无疑”⑨。广开土王五十六年（468），“王以靺鞨兵一万，攻取新罗悉直

① ［韩］金富轼著，孙文范等校注：《三国史记》卷14，《高句丽纪二》，长春：吉林文史出版社2003年版，第182页。

② ［韩］金富轼著，孙文范等校注：《三国史记》卷18，《高句丽纪六》，长春：吉林文史出版社2003年版，第228页。

③ ［韩］金富轼著，孙文范等校注：《三国史记》卷19，《高句丽纪七》，长春：吉林文史出版社2003年版，第233页。

④ ［韩］金富轼著，孙文范等校注：《三国史记》卷19，《高句丽纪七》，长春：吉林文史出版社2003年版，第234页。

⑤ ［韩］金富轼著，孙文范等校注：《三国史记》卷20，《高句丽纪八》，长春：吉林文史出版社2003年版，第245页。

⑥ ［韩］金富轼著，孙文范等校注：《三国史记》卷20，《高句丽纪八》，长春：吉林文史出版社2003年版，第245页。

⑦ ［韩］金富轼著，孙文范等校注：《三国史记》卷18，《高句丽纪六》，长春：吉林文史出版社2003年版，第223页。

⑧ （宋）欧阳修等：《新唐书》卷110，《泉男生传》，北京：中华书局1975年版，第4123页。

⑨ 王文光：《中国民族发展史》，北京：民族出版社2005年版，第106页。

州城”①。说明高句丽有为数众多的靺鞨人。在与隋、唐作战时，高句丽军队中有更多的靺鞨人参战。

突厥人。阳原王七年（551）九月，突厥来围攻新城，不克。然后又攻打白岩城，王遣将军高纥领兵一万，“杀获一千余级”②。

倭人。百济“其人杂有新罗、高丽、倭等，亦有中国人”③，在丽、济争战中，肯定有倭人或降、或俘，而成为高句丽的编民。

此外，还有一些不知国名或族名的人来投奔高句丽。如大武神王十三年（30）七月，“买沟谷人尚须，与其弟尉须及堂弟于刀等来投”④。

综上，这些人或自愿投奔，或战败被俘，或为形势所逼而附，成为高句丽人口的组成部分。故高句丽是一个多民族的国家，也是东北及朝鲜半岛北部民族聚合的一个中心。归附于高句丽的这些人，有的被同化，如匈奴、鲜卑等，有的一直保留了自己的族名，如秽等。他们和高句丽一起随着国家的灭亡，又开始了新的同化和融合过程。

第三节　高句丽的疆域变迁

疆域是研究高句丽政权的一个重要内容，它的形成是一个历史的过程，必须把它放在历史的长河中去考量，而不能以静止的观点去看待。高句丽政权从公元前37年建立，到公元668年被唐朝灭亡，前后存续七百余年之久。搞清楚其疆域变迁问题，对于研究高句丽政权的归属问题至关重要。对此，我们必须把它放在特定的历史环境中，进行实事求是的探讨，以求历史的真相。

一、高句丽建国前后的大体范围及其归属

高句丽的先民最早就生息在东北地区。这在《逸周书》、《左传》等古书中有载。《逸周书·王会解》说，在周武王成周大会时，东夷民族中的高夷、

① ［韩］金富轼著，孙文范等校注：《三国史记》卷18，《高句丽纪六》，长春：吉林文史出版社2003年版，第227页。

② ［韩］金富轼著，孙文范等校注：《三国史记》卷19，《高句丽纪七》，长春：吉林文史出版社2003年版，第239页。

③ （唐）魏征：《隋书》卷81，《高丽传》，北京：中华书局1973年版，第1818页。

④ ［韩］金富轼著，孙文范等校注：《三国史记》卷14，《高句丽纪二》，长春：吉林文史出版社2003年版，第185页。

肃慎、良夷、秽、禺夷等都派代表参加[①]。孔晁注云："高夷，东北夷高句丽。"[②]《大戴礼记·少闲》载："海之外肃慎、北发、渠搜、氏、羌来服。"[③]"北发"是指什么民族？刘子敏释"亳"为"发"、"貊"、"貉"等，并说"其分布区集中在古辽东地区，其东可到达今清川江一带"[④]。朴灿奎认为，"燕亳"在河北北部与辽西地区[⑤]。二者的观点差别可谓很大，孰对孰错？笔者认为，朴灿奎的观点是对的。《北夫余纪下》载："（五世檀君高豆莫）乙亥三年，帝自将传檄，所至无敌。不旬月，众至五千。每与战，汉寇望风而溃，遂引兵渡九黎河，追至辽东西安平，乃古橐离国之地。"[⑥] 刘子敏只是拿现在中国古代的传统疆域硬套当时的疆域罢了。因为在刘子敏看来，古代最早没有辽东、辽西之说，只有辽东之东和辽东之西的说法，按此，东北都可说成是辽东[⑦]。另外，按中国学术界的说法，沨水以北地区自古就是中国的传统疆域。因为刘子敏认为，沨水就是清川江，所以把南界定在了清川江。故燕亳的势力范围不可能到达鸭绿江以东，甚至辽河以东地区。对上面古书的记载，《尚书埤传》的作者朱鹤龄表示了怀疑，云："东夷叛于成王时，史无明文可考，东夷服而肃慎来，尤属难信……成王伐淮夷，归京师时，适肃慎来贺。本非相因序，特牵连言之耳。"[⑧] 今人董万仑认为刘子敏的那种做法是"推当今以览太古"[⑨]。笔者认为，清人朱鹤龄和今人董万仑的怀疑是有道理的。我们在研究历史时，不能以它现在的疆域归属来规定古代的疆域归属，但很多学者做不到，如刘子敏说："实际上周朝的北土已包括了东北地区所有的古族古国。"[⑩] 此说证据何在？恐怕周武王的那句话不能算作铁证吧。这种情况比较普遍，基本都把政治语言和历史语言等同起来。著名历史学家、民族史学家白寿彝也反对学术界惯用"自古以来"的说法，他认为，

① （晋）孔晁注：《逸周书》卷 7，《王会解》，四库册 370，第 48 ~ 49 页。

② （晋）孔晁注：《逸周书》卷 7，《王会解》，四库册 370，第 49 页。

③ （汉）戴德：《大戴礼记》卷 11，《少闲》，四库册 128，第 521 页。

④ 刘子敏：《古代高句丽同中原王朝的关系》，《东疆学刊》1996 年第 3 期。

⑤ 朴灿奎：《高句丽侯驺考——王莽朝高句丽记事与高句丽侯驺考（下）》，《延边大学学报》2004 年第 4 期。

⑥ ［高丽］范樟：《北夫余纪下》，bbs. gophor. cn/cjkv/read. php? tid = 3763&page = e 125K 2007 - 9 - 8 - 百度快照。

⑦ 刘子敏：《高句丽族故地沿革考》，《通化师范学院学报》1996 年第 1 期。

⑧ （清）朱鹤龄：《尚书埤传》卷 8，四库册 66，第 840 页。

⑨ 董万仑：《古代东方秽与貊研究的再反思》，《北方文物》1999 年第 4 期。

⑩ 刘子敏：《古代高句丽同中原王朝的关系》，《东疆学刊》1996 年第 3 期。

对“自古”二字“固应坚定明确，也要慎乎其用”①。中国历代统治者都有君临天下的大国心理，视万国人为其子民，如唐太宗李世民自称为“天可汗”，是不是就意味着全世界都在中国的疆域范围内了？显然不是。我们在研究历史时也应注意这个问题，要具体问题具体分析，绝对不能见风就是雨。

到了西周中期，由于周朝日衰，北方的匈奴、东胡中的山戎等族坐大。东周在辽、冀地区的侯国燕抵御不了它们的侵扰，疆域日蹙，失去了对辽西等地的有效管辖。齐桓公虽然北击山戎、东胡等族取得了一定的胜利，但由于列国混战，政局不稳，故并没有能够统治这些地区。东胡反而利用列国混战的大好时机，断然南下，侵占了辽西地区，并与那里的民族融合，力量变得更为强大。到了战国时，燕国励精图治，大力改革，国力上升，于是对山戎、东胡等民族展开了攻势。燕昭王派贤将秦开击败东胡，并征服了古朝鲜和真番等国家，使自己的疆域扩展到了鸭绿江以东地区。作为在浑江、鸭绿江以北生息的高句丽先民也自然成了燕国的臣民，其地成了燕国的辽东郡。对此，吴楚克曾有所论及，他说：“燕国也把疆界推进到辽宁东部和朝鲜西北部，建辽西郡和辽东郡。”②

可见，在朱蒙南下卒本川建立政权之前，就有原住民生息于彼地。不但有人居住，而且还形成了国家形态，这就是建国于沸流水上游的沸流国。沸流国主松让说得很清楚，“我累世为王，地小不足容两主”③，说明沸流国已经存世几百年了。前文已有讨论，这些原住民就是高句丽的主体民族貉人。那么他们的势力范围如何呢？朴灿奎说：“早在汉四郡设置之前，被称为句丽胡的古高句丽人就生活在今天的富尔江、浑江及鸭绿江中游流域，并已形成了以沸流国为中心的酋邦。”④ 韩国学者姜仁淑认为：“其地区相当于以现在浑江流域为中心，包括鸭绿江中游、太子河上游、浑河上游、伊通河流域的今日中国辽宁省桓仁县、新宾县、清源县和吉林省柳河县、通化县、集安

① 武尚胜：《白寿彝先生论中国统一的多民族国家的形成与发展》，《史学史研究》1996 年第 1 期。

② 吴楚克：《中国边疆政治学》，北京：中央民族大学出版社 2005 年版，第 93 页。

③ ［韩］金富轼著，孙文范等校注：《三国史记》卷 13，《高句丽纪一》，长春：吉林文史出版社 2003 年版，第 175 页。

④ 朴灿奎：《高句丽侯驺考——王莽朝高句丽记事与高句丽侯驺考》（下），《延边大学学报》2004 年第 4 期。

县、临江县以及我国（指朝鲜）的慈江道一带。”① 《高丽史·地理三》载：“成州，本沸流王松让之古都。”② 成州，即今朝鲜平安南道的成川。据此可以看出，刘子敏、朴灿奎和姜仁淑等人的观点还是不准确的，其南部不但到了慈江道，而且到了更南的平安南道。可以看出，作为朱蒙立国之前的“句骊国”，其势力范围并不像诸位学者说的那么狭小，它应包括今天辽宁省、吉林省的部分地区，也向南达到了朝鲜的慈江道、平安北道、平安南道等地区。

二、高句丽的东、西疆界

（一）朱蒙建国后的领土扩张及五部的形成

公元前37年，朱蒙在卒本川建立高句丽政权后，走上了对外扩张的道路，最终形成了比较松散的国家联盟，即五部。首先降服了高句丽族先民句骊人建立的沸流国，以其地为多勿都。至于沸流国的疆域，前面已经述及，此不赘言。在这里需要注意的是，“多勿”在高丽语中是“复旧土”之意③。如果我们把这句话引申出去的话，那意思就是该地以前是夫余的领土，后来被沸流国占据了。这也说明在远古，秽人和貊人为了争夺土地和人民，进行过激烈的斗争，最终沸流国战胜了其北的夫余国。刘子敏认为，在朱蒙于卒本川立国前，那里就有夫余移民所组成的部落群体④。笔者在前文已经述及，在朱蒙立国之前，这里的居民主要是貊人（也就是学术界所说的高夷人、北发、发、亳）。而夫余人是秽人，即使有移民存在，也不可能形成庞大的部落集团。但随着高句丽的强大，又有很多夫余人南下投奔高句丽。高句丽把他们安置在西部地区，但那是以后的事情了，不能等量齐观。高句丽承认沸流国贵族遗民对西部的统治，即史书所说的涓奴部（史书中出现的“消奴”为“涓奴”之误也），涓奴部为五部中的右部。接着于朱蒙四年（前34，西汉建昭五年），伐灭太白山东南的荇人国。朱蒙十年（前28，河平元年）伐

① 姜仁淑著，文一介译：《关于先行于高句丽的古代国家句丽》，《历史与考古信息·东北亚》1992年第1期。

② ［朝］郑麟趾：《高丽史》卷58，《地理三》，平壤：朝鲜古书刊行会1957年版，第277页。

③ ［韩］金富轼著，孙文范等校注：《三国史记》卷13，《高句丽纪一》，长春：吉林文史出版社2003年版，第175页。

④ 刘子敏：《高句丽族源研究》，《社会科学战线》2002年第5期。

灭北沃沮。然后把两国之境变成了高句丽的城邑。这两国是继沸流国后被灭亡的国家，居于高句丽的北部，当为五部中的后部。

朱蒙十九年（前19，鸿嘉二年）高句丽第二代王琉璃王类利继位后，由于国势不强，不便树敌太多，故没有立即进行拓疆活动，而是致力于固邦结邻，稳定后方。主要措施有：攀结多勿都侯松让，纳其女为妃，稳定其部；笼络辖内各民族，纳鹘川人禾姬和汉人雉姬为妃；事大于夫余国和黄龙国，纳质于夫余（因太子都切不行而终），惜斩得罪邻国黄龙的太子解明。却和邻国鲜卑兵戎相向，于琉璃王十一年（前9，元延四年），以反间计大败之。和鲜卑交恶，说明其西界是和鲜卑接壤的。现在让我们来看鲜卑的疆界。《三国志》卷30《魏志·乌丸传》载："后鲜卑大人轲比能复制御群狄，尽收匈奴故地，自云中五原以东抵辽水，皆为鲜卑庭。"① 这则史料是记载东汉末、三国魏初之事。到西汉末年，匈奴已经遭到西汉政府的大张挞伐，国势衰微。南匈奴入塞降款，北匈奴西遁。所以作为匈奴东邻的东胡人鲜卑占据辽西地区是非常有可能的事情。可见，在高句丽第二代王琉璃王时，其西边可能已和鲜卑搭界了，它们大致以辽河为界。新莽时期，和匈奴之间的矛盾再起，王莽强征高句丽人征讨匈奴。高句丽人逃亡出塞，并斩杀辽西大尹田谭。王莽下令更名高句丽为"下句丽"，高句丽王为"高句丽侯"。于是高句丽"寇汉边地愈甚"②。慕本王二年（49，建武二十五年），高句丽慕本王遣将袭击东汉的右北平、渔阳、上谷、太原等地。这些地方已经到了辽河以西很远的地方，说明高句丽是渡过辽河向西发起进攻的，也有可能是高句丽的势力已经到达了辽河以西的地区。我们从高句丽与鲜卑、新莽及东汉作战的地域来判断，高句丽的势力范围已经到达了辽河附近。这些地区按高句丽五部来划分的话，应属于前部。琉璃王在位时期，于琉璃王三十三年（14，天凤元年），还灭掉了位于其西部的梁貊。梁貊应该也是从貊民族中分离出去的一个别种。被灭掉的梁貊属五部中的前部，即灌奴部。

19年继位的第三代王大武神王无恤继承其祖父的扩张政策，不遗余力地向外扩张领土。他"生而聪慧，壮而雄杰，有大略"③。他继立之后的第三年

① （晋）陈寿：《三国志》卷30，《魏志·乌桓传》，北京：中华书局1959年版，第831页。

② ［韩］金富轼著，孙文范等校注：《三国史记》卷13，《高句丽纪一》，长春：吉林文史出版社2003年版，第181页。

③ ［韩］金富轼著，孙文范等校注：《三国史记》卷14，《高句丽纪二》，长春：吉林文史出版社2003年版，第182页。

(21，地皇二年)，便大举进攻夫余，大败之。夫余王带素之弟见大势已去，到曷思水滨（曷思水为鸭绿江北的一条支流）建立国家，即曷思国。后率万余人投奔高句丽，后者以之为椽那部，也就是史书上所说的灌奴部，有时也称为桓那部，其位置应在今桓仁县南部和宽甸县北部的浑江下游地区，与辽东郡以长城一线相隔，它是由小水貊同夫余王从弟所率夫余人融合而成的地缘部落，是为五部中的前部。接着于大武神王九年（26，建武二年）伐灭盖马国和句茶国，以其为郡县。“由是，拓地浸广”①。“盖马国”顾名思义，就是在盖马大山附近建立的国家。盖马大山就是今朝鲜北部的狼林山脉。这说明高句丽的南部已经到达了今天朝鲜的慈江道地区。这些地区当为高句丽五部中的左部，即顺女部。从太子好童东游沃沮之地可看出，当时高句丽的东界已经到达了日本海沿岸的秽人之地。这些地方应为五部中的后部，即绝奴部，其地域应为今临江、长白、抚松、靖宇等县辖境，由秽人等构成。大武神王二十年（37，建武十三年），琉璃王率兵袭击了其南的乐浪国，使自己的疆域南抵今大同江地区。但大武神王二十七年（44，建武二十年），被汉光武帝夺回，重新成为东汉的郡县。从此，“萨水以南属汉”②。“萨水”即今清川江，说明高句丽的南部疆界已经到达朝鲜半岛的清川江地区。这些地区都应属于五部中的顺女部，即左部。而朱蒙所属的部族最后形成了桂娄部，是为五部中的内部或黄部③。这五部形成后，高句丽的国家结构和地域范围才大体上确定下来。

（二）大祖大王时期的高句丽国家疆域

大祖大王位宫是高句丽历史上一位很有作为的君主，他在位期间，主要是往西面和东面两个方向上扩张领土。大祖大王三年（55，建武三十一年），“筑辽西十城，以备汉兵”④。至于这“十城”到底是哪些，已无从考证，应在医巫闾山与辽河之间。对此刘子敏表示否定，他认为，前文叙及的慕本王攻右北平、渔阳、上谷和太原之事和大祖大王筑辽西十城的记载“是不可靠

① ［韩］金富轼著，孙文范等校注：《三国史记》卷14，《高句丽纪二》，长春：吉林文史出版社2003年版，第184页。

② ［韩］金富轼著，孙文范等校注：《三国史记》卷14，《高句丽纪二》，长春：吉林文史出版社2003年版，第187页。

③ 刘子敏：《高句丽疆域沿革考辨》，《社会科学战线》2001年第1期。

④ ［韩］金富轼著，孙文范等校注：《三国史记》卷15，《高句丽纪三》，长春：吉林文史出版社2003年版，第190页。

的，应是一种误解误记”①。在东面，始祖朱蒙时已经征服了北沃沮。位宫继续向东部拓疆。大祖大王四年（56，建武三十二年），伐东沃沮，“取其土地为城邑，拓境东至沧海，南至萨水”②。沃沮属秽人，其最南界到了今韩国江原道的江陵。大祖大王四十六年（98，永元十年）冬巡栅城和大祖大王五十年（102，永元十四年）遣使安抚栅城（“栅城”在今何地？刘子敏认为在今珲春境内③。笔者认为，刘子敏的观点似乎有点保守，因为在当时，高句丽已经东扩到东部沿海地区，而珲春并不在非常靠海的地方。故栅城可能就在咸镜南北道的某一个地方，或钟城、或镜城、或庆兴。这说明高句丽的东疆已经到达了沿海的今咸镜北、南道和江原道地区）。同时，继续伐并邻近的未降族众。大祖大王十六年（68，永平十一年），其北的曷思王孙都头降，是为北部绝奴部之部分。大祖大王二十年（72，永平十五年）、二十二年（74，永平十七年），先后伐灭藻那和朱那。这两个国家都是貊人的残部，灭亡后，都属东部即顺女部，在今朝鲜慈江道一带。

尽管高句丽的势力在此时已经变得强大起来了，但毕竟还不是东汉的对手。大祖大王五十三年（105，元兴元年），高句丽遣将“入汉辽东，夺略六县。太守耿夔出兵拒之，王军大败”④。这就有一个矛盾，前面已经论及，在高句丽慕本王时，高句丽已经渡过辽河进攻了右北平、甚至太原等地，又在大祖大王时，筑辽西十城。这里又是攻辽东郡县，而辽东在东面，对此怎么解释呢？笔者认为，这里有两种可能：其一，虽然高句丽曾经袭过右北平等地和筑过辽西十城，但并没有能够巩固下来；其二，辽东郡县和高句丽犬牙交错，互相穿插。在这两种可能性中，后者居大。为什么？因为尽管高句丽势力大增，但毕竟还是在汉辽东郡境内，也隶属于辽东郡。在玄菟郡迁往辽东后，又属玄菟郡。但高句丽还是不间断地侵扰汉的玄菟、辽东两郡。大祖大王六十六年（118，元初五年），位宫与秽、貊人袭击汉玄菟，攻华丽城（“华丽城”在今朝鲜咸镜南道永兴一带）。六十九年（121，永宁二年），汉对高句丽发起反击，幽州刺史冯焕、玄菟太守姚光、辽东太守蔡讽等将兵攻打高句丽，击杀秽貊渠帅，尽获兵马财物。高句丽采取诈降之计，大破汉军，

① 刘子敏：《高句丽疆域沿革考辨》，《社会科学战线》2001年第1期。

② ［韩］金富轼著，孙文范等校注：《三国史记》卷15，《高句丽纪三》，长春：吉林文史出版社2003年版，第191页。

③ 刘子敏：《高句丽疆域沿革考辨》，《社会科学战线》2001年第1期。

④ ［韩］金富轼著，孙文范等校注：《三国史记》卷15，《高句丽纪三》，长春：吉林文史出版社2003年版，第192页。

攻入辽东、玄菟二郡，然后乘胜攻入汉的辽队县。在新昌，蔡讽战死。以后又在同年十二月和七十年（122，建光二年），数侵玄菟、辽东，都被汉与扶余联军击败。次大王元年（146，本初元年），又遣将进攻辽东西安平县，杀了带方令，而且掠走了乐浪太守的妻子。

纵观高句丽大祖大王时的拓疆活动，向西无疑曾经扩展到了辽河以西的地区，但由于汉辽东郡、幽州刺史的共同抵制，可能最终退出了这些地区。如婴阳王九年（598，开皇十八年），婴阳王“率靺鞨之众万余，侵辽西”①。但在辽东地区，高句丽建立了自己的据点，并和辽东郡相间分布。向东已经扩展到了沿海全部的秽人生息之地，即今朝鲜的咸镜南北道、江原道及韩国的江原道地区，向南大致还是保持了和乐浪以萨水为界的状态，但和汉互有争夺，极不稳定。通过大祖大王时期和前任君主们的拓疆斗争，其北部、东部和西部疆域范围基本上定型了。之后和中国各朝虽有争城略地的斗争，但还是局限在辽东和玄菟地区，高句丽并没有取得什么进展。由于我们在本节讨论的是疆域问题，故在此不再冗叙。

三、高句丽北部疆界的变迁

高句丽北疆的形成，也有一个历史的过程。它的开拓过程，也是高句丽和其母国夫余斗争的过程。

关于夫余的疆域，《后汉书》、《三国志》、《晋书》的《夫余传》中都有所涉及，但说法稍有不同。《后汉书·夫余传》载：“夫余国，在玄菟北千里，南与高句丽，东与挹娄，西与鲜卑接，北有弱水。地方千余里。”②《三国志·魏志·夫余传》载：“夫余在长城之北，去玄菟北千里，南与高句丽，东与挹娄，西与鲜卑接，北有弱水。地方二千里，户八万。”③《晋书·东夷列传·夫余国》载：“夫余国，在玄菟北千余里，南接鲜卑，北有弱水，地方二千里，户八万。”④ 根据上述三种史籍的记载可知：第一，夫余在高句丽的北面；第二，夫余的最北界为弱水；第三，夫余在长城以北地区；第四，

① ［韩］金富轼著，孙文范等校注：《三国史记》卷20，《高句丽纪八》，长春：吉林文史出版社2003年版，第244页。

② （南朝宋）范晔：《后汉书》卷85，《东夷列传》夫余条，北京：中华书局1965年版，第2810页。

③ （晋）陈寿：《三国志》卷30，《魏志·夫余传》，北京：中华书局1959年版，第841页。

④ 《晋书》卷97，《东夷传·夫余国》，北京：中华书局1974年版，第2532页。

夫余的西界为鲜卑。

对于第一点，没有问题。关键是第二点，“弱水”到底是哪条河？谭其骧认为黑龙江中下游为弱水①。对此，张博泉表示认同，同时否定了学术界认为弱水是东流松花江的观点，他说：“弱水不是东流松花江，今松花江无论是以源概流，还是以末概流而言，都无据说明松花江古曾称弱水。今黑龙江的上源有弱水与同义的水称可求，末流也有与之语义相同的弱水之称，因之弱水为古称。其上源为昔林穆迪河或精奇里江；其末流为挹娄（肃慎）北极弱水的弱水。”② 笔者认为，如果把弱水说成是黑龙江，那么它就不能构成夫余的北界。为什么？因为在夫余和黑龙江之间，还有面积广大的挹娄（肃慎）人的活动区域。而这些地区在当时、甚至后来都没有成为高句丽的领地。张博泉所说黑龙江上游的精奇里江和昔林穆迪河并没有“弱水”之称，而黑龙江上游鄂嫩河西南，注入巳尼大水（今贝加尔湖）的河流中，却有一条河叫弱洛水。张博泉大概把它当作黑龙江的支流了。所以说，把弱水归属为黑龙江是值得商榷的，而当作东流松花江还是比较接近实际的。在这里还有一条旁证，《檀君世纪》载：“（檀君朝鲜十五世代音）己丑十年，帝西幸弱水，命臣智禹栗采金铁及膏油。”③“西幸弱水”说明弱水在檀君朝鲜的西面，而黑龙江在其北面。故弱水为东流松花江的论点是接近实际的。同书三世嘉勒甲辰六年“命列阳褥萨索靖迁于弱水，终身棘置，后赦之，仍封其地，是为凶奴之祖”④。“凶奴”即匈奴，其最早的生息之地也不可能到黑龙江地区。

尽管确定了弱水是东流松花江，但也只是确定了高句丽最北的疆界，还不能构成完整的北部疆界，因为夫余的西部和东部也是后来高句丽北疆的组成部分。那么其西部疆界在哪里？前面已经说到，即“西与鲜卑接”。现在让我们来探讨鲜卑的东界问题。《后汉书·鲜卑传》云：“鲜卑者，亦东胡之

---

① 谭其骧主编：《中国历史地图集》第三册，北京：中国地图出版社 1975 年版，第 3～4 页。

② 张博泉：《夫余的地理环境与疆域》，《北方文物》1998 年第 2 期。

③（元）董仲：《檀君世纪》，见《桓檀古记》第三卷，bbs. gophor. cn/cjkv/read. php?tid = 3763&page = e 125K 2007 –9 –8 –百度快照。

④（元）董仲：《檀君世纪》，见《桓檀古记》第三卷，bbs. gophor. cn/cjkv/read. php?tid = 3763&page = e 125K 2007 –9 –8 –百度快照。

支也，别依鲜卑山，故因号焉。”① 汉初，鲜卑被匈奴冒顿单于大败，“远窜辽东塞外，与乌桓相接”②。这时，高句丽开始和鲜卑相邻。永平九年（66），“辽东鲜卑攻肥如县”。李贤注曰：“肥如县故城在今平州也。”③ 平州治今河北卢龙，肥如在卢龙西北。顺帝永建二年（127）秋，“辽东鲜卑六千余骑亦寇辽东、玄菟”④。可见，逃到辽河以东的那支鲜卑军的力量还是很强大的，一直在侵扰东汉的辽东、玄菟二郡。《三国史记》中也有一条高句丽和鲜卑作战的记载，那是在琉璃王十一年（前9，元延四年），琉璃王对臣下说：“鲜卑恃险，不我和亲，利则出抄，不利则入守，为国之患。”⑤“恃险”，恃什么险？险者，险要之地。在古代就是关隘、河防、长城等，在这里笔者认为就是长城，即辽东郡长城，它把东北分为塞内、塞外两个部分，高句丽、夫余等就在塞外。所以，高句丽和鲜卑的东界以长城为界。但鲜卑的西部到了什么地方？从其进攻地区来看，到了河北卢龙等地。这些地方是否为高句丽的西界？可以肯定地说，高句丽曾经攻占过那些地方，但最终被中国打败，退守辽东。后来鲜卑强大起来，夫余的西部地区被其占据，“其西境可能在嫩江，其走向由嫩江下游一带北沿嫩江到弱水”⑥。

《新唐书·渤海传》载：“扶余故地为扶余府，常屯劲兵捍契丹，领扶、仙二州。”⑦ 扶州治今吉林四平市，仙州治今吉林西丰南。这是能确定的夫余西北的一个地理坐标。对于夫余东北的疆域走向，张博泉的观点笔者很赞同，援引于此：“这样夫余的东北及东的走向，是从黑龙江、松花江的合流处起，西南沿松花江，再沿张广才岭一线为夫余的东北及东的边界走向。”⑧

---

① （南朝宋）范晔：《后汉书》卷90，《东夷列传》鲜卑条，北京：中华书局1965年版，第2985页。

② （南朝宋）范晔：《后汉书》卷90，《东夷列传》鲜卑条，北京：中华书局1965年版，第2985页。

③ （南朝宋）范晔：《后汉书》卷90，《东夷列传》鲜卑条，北京：中华书局1965年版，第2986页。

④ （南朝宋）范晔：《后汉书》卷90，《东夷列传》鲜卑条，北京：中华书局1965年版，第2986页。

⑤ ［韩］金富轼著，孙文范等校注：《三国史记》卷13，《高句丽纪一》，长春：吉林文史出版社2003年版，第177页。

⑥ 张博泉：《夫余的地理环境与疆域》，《北方文物》1998年第2期。

⑦ （宋）欧阳修等：《新唐书》卷219，《渤海传》，北京：中华书局1975年版，第6182页。

⑧ 张博泉：《夫余的地理环境与疆域》，《北方文物》1998年第2期。

再来看夫余的南界。前已说过，其南为高句丽，那么它们的界线在哪里？我们可以肯定地说，其南界和汉的辽东郡、玄菟郡相接。而高句丽在当时隶属于第二玄菟郡的高句丽县，其位置在今赫尔苏驿（今二龙湖）。辽东郡长城也是当时高句丽和汉的分界线。故夫余南界的走向大体东从张广才岭西沿拉林河到嫩江下游一带。

夫余在北魏时被勿吉所逐，后为高句丽所据，故夫余的北界和西界当与高句丽的相应两界基本重合。

四、高句丽南部疆界的变迁

东汉末年，群雄割据，政局混乱，随后又进入三国两晋南北朝的大分裂时期，中国控驭高句丽的力量有所减弱。但是，自东汉至曹魏时的公孙氏、自西晋开始统治东北的慕容氏及东晋时兴起的拓跋氏，力量都较高句丽强大，他们有力地抵制了高句丽的西侵。这时，东部沿海地区基本被囊括进其疆域范围。在这段时期里，高句丽把拓疆重点放在了位于其南面的百济和新罗。

（一）高句丽和百济的界限

在高句丽和百济建国的时候，两国并没有土地相接，而是有着宽广的中间地带。学术界对此应有充分认识。但遗憾的是，几乎所有该领域的学者都说高句丽和百济在一开始就是相邻的。《三国史记·百济纪一》说得很清楚，百济始祖温祚对臣下说："国家东有乐浪，北有靺鞨，侵佚疆场，少有宁日。"① 故矛盾主要在百济、乐浪与靺鞨之间展开。同卷又说温祚王三十八年（20，大祖大王二年）二月，"王巡抚，东至走壤，北至浿河，五旬而返"②。靺鞨所据的平壤等地和乐浪之地都成了高句丽的领地，所以二者的南界就是高句丽的南界，自然也就是百济的北界。在此期间，还有一个百济迁都的问题，百济之前立都于慰礼城，后由于靺鞨的侵扰，不得不南迁到汉水之南。南迁汉水之南的过程，也是百济北疆南缩的过程。后来高句丽占据了这些地方，"稷山县本慰礼城，百济始祖温祚王开国建都，后高句丽取之，改为蛇

① ［韩］金富轼著，孙文范等校注：《三国史记》卷23，《百济纪一》，长春：吉林文史出版社2003年版，第277页。

② ［韩］金富轼著，孙文范等校注：《三国史记》卷23，《百济纪一》，长春：吉林文史出版社2003年版，第279页。

山县”[1]。这时百济的疆域范围是：“北至浿河，南限熊川，西穷大海，东及走壤。”[2] 可见，浿河和走壤可以作为高句丽的南界来看待。“走壤”当为百济和新罗的交界处，为今何处，不详。“浿河”为今天的哪条河是首先要解决的问题。对此，前已提及，由于辽东与中原相隔甚远，中原史家对朝鲜半岛上河流的记载是非常混乱的，很难进行一一对应，必须要具体问题具体分析。前文已说，百济北接靺鞨，东接乐浪，而乐浪就在今平壤地区，故可以肯定地说，它不可能是今鸭绿江、清川江，它最北只能是今大同江。靺鞨、乐浪和百济争夺的地区当也在今大同江流域。百济在这些地区修筑了很多城栅等军事设施，如温祚王八年（前11，琉璃王九年），“筑马首城，坚瓶山栅”[3]；温祚王十一年（前8，琉璃王十二年），“设秃山、狗川两栅以塞乐浪之路”[4]；温祚王二十二年（4，琉璃王二十三年），“筑石头、高木二城”[5]。显然，马首城、瓶山栅、秃山、狗川、石头、高木等都是沿大同江布置的防御设施。同年，温祚王“率骑兵一千东猎斧壤，遇靺鞨贼，一战破之”[6]。“斧壤”在今朝鲜江原道南部的平康。乐浪也在大同江北岸修筑了很多堡寨，如牛头山城等。百济和靺鞨战斗的一些地方，当也在边境地区，如百济的慰礼城、七重城、述川城、沙道城、赤岘城、牛谷和靺鞨的石门城等。慰礼城最早为百济的都城，后由于靺鞨的不断侵扰，被迫南迁南汉山城，后又被迫南迁南平壤城[7]。赤岘城和沙道城距离不远，可相呼应，仇首王四年（217，东川王二十一年）二月，“设二栅于沙道城侧，东西相去十里，分赤岘城卒戍

① ［朝］郑麟趾：《高丽史》卷56，《地理一》，平壤：朝鲜古书刊行会1957年版，第239页。

② ［韩］金富轼著，孙文范等校注：《三国史记》卷23，《百济纪一》，长春：吉林文史出版社2003年版，第277页。

③ ［韩］金富轼著，孙文范等校注：《三国史记》卷23，《百济纪一》，长春：吉林文史出版社2003年版，第276页。

④ ［韩］金富轼著，孙文范等校注：《三国史记》卷23，《百济纪一》，长春：吉林文史出版社2003年版，第276页。

⑤ ［韩］金富轼著，孙文范等校注：《三国史记》卷23，《百济纪一》，长春：吉林文史出版社2003年版，第277页。

⑥ ［韩］金富轼著，孙文范等校注：《三国史记》卷23，《百济纪一》，长春：吉林文史出版社2003年版，第277页。

⑦ ［朝］郑麟趾：《高丽史》卷56，《地理一》，平壤：朝鲜古书刊行会1957年版，第233页。

之”①。

这说明，大同江以南地区也不是完全控制在百济手上，同时还有靺鞨和乐浪的存在。但是，江北也有百济势力的存在。大同江只是一个大致的界线，在其两岸还有很多的宽广地带，这是他们争夺最激烈的地区。所以古代的疆域只能认为是一个大体的概念，不应理解为一条线，而应理解为一大片。这其实不足为奇，毕竟现在国家间尚有未定疆界和争议地区。时下学者非要生硬地画一条线出来，那绝对是不严谨的。李大龙先生说得很好，“实际上，无论是从古代中国历代王朝的疆域思想，还是从具体疆域治理实践看，用一条线来划定古代中国一个王朝疆域范围的努力都是难以实现的，而且这种努力也不符合古代中国历代王朝疆域构成和不断演变的实际。”②

前面讨论的是高句丽早期南部疆域之情形，下面我们来讨论4世纪时高句丽南部疆域的情形。据《三国史记》记载，高句丽和百济争夺土地的斗争起始于故国原王三十九年（369，契王二十四年）。这年九月，故国原王“以兵二万南伐百济，战于雉壤”③。四十一年（371，契王二十六年），百济王率兵三万，来攻平壤城。同年，高句丽举兵南侵，百济契王“伏兵于浿河上，俟其至，急击之，高句丽兵败北”④。“雉壤”是今朝鲜黄海南道东南地区的海州首阳山城，它在载宁江的上游南岸，而高句丽进兵雉壤时要先渡过一条大河，然后才能进攻。百济在浿河设伏兵打败高句丽，说明浿河就是流经平壤、黄海北、南道的载宁江，它和灭恶山脉一起构成了两国的分界线。刘子敏说是礼成江，笔者认为是不对的。从距离上来看，礼成江距离平壤和雉壤很远，百济不可能长途跋涉、舟车劳顿地去驰击平壤。而且，雉壤在礼成江北面很远的地方，又是百济的领地，这不是自相矛盾了吗？小兽林王六年（376，近仇首王二年），小兽林王遣兵进攻百济水谷城（在今黄海北道平山郡南山城礼成江西岸太白山城，又名城隍山城）。同年，又侵百济北鄙。故国壤王六年（389，辰斯王五年），百济故国壤王遣军掠高句丽南部部落而

① ［韩］金富轼著，孙文范等校注：《三国史记》卷23，《百济纪一》，长春：吉林文史出版社2003年版，第288页。

② 李大龙：《不同藩属体系的重组与王朝疆域的形成——以西汉时期为中心》，《中国边疆史地研究》2006年第1期。

③ ［韩］金富轼著，孙文范等校注：《三国史记》卷18，《高句丽纪六》，长春：吉林文史出版社2003年版，第220页。

④ ［韩］金富轼著，孙文范等校注：《三国史记》卷23，《百济纪一》，长春：吉林文史出版社2003年版，第294页。

归。次年，百济遣达率真嘉谟攻破都押城（应在今朝鲜海州湾的某个岛上，押城疑为《高丽史》中的岬城）。广开土王元年（392，辰斯王八年）七月，南伐百济，拔石岘十城，“石岘”在今朝鲜开城市开丰境内。汉水以北之地悉被高句丽占有。十月，攻陷百济关弥城（在乔桐岛）。其城四面峭绝，海水环绕。高句丽军分兵七道，攻二十余日才下。三年（394，阿莘王三年）八月，筑国南七城，以备百济之寇。“国南七城”当在今载宁江左右两岸的灭恶山脉以北地区。次年八月，与百济战于浿水之上，打败百济军。六十三年（475，盖卤王二十一年）九月，故国壤王率兵三万侵百济，陷百济都城汉城（治今韩国京畿道广州），杀其王扶余庆。文咨明王四年（495，东城王十七年）八月，遣兵围百济雉壤城。十二年（503，武宁王三年）十一月，百济遣达率优永率兵五千，来侵水谷城。可见，水谷城已经成为高句丽的领地，也说明高句丽的势力已经到了灭恶山脉以南，载宁江上游以南地区。十六年（507，武宁王七年）十月，文咨明王遣将高老与靺鞨谋攻百济汉城（治今韩国京畿道广州），进屯于横岳下。二十一年（512，武宁王十二年），侵百济，陷加弗、圆山二城。安藏王十一年（529，圣王七年）十月，安藏王与百济战于五谷（又名多知忽，治今朝鲜南道的平州境内），克之。安原王十年（540，武宁王十八年）九月，百济围牛山城。阳原王四年（548，武宁王二十六年）正月，阳原王以秽兵六千攻百济独山城。六年（550，武宁王二十八年）正月，百济攻陷道萨城。三月，攻百济金岘城。平原王十三年（571，威德王十八年），高句丽“王畋于浿河之原，五旬而返”①。“浿河之原”当为载宁平原。之后，高句丽与百济结盟，共同进攻新罗。

从上面的叙述中可以看出，高句丽的南界是随着其向南扩张而逐步扩大的，从清川江到大同江，再到载宁江、汉江地区。最后的南界大体上稳定在今黄海南北道、开城地区及京畿道，正如《高丽史》的文中注云：“汉江以北高句丽，以南百济。”② 但也要看到，尽管如此，由于百济的北上攻袭，这个大体疆界也在经常变动。

（二）高句丽与新罗的界限

前面已经述及，高句丽的东部疆界很早就已经到了泥河（今朝鲜龙兴

---

① ［韩］金富轼著，孙文范等校注：《三国史记》卷19，《高句丽纪七》，长春：吉林文史出版社2003年版，第240页。

② ［朝］郑麟趾：《高丽史》卷56，《地理一》，平壤：朝鲜古书刊行会1957年版，第230页。

江)，也就是说，在高句丽五部形成之时，两国已经以泥河为界了。这些地方主要不是从新罗手中夺得，而是通过兼并东部的秽人地区而取得的。高句丽在拓疆过程中，始终坚持由近及远的战略方针，先把邻近的地区兼并或蚕食，纳入自己的疆域。和新罗争夺领土的斗争，主要起始于高句丽广开土王谈德时期。

由于高句丽兼并邻近，忙于同中国争夺辽东、辽西以及和百济争城略地，高句丽与新罗的斗争较丽、济为迟。在此期间，高句丽为了不致八面树敌，有可能对新罗持友好态度。广开土王十二年（424，讷祇麻立干八年）春二月，“新罗遣使修聘，王劳慰之特厚”①。二十八年（440，讷祇麻立干二十四年），新罗人袭杀边将。但由于新罗王的遣使谢罪，没有引起战争，但战争已经初露端倪，一触即发。四十二年（454，讷祇麻立干三十八年），高句丽开始和新罗交恶，“遣兵侵新罗北边”②。前面“边将”和“北边”中的“边”究竟指的是什么地方？笔者认为就是两国的疆界地区，即泥河一线。在一个很长的时间内，泥河都是作为两国的界河存在的。

广开土王谈德“生而雄伟，有倜傥之志”③，由于善于拓疆展土而被谥为“广开土王”。他在统治前期，和以前的国王一样，主要致力于同中国和百济争夺领土和人民。到后期，才把注意力转向和新罗争城略地。三十七年（450，讷祇麻立干三十四年）七月，“高句丽边将猎于悉直之原”④。五十六年（468，慈悲麻立干十一年），高句丽王“以靺鞨兵一万，攻取新罗悉直州城”⑤。九月，新罗“征何瑟罗人年十五以上，筑城于泥河”⑥。“悉直州”又称“何瑟罗”，治今韩国江原道的三涉。对此《三国史记》和《高丽史·地理志》说得比较清楚，“悉直”本为国家名，即悉直国，智证王六年（505，

① ［韩］金富轼著，孙文范等校注：《三国史记》卷18，《高句丽纪六》，长春：吉林文史出版社2003年版，第225页。

② ［韩］金富轼著，孙文范等校注：《三国史记》卷18，《高句丽纪六》，长春：吉林文史出版社2003年版，第227页。

③ ［韩］金富轼著，孙文范等校注：《三国史记》卷18，《高句丽纪六》，长春：吉林文史出版社2003年版，第223页。

④ ［韩］金富轼著，孙文范等校注：《三国史记》卷3，《新罗纪三》，长春：吉林文史出版社2003年版，第41页。

⑤ ［韩］金富轼著，孙文范等校注：《三国史记》卷18，《高句丽纪六》，长春：吉林文史出版社2003年版，第227页。

⑥ ［韩］金富轼著，孙文范等校注：《三国史记》卷3，《新罗纪三》，长春：吉林文史出版社2003年版，第42页。

文咨明王十四年），改名为州。在景德王时又改名为三涉，下辖竹岭、满卿、羽溪和海利四县①。高句丽称之为河西良，一云何瑟罗。在王氏高丽时，称为溟州②。这些地方原为秽地。这样一来，就好像有点矛盾了，因为前面说高句丽的东部南界在泥河一线，而三涉在江原道南部地区，两地相距甚远。高句丽能否一直打到江原道的南部地区？对此，学术界有人对泥河和溟州的地名进行了考证，否认了泥河就是龙兴江，而认为应是三涉地区的五十川③。笔者不以为然，泥河以南直到江陵的广阔地区，在当时名义上属新罗，但实际上是秽人的聚居地区，具有很大的独立性。而且，秽到了5世纪下半叶已经衰弱了。而新罗可能就没有真正地控制过这些地区，这就为高句丽的长驱南下创造了有利条件。刘子敏虽然说泥河就是五十川，但同时也说："自二世纪初直到五世纪末，高句丽、靺鞨同新罗接境之处基本保持了东秽时期的状态。"④ 刘子敏这句话是客观的。

广开土王六十九年（481，照知麻立干三年），高句丽与靺鞨侵袭新罗的北边，攻取狐鸣等七城，然后乘胜进攻弥秩夫（今韩国庆尚北道的兴海）。新罗联合百济、加耶分道抵御，"贼败退，追击破之泥河"⑤。文咨明王五年（496，照知麻立干十八年），高句丽遣兵攻新罗牛山城，"新罗兵出击泥河上，我军败北"⑥。次年，又遣兵进攻新罗牛山城，克之。可见，广开土王时期高句丽的国力是相当强盛的，越过泥河，一直进军到新罗的核心地区。不管多么远离边界线，新罗的底线就是泥河，高句丽不能越过泥河。新罗向北反击到泥河，就会停下脚步。这说明，泥河作为两国的传统分界线基本被坚持了下来。

阳原王六年（550，真兴王十一年），新罗乘丽、济战争之际，攻取高句

---

① ［韩］金富轼著，孙文范等校注：《三国史记》卷37，《地理二》，长春：吉林文史出版社2003年版，第433页。

② ［朝］郑麟趾：《高丽史》卷58，《地理三》，平壤：朝鲜古书刊行会1957年版，第270页。

③ 刘子敏：《高句丽疆域沿革考辨》，《社会科学战线》2001年第4期。

④ 刘子敏：《高句丽疆域沿革考辨》，《社会科学战线》2001年第4期。

⑤ ［韩］金富轼著，孙文范等校注：《三国史记》卷3，《新罗纪三》，长春：吉林文史出版社2003年版，第44页。

⑥ ［韩］金富轼著，孙文范等校注：《三国史记》卷18，《高句丽纪六》，长春：吉林文史出版社2003年版，第225页。

丽道萨①、金岘十二城。次年，又攻取了高句丽十城。“十城”到底是哪些，不得而知。刘子敏说这十城都在忠清北道东北朱岭西北②。由于没有史料证明，只能存疑。婴阳王十四年（603，真平王二十五年），高句丽婴阳王遣将军高胜攻新罗北汉山城（在今韩国京畿道，现有北汉山公园）。“罗王率兵过汉水，城中鼓噪相应。”③ 十九年（608，真平王三十年）二月，命将袭新罗北境。同年四月，拔新罗牛鸣山城。荣留王九年（629，真平王五十一年），新罗将军金庾信来侵东边，破娘臂城。二十一年（638，善德王七年）十月，高句丽侵新罗七重城（今韩国京畿道积城）。可见，当时新罗势力也是很大的，一直把势力延伸到了百济的核心地区。宝藏王三年（644，善德王十三年），唐使相里玄奘到高句丽劝解两国关系时，高句丽泉盖苏文说：“我与新罗怨隙已久，往者隋人入寇，新罗乘衅夺我地五百里，其城邑皆据有之。”④这五百里之地，当为汉江以北的地区。这些地方以前是新罗的领地，后被高句丽占有。在隋朝和高丽战争期间，又被新罗夺回，如牛鸣山等地。十四年（655，太宗武烈王二年）正月，高句丽与百济、靺鞨入侵新罗北境，取三十三城。这三十三城具体指哪些呢？这时的“北境”指什么地方？我们不能认为是泥河。因为通过广开土王及以后诸王的开拓，高句丽的北境已经到达包括汉江上游地区在内的京畿道、江原道、忠清北道，甚至已经到庆尚北道地区了。

综上，高句丽的西部到达辽河，甚至到了辽河以西地区（尽管停留时间不长），向东达于大海，向北到今东流松花江地区，向南到汉江甚至以南的庆尚南道地区，国土十分广大。无怪乎《高丽史》中说，高句丽西北“自唐以来，以鸭绿江为限，而东北则以先春岭为界，盖西北所至不及高句丽，而东北过之”⑤。言下之意，高句丽的疆域范围还是十分广大的。《新唐书·高丽传》云：“高丽，本扶余别种也。地东跨海距新罗，南亦跨海距百济，西

---

① 道萨城，本为百济领地，后被高句丽夺得。550年，又被百济夺回。同年，新罗乘丽、济两国兵疲之际，攻取之。

② 刘子敏：《高句丽疆域沿革考辨》，《社会科学战线》2001年第4期。

③ ［韩］金富轼著，孙文范等校注：《三国史记》卷20，《高句丽纪八》，长春：吉林文史出版社2003年版，第244页。

④ ［韩］金富轼著，孙文范等校注：《三国史记》卷21，《高句丽纪八》，长春：吉林文史出版社2003年版，第255页。

⑤ ［朝］郑麟趾：《高丽史》卷56，《地理一》，平壤：朝鲜古书刊行会1957年版，第227页。

北渡辽水与营州接，北靺鞨……南涯浿水。”① 这个范围大体上反映了高句丽前期的疆域范围，但对南界的描述不准确，因为后来随着高句丽拓疆活动的进行，其南境已经跨过了浿水，发展到百济和新罗的核心地区。这在前面已经讨论过，此不再赘述。

第四节 东亚格局中的高句丽

高句丽是立国于西汉玄菟郡高句丽县境内的一个政权，“在辽东之东千里，南与朝鲜、濊貊，东与沃沮，北与夫余接，地方二千里”②。作为前后存续长达七百余年的政权，其历经了中国西汉到唐初这样一个历史时段；期间，为了求得生存和发展，纵横捭阖于几个大国之间，灵活运用各种外交手段，事大中有斗争，斗争中求发展，从一个县境内的蕞尔小邦发展成幅员辽阔、敢于同历代中国政权争衡的地区大国，在东亚的政治格局中起着非常重要的作用。本书的着眼点是从它在东亚国际秩序中的行为表现来讨论其归属问题。对此问题，学术界少有论及。国内学术界多从高句丽和中国历代政权关系的友好方面进行讨论，使问题显得比较表面化，并没有触及最实质的东西。斗争最能反映事物的本质，要对其归属问题进行讨论，必须要从纷繁复杂的斗争中去作分析和探讨。但这点并没有引起学者足够的重视。

一、建国之初高句丽的对外关系

于公元前37年（建昭二年）建国的高句丽，从立国之始便处于纷繁复杂的国际关系中。此前有赫居于公元前57年（五凤元年）建立的新罗，而后又有公元前18年（洪嘉三年）温祚建立的百济国。当时，西汉虽已走向没落，但毕竟是大国，国力仍然强大。在高句丽国的周围，还有很多小国，如沸流、荇人、北沃沮、鲜卑、北夫余、盖马、句茶、曷思、藻那等。为了能在险象环生的环境中求得生存和发展，高句丽针对不同国家的实际情况，施以不同的战略方针，取得了十分明显的效果。

① （宋）欧阳修等：《新唐书》卷220，《高丽传》，北京：中华书局1975年版，第6185页。

② （南朝宋）范晔：《后汉书》卷85，《东夷列传》高句骊条，北京：中华书局1965年版，第2813页。

（一）吞并邻近小国

高句丽生息之辽海地区多为秽貊系人，他们部落分散，不相统一，力量弱小。高句丽对他们采取灭其国、并其地的方针，把他们逐一消灭，然后纳入到自己的疆域之内。

首先被灭掉的国家是沸流国。沸流国处于沸流水的上游，原为当地势力最强大者。由于在和高句丽的斗争中失败，于高句丽建国的次年，即公元前36年，“以国来降”①。高句丽以其地为多勿都，封其主松让为主。朱蒙六年（前32，建始元年）十月，命乌伊、扶芬奴伐灭太白山东南的荇人国，使之成为辖下城邑。十年（前28，河平元年）十一月，王命扶尉猒伐灭北沃沮，把疆域扩展到东北沿海地区。朱蒙死后，后继者琉璃王和大武神王继续朱蒙的拓疆政策，不遗余力地进行军事活动。鲜卑是高句丽北面的一个劲敌，时时觊觎着高句丽。琉璃王十一年（前9，元延四年），大将扶芬奴等以计痛击鲜卑，斩获甚多。鲜卑“首尾受敌，计穷力屈，降为属国”②。三十三年（14，天凤元年），命乌伊、摩离领兵两万，西伐梁貊，灭其国。大武神王九年（26，建武二年），亲征盖马国，以其地为郡县。同年，句茶国闻盖马灭，“惧害及己，举国来降，由是拓地浸广”③，把领土扩展到了长白山以南的广大地区。二十年（37，建武十三年），王袭乐浪，灭之，又把领土扩展到了大同江地区。但二十七年（44，建武二十年），东汉光武帝刘秀遣兵渡海，讨伐乐浪，取其地为郡县。乐浪地得而复失。大祖大王四年（56，中元元年）七月，伐东沃沮，取其地为郡县，“拓境东至沧海，南至萨水”④。十六年（68，永平十一年）八月，曷思王孙都头举国降。二十年（72，永平十五年），遣贯那部沛者达贾伐藻那，虏其王。二十二年（74，永平十七年），遣桓那部沛者薛儒伐朱那，俘虏其王乙音。四十六年（98，永元十年），巡视栅城（今吉林珲春附近），说明其地已为高句丽所占据。

---

① ［韩］金富轼著，孙文范等校注：《三国史记》卷13，《高句丽纪一》，长春：吉林文史出版社2003年版，第175页。

② ［韩］金富轼著，孙文范等校注：《三国史记》卷13，《高句丽纪一》，长春：吉林文史出版社2003年版，第177页。

③ ［韩］金富轼著，孙文范等校注：《三国史记》卷13，《高句丽纪一》，长春：吉林文史出版社2003年版，第184页。

④ ［韩］金富轼著，孙文范等校注：《三国史记》卷15，《高句丽纪三》，长春：吉林文史出版社2003年版，第191页。

至此，高句丽周围的小国基本上都已被高句丽灭掉，并纳入其疆域范围。这时的高句丽已经不是一个龟缩在高句丽县一隅的小国，而成为一个经常与东汉及北方割据政权争衡的区域政权。它的出现和强大使东北亚地区的战略格局发生了重大变化，高句丽也成为东亚国际秩序中的一个有影响的国家。

（二）和扶余的斗争

前已论及，高句丽的王族和扶余同出一系，即秽人，“玄菟北千里，南与高句骊，东与挹娄，西与鲜卑接，北有弱水。地方二千里，本涉地也”①。由于高句丽是朱蒙受扶余迫害出走之后建立的政权，故一开始就和扶余有着深刻的矛盾。但在建国之初，由于势单力薄，臣服于扶余，如朱蒙十四年（前24，阳朔元年），“遣使扶余馈方物，以报其德”②，所以朱蒙一世，未见二者交恶的记载。他们之间的冲突主要是从高句丽的第二代王琉璃王时开始的，起因是纳质问题。

琉璃王十四年（前6，建平元年），扶余王带素（朱蒙长兄）遣使聘高句丽，要求高句丽交质子。琉璃王畏于扶余的强大，欲以太子都切为质。但都切唯恐扶余加害于已，不行。这事成为两国发生矛盾的导火索。当年十一月，带素率兵五万来侵，由于天寒地冻，无果而去。二十八年（9，始建国元年），带素又遣使到高句丽，要求其臣事扶余。琉璃王“自谓立国日浅，兵孱民弱，势合忍耻屈服，以图后效”③。三十二年（13，始建国五年）冬十一月，扶余兵来，琉璃王以王子无恤为帅，无恤设奇计大败扶余兵于鹤盘岭。在这次战斗后，二者的战略态势发生了转折性变化，高句丽开始由战略守势变为战略攻势，从而也加速了扶余的灭亡过程。大武神王无恤继位后，便对扶余大张挞伐。大武神王四年（21，地皇二年），无恤出师征伐扶余。五年（22，地皇三年），又大败扶余军，“万军披靡不能支”④，带素也在战斗中被杀。带素弟（失其名）逃往鸭绿谷曷思水滨，杀掉了盘踞在那里的海头王，

① （南朝宋）范晔：《后汉书》卷85，《东夷列传》高句骊条，北京：中华书局1965年版，第2810页。

② ［韩］金富轼著，孙文范等校注：《三国史记》卷13，《高句丽纪一》，长春：吉林文史出版社2003年版，第176页。

③ ［韩］金富轼著，孙文范等校注：《三国史记》卷13，《高句丽纪一》，长春：吉林文史出版社2003年版，第180页。

④ ［韩］金富轼著，孙文范等校注：《三国史记》卷14，《高句丽纪二》，长春：吉林文史出版社2003年版，第183页。

占有其百姓，建立国家，即曷思国。带素从弟见国王被杀，王弟逃奔，自己无力兴复国家，便带领万余人投奔高句丽。无恤封其为王，安置其民于掾那部。对此《魏书·高句丽传》记载得很清楚："如栗死，子莫来代立，乃征夫余，夫余大败，遂统属焉。"①

大祖大王六十九年（121，永宁二年），巡幸扶余，祭祀太后庙，存问百姓穷困者，说明这时的扶余已成为高句丽的属国。但扶余并没有完全屈服于高句丽，还不时起来抗争；在对外关系上，又完全倒向东汉。当年十二月及次年，高句丽进攻汉玄菟郡和辽东。扶余王先后派兵帮助汉军，打退了高句丽的进攻。此后，史书未载扶余与高句丽斗争的情形。可能是由于扶余又先后附属于曹魏、西晋和北魏政权了。如《魏书》卷五《高宗纪》载，太安三年（456，长寿王四十四年），"是月，于阗、扶余等五十余国各遣使朝献"②。在北魏世祖时，扶余"为勿吉所逐"③，国家灭亡，与高句丽的外交关系也到此告一段落。

（三）和两汉的关系

高句丽政权建立于西汉元帝建昭二年（前37），此时的西汉已经到了其统治的末期，土地兼并、外戚干政，国力衰退。汉武帝灭卫满后，在辽东地区建立了玄菟、乐浪、临屯、真番四郡。高句丽政权是建立于玄菟郡辖下高句丽县境内的政权，终西汉一世，国力微弱，无力抗衡西汉政府，故一直接受西汉的统治。西汉则"赐鼓吹技人，常从玄菟郡受朝服衣帻"。"后稍骄恣，不复诣郡，于东界筑小城，置朝服衣帻其中，岁时来取之。今胡犹名此城为帻沟溇。沟溇者，句丽名城也"④。可见，在西汉时，尽管高句丽还没有直接和中央对抗，但抗命不宾之状已经初露端倪。

王莽篡取政权，建立新朝后，由于执行错误的民族政策，致使高句丽和中央政府的矛盾表面化。王莽以北方匈奴不恭，要进行军事讨伐，欲征高句丽兵参战，但遭到高句丽的拒绝。王莽于是强行征调，造成高句丽人大量逃

① （北齐）魏收：《魏书》卷100，《高句丽传》，北京：中华书局1974年版，第3214页。

② （北齐）魏收：《魏书》卷5，《高宗纪》，北京：中华书局1974年版，第116页。

③ （北齐）魏收：《魏书》卷100，《高句丽传》，北京：中华书局1974年版，第3216页。

④ （晋）陈寿：《三国志》卷30，《魏志·高句丽传》，北京：中华书局1959年版，第843页。

亡出塞。逃亡的高句丽人杀掉了新朝的辽西大尹田谭，气势很大。严尤主张对高句丽进行抚慰，但王莽坚持用军事手段解决高句丽问题。严尤于是诱斩高句丽王高驺，传首京师。王莽错上加错，“布告天下，更名高句丽为下句丽，当此时为侯国”①。高句丽于是掀起了持续不断的反抗行动，“寇汉边愈甚”②。琉璃王三十三年（13，始建国五年）进兵袭取汉高句丽县，公然反叛中央。

这种情形一直延续到大武神王十五年（32，建武八年）才有所好转。当年，高句丽遣使入东汉朝贡，光武帝“复其王号”③。高句丽于是又成为东汉的藩属国，也成为东汉对付北匈奴的战略配合力量。如《通典》卷151所载，建武中，藏宫、马武上书，“请临塞厚悬购赏，喻告高句丽、乌桓、鲜卑攻其左，发河西四郡及天水、陇西羌胡击其右”④。但在这里，仅仅是一种潜在的战略配合。史书上并没有发现高句丽配合东汉进攻匈奴的记载。事实上，高句丽根本没有放弃侵蚀东汉领土、力图发展自己的计划，甚至比以前有过之而无不及。

大武神王二十年（37，建武十三年），高句丽灭掉了乐浪，把领土扩展到今平壤周边地区。光武帝遣兵渡海东征，讨伐高句丽，取乐浪地为郡县。这样萨水（今清川江）以南地区，又重新回到东汉手中。高句丽在南面进行侵伐东汉的同时，也在西面向东汉发动了进攻。慕本王二年（49，建武二十五年），遣将袭击汉的北平、渔阳、上谷、太原等地，把战火烧到了辽西、华北地区。汉辽东太守蔡彤“以恩信待之，乃复和亲”⑤。大祖大王继位后，东略秽貊，西侵东汉，两面出击。在西面，大祖大王三年（55，建武三十一年），“筑辽西十城，以备汉兵”⑥。二十五年（77，建初二年），遣将进攻辽

① （晋）陈寿：《三国志》卷30，《魏志·高句丽传》，北京：中华书局1959年版，第844页。

② ［韩］金富轼著，孙文范等校注：《三国史记》卷13，《高句丽纪一》，长春：吉林文史出版社2003年版，第181页。

③ ［韩］金富轼著，孙文范等校注：《三国史记》卷14，《高句丽纪二》，长春：吉林文史出版社2003年版，第187页。

④ （唐）杜佑：《通典》卷151，《兵四·行师先在量力不可穷兵》，北京：商务印书馆1934年版，第793页。

⑤ ［韩］金富轼著，孙文范等校注：《三国史记》卷14，《高句丽纪二》，长春：吉林文史出版社2003年版，第198页。

⑥ ［韩］金富轼著，孙文范等校注：《三国史记》卷15，《高句丽纪三》，长春：吉林文史出版社2003年版，第190页。

东，夺掠六县。太守耿夔大败高句丽军。由于当时东汉国力强盛，高句丽的屡次进攻都被打退。高句丽无奈于五十七年（109，永初三年）遣使入汉。两年后，又遣使贡献方物，并求附属于玄菟郡。但好景不长，六十六年（118，元初五年），高句丽又与秽、貊人一起侵袭玄菟郡，攻打华丽城。六十九年（121，永宁二年），汉幽州刺史冯焕、玄菟太守姚光、辽东太守蔡讽等率大军，攻打高句丽。高句丽以诈取胜，攻入玄菟、辽东二郡，焚烧城郭。东汉损兵折将，大败而归。同年四月，高句丽又进攻辽队县。汉辽东太守蔡讽战殁。十二月，大武神王亲率马韩、秽、貊人进围玄菟城，遭到了汉与扶余联军的打击。七十年（122，建光二年），大武神王又与马韩、秽、貊人一起侵袭辽东，也被汉、扶余联军击退。七十二年（124，延光三年），遣使入汉朝贡。九十四年（146，本初元年），高句丽又从西面、南面向汉发动了进攻，西侵西安平县，南杀带方令，掠得乐浪太守妻子。新大王四年（168，建宁元年），东汉政府鉴于高句丽的连年侵扰，决定对其进行坚决的打击。玄菟太守耿临杀高句丽数百人。高句丽自知不敌，故伎重演，又乞属玄菟。五年（169，建宁二年），帮助玄菟太守公孙度讨富山贼。但后来双方又反目，汉辽东太守两次进攻高句丽，一次在新大王八年（172，熹平元年），一次在故国川王六年（184，中平元年）。汉桓帝末，高句丽王伯固勾结鲜卑、南匈奴侵扰东汉。汉以桥元为度辽将军，假黄钺。“元至镇，休兵养士，然后督诸将守讨击胡虏及伯固等，皆破散退走，在职三年，边境安静。”① 但这时的东汉已经日薄西山，自顾不暇了，而且大量汉人开始投奔到高句丽，如山上王二十一年（217，建安二十二年）秋八月，“汉平州人夏瑶以百姓一千余家来投，王纳之，安置栅城”②。

可以看出，两汉之世，高句丽纳贡称臣之日少，而相互争斗之日多。它乞属玄菟郡，是为了积蓄力量，发动更大的进攻。进攻玄菟、辽东郡，夺取土地和人民，才是其终极目的。

二、高句丽王朝中期的对外关系

高句丽王朝的中期，相当于中国的三国两晋南北朝时期。这段时期是中国古代历史上最为纷乱复杂的时期，割据称雄、政权陵替、兵连祸结。在中

① （宋）郑樵：《通志》卷110，《桥元传》，北京：中华书局1987年版，第1614页。

② ［韩］金富轼著，孙文范等校注：《三国史记》卷16，《高句丽纪四》，长春：吉林文史出版社2003年版，第205页。

国这块土地上，先后出现了三国鼎立、西晋短暂统一、南北朝对峙、五胡十六国并峙的政权格局。这个时期也是高句丽对外关系最为丰富多彩的时期。中国的政局混乱为高句丽向西扩张领土提供了一个绝好的机会。它为了在斗争中发展，同时称臣于当时对峙的几个政权，如同时向曹魏和孙吴，北魏及其遗绪东魏，北齐和南朝的宋、齐、梁、陈称臣，也同时称臣于北方的几个少数民族政权，如苻坚的前秦，慕容氏的北燕、后燕，石勒的前赵等。总之，多向称臣，以谋取最大国家利益。对此，学术界是基本认同的。

（一）与曹魏和孙吴政权的关系

东汉王朝到了桓、灵之世时，各种矛盾充分暴露出来。宦官和外戚交替执掌政权，尔虞我诈，极尽贪残之能事；“党锢之祸”堵死了士人的仕途；豪强地主大量兼并农民土地，大量农民沦为农奴。东汉统治完全走向没落，“虐遍天下，民不堪命”①。在这种情况下，中平元年（184，故国川王六年）爆发了由张角领导的波澜壮阔的黄巾大起义。在镇压起义的过程中，形成了袁绍、袁术、曹操、孙策、刘表、刘备、公孙瓒、吕布等割据势力，他们经过三十年的鏖战之后，最终形成魏、蜀、吴三国鼎立的局面。在三国中，曹魏居北方，力量最强；孙吴居江东，力量次之；刘蜀居西蜀，力量最弱。

但同时期的高句丽却正处于力量上升时期。新大王伯固“仪表英特，性仁恕”②；故国川王男武“力能扛鼎，莅事听断，宽猛得中”③；东川王忧位居宽简勤谨，积极进取；中川王然弗“仪表俊爽，有智略”④；西川王药卢“性聪悟”⑤。这些国王都是高句丽历史上少有的英主。他们充分利用中国内部的混乱情况，加紧对辽东地区的侵略活动。同时，盘踞辽东的公孙氏一方面对高句丽进行打压，另一方面又顽固抗拒曹魏的统一行动。

① （南朝宋）范晔：《后汉书》卷78，《单超传》，北京：中华书局1965年版，第2522页。

② ［韩］金富轼著，孙文范等校注：《三国史记》卷16，《高句丽纪四》，长春：吉林文史出版社2003年版，第198页。

③ ［韩］金富轼著，孙文范等校注：《三国史记》卷16，《高句丽纪四》，长春：吉林文史出版社2003年版，第200页。

④ ［韩］金富轼著，孙文范等校注：《三国史记》卷16，《高句丽纪四》，长春：吉林文史出版社2003年版，第200页。

⑤ ［韩］金富轼著，孙文范等校注：《三国史记》卷17，《高句丽纪五》，长春：吉林文史出版社2003年版，第211页。

让我们先来看高句丽和公孙氏与曹魏的斗争情况。公孙氏独霸辽东多年，“公孙渊仍父祖三世有辽东。天子为其绝域，委以海外之事，遂隔断东夷，不得通于诸夏”①。从东汉末年起，公孙氏就盘踞在辽东一隅，割据称雄。公孙父子尽管是东汉割据性很强的地方政权，但在客观上也阻遏了高句丽的西进，对维护中国东北地区的安全还是起到了一定的积极作用。第一个雄踞辽东的是公孙度，力量强大。当时高句丽王为伯固，他看到自己无力对抗公孙，便也乞属玄菟。而且还派大加优居、主簿然人等帮助公孙度讨伐富山贼。伯固死后，高句丽在王位继承上发生矛盾，伯固的长子拔奇因不肖而被排除在继承人之外，次子伊夷模便做了高句丽王。“拔奇怨为兄而不得立，与涓奴加各将下户三万余口诣康降”②，投奔公孙康。这就导致了高句丽与辽东、玄菟矛盾的爆发。高句丽派兵进攻玄菟。玄菟和辽东两郡联合起来，共同迎击高句丽的进攻，打退了高句丽的进攻。

史书没有记载高句丽与公孙渊的关系，但我们可以作出一些合理推测。由于到公孙渊时，东汉政权已经掌握在曹操手中，他“挟天子以为资”③，但作为东汉辽东太守的公孙渊一直反对曹操的统一活动，以维护其割据地盘。而高句丽一直在觊觎、甚至图谋向辽西发展，故他们的矛盾是不言而喻的。

可以说，公孙氏在辽东盘踞和经营三代，尽管对东汉朝廷来说，其是一个难以控驭的地方势力，但不可否认，作为辽东太守的公孙氏父子，在藩屏东北、抵御高句丽入侵方面，确实立下了汗马功劳。如果没有公孙度、公孙康他们的抵御，高句丽进入辽西的可能性是很大的。所以，学术界应该给公孙氏客观公允的评价才是。

前已提及，在三国中，曹魏力量最强，孙吴次之，刘蜀最弱。高句丽在处理与他们的关系的时候，基本上坚持倾向曹魏，稍事孙吴，不理会刘蜀的外交政策。最明显的例子是，青龙四年（236，东川王十年），吴王孙权遣使者胡卫通和高句丽。王拘留其使者，后又斩之，然后“传首于魏”④。对于高

① （晋）陈寿：《三国志》卷30，《魏志·高句丽传》，北京：中华书局1959年版，第840页。

② （晋）陈寿：《三国志》卷30，《魏志·高句丽传》，北京：中华书局1959年版，第840页。

③ （南朝宋）范晔：《后汉书》卷104上，《袁绍传》，北京：中华书局1965年版，第2399页。

④ ［韩］金富轼著，孙文范等校注：《三国史记》卷17，《高句丽纪五》，长春：吉林文史出版社2003年版，第208页。

句丽和孙吴的关系，《三国志·吴志》所记甚少。但《吴志·吴主传二》引《吴书》（和《三国志》中的《吴志》不是同一本书）对此多有记述。从《吴志》记载来看，高句丽和孙吴有着比较亲密的关系，但公孙渊阻遏两国的来往。《吴志》载："初，张弥、许晏等俱到襄平，官属从者四百许人。渊欲图弥、晏，先分其人众，置辽东诸县，以中使秦旦、张群、杜德、黄疆等及吏兵六十人，置玄菟郡……旦等皆舍于民家，仰其饮食，积四十许日。旦与疆等议曰：'吾人远辱国命，自弃于此，与死亡何异？今观此郡，形势甚弱。若一旦同心，焚烧城郭，杀其长吏，为国报耻，然后伏死，足以无恨。孰与偷生苟长为囚虏乎？疆等然之。'于是阴相约结，当用八月十九日夜发。其日中时，为部中张松所告。赞便会士众闭城门。旦、群、德、疆等皆踰城得走……旦、疆别数日，得达句骊，因宣诏于句骊王宫及其主簿，诏言：'有赐为辽东所攻夺，宫等大喜，即受诏命。其年，宫遣皂衣二十五人送旦等还，奉表称臣，贡貂皮千枚、鹖鸡皮十具。'"①

从这则史料可以看出，孙吴曾派四百人的使团出使高句丽；在途经辽东时，被魏辽东太守公孙渊阻挡；高句丽王宫受东吴诏命，且奉表称臣、贡方物。故高句丽在向曹魏称臣的同时，也在向孙吴称臣。这也是其多向事大的表现。

曹魏政权建立后，对辽东公孙渊势力大张挞伐。太和六年（232，东川王六年）冬十月，"魏辽东太守公孙渊遣校尉宿舒、阆中令孙综称藩于权，并献貂马。权大悦，加渊爵位"②。可见，公孙渊虽为曹魏辽东太守，但私通东吴。景初中（237—239），曹魏政权"大兴师旅，诛渊"，同时又"潜军浮海，收乐浪、带方之郡，而后海表谧然，东夷屈服"③。景初二年（238，东川王十二年），曹魏太尉司马懿率众讨公孙渊。高句丽王宫派主簿、大加将数千人助军。但是，由于曹魏的军事行动挤压了高句丽南北发展的空间，所以高句丽又屡次背叛。高句丽屡侵辽西，而且把单单大岭以东的秽地全纳入自己的统治范围。为了打击高句丽的入侵活动，曹魏于正始六年（245，东川王十九年），遣乐浪太守刘茂、带方太守弓遵兴师讨伐。不耐侯举邑降，

① （晋）陈寿：《三国志》卷47，《吴志·吴主传二》，北京：中华书局1959年版，第1139页。

② （晋）陈寿：《三国志》卷47，《吴志·吴主传二》，北京：中华书局1959年版，第1136页。

③ （晋）陈寿：《三国志》卷30，《魏志·鲜卑传》，北京：中华书局1959年版，第840页。

“诣阙朝贡”、“四十诣郡朝谒”[1]。次年（246，东川王二十年）又遣幽州刺史田丘俭将万人，取道玄菟，讨击高句丽，先战于沸流水上，后战于梁貊之谷。最后大败高句丽军，焚毁丸都。这次打击对高句丽来说是毁灭性的。高句丽无以在辽东立足，遂迁都平壤城。中川王十二年（259，甘露四年）十二月，曹魏又派大将尉迟楷讨伐高句丽，但这次讨伐以曹魏的大败而告终。所以，尽管高句丽对曹魏行事大外交，但由于二者在辽东问题上的根本矛盾，故军事斗争一直贯穿于曹魏政权的始终。

（二）和两晋及北方少数民族政权的关系

曹魏到了统治后期，朝政相继被司马懿、司马师、司马昭等把持。后司马炎废末帝曹奂为陈留王，建立晋朝，史称西晋。西晋先灭蜀，后灭吴，基本实现了短暂的统一。同时，西晋时期，北方少数民族强大，纷纷南下建立政权，这就是史书所说的“五胡十六国”。地处辽东的高句丽政权，如果要求得生存和发展，就要处理好与这些政权的关系。我们从两个方面来论述，先讨论高句丽与西晋的关系，然后再讨论高句丽与北方先秦、后赵、前燕、后燕及北燕的关系。

高句丽和西晋的关系。司马炎篡位建立西晋政权后，基本上继承了曹魏之遗绪。东北地区自然也就成为西晋的领疆。当时，据辽东者为张统，他以乐浪、带方为依托，与高句丽王乙弗利相攻，“连年不解”[2]。后乐浪王弓遵劝说张统归附慕容廆，张统遂率其民千余家归之。慕容廆在其地设乐浪郡，以张统为太守、弓遵为参军事。这样做的结果，就是把西晋的领疆变成了前燕的郡县。

东晋是司马睿于317年在建康（治今江苏南京市）建立的政权。高句丽为了借助东晋力量对抗北方少数民族政权，继续对东晋称臣纳贡。东晋也有拉拢高句丽牵制北方民族政权的愿望。大兴二年（319，美川王二十年），东晋平州刺史崔毖“阴说高句丽、段氏、宇文氏，使共攻之，约灭廆，分其地”[3]。但是这个联合攻打前燕的计划，被慕容廆各个击破了。事败后，崔毖

---

① （晋）陈寿：《三国志》卷30，《魏志·鲜卑传》，北京：中华书局1959年版，第849页。

② 徐文范：《东晋南北朝舆地表》，丛书集成初编，北京：商务印书馆1935年版，第8页。

③ （宋）司马光：《资治通鉴》卷91，《晋纪十三》，太和二年，北京：中华书局1963年版，第2872页。

领数十骑弃家奔高句丽。长寿王元年（413，义熙九年），“遣长史高翼入晋奉表，献白赭马。安帝封王高句丽王、乐安郡公”①。

后赵是匈奴别种石勒在河北建立的政权，灭辽东鲜卑段氏后，进据河南、皖北、青州、关陇等地，后又灭前赵，占据了东临大海，西至河西，南过淮河、汉水，北尽燕代的广大地区。《晋书·石勒传》载：“时高句丽、肃慎致其楛矢，宇文屋孤并献名马于勒。”②“勒”即后赵的建立者石勒。可见，高句丽把自己的地方特产楛矢贡给后赵石勒政权，以加强彼此的联系。

前秦是苻坚在长安建立的政权。在苻坚统治时期，重用汉人王猛推行了一系列改革政治、经济和文化的措施，通过这些措施使前秦成为五胡十六国中力量最强大的一个国家，最终统一了黄河流域。《晋书·苻坚传》载：“（苻洛）分遣使者征兵于鲜卑、乌丸、高句丽、百济及薛罗休忍等。”③“乌丸”即乌桓。咸安二年（372，小兽林王二年）六月，“秦王苻坚遣使及浮屠顺道送佛像、经文”④。王遣使回谢，以贡方物。《资治通鉴》卷104也载，太元元年（376，小兽林王六年）二月，“高句丽、新罗、西南夷皆遣使入贡于秦”⑤。太元二年（377，小兽林王七年），“遣使入苻秦朝贡”⑥。苻坚向高句丽征兵及高句丽向前秦遣使朝贡，都说明高句丽在当时也是前秦的藩属国。

前燕是鲜卑慕容氏建立的政权。鲜卑慕容部为东胡之别种，曾祖莫护跋由于帮助曹魏讨伐公孙渊有功，拜为率义王，始建国于大棘城（今辽宁锦州市附近）之北。传二世到涉归时，又迁居辽东之北。太康五年（284，西川王十五年），子慕容廆继立，辗转辽东、青山（今辽宁义县境内）等地，最后稳定在了大棘城。永嘉初，慕容廆自称鲜卑大单于。晋愍帝拜其为镇军将军，昌黎、辽东二国公。后又被东晋遥封为都督幽州东夷诸军事、平州牧、

① ［韩］金富轼著，孙文范等校注：《三国史记》卷18，《高句丽纪六》，长春：吉林文史出版社2003年版，第225页。

② （唐）房玄龄等：《晋书》卷105，《石勒传》，北京：中华书局1974年版，第2747页。

③ （唐）房玄龄等：《晋书》卷113，《苻坚传》，北京：中华书局1974年版，第2902页。

④ ［韩］金富轼著，孙文范等校注：《三国史记》卷18，《高句丽纪六》，长春：吉林文史出版社2003年版，第221页。

⑤ （宋）司马光：《资治通鉴》卷104，《晋纪二十六》，太元二年，北京：中华书局1963年版，第3281页。

⑥ ［韩］金富轼著，孙文范等校注：《三国史记》卷18，《高句丽纪六》，长春：吉林文史出版社2003年版，第221页。

辽东郡公。咸康三年（337，故国原王七年），慕容皝称燕王。永和八年（352，故国原王二十二年），慕容儁称帝，建立前燕，以邺为都城。其势力最强时，北抵山西北部，西起函谷关，东达大海，南至河南南部。370 年（故国原王四十年，太和五年），被前秦苻坚所灭。由于前燕和高句丽相邻，势必在领土等方面产生冲突。大兴二年（319，烽上王二十年），“高句丽寇辽东，廆遣众击败之”①。这种冲突到慕容皝时更加激烈。咸康三年（337，故国原王七年），皝伐高句丽，王钊乞盟而还。次年，“钊遣其世子朝于皝”②。七年（341，故国原王十一年），皝率劲卒四万从南陕和北置两路挺进，讨伐高句丽。先在木底打败高句丽军，继又进入丸都，焚毁城池，驮载钊父尸体而还。建元元年（343，故国原王十三年），钊称臣于皝，贡其方物。十一年（353，故国原王二十三年）十二月，高句丽王钊遣使“诣燕纳质修贡，以请其母”③。燕主儁许之，遣殿中将军刁龛送钊母周氏归其国，以钊为征东大将军、营州刺史，封乐浪王如故。后慕容恪攻高句丽南苏，置戍而归。在慕容儁统治时期，高句丽王钊遣使谢恩、贡方物。儁以钊为营州诸军事、征东大将军、营州刺史，封乐浪公，王如故。在抵御高句丽西进方面，前燕功不可没。当然，慕容恪可谓功劳卓著，《晋书·慕容恪传》中对其有比较公允的评价：“使镇辽东，甚有威惠。高句丽惮之，不敢为寇。”④ 从中可以看出，前燕对高句丽的军事打击，主要是为有效制止其向西扩张，也有迫使其称臣纳贡的目的。

尽管高句丽同时向前秦和前燕称臣，但还是视其力量大小而有所选择，坚持实用主义外交路线。故国原王四十年（370，太和五年），前秦王苻坚灭前燕。前燕太傅慕容评来奔，“王执送于秦”⑤。

后燕是慕容垂于太元九年（384，故国壤王元年）脱离前秦苻坚的统治

---

①（唐）房玄龄等：《晋书》卷 108，《慕容廆传》，北京：中华书局 1974 年版，第 2807 页。

②（唐）房玄龄等：《晋书》卷 109，《慕容皝传》，北京：中华书局 1974 年版，第 2821 页。

③（宋）司马光：《资治通鉴》卷 100，《晋冀二十二》，永和十一年，北京：中华书局 1963 年版，第 3150 页。

④（唐）房玄龄等：《晋书》卷 111，《慕容恪传》，北京：中华书局 1974 年版，第 2859 页。

⑤［韩］金富轼著，孙文范等校注：《三国史记》卷 18，《高句丽纪六》，长春：吉林文史出版社 2003 年版，第 221 页。

后，在中山（治今河北定县）建立的政权，其疆域范围基本上和前燕相当。后燕和前燕一样，与高句丽的矛盾突出，主要也是领土问题和藩属问题。隆安三年（399，广开土王八年），后燕因高句丽王安“事燕甚慢”，燕王慕容盛自将兵三万攻伐高句丽，以骠骑大将军慕容熙为前锋，“拔新城、南苏二城，开境七百余里，徙五千余户而还”①。五年（401，广开土王十年），高句丽攻打后燕的宿军，燕平州刺史慕容归弃城而逃。元兴三年（404，广开土王十三年），高句丽侵袭后燕。

北燕是鲜卑化的汉人冯跋建立的政权。后来冯跋杀慕容熙，推慕容宝养子、高句丽人高云为天王。义熙元年（405，广开土王十四年），高句丽“遣使聘北燕，且叙宗族”②。北燕王高云遣侍御史李拔报聘。义熙五年（409，广开土王十九年），冯跋杀高云，取代后燕，自称天王，建立北燕。北燕和高句丽的关系要较前后燕与高句丽的关系亲密。长寿王二十三年（435，元嘉十二年），北魏接连讨伐北燕。北燕王冯弘说：“若事急，且东依高句丽，以图后举”③，密遣尚书阳伊请迎于高句丽。二十六年（438，元嘉十五年），北魏攻克北燕白狼城。长寿王遣将葛卢、孟光将众数万，随阳伊至和龙，迎燕王。北燕灭亡后，燕王冯弘逃奔辽东。高句丽王还“遣使劳之”④。以上足见高句丽和北燕的关系非同一般。

从中可以看出，高句丽对在中国北部出现的少数民族政权也采取事大的政策，但这种事大，是复杂国际关系的反映，也是北方诸政权高压之下的产物。高句丽在外交上的实用主义十分明显。

（三）和南北朝各政权的关系

南北朝是两晋以后我国历史上又一个分裂的时期。从402年刘裕建立宋政权起，到589年隋灭陈止，历时一百八十七年。北朝经历了北魏、东（西）魏、北齐（周）三个发展阶段，南朝经历了宋、齐、梁、陈四个朝代。

---

①（宋）司马光：《资治通鉴》卷111，《晋冀三十三》，隆安三年，北京：中华书局1963年版，第3507页。

②（宋）司马光：《资治通鉴》卷114，《晋冀三十六》，义熙元年，北京：中华书局1963年版，第3606页。

③［韩］金富轼著，孙文范等校注：《三国史记》卷18，《高句丽纪六》，长春：吉林文史出版社2003年版，第225页。

④［韩］金富轼著，孙文范等校注：《三国史记》卷18，《高句丽纪六》，长春：吉林文史出版社2003年版，第226页。

南北政权对峙，互相诋毁，南谓北为“丑虏”，北谓南为“岛夷”。地处辽东的高句丽政权这时正处在快速发展时期，它充分利用中国政权分立、政权更迭频繁的机会，纵横捭阖，坚定不移地拓展着自己的领土。本节就高句丽与北朝、高句丽与南朝的关系进行探讨。

高句丽与北朝的关系。高句丽在北魏世祖时，就与之有外交关系。高句丽王高琏便“始遣使者安东奉表贡方物，并请国讳”①。对此，《周书·高句丽传》也谓“莫来裔孙琏始通使于后魏使”②。“后魏”即北魏。北魏对其款诚颇为满意，遣员外散骑侍郎李敖拜琏为都督辽海诸军事、征东将军、领护东夷中郎将、辽东郡开国公、高句丽王。“后贡使相寻，岁致黄金二百斤，白银四百斤。”③ 高琏死后，“孝文举哀于东郊”④，遣谒者、仆射李安策赠车骑大将军、太傅、辽东郡开国公、高句丽王，赐衣冠服物车骑之饰，赠谥曰“康”；又遣大鸿胪拜琏孙高云为使持节都督辽海诸军事、征东将军、领护东夷中郎将、辽东郡开国公、高句丽王。自此“岁常贡献”⑤。神龟中（518—520），高云死。灵太后为之举哀于东堂，并遣使赠车骑大将军、领护东夷校尉、辽东郡开国公、高句丽王，又拜其子安为安东将军、领护东夷校尉、辽东郡开国公、高句丽王。安死后，子延立。出帝初诏加延使持节散骑常侍、车骑大将军、领护东夷校尉、辽东郡开国公、高句丽王，赐衣冠服物车骑之饰。天平中（534—537），加延侍中、骠骑大将军。延死，子成立，“讫于武定末，其贡使无岁不至”⑥。“武定”是东魏孝静帝的年号，起止时间为543—551年。大统十二年（546，阳原王二年），遣使至西魏朝贡。北齐受东魏禅后，又遣使北齐朝贡。齐文宣王加高句丽王成使持节、侍中、骠骑大将军、领护东夷校尉、辽东郡开国公、高句丽王。乾明元年（560，平原王二年），齐废帝以汤为使持节领东夷校尉、辽东郡开国公、高句丽王。周建德

① （北齐）魏收：《魏书》卷100，《高句丽传》，北京：中华书局1974年版，第3214页。

② （唐）令狐德棻等：《周书》卷49，《高丽传》，北京：中华书局1971年版，第884页。

③ （北齐）魏收：《魏书》卷100，《高句丽传》，北京：中华书局1974年版，第3215页。

④ （唐）李延寿：《北史》卷94，《高丽传》，北京：中华书局1974年版，第3113页。

⑤ （北齐）魏收：《魏书》卷100，《高句丽传》，北京：中华书局1974年版，第3216页。

⑥ （北齐）魏收：《魏书》卷100，《高句丽传》，北京：中华书局1974年版，第3217页。

六年（577，平原王十九年），遣使至北周，武帝以汤为上开府仪同大将军、辽东郡公、辽东王。

据朝鲜史书《三国史记》记载，从长寿王二十三年（435，太延元年）入魏算起，到安原王四年（534，永熙三年），整个北魏一朝，高句丽共朝贡73次，其中长寿王朝39次，文咨明王朝30次，安藏王朝1次，安原王朝2次。以一年两次者居多，还有一年三次者，如长寿王六十四年（476，承明元年）、七十六年（488，太和十二年），文咨明王元年（492，太和十六年）、二十三年（513，延昌二年）、二十七年（518，神龟元年）等，都是一年三次进贡北魏①。从高句丽朝贡北魏的频率来看，可谓诚惶诚恐，勤谨备至。

期间，北魏报聘极少。魏使到高句丽，或册王或切责。前者已在前面论及，后者如长寿王五十四年（466，天安元年），因高句丽不愿嫁女于北魏，谎称女死。“魏疑其矫诈，又遣假散骑常侍程骏切责之。”② 尽管高句丽对北魏毕恭毕敬，但矛盾还是频频发生，冲突不断。长寿王时，北魏将领冯文通率众投奔高句丽。高琏拒绝遣返，引起了北魏世祖的恼怒。由于乐平王丕等的诫劝，才避免了一场战争的爆发。后文明太后要求高句丽纳女，以备显祖六宫。高琏先答应以弟女应之，后惑于左右之说，谎称女死，招来了北魏的遣使切责。正光初（520—521），光州在海中执得萧梁政权所受高句丽王安宁东将军冠服、剑佩及使者江法盛等。这使北魏大为光火，派使切责。长寿王六十八年（480，太和四年）四月，高句丽派使者余奴等聘南齐。北魏光州人在海上抓到使者余奴等，送至京师。魏高祖诏责：“道成亲弑其君，窃位江左，朕方欲兴灭国于旧邦，继绝世于刘氏，而卿越境外交，远通篡贼，岂是藩臣守节之义？”③

由于北魏和高句丽壤地相接，且有较南朝诸政权更强大的国势，故尽管高句丽对南朝宋、齐、梁、陈也暗中事大，接受其封号（背着北魏进行的），但主要还是事大于北魏政权。当两种事大发生冲突时，高句丽便倾向于北魏。

后来北魏发生分裂，分为东魏和西魏，后东魏被北齐禅代，西魏被北周禅代。开始时，东魏强大于西魏。但后来西魏、北周的实力超过了东魏、北

① ［韩］金富轼著，孙文范等校注：《三国史记》卷18《高句丽纪六》、卷19《高句丽纪七》，长春：吉林文史出版社2003年版，第225～237页。

② ［韩］金富轼著，孙文范等校注：《三国史记》卷18，《高句丽纪六》，长春：吉林文史出版社2003年版，第227页。

③ ［韩］金富轼著，孙文范等校注：《三国史记》卷18，《高句丽纪六》，长春：吉林文史出版社2003年版，第229页。

齐。577年，北周灭亡北齐，实现了对北方的统一。在这个过程中，高句丽还是一如既往地事大于这些政权。

阳原王二年（546，武定四年），“遣使至西魏朝贡。及齐受东魏禅之岁，遣使朝贡于齐”①。齐文宣王加高句丽王高成使持节侍中、骠骑大将军、领护东夷校尉、辽东郡公、高句丽王。成死后，高汤继立。平原王二年（560，乾明元年），北齐废帝以汤为使持节领护东夷校尉、辽东郡公、高句丽王。北齐凭借其强大的势力，在外交上对高句丽持强硬立场。文咨明王二十二年（512，天保三年），文宣王至营州，使博陵崔柳使于高丽，“求魏末流人”②。齐文宣王给予他们“便宜从事”的特权。高句丽王成不答应北齐的要求。“柳张目叱之，拳击成坠于床下。成左右雀息不敢动，乃谢服。柳以五千户反命。”③

据《三国史记》记载，从安原王四年（534，天平元年）到阳原王五年（549，武定七年），高句丽共朝东魏12次；从阳原王五年（549，武定七年）到平原王十五年（573，武平四年），共朝北齐6次④。可以看出，高句丽的朝贡次数在明显减少。15年间朝东魏达12次之多，而24年间朝北齐仅有6次。从朝贡次数的变化可以看出，东魏、北齐由于实力逐渐衰减，从而在高句丽外交中的地位下降了。所以，高句丽才不会像以前那样诚惶诚恐地向他们朝贡了。这也说明，高句丽所实行的“事大”外交是实利外交。

高句丽与南朝的关系。东晋末年，大将刘裕夺取政权，建立宋朝，即刘宋。继刘宋政权之后，又有萧道成建立的齐、萧衍建立的梁和陈霸先建立的陈三个政权。这四个政权就是南朝。南朝和北朝相对峙而存在，尽管与高句丽有万里之遥，但国家安全的共同利害还是让他们紧紧地联系在了一起。高句丽在对北朝朝贡的时候，也在接受南朝的册封；但由于两地相距甚远，交聘次数远远不及高句丽与北朝的交聘次数。但我们不能以交聘的绝对次数来对它们关系的孰远孰近做出定性的判断。对此，张学锋有过非常精到的论述⑤，应该引起学术界的重视。

---

① （唐）李延寿：《北史》卷94，《高丽传》，北京：中华书局1974年版，第3114页。

② （唐）李延寿：《北史》卷94，《高丽传》，北京：中华书局1974年版，第3115页。

③ （唐）李延寿：《北史》卷94，《高丽传》，北京：中华书局1974年版，第3115页。

④ 据《三国史记》卷19，《高句丽纪七》，长春：吉林文史出版社2003年版，第239~240页。

⑤ 张学锋：《四~五世紀におげる東アジア世界の形成と東晉南朝——中國側の史料を中心として——》，《中日文化研究》2006年第5期。

由于高句丽有联合南朝抗衡北方政权的需要，所以刘宋政权建立后不久，高句丽便遣使交通。长寿王四十三年（455，孝建二年），“遣使入宋朝贡”①。刘宋也迫不及待地对高句丽王进行册封，“策王为车骑大将军、开府仪同三司”②。五十一年（463，大明七年），宋世祖孝武皇帝册王为车骑大将军、开府仪同三司。六十六年（478，升明二年），又遣使入宋朝贡。所以，高句丽在勤谨事魏的同时，也在紧密地联系着刘宋政权，正如长寿王六十一年（473，延兴三年）百济王余庆上表北魏所说，高句丽“南通刘氏，或北约蠕蠕，共相唇齿，谋陵王略”③。“刘氏”即刘宋政权，“蠕蠕”即北方少数民族柔然。这则史料明确无误地说明，高句丽自始至终都在南联南朝，北联北方少数民族政权，来抵抗北魏等强大政权。六十八年（480，建元二年）四月，南齐太祖萧道成册封长寿王为骠骑大将军。长寿王遣余奴等朝聘南齐，被北魏光州人捕获，送往京师，遭到北魏主的强烈谴责。但高句丽还是我行我素，继续对南齐朝贡。六十九年（481，建元三年），又遣使到南齐朝贡，也接受南齐的册封。文咨明王三年（494，隆昌元年），南齐册封高句丽王为使持节散骑常侍，都督营、平二州，征东大将军、乐浪公。五年（496，隆昌三年），进高句丽王为车骑将军。同年，高句丽又遣使入南齐朝贡。高句丽还朝贡梁朝，安藏王二年（520，普通元年），两次遣使入梁朝贡，并接受梁的册封。同年二月，梁高祖封王维宁东将军，都督营、平二州诸军事，高句丽王，并遣使者江法盛赐王衣冠、剑佩。正光初（520—522），光州在海中执到梁主萧衍馈赠给高句丽王安的宁东将军衣冠、剑佩及使者江法盛等，引起了双方的不快。八年（526，普通七年），遣使入梁朝贡。安原王十一年（541，大同七年），又遣使入梁朝贡。陈霸先建立陈朝后，又遣使朝贡陈朝和接受陈朝的册封，分别于平原王三年（561，天嘉二年）、八年（566，天康元年）、十二年（570，太建二年）、十三年（571，太建三年）、十六年（574，太建六年）遣使入陈朝贡。平原王四年（562，天嘉三年），陈霸先诏授高句丽王为宁东将军。正如刘进宝所说，虽然南朝各政权不断更替，但由于双方共同的政治利益，高句丽一直和南朝各政权保持紧密的联系。而南朝各政权也为了自己的既得利益，防止和阻碍北朝政权的南下，总是以加封官

① ［韩］金富轼著，孙文范等校注：《三国史记》卷18，《高句丽纪六》，长春：吉林文史出版社2003年版，第227页。

② ［韩］金富轼著，孙文范等校注：《三国史记》卷18，《高句丽纪六》，长春：吉林文史出版社2003年版，第227页。

③ （北齐）魏收：《魏书》卷100，《百济传》，北京：中华书局1974年版，第3218页。

爵等各种办法来讨高句丽之欢心，使高句丽成为牵制北朝政权南下的一支有力力量。①

由上可见，高句丽在事北朝政权的同时，也在事南朝政权。但由于地缘关系、北强南弱的实际情况以及高句丽与他们距离的远近不同，高句丽比较倾向于事大北朝。但需要指出的是，其对北朝诸政权的事大往往是北朝政权打压的结果。而朝贡南朝和接受南朝册封，往往是主动的，且是双方战略配合的需要，更有经济方面的考虑和文化交流的考量。

（四）高句丽与百济、新罗的关系

东汉末年，政局动荡，公孙氏盘踞辽东，阻遏了曹魏向辽东的发展，也最终使高句丽从中国的政治版图中分离了出去。对此学术界应该实事求是地去看待，不能讳莫如深，因为国家疆域的形成是一个历史过程，其中的分合统割是社会发展规律，在所难免。我们不能因为东北现在是中国领土，就说魏晋以后的高句丽也是中国的地方政权。《唐会要·高句丽》载，唐太宗李世民和大臣们讨论是否出兵高句丽时，侍中裴矩、中书侍郎温彦博曰："辽东之地，周为箕子之国，汉家玄菟郡耳，魏晋已前，近在提封之内，不可许以不臣。"②"提封"也作"堤封"，指国境之内③。《太平寰宇记·高句丽国》、《通典·边防二·高句丽》、《旧唐书·高丽传》、《文献通考·四裔考二·高句丽》等史书也有相同的记载。唐人都认为高句丽在魏晋时已成为独立于中国的政权，但我们有些学者还要把它看作是中国的地方政权，这是站不住脚的。

2 世纪末到 6 世纪的三百多年间，高句丽一方面和中国历代中央或地方政权争夺辽东，甚至辽西地区；另一方面也和百济、新罗逐鹿朝鲜半岛。对第一个问题，前面已经论及。下面让我们来讨论高句丽和百济、新罗的关系。

经过建国初期的征战，高句丽已经把周围的盖马、曷思等小国变成了自己的郡县。其后，高句丽把斗争的重点放在了其南面的新罗和百济。他们争城略地，互相攻伐，战事不休。

百济和高句丽王族同出于北方的夫余，也可谓夫余之别种，"百济国，

① 刘进宝：《试论唐太宗、唐高宗对高丽的战争》，《中国边疆史地研究》1995 年第 3 期。

② （宋）王溥：《唐会要》卷 95，《高句丽》，上海：上海古籍出版社 1991 年版，第 2019 页。

③ 胡裕树：《新编古今汉语大词典》，上海：上海辞书出版社 1995 年版，第 413 页。

本亦扶余之别种，尝为马韩故地”[①]。新罗“本弁韩之苗裔也。其国在汉时乐浪之地，东及南俱限大海，西接百济，北邻高丽。东西千里，南北二千里”[②]。他们为了自己的生存和发展以及统一朝鲜半岛，展开了激烈争夺。

从史书记载来看，高句丽对新罗的用兵是从东川王十九年（245，正始六年）开始的。此时，高句丽和曹魏关系友好，且其西有公孙渊这张挡箭牌。可以说，这消除了高句丽南下逐鹿的后顾之忧。这年十月，“出师侵新罗北边”[③]，新罗派伊餐舒弗邯、兼知兵马事于老将兵出击，兵败后“退保马头栅”[④]。这时的新罗遭受着倭人和百济的侵略，对高句丽的抵御力不从心，遂于东川王二十二年（248，正始九年）二月“遣使结合”[⑤]。故国壤王九年（392，登国七年）春，和新罗和好，“新罗王遣侄实圣为质”[⑥]。长寿王二十八年（440，太平真君元年）七月，新罗人袭杀边将。长寿王欲举兵讨伐，因新罗王遣使谢罪方罢。四十二年（454，兴光元年）七月，高句丽遣兵侵新罗北边。五十六年（468，皇兴二年）二月，长寿王以靺鞨兵一万，攻取新罗悉直州（治今江原道江陵）城。七十五年（487，太和十一年）九月，遣兵侵新罗北边，陷狐山城。文咨明王四年（495，太和十九年）七月，高句丽与新罗人战于萨水（今清川江）之原，大败新罗军。文咨明王五年（496，太和二十年）七月，高句丽遣兵攻打新罗牛山城，新罗军在泥河（今龙兴江）上打败高句丽军。次年，高句丽又从新罗手中夺回了牛山城。

故国原王三十九年（369，太和四年），“王以兵二万南伐百济”[⑦]，败绩。四十一年（371 年，咸安元年）十月，百济王率兵三万，来攻平壤城。

① （后晋）陈煦等：《旧唐书》卷 199 上，《百济传》，北京：中华书局 1975 年版，第 5328 页。

② （后晋）陈煦等：《旧唐书》卷 199 上，《新罗传》，北京：中华书局 1975 年版，第 5334 页。

③ ［韩］金富轼著，孙文范等校注：《三国史记》卷 17，《高句丽纪五》，长春：吉林文史出版社 2003 年版，第 209 页。

④ ［韩］金富轼著，孙文范等校注：《三国史记》卷 2，《新罗纪二》，长春：吉林文史出版社 2003 年版，第 26 页。

⑤ ［韩］金富轼著，孙文范等校注：《三国史记》卷 17，《高句丽纪五》，长春：吉林文史出版社 2003 年版，第 210 页。

⑥ ［韩］金富轼著，孙文范等校注：《三国史记》卷 18，《高句丽纪六》，长春：吉林文史出版社 2003 年版，第 223 页。

⑦ ［韩］金富轼著，孙文范等校注：《三国史记》卷 18，《高句丽纪六》，长春：吉林文史出版社 2003 年版，第 220 页。

故国原王出师迎战，中矢死。小兽林王继位后，继续对百济用兵。五年（375，宁康三年）七月，攻百济水谷城。六年（376，太元元年），侵百济北鄙。小兽林王的进攻，遭到了百济的猛烈还击，七年（377，太元二年）十月，百济将兵三万，来侵平壤城。由于南伐失败，高句丽遣使朝贡苻秦，实为求援。故国壤王三年（386，太元十一年）八月，高句丽又发兵攻百济。六年（389，太元十四年）九月，百济北侵，掠高句丽南部部落而归。次年九月，百济又遣达率真嘉谟攻破都押城，虏二百人归。广开土王元年（392，太元十七年）七月，高句丽南攻百济，拔十城。十月，攻陷百济关弥城。二年（393，太元十八年）八月、三年（394，太元十九年）七月，百济侵南边，高句丽命将拒之。高句丽为了有效防止百济的入侵，在国家的南部筑城七座。四年（395，太元二十年）八月，高句丽大败百济于浿水之上，虏获八千余级。两国之间一直矛盾不断。长寿王五十七年（469，皇兴三年），百济又乘丽、罗大战之机，入侵高句丽南部。文咨明王十二年（503，景明四年）十一月，百济遣达率、优水率兵五千，来侵水谷城。十六年（507，正始四年），高句丽又派大将高老与靺鞨谋攻百济汉城，进屯于横岳下，被百济打退。安藏王五年（523，正光四年）八月，高句丽遣兵进攻百济。八年（526，孝昌二年）十月，在五谷大败百济兵，杀获二千余级。安原王十年（540，兴和二年）九月，百济围牛山城。文阳原王六年（550，武定八年）正月，百济来侵，陷道萨城。三月，攻百济金岘城。十年（554，天保五年），又攻打百济熊川城，不克而退。

共同的利害使济、罗两国走到了一起，两国进行战略配合，共同抗击高句丽的南下进攻。文咨明王四年（495，太和十九年）八月，高句丽进围百济雉壤城。百济请救于新罗，新罗王命将军德智率兵来援，高句丽兵退走。文阳原王四年（548，武定六年）正月，以秽兵六千攻百济度山城。新罗将军朱珍驰援，高句丽兵不克而退。

从以上近三百年的杀伐征战可以看出，高句丽除了在北方对曹魏、前后燕、北燕用兵外，还不间断地对其南部的新罗和百济用兵，以拓展其领土空间。从战争的结果来看，尽管高句丽在实力上较百济、新罗有优势，但由于后来济、罗结盟，共同抵制高句丽的入侵，所以它们的实际控制线大体维持在大同江、龙兴江一线。

三、高句丽王朝后期的对外关系

（一）高句丽和隋朝的关系

南北朝后期，北方最后一个朝代是鲜卑族宇文氏建立的北周。北周末年，社会危机加深，统治极不稳定。周宣帝更是荒淫暴虐，国势危艰。大象二年（580，平原王二十二年），宣帝病死，静帝宇文阐继位。大臣郑译、刘昉等人乘机假借皇帝意旨，命杨坚入朝主政，委以“总知中外兵马事”的大权。大定元年（581，平原王二十三年），杨坚借“受禅”为名，废周静帝而自立，改国号为隋。隋朝建立后，北降突厥、南灭陈国，统一了全国。

由于突厥降款，陈朝灭亡，高句丽南北呼应的弧形包围圈不复存在，因此高句丽此时与中国的关系完全简单化，不再是南北朝时期的多向称臣，而是专心侍奉隋朝。

隋朝甫建，高句丽便来朝贡，“高祖受禅，汤复遣使诣阙，进授大将军，改封高丽王。岁遣使朝贡不绝”①。“开皇初，频有使入朝”②。据《三国史记》卷19载，高句丽从平原王二十三年（581，大定元年）始，连年朝贡，甚至一年两次，可谓勤谨，如二十四年（582，开皇二年），分别于元月和十一月入隋朝贡。隋朝对高句丽也给予了积极回应，二十六年（584，开皇四年），高祖授王大将军、辽东郡公。但是，隋灭陈朝，使本来建立在利害基础上的隋、丽关系出现了微妙的变化，“及平陈之后，汤大惧，治兵积谷，为守拒之策”③。这时的高句丽已经感到岌岌可危，并开始认真做抵御准备了，但因此也受到了隋朝“虽称藩附，臣节未尽”的责讦。受到隋文帝诘责的高句丽王汤诚惶诚恐，没有来得及奉表陈谢便死去了。

继高汤而立的高元尽管也遣使朝隋，接受隋朝册封，但双方的矛盾随着高句丽的日益强大而逐渐白热化了。高元嗣立后，婴阳王元年（590，开皇十年），隋朝遣使册封高句丽王为上开府仪同三司，袭爵辽东郡公，赐衣一袭。二年（591，开皇十一年）正月，高句丽又奉表谢恩，因请封王。三月即封为高句丽王，仍赐车马服饰。婴阳王九年（598，开皇十八年），高句丽

---

① （唐）魏征：《隋书》卷81，《高丽传》，北京：中华书局1974年版，第1814页。
② （唐）魏征：《隋书》卷81，《高丽传》，北京：中华书局1974年版，第1815页。
③ （唐）魏征：《隋书》卷81，《高丽传》，北京：中华书局1974年版，第1815页。

王便“不供职贡，无人臣礼”①。高元一方面奉表谢恩，并贺祥瑞；另一方面又“率靺鞨之众万余骑寇辽西”②。隋营州政府对高句丽的进犯进行了坚决的反击，总管韦冲击退了高句丽的进攻。

“寇辽西”打开了隋朝与高句丽的战争之阀。隋文帝命汉王谅为元帅，率领水陆两路大军讨伐高句丽，同时下诏罢黜王爵。这次征伐因粮草不继、疾疫流行和高句丽方面“乞罢兵”而撤兵。自大业七年（611）起，隋炀帝连年征发四海之兵，三次亲征高句丽，先后出兵数百万之众③。对于隋朝征讨高句丽的原因，金宝祥等先生在《隋史新探》中写得很清楚，也很有见地，说是为了打破以高句丽为首的北方弧形包围圈。但是，隋对高句丽的三次大规模进攻都损兵折将，无果而终，最终也加速了隋王朝走向灭亡。

从高句丽和隋朝的关系中也可以看出，高句丽藩附隋朝，更多是考虑到国家安全，也是隋朝军事打压下的曲意行为。而高句丽一刻也没有放弃摆脱隋朝控制的努力，它联袂突厥、高昌、南朝陈等政权的根本目的就是为了抵御隋朝。对这一点，学术界应该予以足够重视。

（二）高句丽和唐朝的关系

由于隋炀帝的暴政和连年征伐高句丽，使隋朝民穷财尽，阶级矛盾急剧尖锐化。隋炀帝本人在政变中被宇文化及杀害。国内形成了以李密为首的瓦岗军、以窦建德为首的河北起义军和以杜伏威为首的江淮起义军等几支武装力量。这些起义军摧垮了隋王朝。而唐朝则是李渊集团窃取农民起义果实和兼并割据势力而建立起来的封建政权④。高句丽一方面采取措施缓解来自唐朝的压力，另一方面积极备战。

唐朝建立后，高句丽便遣使朝贡，“远送诚款”⑤，在唐朝建立次年，即高句丽荣留王二年（619，武德二年），遣使入唐朝贡。之后，在四年（621）、五年（622）、六年（623）、七年（624）二月和十二月、八年（625）、十一年（628）、十二年（629）、二十三年（640）、二十五

① （唐）魏征：《隋书》卷81，《百济传》，北京：中华书局1974年版，第1819页。

② （唐）魏征：《隋书》卷81，《高丽传》，北京：中华书局1974年版，第1816页。

③ 金宝祥、李清凌、侯丕勋、刘进宝：《隋史新探》，兰州：兰州大学出版社1989年版，第109页。

④ 中国军事史编写组：《中国历代军事战略（下册）》，北京：解放军出版社2002年版，第44页。

⑤ （宋）宋敏求：《唐大诏令集》卷128，北京：商务印书馆1959年版，第689页。

年（642）入唐朝贡[①]。高句丽入唐，主要是为了迟滞唐朝征伐自己的步伐，延缓自己灭亡的命运。武德五年（622，荣留王五年），唐高祖要求高句丽搜检隋末征高句丽时遗留彼地之人。高句丽王建武遂“悉搜括华人，以礼宾送，前后至者万数”[②]。武德七年（624，荣留王七年），唐遣前刑部尚书沈叔安往册建武为上柱国、辽东郡王、高丽王，仍将天尊像及道士往彼，为之讲老子。高句丽也对唐表现出了恭敬的态度。贞观二年（628，荣留王十一年）破突厥颉利可汗，“建武遣使奉贺，并上封域图”[③]。五年（631，荣留王十四年），唐朝诏遣广州都督府司马长孙师往收瘗隋时战亡骸骨，毁掉高句丽所立的京观。建武惧怕大唐征伐其国，“王动众筑长城，东北自扶余城，东南至海千有余里，凡一十六年毕功”[④]。十四年（640，荣留王二十三年），唐将侯君集平定高昌，拘其王曲智盛。高句丽遂遣其子桓权来朝贡方物，“太宗优劳甚至”[⑤]。唐、丽矛盾最后由于高句丽阻遏新罗、百济入贡，泉盖苏文杀其王建武以及高句丽侵吞新罗等原因而激化，唐朝遂开始了大规模的征讨。当然这些原因只能算作直接原因，根本原因并非一般的经济或婚姻关系所引起的矛盾，而是因政治利害关系的不一致而引起的激烈矛盾[⑥]。贞观元年（627，荣留王十年），新罗、百济遣使入贡，上言：“高句丽闭道，使不得朝，又屡相侵掠。”[⑦] 唐遣员外散骑侍郎朱子奢前去调停。建武奉表谢罪，遂与新罗会盟和好。十六年（642，荣留王二十五年），高句丽西部大人泉盖苏文发动政变，杀高句丽王建武，立藏为王，然后又对新罗用兵。唐又派相里玄奖前往劝谕高句丽，但被高句丽拒绝。唐朝的外交努力失败后，便从贞观十九年（645，宝藏王四年）开始了对高句丽的大规模征伐，但这些征伐活

① 据《三国史记》卷20，《高句丽纪八》，长春：吉林文史出版社2003年版，第251～253页。

② （后晋）刘煦等：《旧唐书》卷199上，《高丽传》，北京：中华书局1975年版，第5321页。

③ （后晋）刘煦等：《旧唐书》卷199上，《高丽传》，北京：中华书局1975年版，第5321页。

④ ［韩］金富轼著，孙文范等校注：《三国史记》卷20，《高句丽纪八》，长春：吉林文史出版社2003年版，第252页。

⑤ （后晋）刘煦等：《旧唐书》卷199上，《高丽传》，北京：中华书局1975年版，第5321页。

⑥ 金宝祥：《吐蕃的形成、发展及其和唐的关系》，《西北史地》1985年第1～2期。

⑦ ［韩］金富轼著，孙文范等校注：《三国史记》卷20，《高句丽纪八》，长春：吉林文史出版社2003年版，第252页。

动均因气候、战略方针等方面的原因而失败。唐高宗继承帝位之时，也正是高句丽大规模侵略新罗之时，永徽六年（655，宝藏王十四年），高句丽与百济、靺鞨联兵侵掠新罗，攻占新罗三十三城。百济也在高句丽的支持下，侵攻新罗。新罗王金春秋遣使求援。显庆五年（660，宝藏王十九年），唐高宗命左武卫大将军苏定方为神丘道行军大总管，率水陆十万大军，与新罗一起讨伐百济。在唐、罗联兵的强劲进攻下，“其大将祢植又将义慈来降，太子隆并与诸城主皆同送款，百济悉平”①。然后借灭亡百济之余威，充分利用高句丽莫离支泉盖苏文死后诸子之间的斗争，最后于总章元年（668，宝藏王二十七年）消灭了高句丽。

以上论述的是高句丽与历代中国中央政权和地方割据政权之间的关系。从这些关系中可以看出，高句丽确实在对他们事大，但高句丽与他们之间的斗争无时不在。尽管斗争的时间远远少于友好的时间，但却反映出高句丽与他们之间最深刻的问题。而这些最深刻的问题往往能够反映出高句丽与他们之间最为真实的关系。这说明控制和反控制的斗争一直是存在的，直到其灭亡。

（三）高句丽与新罗、百济的关系

到了隋唐时期，中国结束了四分五裂、分崩离析的混乱局面，而代之以统一、强大和繁荣的隋唐王朝（隋和陈有短期的对峙）。这时，高句丽的事大关系完全简单化了，即只向隋、唐朝贡。同时，半岛三国之间的关系也出现了新的变化，即开始由先前的百济与新罗联合共同抵制高句丽，发展到高句丽和百济联合共同侵略新罗。此外，日本的势力也渗透到了半岛，使半岛国家间的关系变得更为复杂。

杨坚篡周后，建立了隋朝。这时，江左陈朝政权还在苟延残喘，垂死挣扎。半岛三国都向隋、陈两国称臣纳贡，奉表称藩。同时，他们在半岛内部你来我往，不断争城掠地。

婴阳王九年（598，开皇十八年）九月，由于高句丽贸然率靺鞨之兵侵辽西，招致隋朝命大将汉王杨谅和王世勣的讨伐。但隋军由于转运不继、疾疫发作、遭遇大风而退兵。高句丽王也遣使请罪。但百济想把祸水引向高句丽，便主动要求做唐军的向导，遭到唐朝的拒绝，谕以“高句丽服罪，朕已

① （宋）王钦若等：《册府元龟》卷986，《外臣部·征讨》，北京：中华书局1960年版，第11577页。

赦之，不可致伐”①。高句丽得知百济的所作所为后，侵掠百济之境。十四年（603，仁寿三年），高句丽遣将军高盛攻新罗北汉山城。新罗王率兵过汉水，城中鼓噪相应。高盛认为彼重我寡，恐不克而退。十八年（607，大业三年）五月，又攻百济松山城，不下，又移袭石头城，虏男女三千而还。十九年（608，大业四年）二月，袭新罗北境，虏获八千人。四月，拔新罗牛鸣山城。二十三年（612，大业八年）六月，隋军渡辽河作战时，“百济亦严兵境上，声言助隋”②。荣留王九年（626，武德九年），新罗、百济遣使于唐，上言：“高句丽闭道，使不得朝，又屡相侵掠。”③ 唐派朱子奢前去调停。荣留王奉表谢罪，请与两国和好。十二年（629，贞观三年）八月，新罗将军金庾信来侵东边，破娘臂城。二十一年（638，贞观十二年）十月，高句丽侵新罗北边的七重城。新罗将军阏川逆之，大败高句丽军。宝藏王二年（643，贞观十七年）九月，新罗遣使入唐，诉“百济攻取我四十余城，复与高句丽连兵，谋绝入朝之路”④。百济攻新罗事件，说明百济和新罗的联盟关系破裂了，也说明由于新罗和唐朝关系的拉近无形中把百济推到了高句丽那边。三年（644，贞观十八年），唐太宗命司农丞相里玄奖赍玺书赐王，云：“新罗委质国家，朝贡不乏，尔与百济各宜戢兵。若更攻之，明年发兵，击尔国矣。”⑤ 相里玄奖还未入境，泉盖苏文已经攻占了新罗的两座城池。玄奖苦劝无果，归国。唐朝于是决定讨伐高句丽，“诏诸军及新罗、百济、奚、契丹，分道击之”⑥。宝藏王四年（645）唐朝开始了第一次讨伐高句丽的战争。之后唐又于宝藏王七年（648），命薛万彻、裴行方将兵三万余人及楼船战舰，从莱州取道海路攻高句丽。这次进攻因为唐太宗驾崩而罢。十四年（655，永徽六年），高句丽与百济、靺鞨联兵，侵新罗北境，取三十三城。新罗王

① ［韩］金富轼著，孙文范等校注：《三国史记》卷20，《高句丽纪八》，长春：吉林文史出版社2003年版，第244页。

② ［韩］金富轼著，孙文范等校注：《三国史记》卷20，《高句丽纪八》，长春：吉林文史出版社2003年版，第249页。

③ ［韩］金富轼著，孙文范等校注：《三国史记》卷20，《高句丽纪八》，长春：吉林文史出版社2003年版，第252页。

④ ［韩］金富轼著，孙文范等校注：《三国史记》卷21，《高句丽纪九》，长春：吉林文史出版社2003年版，第255页。

⑤ ［韩］金富轼著，孙文范等校注：《三国史记》卷21，《高句丽纪九》，长春：吉林文史出版社2003年版，第255页。

⑥ ［韩］金富轼著，孙文范等校注：《三国史记》卷21，《高句丽纪九》，长春：吉林文史出版社2003年版，第257页。

金春秋遣使入唐求援。唐朝遂与新罗联军于显庆五年（660，婴阳王十一年），灭亡百济。宝藏王二十年（661，龙朔元年）五月，高句丽王遣将军恼音信领靺鞨众，围攻新罗北汉山城。二十二年（666，乾封元年），泉盖苏文死，兄弟相残，男生投唐，男建自任莫离支。唐朝总结此前进攻高句丽失败的教训，并充分利用泉盖苏文死后政局不稳的大好时机，于总章元年（668，宝藏王二十七年），灭亡了高句丽。

高句丽灭亡后，高句丽、百济遗民开始大量投奔新罗，并与新罗共同排挤半岛的唐朝势力。这超出了本书讨论的范围，此不再赘述。

第五节 中国古代史书对高句丽归属问题的记载

学术界在研究高句丽归属问题时，忽视了中国正史对高句丽归属问题的记载。笔者认为，这是一个不容忽视的问题。在中国古代史籍中，有很多相关的历史记载，且交代得比较清楚。但目前学术界从政治和现实出发重新探讨起这个问题，这样就把原本很简单的问题复杂化了，更严重的是出现了学术问题政治化的倾向。由于出发点不同，得出了相互迥异的观点，造成了在高句丽归属研究上的混乱和歧见迭出。在这种情况下，要弥合中外学术界在归属问题上的分歧，希望渺茫，不容乐观。在这里，拟以史籍关于历代政府对高句丽归属问题的立场为切入点，来探讨一下高句丽的归属问题。

中国古代正史著作，基本上代表了官方的观点。这些史籍关于高句丽归属问题的记述，当然也代表了当时中央政府对此的基本立场。历代中央政府对某一地区或某一政权所持的态度是不能忽略的，是主权归属问题上的一个重要因素，即现在国际领土理论上所说的“主权宣示”。这种例子即便是在近代、甚至在现当代也不胜枚举。如1913年，西藏地方当局和英国签订的《西姆拉条约》，割走我国西藏的部分领土，中国北洋政府、民国政府都否认该条约的合法性，这是中华人民共和国和印度进行国界问题谈判时的一个重要依据。再比如清政府和沙皇俄国签订的一系列条约，割走了中国一百五十多万平方公里的土地，北洋政府、民国政府和中华人民共和国始终认为这些条约是不平等的，坚持这些地方自古以来就是中国的领土，等等。虽然有些已经成为既成事实，很难改变了，但作为历史事实，还是应该搞清楚其来龙去脉。

一、中国正史对高句丽归属问题的记载及其所表达的思想

中国正史关于高句丽政权归属问题的记载很多，它们无疑都代表了官方

的立场，反映了中国历代王朝对其的基本看法。下面把各史书记载胪列如下：

（一）《隋书》中所反映出来的归属思想

《裴矩传》：“高丽之地，本孤竹国也。周代以之封于箕子，汉世分为三郡，晋氏亦统辽东，今乃不臣，别为外域，故先帝疾焉，欲征之久矣。”①

《高丽传》云：“然辽东之地，不列于郡县久矣。”②

《隋书·裴矩传》所载的是裴矩对隋炀帝杨广的表奏。裴矩是当时隋朝的黄门侍郎，权倾中外，功高位显。他的话语代表了隋朝统治者在高句丽归属问题上的基本立场。

隋朝所处的时代，正是北方少数民族比较强盛的时期。更为严重的是，他们和中国的南方政权遥相呼应。在这个包围圈中，北方以高句丽为首，南方则以先后嬗替的宋、齐、梁、陈为主。这个包围圈的存在，严重威胁到了隋王朝的安全。对此，隋炀帝是非常清楚的。他北巡突厥庭帐，就是出于这方面的考虑。而这次北巡活动中所遇到的事情，也充分印证了隋炀帝的预测。在突厥庭帐中，隋炀帝偶遇高句丽使者。裴矩之言正是在这种历史环境中发出的，我们从《隋书·裴矩传》中可以看出以下五点：第一，高句丽本来是商族孤竹国的地方，是中国之地。第二，在周代为商朝遗民箕子建立的封国，也为中国的封国。第三，汉代是三郡之地，三郡是指玄菟、真番和带方，玄菟在北，真番和带方在南。其中带方郡在东汉末建安中（196—120）建立，“公孙康分屯有县以南荒地为带方郡”③。屯有县大致在今黄海南道凤山郡土城内，即带方郡治以北，与屯有以南即为带方郡的地方④。这说明高句丽之地虽有分离倾向，但还是汉代的直接管辖地。第四，高句丽在晋代为辽东郡所管辖。第五，“今为外域”，也就是域外政权，也就是说高句丽已经变成了独立的国家。

对于第一、二、三点，没有异议，对后两点则需要作必要的说明。从《隋书》的记述中可以看出，晋代以后，高句丽已经不属于中国政府管辖了。

---

① （唐）魏征：《隋书》卷67，《裴矩传》，北京：中华书局1973年版，第1581页。

② （唐）魏征：《隋书》卷81，《高丽传》，北京：中华书局1973年版，第1829页。

③ （晋）陈寿：《三国志》卷30，《魏志·韩传》，北京：中华书局1959年版，第851页。

④ 杨昭全、孙玉梅：《中朝边界史》，长春：吉林文史出版社1993年版，第53页。

我们还是结合历史实际，进行讨论。在东汉末，由于中原政局动荡、军阀混战、干戈扰攘，政府对东北地区的控驭力度减弱，高句丽的势力遂取得突飞猛进的发展，开始了大规模的兼并、扩张活动，曾经一度打到了西安平、右北平、太原等地。在这种情势下，公孙氏开始盘踞辽东，阻断了汉、魏等朝与高句丽的联系。“后汉末，公孙康据而有之。魏景初元年，乃灭”①。西晋虽然取得了国家的统一，但很快被“八王之乱”所打破。鲜卑慕容氏开始登上辽东的政治舞台，先后建立了前燕、后燕和北燕等割据政权。东晋南朝也蜗居在江南一隅，失去了控驭高句丽的基本条件。尽管高句丽和他们之间仍保持着藩属关系，但高句丽的割据性、独立性已经非常强了。裴矩之言“今乃不臣，别为外域”，意思很清楚，这时的高句丽实际上已经独立了。隋朝政府也承认了高句丽已经独立的政治现实，但仅想使其臣服于自己，并不欲使其成为自己的一部分。这和唐朝灭亡高句丽后，逐渐退出朝鲜半岛的历史事实也是吻合的。否则，唐朝也不会让新罗最后占据高句丽故地。

对此，学术界并没有注意到。尽管有学者曾经使用《隋书·裴矩传》中的这则史料，但只是用它来论证高句丽自古以来就是中国的领土，而无视叙述中的前后变化，或者讳莫如深，避而不谈。

《隋书·高丽传》中所说“然辽东之地，不列于郡县久矣”为《隋书》的监修者魏征所言。“不列于郡县”的言下之意是在当时已经独立于中国管辖之外，实为《隋书·裴矩传》中“别为外域”的注脚。有多久，前面已有论及，当在魏晋以后。

（二）《旧唐书》和《新唐书》所反映出来的对高句丽归属的思想

《旧唐书》中的《温大雅传》和《新唐书》中的《温彦博传》都有关于高句丽归属问题的言论。二温是兄弟关系，同为唐朝重臣，他们所言，当也能代表唐王朝在相关问题上的基本立场。

> 《旧唐书·温大雅传》载温彦博语：“辽东之地，周为箕子之国，汉家之玄菟郡耳。魏晋已前，近在提封之内。不可许以不臣。”②

① （宋）乐史：《太平寰宇记》卷172下，《东夷总述》，四库全书，册470，第594页。

② （后晋）刘煦等：《旧唐书》卷61，《温大雅传 》，北京：中华书局1975年版，第2360页。

《新唐书·温彦博传》："辽东本周箕子国，汉玄菟郡。不使北面，则四夷何所瞻仰？"①

《新唐书·高丽传》："辽东本箕子国，魏晋时故封内，不可不臣。"②

首先解释一下《旧唐书》史料中的"提封"，提封就是疆域的意思。《新唐书》中的"故封"即原来的封疆。两者在意思上稍有区别。两《唐书》和《隋书》的记载有所不同，两《唐书》说高句丽原为汉代之玄菟郡，而《隋书》说"汉世分为三郡"；但两《唐书》和《隋书》对于高句丽脱离中国时间的记载大体相同，都说是在魏晋以后。

现在让我们来讨论二者在叙述上不同的原因。两《唐书》中说，高句丽在汉时为玄菟郡，这是没有问题的。原因是高句丽初兴之地就在西汉玄菟郡的高句丽县。这个玄菟郡当为元封三年（前108）西迁之后的第二玄菟郡，而不是盖马大山（今狼林山脉）以东的第一玄菟郡，当时辖有高句丽、西盖马和上殷台三县。而《隋书》所云为高句丽扩张后的情形。如前文所述，朱蒙建立高句丽后，开始了高句丽史上的大规模拓疆活动，先吞并了临近的沸流、盖马、荇人等小国，然后和中国争夺辽东、辽西地区，尔后又同新罗、百济争夺领土，通过这些拓疆活动，高句丽的领土变得十分广大，成为一个南到汉水、西到辽河、东达大海、北达第二松花江的广大地区。所以"三郡"之地当指这时的疆域范围。我们不能因二者记述不同，而否认历史记载的真实性。

以上对新旧《唐书》和《隋书》的内容作了对比。尽管它们的叙述有所不同，但有一点是共同的，那就是高句丽在后来（魏晋前或魏晋后）已经发展成为一个独立的国家。

还有一点需要探讨，中国史书中判断高句丽脱离中国的依据是什么？这也是一个很重要的问题。其实，在学术界讨论高句丽归属问题时，有学者曾指出，当高句丽的首都在尉那岩城或国内城（今吉林集安）时，应算作是中国的地方政权，当于427年迁都到平壤后，应作为独立的政权来对待③。那

① （宋）欧阳修等：《新唐书》卷91，《温彦博传》，北京：中华书局1975年版，第3782页。

② （宋）欧阳修等：《新唐书》卷220，《高丽传》，北京：中华书局1975年版，第6187页。

③ 谭其骧：《历史上的中国和中国历代疆域》，《中国边疆史地研究》1991年第1期。

么迁都平壤在何时呢？曹魏时期的高句丽在经过曹魏田丘俭打击后，丸都被毁，国家遭到毁灭性的打击，自感无力在辽东立足，便把首都迁到了平壤。从常理上来讲，用这个标准来规定高句丽的归属，有悖于常理，因为一个政权的属性不可能受迁都的影响而发生变化。但是，在这里却是一个历史的巧合，隋唐以后的中国政府把高句丽迁都平壤作为其脱离中央的时间了。这个巧合和谭其骧的观点尽管说法不同，但殊途同归，结论是一样的，即在这时，高句丽在事实上已经成为一个独立的国家。

（三）其他史书所反映的高句丽归属的思想

关于高句丽归属问题的言论，在《资治通鉴》、《宋史》、《元史》和《明史》中也有记载，兹胪列于下，然后展开讨论。

《资治通鉴》卷181：裴矩说帝曰："高丽本箕子所封之地，汉晋皆为郡县，周武王封箕子于朝鲜，秦末卫满据之，传国至孙右渠。武帝灭之，开为四郡。汉末公孙度据之，传国至公孙渊，魏灭之。至晋皆为郡县。高丽之先，出于夫余，朱蒙建国号高句骊，以高为氏。魏晋以来，中国兵乱，高丽内侵，并有辽东地。"①

《宋史·高丽传》载："高丽本曰高句骊，禹别九州，属冀州之地，周为箕子之国，汉之玄菟郡也。"②

《元史·地理二》："咸平府，古朝鲜地，箕子所封，汉属乐浪郡，后高丽侵有其地。唐灭高丽，置安东都护以统之，继为渤海大氏所据。辽平渤海，以其地多险隘，建城以居流民。"③

《元史·高丽传》："高丽本箕子所封之地，又扶余别种尝居之。其地东至新罗，南至百济，皆跨大海，西北度辽水接营州，而靺鞨在其北。其国都曰平壤城，即汉乐浪郡。水有出靺鞨之白山者，号鸭渌江，而平壤在其东南，因恃以为险，后辟地益广，并古新罗、百济、高句丽三国而为一。其主姓高氏，自初立国至唐乾封初而国亡。垂拱以来，子孙复封其地，后稍能自立，至五代时代主其国，迁都松岳者，姓王氏，名建，

---

① （宋）司马光：《资治通鉴》卷181，《隋纪五》，大业六年，北京：中华书局1959年版，第5652页。

② （元）脱脱等：《宋史》卷487，《高丽传》，北京：中华书局1977年版，第14035页。

③ （明）宋濂：《元史》卷59，《地理二》，北京：中华书局1976年版，第1400页。

> 自建至焘凡二十七王，历四百余年，未始易姓。”①
>
> 《明史·朝鲜传》：“朝鲜箕子所封国也。汉以前曰朝鲜，始为燕人卫满所据。汉武帝平之，置真番、临屯、乐浪、元菟四郡。汉末有扶余人高氏据其地，改国号曰高丽，又曰高句丽，居平壤，即乐浪也。已为唐所破，东徙。后唐时王建代高氏，兼并新罗、百济地，徙居松岳，曰东京，而以平壤为西京，其国北邻契丹，西则女直，南曰日本。”②

《资治通鉴》是北宋著名政治家司马光主持编写的一部皇皇巨著，史料翔实，为史家所推崇，也受到当朝皇帝宋神宗的高度赞扬，“《资治通鉴》未就，帝尤重之，以为贤于荀悦《汉纪》，数促使终篇”③。《资治通鉴》对高句丽归属问题的记载是比较翔实的。在《隋纪五》大业六年十二月条中引述隋重臣裴矩之言，指出高句丽最早为箕子之国，在汉晋时皆为郡县。并指出，在魏晋时，高句丽乘中原内乱，侵入辽东地区。从《资治通鉴》的记载中，我们可以分析出很多问题：首先，高句丽之地最早为箕子的封国；其次，在汉、魏、晋时期纵有公孙氏的割据，但名义上还在中央管辖之下，为中国的郡县；最后也指出，在魏晋时期，高句丽在辽东的扩张，也暗含着高句丽在魏晋时已经存在脱离中央的倾向。

《宋史》是元朝宰相脱脱监修的国史著作。在《宋史·高丽传》中载，高句丽在上古为冀州之地，在周为箕子封国，在汉为玄菟郡辖区。但明朝所修《元史·地理志》则说，高句丽在汉属乐浪郡。对此，可能是所记标准年的不同造成之结果。一个是记始兴之地，一个是记日后发展的中心，二者并不矛盾。在迁都之前，高句丽属玄菟郡，但在迁都平壤后，就是原乐浪地区了。因为乐浪郡就在平壤地区。《元史·高句丽传》也承认，“高丽本箕子所封之地”。《元史·地理二》也有同样的表述。《明史》由张廷玉所主持编著，《朝鲜传》对高句丽的历史沿革说得更为详细，书中认为高句丽本来是箕子的封国，汉时为卫满建立的朝鲜，汉灭朝鲜后，成为四郡之地。这些都是无可非议的历史事实，与以上诸史所说一致。

但《明史·朝鲜传》所说也有不合实际的成分。书中说高句丽在 688 年

① （明）宋濂：《元史》卷 208，《高丽传》，北京：中华书局 1976 年版，第 4607 页。

② （清）张廷玉：《明史》卷 320，《朝鲜传》，北京：中华书局 1974 年版，第 8279 页。

③ （元）脱脱等：《宋史》卷 336，《司马光传》，北京：中华书局 1977 年版，第 10767 页。

被唐朝灭亡后“东徙”，这是无据之言。高句丽在灭亡后，有没有复国的运动？答案是肯定的。唐灭高句丽后，采取了强迁其遗民的政策，把高句丽遗民大量地迁往中国的营州、河南、岭南和西北地区。唐朝这样做显然是为了彻底消弭高句丽复国的希望。但是留在当地的羸弱寒苦之人，并不像唐朝想的那样容易管理，他们经常掀起反唐复国的活动。唐朝后来放宝藏王回辽东，就是为了利用其在高句丽人中的威望，去继续管理和笼络高句丽人。不料，宝藏王返回辽东后，就和当地的高句丽人、靺鞨人团结在一起，发起了复国运动。最后，唐朝又把宝藏王流放到了今四川邛崃之地，最后他客死异乡他国。自后，“高氏君长遂绝”。所以，高句丽灭亡后，并没有东迁之事。《元史·高丽传》所说“垂拱以来，子孙复封其地，后稍能自立”之言也与历史实际不相符合。

（四）《东国通鉴》、《高丽史》等朝鲜史书对高句丽归属问题的记载

《东国通鉴》和《高丽史》是两部朝鲜史书。《高丽史·徐熙传》载有辽朝大将萧逊宁和高丽谈判代表徐熙的对话。这个对话，正好反映了当时辽朝和高丽两国政府对高句丽归属问题的看法。

> 萧曰：“汝国兴新罗地。高句丽之地，我所有也。而汝侵蚀之，又与我连壤，而越海事宋，大国是以来讨。今割地以献而修朝聘，可无事矣。”熙曰：“非也，我国即高句丽之旧也，故号高丽，都平壤。若论地界，上国之东京，皆在我境，何得谓之侵蚀乎？且鸭绿江内外，亦我境内，今女真居其间，道途梗涩，甚于涉海，朝聘之不通，女真之故也。若令逐女真，还我旧地，筑城堡，通道路，则敢不修聘。”（《辽史拾遗》引《东国通鉴》与《高丽史》所载基本相同，兹不赘引。）①

按辽朝大将、谈判代表萧逊宁所言，高句丽之地应为辽所有。我们需要对这句话认真加以分析：首先，辽朝侵略高句丽，总要“师出有名”，即找到发动战争的借口，说高句丽之地是辽朝土地，也可以算作是一个很好的借口。在这里需要指出的是，辽朝也自认为是中国的正统政权。其次，萧逊宁

① ［朝］郑麟趾：《高丽史》卷94，《徐熙传》，平壤：朝鲜古书刊行会1957年版，第77～78页。

所说可以这样理解：688 年，唐灭高句丽后，在辽东地区设立安东都护府，管理现在的辽河以东和汉江以北的原高句丽地区。新罗统一朝鲜半岛后，又充分利用百济和高句丽的残余势力，驱逐了唐朝在半岛的军事存在，迫使安东都护府一再北迁，最后迁到了辽西。而新罗则把原鸭绿江以南的原高句丽领地据为己有。再次，也可理解为，萧逊宁对高句丽的最早历史进行了追溯，即站在魏晋以前的历史角度来说明高句丽地位。所以，萧逊宁之言也不是没有道理的，是有一定的历史依据的。

徐熙对萧逊宁的话进行了反驳，说辽朝的东京、辽东、鸭绿江两岸都是高句丽的领土，而王氏高丽是高句丽的承继者，理应继承这些地区。对于王氏高丽和高句丽的区别和联系，中外学术界争议很大，基本上呈现两边倒的状况。这种状况的出现，与其说是尊重历史实际，不如说是考虑当今的政治倾向。中国大多数学者认为，高句丽作为一个民族，随着国家的灭亡，从历史上消亡了。而国外学者认为，王氏高丽是高句丽的继承者，二者一脉相承。

不可否认，高句丽灭亡后，其民众四下逃散了。关于这个问题，笔者在《高句丽灭亡后的人口去向》一节中已经有所论述，即一部分被唐朝强制迁往中国内地，一部分自愿逃亡到了新罗、日本、突厥、契丹等国①。在大祚荣建立震国后，又有相当大一部分高句丽遗民归附于震国，还有一部分留在了原地。所以，要说这个民族完全消亡，那肯定是站不住脚的。它只是作为一个整体淡出了历史舞台。但作为构成高句丽民族的个体并没有消亡，他们的后代继续在唐、突厥、新罗、震国存在着，有些还在这些国家的政治舞台上发挥着重要作用。如唐朝大将高仙芝，《旧唐书·高仙芝传》载，“高仙芝，本高丽人也”②；突厥人高文简，《新唐书·突厥传》载：“其（突厥）婿高丽莫离支高文简”③，看到突厥国衰，归附唐朝。震国则更多，凡高姓人氏基本上都是高句丽的遗民，他们在震国的政治生活中发挥着不可或缺的作用。新罗更是如此。所以，说这个民族完全消亡，至少在唐、五代时是不可能的。对此，我们不能漠视。

再者，无论是泰封国主弓裔，还是高丽的始祖王建，都是在原高句丽的

① 李德山发表过《高句丽族人口去向考》（见《社会科学辑刊》2006 年第 1 期）一文，对此有所讨论。

② （后晋）刘昫等：《旧唐书》卷 104，《高仙芝传》，北京：中华书局 1975 年版，第 3203 页。

③ （宋）欧阳修等：《新唐书》卷 215 上，《突厥传》，北京：中华书局 1975 年版，第 6048 页。

土地上兴起、强大，并建立政权的。尽管如此，说王氏高丽完全继承了高句丽，那也是不全面的，最起码在人口、土地方面，并没有全面继承。在王氏高丽的成分中，更多的是百济和新罗的成分。鸭绿江以北的很多领土先后被震国、辽朝所占有，后又为中国的金、元、明、清所据有，最后完全成了中国的领地，成为中国国土的一部分。这也反映了疆域是历史形成的这一规律。用静止的观点看待疆域，用当前的疆域硬套古代疆域，或以古代疆域为借口提出领土问题，都不是实事求是的态度。这样做，只能徒增矛盾而已，是解决不了任何问题的。如果处理不好的话，还很容易使学术问题政治化，从而引起国际争端。

以上这些史书，基本涵盖了中国隋朝以后的所有正史著作和朝鲜的重要史书。这些古代史书，无一不是由当朝太宰一级的官员监修，故都反映了统治者对高句丽政权归属的立场。要研究高句丽的归属问题，是不能离开这些记载的。

二、从高句丽史在中国正史中的地位看其归属问题

高句丽史是以什么样的地位写入中国古代历史的，也是今天讨论其归属问题的一个重要方面。对此，学术界也曾有过具体的论述，但并没有引起“主流”学者的重视。

中国古代正史中没有专门给箕子朝鲜立传，箕氏朝鲜的归属问题，在前面章节中已经作过深入讨论，它是由商末遗民箕子建立的地方政权，受到了周武王的分封。尽管它有独立性，但作为中国地方政权的政治地位并没有发生变化。

在《史记》和《汉书》中所载的卫氏朝鲜，对其的归属问题，前面章节中也已经作过讨论。高句丽强大起来后，无论是在土地方面，还是在人口方面，都可以说是比较全面地继承了卫氏朝鲜的政治遗产。下面就正史中的高句丽及其前身卫氏朝鲜的地位问题展开讨论。

在《史记》卷115中，专设一卷《朝鲜列传》，对卫氏朝鲜的兴亡作了较为详细的交代。《朝鲜列传》为《史记》所列的五大列传之一。五大列传是《西南夷列传》、《南越列传》、《东越列传》、《朝鲜列传》和《匈奴列传》。但司马迁在编排顺序时，并没有把《匈奴列传》和其余四个列传排在一起。这一巧妙的篇目布局说明了一个问题，那就是归属问题。在西汉时，西南夷、东越、南越和朝鲜都已经在中国的统治之下，这在《史记》中说得

很清楚。《西南夷列传》云："（秦时）略通五尺道，诸此国颇置吏焉。"①《南越尉佗列传》云："南越王尉佗者，真定人也，姓赵氏，秦时已并天下，略定扬越，置桂林、南海、象郡。"②《东越列传》云："闽越王无诸及越东海王摇者，其先皆越王句践之后也，姓驺氏。秦已并天下，皆废为君长，以其地为闽中郡。"③ 从上述三个《列传》的记述中可以看出，西南夷、东越、南越在秦朝时已纳入到中国的版图。至于朝鲜，虽然没有明确说明，但我们可以确定其在当时为中国的地方政权。理由有二：第一，司马迁把它与其他三个列传并列，就说明它们在汉朝中的地位是一样的，都是地方政权。第二，对卫氏朝鲜的归属问题，笔者在前面已经作过专门叙述，指出它虽然有一定的独立倾向，但还一直被掌控在西汉政府手中。匈奴在当时是西汉北方的劲敌，谈不上归属不归属的问题，所以司马迁在立传时，并没有把他们放在一起。

《汉书》没有对高句丽立传，只在《地理志》和《王莽传》中有所提及。但对朝鲜继续立传，是把《朝鲜列传》同《西南夷列传》、《两粤列传》放在一起并列作传的，之前一卷为《匈奴列传》，之后一卷为《西域列传》。西南夷、两粤在《史记》中都被作为内属民族来看待，放在与《朝鲜列传》同等的地位。这说明，《汉书》的作者班固之所以对朝鲜、西南夷、东越和南越并列作传，可能有两个方面的考虑：一是他们的所在地已被纳入西汉疆域，成为汉代的郡县，这在秦朝时已经完成；二是这三个民族可写的东西太少，个别立传规模不够。而匈奴、西域两地，由于经过汉武帝时的北击匈奴和张骞出使西域等军事、政治活动，西汉已经对其地具有一定的掌控。西汉在西域建立了西域都护府；对匈奴的进攻直接导致其分裂为南、北匈奴。甘露二年（前52），南匈奴"款五原塞，愿朝"④。南匈奴南下附汉，北匈奴西遁。"匈奴成为西汉王朝疆域最外层的藩属，匈奴活动的区域也由此成为了

① （汉）司马迁：《史记》卷113，《西南夷列传》，北京：中华书局1959年版，第2993年。

② （汉）司马迁：《史记》卷113，《南越尉佗列传》，北京：中华书局1959年版，第2967页。

③ （汉）司马迁：《史记》卷114，《东越列传》，北京：中华书局1959年版，第2979页。

④ （汉）班固：《汉书》卷94下，《匈奴传》，北京：中华书局1964年版，第3798页。

西汉王朝疆域的组成部分。"① 所以，《汉书》所列的这几个民族地区，基本上都受到西汉政府的遏制了。这在《三国志·魏志》中说得很清楚："孝武虽外事四夷，东平两越、朝鲜，西讨贰师、大宛，开邛笮、夜郎之道。"② 尽管它们在"荒服"之外，但却在汉的管辖之下。

以上所讲，是对卫氏朝鲜在正史中地位的考证，下面就史书中的高句丽的历史地位进行探讨。《后汉书》始对高句丽作传，把它与夫余、秽等并列，一同列入《东夷列传》。前面已经叙及，在汉武帝灭掉卫氏朝鲜后，在辽东设立了玄菟、临屯、真番和乐浪四郡，后撤并临屯、真番，并入乐浪和玄菟。后又废罢岭东七县，设立东夷校尉管理这些地方。这时的高句丽还在发展的初期，隶属于汉的玄菟郡。当然，这个玄菟郡当是迁到辽东的第二玄菟郡。

《三国志·魏志》把高句丽、挹娄、马韩、辰韩、弁韩、倭、东沃沮都作为东夷民族，然后和乌桓、鲜卑一并同卷立传。可以看出，《三国志》对少数民族的立传很少，只对曹魏能掌控的民族立传，而对刘蜀和孙吴所控地区的少数民族没有立传。这不能不说《三国志》的作者陈寿缺乏国家大一统观念和对曹魏的正统意识。陈寿把高句丽与倭等民族并列，可能是出于对当时高句丽自外于中国的考虑，因为马韩、辰韩、弁韩和倭都是域外民族。如果晋人陈寿认为高句丽是中国地方政权的话，可能就不会这么安排篇目。

唐房玄龄等编著的《晋书》没有对高句丽立传，但在《地理志》"玄菟条"中对高句丽的地位问题说得十分清楚，是把它作为汉玄菟郡的一个地方政权来叙述的，"玄菟郡，高句丽、望平、高显，汉置，统县三户三千二百。"③

梁沈约著《宋书》中把高句丽列在了《夷蛮传》中，同时对远处西南、西北和东北的民族也作了叙述。沈约所记的南夷、西南夷国家有林邑、天竺、诃罗陁国、呵罗单国、媻达国、阇婆婆达国、狮子国等国，"南夷、西南夷，大抵在交州之南及西南，居大海中"④。东夷国家有高句丽、百济、倭国等。另外对生息于中国境内诸郡的少数民族也有论及，如荆雍州蛮、豫州蛮等。

---

① 李大龙：《不同藩属体系的重组与王朝疆域的形成——以西汉时期为中心》，《中国边疆史地研究》2006 年第 1 期。

② （晋）陈寿：《三国志》卷 30，《魏志·高句丽传》，北京：中华书局 1959 年版，第 831 页。

③ （唐）房玄龄等：《晋书》卷 14，《地理上》，北京：中华书局 1974 年版，第 427 页。

④ （南朝梁）沈约：《宋书》卷 97，《夷蛮传》，北京：中华书局 1974 年版，第 2377 页。

从《宋书》的记载来看，沈约是把高句丽和倭国、百济等国家等量齐观，看成域外国家了。

唐姚思廉著《梁书》是把高句丽作为《诸夷列传》中的国家来叙述的。其中述及了海南诸国，“海南诸国大抵在交州南及西南大海洲上”①。这也就是说，这些国家不是中国的地方政权。这些海南诸国和《宋书》所记大体相同，不再赘述。《东夷列传》中把高句丽和百济、新罗、扶桑、文身、倭等国并列。也就是说，把他们放在了平行的位置上，当作域外政权来处理了。所记西北诸戎“比之前代，其略远矣。魏时三方鼎峙，日事干戈。晋氏平吴以后，少获宁息，徒置戊巳之官，诸国亦未宾从也”②。很明显，姚思廉是把高句丽连同所载其余民族都作为境外之国看待了。

齐魏收著《魏书》和唐李延寿著《北史》所记述的民族都比较全面，对东北、北方、西北、西南的民族都有所记载。在叙述中，把高句丽和百济等国也等同起来，放在了一个层面上进行叙述。这说明，两书的作者也是把高句丽作为与百济一样的性质去处理了。

唐魏征著《隋书》和宋祁等著《旧唐书》以及欧阳修等著《新唐书》都是把高句丽作为《东夷列传》中之一国来叙述了，而东夷中又有倭、日本、百济、新罗等国。很明显也是作为外国传来处理的。

《旧五代史》、《宋史》、《明史》等史书明确地把高句丽史作为《外国传》里的国家来记述。《新五代史》是把高句丽以《四夷附录》的形式进行记述的。《元史》是把高句丽作为《外夷传》里的国家来记述的。

我们从以上中国正史中对高句丽的记载中可以看出，对于高句丽的前身卫氏朝鲜，是按中国的地方政权来写的。但对高句丽的记载，前后还是有很大变化的，我们可以《晋书》为界，分为前后两个阶段。之前，主要还是把高句丽作为境内少数民族政权来看待的；之后，开始把它和百济、新罗、倭等国并列记述了。从新旧《五代史》开始，明确地把高句丽作为《外国传》或《四夷传》里的国家来看待了。从高句丽在正史中的地位变化可以看出，高句丽从中国地方政权向独立的域外政权发展的轨迹，也可以看出中国历代政府和高句丽政权的斗争过程，这也符合“疆域是历史形成的”这一规律。

---

①（唐）姚思廉：《梁书》卷54，《诸夷列传·海西诸国》，北京：中华书局1973年版，第783页。

②（唐）姚思廉：《梁书》卷54，《诸夷列传·海西诸国》，北京：中华书局1973年版，第809页。

第六节　高句丽灭亡后的领土去向

“高句丽东至海，南至汉，西北逾辽河”①，这是高句丽灭亡前的疆域范围，也是其最强盛时期的疆域范围。唐高宗总章元年（668），新罗和唐朝联军灭亡高句丽。而后，新罗驱逐唐兵，吞并了高句丽浿水（今大同江）、泥河（今龙兴江）以南之地。唐中期，契丹在营州反唐，大祚荣东走，建立震国。随后占据了原高句丽在辽东的大部分领土，也占据了鸭绿江、图们江以南，泥河以北，浿水以东的广大地区。后女真也南下，占据其一部分土地。“其地多入渤海、靺鞨。新罗亦得其南境，以置汉、朔、溟三州及其郡县，以备九州岛焉。②”“靺鞨”，即《高丽史》中频繁出现的女真。另外，部分领土成为唐朝的羁縻统治区。史书对新罗、渤海瓜分高句丽情形的记载比较清楚，但对唐及女真瓜分的情形缺乏详尽的记载，甚至有疏漏之处。本节拟对高句丽灭亡后的领土去向问题进行全面具体的探讨。

一、被新罗占据的高句丽领土

新罗是唐、罗联军灭亡百济和高句丽的大赢家。668 年灭亡高句丽后，新罗又驱逐唐军势力，将其赶到了浿水（今大同江）、泥河（今龙兴江）以北地区。高句丽在二江以南有三州之地，即汉山州（治今广州）、牛首州（治今春川）、何瑟罗州（治今江陵）。现根据《高丽史·地理志》和《三国史记·地理志》的记载，对新罗占有的原高句丽领土进行具体的叙述。

（一）汉山州所辖原高句丽县

国原城，一名未乙省、托长城，入罗后为中原京，治今忠清北道忠州。南川县，一云南买县，入罗后为黄武州，治今京畿道利川。驹城县，一云灭乌，入罗后，景德王时改名为巨黍县，后改名为龙驹县，治今驹城。仍斤内郡，入罗后为槐壤郡，似治今槐山。述川郡，一云省知买，入罗后为沂（一作溯）川郡。骨乃斤县，入罗后为黄骁县，治今骊州。杨根县，一云去斯

① （清）无名氏撰，兰泉之辑，《朝鲜志》卷上，丛书集成初刊本，第 1 页。

② ［韩］金富轼著，孙文范等校注：《三国史记》卷 37《地理四》、《三国史记》卷 22《宝藏王下》、两《唐书·地理志》、《舆地广记》卷 12、《新唐书·高丽传》均记为四十二州，而《旧唐书》的《高丽传》载为四十一州。

斩，入罗后改为滨阳县。今勿内郡①，一云万弩，入罗后为黑壤郡，治今镇川。道西县，一云都盆县，入罗后为都西县。仍忽县，入罗后为阴城县，治今阴城。皆次山郡，入罗后改为介山郡。奴音竹县，入罗后改为阴竹县，治今竹州。奈兮忽县，入罗后改为白城郡，治今安城。沙伏忽县，入罗后改为赤城县，治今阳城。蛇山县，新罗因之，治今稷山。买忽县，一名水城，入罗后改为水城郡，治今水原。唐城郡，入罗后改为唐恩郡，治今南阳。上忽县，一云车忽，入罗后改为车城县，治今龙仁。釜山县，一云送村活达，入罗后改为振威县，治今振威。栗木郡，一云冬斯肹，入罗后改为栗津郡，治今果川。仍伐奴县，入罗后改为谷壤县。齐次巴衣县，入罗后改为孔岩县，治今昆池岩。买召忽县，一云弥邹忽县，入罗后改为邵城县，治今仁川。獐项口县，一云古斯也忽次，入罗后改为獐口郡。主夫吐郡，入罗后改为长堤郡。首尔忽县，入罗后改为戍城县。黔浦县，入罗后改为金浦县，治今金浦。童子忽县，一云仇斯波衣，入罗后改为童城县。平淮押县②，一云别史波衣，入罗后改为分津县，治今通津。北汉山郡，一云平壤，入罗后改为汉阳郡，治今杨州旧墟。骨衣内县③，入罗后改为荒壤县，治今丰壤。皆伯县，入罗后改为王逢县④，治今花田西南，有幸州山城。买省郡，一云马忽郡，入罗后改为来苏郡。七重县，一云难隐别，入罗后改为重城县，治今积城。波害平史县，一云额县，入罗后改为波平县，治今坡平。于乙买串，一云泉井口县，入罗后改为交河郡，治今交河。述尔忽县，一云首泥忽，入罗后改为峰城县。达乙省县，入罗后改为高烽。臂城郡，一名马忽，入罗后改为坚城郡，治今抱川。内乙买县，一名内尔米，入罗后改为沙川县。梁骨县，入罗后改为洞阴县。铁圆郡，一云毛乙冬非，入罗后改为铁城郡。僧梁县，一云非勿，入罗后改为山童梁县。功木达县，一云熊闪山，入罗后改为功成县。夫如郡，入罗后改为富平郡，治今金化。于斯内县，一云斧壤，入罗后改为广平县，治今平康。乌斯含达，入罗后改为兔山郡，治今兔山。阿珍押县，一云穷岳，

① ［韩］金富轼著，孙文范等校注：《三国史记》卷35，《地理二》作“今勿奴郡”，长春：吉林文史出版社2003年版，第428页。

② ［韩］金富轼著，孙文范等校注：《三国史记》卷35，《地理二》作“乎唯押县”，长春：吉林文史出版社2003年版，第429页。

③ ［韩］金富轼著，孙文范等校注：《三国史记》卷35，《地理二》作“骨衣奴县”，长春：吉林文史出版社2003年版，第429页。

④ ［韩］金富轼著，孙文范等校注：《三国史记》卷35，《地理二》作“遇王县”，长春：吉林文史出版社2003年版，第429页。

入罗后改为安狭县①。所邑豆县，入罗后改为朔邑县，治今朔宁县。伊珍买县，入罗后改为伊川县，治今伊川。牛岑郡，一云牛岭，一云首直衣，入罗后改为牛峰郡。獐项县②，一云古斯也忽次，入罗后改为临江县，治今獐项里。麻田浅县，一云泥沙波忽，入罗后改为临端县，治今麻田。扶苏岬，入罗后改为松岳郡，治今开城。若只头耻县，一名朔头、一名衣头，入罗后改为入罴县，治今松林。屈于押③，一云红西，入罗后改为江阴县。冬比忽郡，入罗后改为开城郡，治今开城。德勿县，入罗后改为德水县，治今德水。津临县，一名乌阿忽，入罗后改为临津县，治今祖江。穴口郡，一云甲比忽西，入罗后改为海口郡，治今江华。冬音奈县，一云休阴，入罗后改为江阴县。高木根县，一云达乙斩，入罗后改为乔桐县，治今乔桐。首知县，一云新知，入罗后改为首镇县。大谷郡，一云多知忽，入罗后改为永丰郡，治今平州。水谷城县，一云买旦忽，入罗后改为檀溪县。十谷县，一云德顿忽，入罗后改为镇瑞县。冬音忽县，一云鼓盐县，入罗后改为海皋郡，治今延安。刀腊县，一云雉乐城，入罗后改为雊泽县，治今白川。五谷郡，一云次吞忽，入罗后改为五关郡。内米忽，一云池城，一云长池，入罗后改为瀑池郡，治今海州。汉城郡，一云汉忽，一云息城，一云乃忽，入罗后改为重盘郡，治今载宁。鸺鹠城，一云鸺岩均，一云租波衣，入罗后改为栖岩郡。獐塞县，一云古所于，新罗因之，治今遂安。冬忽，一云于冬于忽，入罗后改为取城郡，治今黄州。今达，一云薪达，一云息达，入罗后改为土山县。仇乙岘，一云屈迁，入罗后改为丰州。阙口县，入罗后改为儒州。栗口县，一名栗川，今治殷栗县。长渊县，新罗因之，治今长渊。加火押县，入罗后改为唐岳县，治今中和郡。夫斯波衣县，入罗后改为松岘县，治今中和郡。长浅城县，入罗后改为长湍县，治今长湍。另有没经新罗改名的八个地方：麻耕伊、杨岳、板麻串、熊闲伊、瓮迁（治今瓮津）、付珍伊、鹄岛、升山（治今信川）。

（二）牛首州所辖原高句丽县

牛首州，一作牛头州，一作首若州，一作乌根乃州。“句丽之东南，涉之

① ［韩］金富轼著，孙文范等校注：《三国史记》卷35，《地理二》作“安峡县”，长春：吉林文史出版社2003年版，第429页。

② 和前獐项口县可能是同一地名。

③ ［韩］金富轼著，孙文范等校注：《三国史记》卷35，《地理二》作“屈押”，长春：吉林文史出版社2003年版，第430页。

西，古貊地，盖今新罗北朔州。”① 牛首州（朔州）所辖郡县：伐力川县，入罗后改为绿骁县，治今洪川。横川县，一名于斯买，入罗后改为潩川县，治今横城。砥岘县，入罗后改为砥平县。平原郡，即北原京，新罗因之，治今原州。奈吐郡，一云大堤，入罗后改为奈堤郡，治今堤川。沙热伊县，入罗后改为清风县，治今清风。赤山县，新罗因之，治今丹山。斤平郡，一云并平，入罗后改名嘉平郡。深川县，一云伏斯买，入罗后改为浚水县，治今深川。杨口郡，一云要隐忽次，入罗后改为杨麓郡，治今杨口。猪足县，一名乌斯回，入罗后改为狶蹄县，治今麟蹄县。玉岐县，一云皆次丁县，入罗后改为驰道县，治今瑞和。三岘县，一云密波兮，入罗后改为三岭县。狌川郡，一云也尸买，入罗后改为狼川郡，治今狼川。大杨菅郡②，一云马斤押，入罗后改为大杨郡。买谷县，入罗后改为善故县。古斯马县，入罗后改为玉马县，治今忠清北道奉化。及伐山郡，入罗后改为岌山郡。伊伐支县，一云自伐支，入罗后改为邻丰县。薮狌川县，一云薮川，入罗后改为薮川县。文岘县，一云斤尸波兮，入罗后改为文登县，治今朝鲜江原道文登里。母城郡，一云也次忽，入罗后改为益城郡，治今黄海北道金城里。冬斯忽，入罗后改为岐城郡，治今朝鲜江原道岐城里。水入县，一云买伊县，入罗后改为通沟县。客连郡，一云各连郡，一云加兮牙，入罗后改为连城郡，治今交州。赤木县③，一云沙非斤乙，入罗后改为丹松县。管述县，入罗后改为轶云县。猪阑岘县，一云乌生波衣，一云猪守④，入罗后改为狌岭县。浅城郡，一名比烈忽，入罗后改为朔庭郡，治今江原道安边。谷县，一云首乙呑，入罗后改为瑞谷县。菁达县⑤，一名昔达，入罗后改为兰山县。萨寒县，入罗后改为霜阴县。加支达县，入罗后改为菁山县。于支呑县，一云翼谷，入罗后改为翊溪县。买尸达县，入罗后改为蒜山县。泉井郡，一云于乙买，入罗后改

---

① ［韩］金富轼著，孙文范等校注：《三国史记》卷35，《地理二》，长春：吉林文史出版社2003年版，第431页。

② ［朝］郑麟趾：《高丽史》卷58，《地理三》作“大杨管郡”，平壤：朝鲜古书刊行会1957年版，第263页。

③ ［韩］金富轼著，孙文范等校注：《三国史记》卷35，《地理二》作“赤木镇”，长春：吉林文史出版社2003年版，第432页。

④ ［韩］金富轼著，孙文范等校注：《三国史记》卷35，《地理二》作“猪守岘县”，长春：吉林文史出版社2003年版，第432页。

⑤ ［韩］金富轼著，孙文范等校注：《三国史记》卷35，《地理二》作“昔达县”，长春：吉林文史出版社2003年版，第432页。

为井泉郡，治今德源。夫斯达县，入罗后改为松山县。东墟县，一云中知斤，入罗后改为幽居县。奈生郡，入罗后改为奈城郡，治今宁越。乙阿旦县，入罗后改为子春。于乌县，一云郁乌，入罗后改为白乌县，治今平昌。酒渊县，入罗后改为酒泉县。

（三）何瑟罗州所辖原高句丽县

何瑟罗州一云河西良州，一云河西，入罗后改为溟州。所辖县：乃买县①，入罗后改为旌善县，治今旌善。东吐县②，入罗后改为楝堤县，一作栋堤县。支山县，入罗后改为连谷县，治今江原道连谷。穴山县，入罗后分改为洞山县（疑为今东山里）。加阿忽，一云迬城郡，入罗后改为守城郡，治今杆城。僧山县，一云所勿达，入罗后改为童山县，治今烈山县。翼岘县，一云伊文县，入罗后改为翼岭县。达忽，入罗后改为高城郡，治今高城。猪迬穴县，一云乌斯押，入罗后改为豢猳。平珍岘县，一云平珍波衣，入罗后改为偏崄。道临县，一云助乙浦，入罗后改为临道县。休壤郡，一云金脑，入罗后改为金壤郡。习比谷，入罗后改为习溪县。吐上县，入罗后改为堤上县，治今碧山县。岐渊县③，入罗后改为派川县。鹄浦县，一云古衣浦，入罗后改为鹤浦县。竹岘县，一云奈生于，入罗后改为竹岭县，治今竹岭。满若县，一云沔兮，入罗后改为满卿县。波利县，入罗后改为海利县。于珍也郡④，入罗后改为蔚珍郡，治今蔚珍。波且县，一云波丰，入罗后改为海曲县，一名海西县。也尸忽郡，入罗后改为野城郡，治今不详。助揽郡⑤，一云才揽，入罗后改为真安县，治今不详。青已县，入罗后改为积善县，治今不详。屈火县，入罗后改为曲城郡，治今临河。伊火兮县，入罗后改为缘武县，一云椽武县，治今不详。于尸郡，入罗后改为有邻郡，治今不详。阿兮

① ［韩］金富轼著，孙文范等校注：《三国史记》卷35，《地理二》作“仍买县”，长春：吉林文史出版社2003年版，第433页。

② ［韩］金富轼著，孙文范等校注：《三国史记》卷35，《地理二》作“束吐县”，长春：吉林文史出版社2003年版，第433页。

③ ［韩］金富轼著，孙文范等校注：《三国史记》卷35，《地理二》作“改渊县”，长春：吉林文史出版社2003年版，第434页。

④ ［韩］金富轼著，孙文范等校注：《三国史记》卷35，《地理二》作“于珍也县”，长春：吉林文史出版社2003年版，第433页。

⑤ ［韩］金富轼著，孙文范等校注：《三国史记》卷35，《地理二》作“助榄县”，长春：吉林文史出版社2003年版，第433页。

县，入罗后改为海阿县。悉直郡，一名史直，入罗后改为三陟郡。羽谷县，入罗后改为羽溪县。

综上，高句丽共有一百六十四个州、郡、县为新罗所据有。大概范围是：今韩国京畿道，江原道，忠清北道全部，庆尚北道加恩、奉化、蔚珍以北，仁川市，江华岛，朝鲜黄海南道，开城市，江原道全部，平安南道西南，南浦市，平壤市南部，黄海北道松林、遂安、谷山以南。简言之，新罗在高句丽灭亡后，兼并了北到平安南道西南、南浦和平壤南部，黄海北道遂安，江原道安边以南，庆尚北道加恩、奉化、蔚珍，忠清北道深川以北，忠清南道以北以东的广大地区。被新罗占据的高句丽的南部边境，其实是高句丽疆域的南境，亦是新罗的北境，更是两国争夺比较激烈的地区。

二、被唐朝占据的高句丽领土

唐朝对高句丽的占领，是随着战争的进行展开的。从太宗贞观十九年（645）到高宗总章元年（668），前后持续了二十余年的时间。

贞观十九年（645），以张亮为平壤道行军大总管，李勣为辽东道行军大总管，分水陆两路进攻高句丽。陆路，李勣率军渡辽水，首先攻下盖牟城；水路，程名振军渡渤海攻下卑沙城（今辽宁金县东大黑山），进次鸭绿江口。李军攻下盖牟城后，进攻辽东城，以其地为辽州（治今辽东辽阳）；然后又攻下白崖城，以其地为岩州。张亮又与高句丽战于建安城（今辽阳市附近）下，破之。黄、银二城（二城今址不详）也自拔去，“数百里无复人烟”①。对此年唐军占领的地方，《三国史记》卷 21《宝藏王上》的记载较两《唐书》详细：“凡拔玄菟、横山、盖牟、磨米、辽东、白岩、卑沙、夹谷、银山、后黄十城。”② 其中“银坑山”即前文“银城”，“后黄”即前文“黄城”。横山于显庆四年（659）被高句丽夺回，这些地方在当时安东都护府的西边。另外还应加上两城，即驻跸城，“新城、建安、驻跸三大战，我军及唐兵马死亡者甚众”③，建安城前已攻下，但新城（今辽宁抚顺北）直到乾封二年（667）才攻下。（高丽太祖）二十六年秋九月，“李勣拔新城，使契苾

① （后晋）刘煦等：《旧唐书》卷 199 上，《高丽传》，北京：中华书局 1975 年版，第 5325 页。

② ［韩］金富轼著，孙文范等校注：《三国史记》卷 21，《宝藏王上》，长春：吉林文史出版社 2003 年版，第 263 页。

③ ［韩］金富轼著，孙文范等校注：《三国史记》卷 21，《宝藏王上》，长春：吉林文史出版社 2003 年版，第 263 页。

何力守之”①。

贞观二十一年（647），又命牛进达为青丘道行军大总管，李勣为辽东道行军大总管，率水陆两路大军进攻高句丽。李军攻南苏、木底，“虏兵战不胜，焚其郛”②，但没有攻下。七月，牛进达等取石城（今辽宁庄河），然后进攻积利城（今辽宁复州城），“斩级数千，乃皆还”③。战事由于高藏王谢罪而暂告一段落。

贞观二十二年（648），诏右武卫大将军薛万彻为青丘道行军大总管，从海路进攻高句丽。部将古神感与虏战曷山④，虏溃；万彻渡鸭渌，攻破泊灼城（今辽宁九连城）。

永徽六年（655），诏营州都督程名振、左卫中郎将苏定方率师讨高句丽。至新城（今辽宁抚顺北），败高丽兵，“火外郛及墟落，引还”⑤。

显庆五年（660），以左骁卫大将军契苾何力、右武卫大将军苏定方、左骁卫将军刘伯英率诸将出浿江、辽东、平壤道三路攻讨高句丽。浿江沿岸的战斗十分惨烈，“平壤河水血色，凡三日”⑥。

龙朔元年（661）八月，定方破高句丽兵于浿江（今朝鲜大同江），夺马邑山（在今平壤北），遂围平壤。

乾封元年（666），又以李勣为辽东道行军大总管兼安抚大使，与契苾何力、庞同善并力。诏独孤卿云由鸭渌道，郭待封积利道，刘仁愿毕列道，金待问海谷道，“并为行军总管，受勣节度”⑦，兵分五路，进攻高句丽。

① ［韩］金富轼著，孙文范等校注：《三国史记》卷22，《宝藏王下》，长春：吉林文史出版社2003年版，第269页。

② （宋）欧阳修等：《新唐书》卷220，《高丽传》，北京：中华书局1975年版，第6194页。

③ （宋）欧阳修等：《新唐书》卷220，《高丽传》，北京：中华书局1975年版，第6194页。

④ ［韩］金富轼著，孙文范等校注：《三国史记》卷22，《宝藏王下》作“易山”，长春：吉林文史出版社2003年版，第265页。

⑤ （宋）欧阳修等：《新唐书》卷220，《东夷列传·高丽传》，北京：中华书局1975年版，第6195页。

⑥ ［韩］金富轼著，孙文范等校注：《三国史记》卷22，《宝藏王下》，长春：吉林文史出版社2003年版，第268页。

⑦ （宋）欧阳修等：《新唐书》卷220，《东夷列传·高丽传》，北京：中华书局1975年版，第6196页。

二年（667），新城人缚戍酋出降。“勣进拔城十有六。”① 薛仁贵“拔南苏、木氐、苍岩三城”②。南苏即今辽宁西丰、木底③即今辽宁新宾、苍岩即今辽宁桓仁附近。

三年（668）二月，李勣率薛仁贵拔扶余城，“它城三十皆纳款”④。《资治通鉴·唐纪》的记载与《新唐书·高丽传》不同，说“扶余川中四十余城皆望风请服”⑤。那么“扶余川”为何地？显然是由河流冲积而成的广长地带。那么这条河流是什么？刘子敏称柳河、三统河、辉发河及各支流。⑥ 这个判断基本是正确的。从史书记载来看，安东都护府所辖的西部诸州几乎都是通过战斗打下来的，并不是主动归降。而东部的哥勿等州没有作战的记载，可能是自动降服的。而这些地方，也正好处于上述河流流域。而且，三十或四十余城集中在一条河川的可能性很小。但刘子敏把“扶余”比定为扶余川的最南部，是不对的。有一条史料需要注意，《三国史记·宝藏王下》载：“薛仁贵既破我军于金山，乘胜将三千人将攻扶余城，诸将以兵少，止之。”⑦ 史料中的“金山”在今吉林省四平市西南，距离很近，而且在唐军由西南向东北攻打的路线上。故谭其骧将其比定为四平市⑧，是恰当的。这里的三十城或四十余城，当包括延津（今辽宁铁岭）、哥勿（今辽宁通化市）、辽东等城。进拔大行城（在今鸭绿江口）。契苾何力会勣军于鸭绿江，拔辱

① （宋）欧阳修等：《新唐书》卷220，《东夷列传·高丽传》，北京：中华书局1975年版，第6196页。

② ［韩］金富轼著，孙文范等校注：《三国史记》卷22，《宝藏王下》，长春：吉林文史出版社2003年版，第270页。

③ ［韩］金富轼著，孙文范等校注：《三国史记》卷22，《宝藏王下》作“木氐”，长春：吉林文史出版社2003年版，第270页。

④ （宋）欧阳修等：《新唐书》卷220，《东夷列传·高丽传》，北京：中华书局1975年版，第6196页；而《资治通鉴》却说“扶余川中四十余城皆望风请服”，见《资治通鉴》卷201，《唐纪十七》，总章元年，北京：中华书局1963年版，第6354页；《三国史记·宝藏王下》也说“扶余川中四十余城皆请服”，见卷22，《宝藏王下》，长春：吉林文史出版社2003年版，第270页。

⑤ （宋）司马光：《资治通鉴》卷201，《唐纪十七》，总章元年，北京：中华书局1963年版，第6354页。

⑥ 刘子敏：《高句丽疆域沿革考辨》，《社会科学战线》2001年第4期，第177~188页。

⑦ ［韩］金富轼著，孙文范等校注：《三国史记》卷22，《宝藏王下》，长春：吉林文史出版社2003年版，第270页。

⑧ 谭其骧：《中国历史地图集》第5册，北京：中华地图学社1975年版，第67~68页。

夷城（今地不详），“诸城遁逃及降者相继”①，悉师围平壤。九月，藏遣男产率首领百人树素幡降，且请入朝。男建困兽犹斗，失败。“收凡五部百七十六城，户六十九万。”② 从史书记载来看，唐朝和高句丽的战斗主要发生在辽东地区，即鸭绿江以北地区。以南，主要集中进攻高句丽的首都平壤及其近郊地区。高藏王投降后，双方战事就基本结束了，浿水（今大同江）、泥河（今龙兴江）以南地区再没有发生过大的战斗。有一种可能就是唐军在辽东作战时，新罗也在积极向北发展，占领了泥河、浿水以南原属高句丽的地区。

唐灭高句丽后，设安东都护府以治理其地。下设九都督府、四十二州、一百县，另领有安东守捉及怀远、保定二军。③ 受平卢节度使遏制。

但由于高句丽人的反叛、新罗的排挤以及后来渤海国的崛起，唐朝势力逐渐退出了朝鲜半岛④。高句丽灭，渤海“南比新罗，以泥河为境，东穷海，西契丹”⑤。这说明泥河以北地区已经被渤海占据了。即使辽东之地，也有很多地方为后起的渤海国所占据。这些我们可以从安东都护府的迁移上看出：安东都护府最初设在平壤，仅两年多时间。上元三年（676）二月，移于辽东郡故城（今辽宁辽阳市），仅存续一年时间。仪凤二年（677），又移置于新城（今辽宁抚顺北），存续二十三年。圣历元年（698）六月，改为安东都

① ［韩］金富轼著，孙文范等校注：《三国史记》卷 22，《宝藏王下》，长春：吉林文史出版社 2003 年版，第 271 页。

② （宋）欧阳修等：《新唐书》卷 220，《东夷列传 · 高丽传》，北京：中华书局 1975 年版，第 6197 页。

③ （宋）欧阳修等：《新唐书》卷 39，《地理三》，北京：中华书局 1975 年版，第 1023 页。

④ 据朝鲜科学院历史研究所编《朝鲜通史》载，高句丽和新罗的反叛活动有：总章二年（669），宝藏王的庶子安胜带领四千余户居民投靠新罗；三年（670），新罗派将军沙餐薛乌儒和原高句丽太大兄延武各率精兵万人在屋骨皆敦壤附近歼灭唐军先锋靺鞨人部队，并在白城同唐军的后续部队相峙一段时间；大兄牟岑组织遗民进行反唐斗争；咸亨二年（671）十月，级餐当千等率领新罗水军在黄海道沿海击毁唐军漕运船七十余艘；三年（672），新罗军攻克韩始城（今凤山附近）和马邑城，并在今礼成江口附近杀伤数千唐兵；四年（673），在瓠泸河（今临津江）和王逢河（今汉江下游），大败唐军；上元二年（675），新罗军在泉城（疑今礼成江口）和买肖城（今杨州），大败唐军；之后数月间，又在十八次激战中获胜；三年（676），在伎伐浦（今锦江下游）及其附近又大败唐军。《朝鲜通史》的叙述有不合史实的情形，但这些战斗是客观存在的，在缺乏其他记载的情况下，摘录于此，毕竟聊胜于无，见第 205 ~ 209 页。

⑤ （宋）欧阳修等：《新唐书》卷 235，《渤海传》，北京：中华书局 1975 年版，第 6179 页。

督府。神龙元年（705），复为安东都护府。开元二年（714），移安东都护府于平州（今河北卢龙），存续三十年。天宝二年（743），移于辽西故郡城（今辽宁义县东南大凌河东岸）。至德元年（756）废罢。“辽海已东，皆为州，俄而复叛，不入提封。”① “汉地东至乐浪、玄菟，今高丽、渤海是也。今在辽东，非唐土也。”② 也正如《新唐书·地理一》所说“东不及”③汉朝。

但如果认为唐朝退出了原高句丽的全部领地，那就错了。《新唐书》中所说“后所存州止十四”④ 即是；《旧唐书·地理二》载“初置领羁縻州十四”⑤。但新旧《唐书·地理志》所载州名有出入。前者所载十四州为：南苏州、盖牟州、代那州、仓岩州、磨米州、积利州、黎山州、延津州、木底州、安市州、诸北州、识利州、拂涅州、拜汉州。而后者为：新城州都督府、辽城州都督府、哥勿州都督府、建安州都督府、南苏州、木底州、盖牟州、代那州、仓岩州、磨米州、积利州、黎山州、延津州、安市州。“是高丽降户散此诸军镇，以其酋渠为都督、刺史羁縻之。”⑥ 究竟孰对孰错？笔者认为后者是对的，因为后者所载十州和四都督府都在安东都护府的范围之内，且有唐与高句丽作战的记录。而前者所载明显有误，把黑水都督府所辖的拂涅部也包括进去了，而且代那州、黎山州、诸北州、识利州缺乏相关作战记载，在《三国史记·地理四》中所载的“未降城”、“已降城”、“逃城”和“打得城”中也没有它们的名字。但有史家据此得出了更加错误的结论，认为，

---

① （后晋）刘昫等：《旧唐书》卷38，《地理志一》，北京：中华书局1975年版，第1358页。

② （后晋）刘昫等：《旧唐书》卷38，《地理志一》，北京：中华书局1975年版，第1393页。

③ （宋）欧阳修等：《新唐书》卷37，《地理一》，北京：中华书局1975年版，第960页。

④ （宋）欧阳修等：《新唐书》卷48，《地理志七下》，北京：中华书局1975年版，第1128页。

⑤ （后晋）刘昫等：《旧唐书》卷39，《地理志二》，北京：中华书局1975年版，第1527页。

⑥ （后晋）刘昫等：《旧唐书》卷39，《地理志二》，北京：中华书局1975年版，第1527页。

安东都督府对东北全境有管辖权，① 这是错上加错，应该更正过来。谭其骧主编的《中国历史地图集》关于安东都督府范围的标注是十分正确的，并没有把拂涅州、越喜州标注在其范围之内。②

学术界一致承认，安东都护府的辖境有一个动态的变化过程。虽然由于缺乏相关资料的记载，对其具体变化，很难有一个确切的描述，但还是可以从仅有的文字中，得出一些差强人意的推测。在其存续的九十四年时间里，在其设治于平壤时，管辖范围是最大的，当包括绝大多数高句丽领土。③ 之后，由于辽东高句丽遗民的叛乱和新罗的持续排斥，唐军的势力及其安东都护府的辖境逐渐北缩。到武则天统治后期，由于契丹等族的叛乱，辖境进一步缩小，甚至具有侨置的特点。在唐玄宗统治时期，由于国力强大，其管辖范围有所扩大。再加上震国在其东北勃兴，为了使其成为唐朝牵制渤海的力量，唐朝加强了安东都护府统治，并把它逐渐北迁，辖境也随之变大了。但在唐末，随着契丹的崛起，这些地方尽被其占领。

三、被渤海占据的高句丽领土

“渤海靺鞨大祚荣者，本高丽别种也。”④ 由于地缘、血缘关系，渤海一直依附于高句丽；在唐朝和高句丽的战争中，渤海站在高句丽那边；高句丽灭亡后，渤海连同高句丽、白山女真等人一起被唐朝迁移到营州（治今辽宁朝阳）地区。靺鞨中的白山、粟末、伯咄、安车骨等都曾附属于高句丽，“白山本臣高丽，王师取平壤，其众多入唐，汨咄、安居骨等皆奔散，浸微无闻焉，遗人并入渤海”⑤。668 年，高句丽被唐、罗联军灭亡后，他们中的

① 李大龙在其大作《由校尉到都护：唐代东北边疆民族管理机构的演变》中指出：“以据史书记载都记载拂涅州、越喜州都督府是安东都督府管辖的羁縻都督府……故而笔者认为安东都护府的辖境并不仅仅局限于原高句丽居地。”见马大正主编：《中国东北边疆研究》，北京：中国社会科学出版社 2003 年版，第 57 页。

② 谭其骧：《中国历史地图集》第 5 册，北京：中华地图学社 1975 年版，第67～68 页。

③ 不可能完全占有高句丽全境，因为灭高句丽，是唐朝和新罗的共同行为。当唐军南下时，新罗军队也在积极北上，占据了高句丽的大片地方。后由于新罗的排斥，唐朝事实上承认了被新罗占据高句丽的今大同江和龙兴江以南领疆的事实。

④ （后晋）刘煦等：《旧唐书》卷 212，《渤海传》，北京：中华书局 1975 年版，第 5360 页。

⑤ （宋）欧阳修等：《新唐书》卷 219，《黑水靺鞨传》，北京：中华书局 1975 年版，第 6178 页。

很多人被唐政府南迁到营州及关内等地。武则天万岁通天年间（696—697），契丹窟哥孙李尽忠及其妹婿孙万荣在营州掀起反唐斗争。粟末靺鞨、白山等部人也参与其变。唐为了分化瓦解反唐力量，采用封官授职的方法笼络其领袖乞四比羽和乞乞仲象。乞四比羽不为所动，拒绝接受唐朝授予的官职，为唐所杀。乞乞仲象病死，其子大祚荣率高句丽人、靺鞨人在天门岭（在今辽宁彰武西北方）打退唐将李楷固的追击，走保东牟山（在今吉林敦化）自立，建立国家。当时，由于突厥、契丹横插于唐朝和渤海之间，对抗唐朝中央，无形中成为其西部屏障，“王师道绝，不克讨”①。大氏政权得以在东牟山下稳固下来。后来一些高句丽遗民、黑水靺鞨也归附于它。《旧唐书·地理一》说：“汉地东至乐浪、玄菟，今高丽、渤海是也。今在辽东，非唐土也。”② 这条史料是以唐玄宗天宝十一年（752）为标准年记载的。有一个问题需要澄清，到天宝十一年时，高句丽已经灭亡，王氏高丽尚未建立，所以此时占据乐浪地方的不可能还是高句丽，只能是新罗。中国唐宋史籍在记载朝鲜半岛国名时，经常出现这种错误。

渤海建立政权的过程，也是其大力拓展疆域的过程。从总体来说，渤海的疆域是以东牟为中心，通过对原黑水部、白山部、伯咄部、安车骨部等周边部族及原属高句丽领土蚕食而逐步形成的。尽管史料阙如，但从唐朝和高句丽战争的记载中，还是能依稀看到其疆域沿革。

扶余、泊汋城、国内城等地都是唐朝在灭亡高句丽的过程中取得的。渤海建国后，把这些地方从唐朝那里蚕食过去了，“自鸭渌江口舟行百余里，乃小舫溯流东北三十里至泊汋口，得渤海之境”③。《三国史记·地理四》引贾耽《古今郡国志》云：“渤海国南海、鸭渌、扶余、栅城四府，并是高句丽旧地也。自新罗泉井郡至栅城府，凡三十九驿。”④ 栅城府在今吉林珲春八连城，泉井郡即今朝鲜咸镜南道的德源。需要指出的是，这个记载并不完全，除此之外，还当包括介于扶余府和鸭渌府之间的长岭府。“鸭渌府曾是高句

① （宋）欧阳修等：《新唐书》卷 219，《渤海传》，北京：中华书局 1975 年版，第 6179 页。

② （后晋）刘煦等：《旧唐书》卷 38，《地理一》，北京：中华书局 1975 年版，第 1393 页。

③ （宋）欧阳修等：《新唐书》卷 48，《地理志七下》，北京：中华书局 1975 年版，第 1146 页。

④ ［韩］金富轼著，孙文范等校注：《三国史记》卷 37，《地理四》，长春：吉林文史出版社 2003 年版，第 452 页。

丽的腹心地区，丸都是高句丽中期的都城，后期的陪都。”① “女真起处，有鸭绿江”②，这五府之地当是渤海从唐朝手中夺得的原属高句丽的地方。

肃慎、高丽、粟末、白山、沃沮、秽貉之地是大祚荣时早已取得的；大武艺“斥大土宇”所取得的，只能是夫余和率宾之地。③ 其中沃沮、秽、貊、扶余之地原属高句丽。据《辽史·地理志》载，辽西走廊的锦州附近和辽东半岛的西南端也曾为震国的领地，但这是在高句丽最强盛时期的情形。对于渤海的疆域范围，后有专门论述，在此不赘。

综上，高句丽灭亡后，其鸭绿江、长白山以北的领土悉为唐朝、震国和后起的契丹所据。这些地方后来成为中国领土的一部分，以南的部分领土以后随着震国和新罗的灭亡，逐渐为高丽所据有。

第七节　高句丽灭亡后的人口去向

总章元年（668），唐灭高句丽后，为了彻底消弭高句丽人的反唐情绪，消除其复国之基，采取了徙其人、空其地的办法，对其遗民进行了大规模的迁移。在唐强制迁移的同时，高句丽人也大批自发地迁往新罗、突厥、契丹等国，也有人迁到了日本。留在原地的，后来参与了大祚荣建立震国的活动，而后成为渤海人。高句丽遗民迁往这些国家以后，慢慢地失去了本民族的特性，而逐渐融入迁入国。高句丽作为一个民族的统一体随着国家的灭亡而淡出了历史舞台。

高句丽灭亡后人口的去向关系到其归属问题，故有必要进行比较客观的研究。下面就其灭亡后的人口去向及数量问题展开讨论。

一、高句丽灭亡时的总人数

我们先看诸书对此的记载。《三国史记·高句丽纪十》载：“分五部，百七十六城，六十九万余户，为九都督府、四十二州、百县，置安东都护府于平壤以统之。擢我将帅有功者为都督、刺史、县令，与华人参理。”④ 《旧唐

① 王承礼：《渤海简史》，哈尔滨：黑龙江人民出版社1984年版，第86~87页。

② （明）无名氏撰，（清）兰泉之辑：《朝鲜志》卷下，四部丛刊本，第38页。

③ 肖红：《从渤海国和中央皇朝关系的演变看渤海国的归属性质》，《北方文物》2004年第1期。

④ ［韩］金富轼著，孙文范等校注：《三国史记》卷22，《高句丽纪十》，长春：吉林文史出版社2003年版，第271页。

书·高宗纪下》载："境内尽降，其城一百七十，户六十九万七千，以其地为安东都护府，分置四十二州。"[①]《地理志二》载："高丽本五部，一百七十六城，户六十九万七千。"[②]《旧唐书·东夷列传·高丽传》载："高丽国旧分为五部，有城百七十六，户六十九万七千。"[③]《新唐书·东夷列传·高丽传》载："收凡五部百七十六城，户六十九万。"[④]《通典·边防二·东夷传·高句丽》载："平其国，下城百七十六，户六十九万七千。"[⑤]

从以上诸书的记载可以看出，尽管城有"一百七十"和"百七十六"、户有"六十九万七千"和"六十九万"两种记载，它们的区别仅是一个准确、一个模糊罢了。结合起来看，城"百七十六"和户"六十九万七千"应是比较准确的数字。知道总户数，并不等于知道其总人口数，这给我们的研究带来了一定的困难。但学术界规约出来的"五口之家"，作为标准在学术界通用，尽管是平均数，但还是比较接近实际的。我们不妨以此为标准，做一初步的推估，则高句丽灭亡时的人口数大约为三百四十八万五千人。

在这里，须特别指出，"三百四十八万五千人"是高句丽灭亡时所籍得的人数，应包括高句丽境内的所有族人。笔者认为也包括了白山部和粟末靺鞨这些归附于高句丽的少数族，学术界对此应该承认。但不包括在战争中死亡和灭亡前被唐迁徙到中国内地的人数，更不能把隋和高句丽战争时阵亡的人数和战前被新罗夺取的人数包括在内。《新唐书·高丽传》说得非常清楚："执藏、男建等，收凡五部百七十六城，户六十九万。"[⑥] 我们现在来看这些高句丽人在高句丽灭亡后的流布状况。

① （后晋）刘昫等：《旧唐书》卷 5，《高宗纪下》，北京：中华书局 1975 年版，第 92 页。

② （后晋）刘昫等：《旧唐书》卷 39，《地理志二》，北京：中华书局 1975 年版，第 1526 页。

③ （后晋）刘昫等：《旧唐书》卷 212，《东夷列传·高丽传》，北京：中华书局 1975 年版，第 5327 页。

④ （宋）欧阳修等：《新唐书》卷 220，《东夷列传·高丽传》，北京：中华书局 1975 年版，第 6197 页。

⑤ （唐）杜佑：《通典》卷 186，《边防二·东夷传·高句丽》，北京：中华书局 1988 年版，第 5019 页。

⑥ （宋）欧阳修等：《新唐书》卷 220，《东夷列传·高丽传》，北京：中华书局 1975 年版，第 6197 页。

二、高句丽灭亡后的人口流布

（一）被迁徙到唐朝的高句丽人

唐灭高句丽后，对高句丽遗民进行了强制性迁移，规模较大的有两次：一为唐高宗总章年间（668—670），一为唐高宗仪凤年间（676—679）。

总章元年（668）九月二十一日，高句丽王高藏遣其子泉男产等到英公李勣处请降。“英公以王宝藏、王子福男、德男、大臣等二十余万口回唐。”① 这个人数能否包括在“三百四十八万五千人”内呢？答案是肯定的。因为，这时高句丽已经投降，宝藏王他们肯定掌握当时的户籍情况。这是高句丽灭亡后第一次，也是规模最大的一次迁移。二年（669）夏四月，高宗又对高句丽遗民进行了一次大规模的迁移。史书对这次移民数量的记载不尽相同，甚至相差很大。《旧唐书·高宗纪》载：“五月庚子，移高丽户二万八千二百，车一千八十乘，牛三千三百头，马二千九百匹，驼六十头，将入内地，莱、营二州般次发遣，量配于江、淮以南及山南、并、凉以西诸州空闲处安置。”②《新唐书·东夷列传·高丽传》载：“总章二年，徙高丽民三万于江淮、山南。”③《唐会要·高句丽》载：“移其户二万八千于内地。”④《通典·边防二·高句丽》载：“移高丽户二万八千三百，配江淮、岭南、山南、京西。”⑤《资治通鉴》载：“敕徙高丽户三万八千二百于江淮之南及山南、京西诸州空旷之地。”⑥《三国史记·高句丽纪十》载：“总章二年夏四月，高宗移三万八千三百户于江淮及山南、京西诸州空旷之地。”⑦

---

① ［韩］金富轼著，孙文范等校注：《三国史记》卷 6，《新罗纪六》，长春：吉林文史出版社 2003 年版，第 86 页。

② （后晋）刘煦等：《旧唐书》卷 5，《高宗纪》，北京：中华书局 1975 年版，第 92 页。

③ （宋）欧阳修等：《新唐书》卷 220，《东夷列传·高丽传》，北京：中华书局 1975 年版，第 6197 页。

④ （宋）王溥：《唐会要》卷 95，《高句丽》，上海：上海古籍出版社 1991 年版，第 2025 页。

⑤ （唐）杜佑：《通典》卷 186，《边防二·高句丽》，北京：中华书局 1988 年版，第 5019 页。

⑥ （宋）司马光：《资治通鉴》卷 201，《唐纪十七》，总章元年，北京：中华书局 1963 年版，第 6359 页。

⑦ ［韩］金富轼著，孙文范等校注：《三国史记》卷 22，《高句丽纪十》，长春：吉林文史出版社 2003 年版，第 271 页。

在这些史籍中，《唐会要》无疑是成书较早的，也是撰述唐史的重要基础，故其记载是比较可信的，“二万八千二百户”的记载是准确的。《新唐书·高丽传》所载“民三万”是个约数。司马光《资治通鉴》是借鉴两《唐书》和《唐会要》而写成的，但有可能把“二万八千二百户”误写为“三万八千二百”了。这在印刷术不甚发达的雕版年代，是经常出现的现象。据孙文范等先生的研究，金富轼在著《三国史记》时，参考了《资治通鉴》和两《唐书》等中国史书。[①] 笔者赞同孙文范的看法，《三国史记·高句丽纪十》说，唐太宗“虽终于自脱，而危惧若彼，而新旧唐书及司马公通鉴不言者，岂非为国讳之者乎？”[②] 从中可以看出，金富轼在著《三国史记》时，确实看了司马光的《资治通鉴》。故可以断定，《三国史记》的“三万八千三百”的数字可能来源于《资治通鉴》的记载，但把“二万八千二百户”误写为“三万八千三百”了。那么，我们可以据上大致推估出这次迁往中国内地的高句丽人大约有十四万一千人。同年，李谨行“破之于发庐河，再战，俘馘万计”[③]。这“万计”当然是高句丽人，但要指出的是，这里面包含了被俘虏和被杀的人，总数有万人。“馘”意为在战争中割取敌人的左耳，用以记功，[④] 在这里当为杀头之意。也就是说，被迁往内地的高句丽人至少也有万人之多。经过李谨行的这次军事打击后，高句丽再也无法形成像样的抵抗力量，正如《新唐书·高丽传》所载“平壤痍残不能军”了。

唐灭高句丽后，其在辽东的遗民展开了持续激烈的反叛活动。高宗为了慰抚高句丽遗民，于唐高宗仪凤二年（677），授高句丽末代王高藏为开府仪同三司、辽东都督，封朝鲜王，使其居于安东，“镇本蕃为主”[⑤]，同时又把原来散迁内地州郡之人遣还原地。但宝藏王到辽东后，与高句丽复国活动相串通，密谋反叛唐王朝。唐于是又将宝藏王流配到邛州（治今四川邛崃），

---

① ［韩］金富轼著，孙文范等校注：《三国史记·校勘说明》，长春：吉林文史出版社2003年版。

② ［韩］金富轼著，孙文范等校注：《三国史记》卷22，《高句丽纪十》，长春：吉林文史出版社2003年版，第266页。

③ （宋）欧阳修等：《新唐书》卷220，《东夷列传·高丽传》，北京：中华书局1975年版，第6198页。

④ 胡裕树：《新编古今汉语大词典》，上海：上海辞书出版社1995年版，第1126页。

⑤ （后晋）刘昫等：《旧唐书》卷212，《高丽传》，北京：中华书局1975年版，第5328页。

然后“并分徙其人，散向河南、陇右诸州，其贫弱者留在安东城傍”①。对其遗民再次流配的情况，《新唐书·东夷列传·高丽传》也有记载，云“厮其人于河南、陇右，弱窭者留安东”②。也就是说，在这次流配中，限于流配者只是身强力壮者，羸弱者则留居原地了。《大唐六典·尚书兵部》记载“秦、成、岷、渭、河、兰六州，有高丽、羌兵”③。显然，这六州之高丽兵，是仪凤二年迁过去的无疑。虽然我们无法确知这次遣还和重新遣配的人数，但实际上大多数人最终并没有离开唐朝内地。

以上这些，就是史载的流入唐朝之高句丽人数。现在，我们可以对其作一近似估计，大概为三十一万一千人。这当中，还有一些后来被迁回辽东，再次迁移时，因年老羸弱没有迁移的人。所以至多有三十一万人被迁入内地，只占高句丽当时总人数的十分之一左右。

（二）迁往新罗的高句丽人

以往的国内学者，往往为某种定式所限，生硬地低估了高句丽遗民流入新罗的数量，认为是很少的。笔者认为这是不符合客观实际的，尽管文献缺乏这方面的全面翔实资料。高句丽遗民流入新罗的途径有三：一是随土地被新罗掠去的人口，这一点多为论者所忽略；二是主动投奔到新罗的高句丽人；三是在战争中被新罗俘虏的高句丽人。

关于第一种情形，我们从高句丽灭亡后新罗的疆界扩展中可以看出，在高句丽灭亡前，高句丽和新罗的边界大致以汉江为界；灭亡后，唐朝“敕赐浿江以南地境”④ 给新罗，大致以今大同江、龙兴江为界。新罗在高句丽灭亡后，兼并了北到平安南道西南、南浦和平壤南部、黄海北道遂安、江原道安边以南，庆尚北道加恩、奉化、蔚珍、忠清北道深川以北，忠清南道以北

① （后晋）刘煦等：《旧唐书》卷212，《高丽传》，北京：中华书局1975年版，第5328页。

② （宋）欧阳修等：《新唐书》卷220，《东夷列传·高丽传》，北京：中华书局1975年版，第6198页。

③ ［日］广池千九郎，［日］内田智雄训点：《大唐六典》卷5，《尚书兵部》，东京：広池学园事业部1973年版，第120页。

④ ［韩］金富轼著，孙文范等校注：《三国史记》卷8，《新罗纪八》，长春：吉林文史出版社2003年版，第117页。

以东的广大地区。[①] 据《三国史记·地理四》载，共有一百六十四个郡县为新罗所占，附着其上的人口当然也被其领有，不可能悉被迁徙到中国内地。这些随土地迁徙到新罗的，应占到原高句丽人口的相当部分，也是流入新罗人口的主体。对这一点，我们是绝对不能忽视的。

主动投奔新罗者。总章二年（669）二月，宝藏王庶子安胜“率四千余户投新罗”[②]。“四千余户”按“五口之家”标准计算，当有两万人左右。咸亨元年（670），安舜杀剑牟岑，“奔新罗”[③]。那么随其奔者又有多少？最起码不可能是安胜只身一人跑到新罗去。四年（673）闰五月，燕山道行军总管大将军李谨行破高句丽残军于瓠泸河，俘获数千人，“余众皆奔新罗”[④]。“瓠泸河”即《新唐书》载的“发庐河”，但二者在人数上有很大出入，《三国史记·宝藏王下》说有“数千人”，而《新唐书》说有“万计”。之后“相率奔新罗，凡四年乃平”[⑤]，在这四年当中，还有更多的高句丽人投奔新罗。咸亨五年（674）正月，（新罗）“王纳高句丽叛众”[⑥]，但缺乏具体数字，我们还是不要妄测为好。仪凤二年（677），随宝藏王到辽东者，由于密谋复国，再次被遣配，而羸弱者留居于安东城旁，但这些人后来都流入新罗，这在《三国史记·高句丽纪十》中有载：“贫者留安东城傍旧城，往往没于新罗。”[⑦] 上元元年（760）二月，“新罗王金法敏既纳高句丽叛亡之众，又封百济故地”[⑧]。

战争中为新罗所虏获者。关于这方面的记载，仅有一处，即《三国史记

---

① ［韩］金富轼著，孙文范等校注：《三国史记》卷36、37，《地理三》、《地理四》，长春：吉林文史出版社2003年版，第435～452页。

② ［韩］金富轼著，孙文范等校注：《三国史记》卷22，《宝藏王下》，长春：吉林文史出版社2003年版，第271页。

③ ［韩］金富轼著，孙文范等校注：《三国史记》卷22，《宝藏王下》，长春：吉林文史出版社2003年版，第271页。

④ ［韩］金富轼著，孙文范等校注：《三国史记》卷22，《宝藏王下》，长春：吉林文史出版社2003年版，第272页。

⑤ （宋）欧阳修等：《新唐书》卷220，《东夷列传·高丽传》，北京：中华书局1975年版，第6198页。

⑥ ［韩］金富轼著，孙文范等校注：《三国史记》卷7，《新罗纪七》，长春：吉林文史出版社2003年版，第99页。

⑦ ［韩］金富轼著，孙文范等校注：《三国史记》卷22，《高句丽纪十》，长春：吉林文史出版社2003年版，第272页。

⑧ （宋）王溥：《唐会要》卷95，《高句丽》，上海：上海古籍出版社1991年版，第2027页。

·新罗纪六》载，总章元年（668）十一月五日，（新罗）“王以所虏高句丽人七千入京”①。

综上，有确切数字记载的高句丽遗民进入新罗的人数为三万人以上，但可以肯定地说，这只是九牛一毛，很多没有确切的统计数字。高句丽遗民主要流向新罗，应是肯定的。

（三）投奔突厥的高句丽人

《旧唐书·高丽传》载，圣历二年（699），“又授高藏男德武为安东都督，以领本蕃。自是高丽旧户在安东者渐寡少，分投突厥及靺鞨等”②。说明在高句丽灭亡后，有一部分高句丽遗民投奔了突厥。

突厥在北魏末年迅速强大起来，先有伊利可汗击灭铁勒，后有木杆可汗破灭柔然，“西破挹怛，东走契丹，北方戎狄悉归之”③。到了始毕可汗时，势力更加强大，“其族强盛，东自契丹、室韦，西尽吐谷浑、高昌诸国，皆臣属焉，控弦百余万，北狄之盛未之有也”④。它东联高句丽，西结吐谷浑、高昌、吐蕃，形成东西呼应的半弧形包围圈，且与南方之宋、齐、梁、陈等政权相呼应，对中原隋唐政权造成严重威胁。⑤ 两国之间时有战争发生，如《三国史记·高句丽纪七》载，阳原王七年（551）九月，“突厥来围新城，不克，移攻白岩城。王遣将军高纥领兵一万，拒克之，杀获一千余级”⑥。卷8《高句丽纪八》载，荣留王十一年（628）九月，“遣使如唐，贺太宗擒突厥颉利可汗，兼上封域图”⑦。突厥在当时力量强大，在辽东地区的力量超过了唐朝，是东北各族依附的对象。但高句丽在一定时段内也曾是突厥的盟国，

① ［韩］金富轼著，孙文范等校注：《三国史记》卷6，《新罗纪六》，长春：吉林文史出版社2003年版，第87页。

② （后晋）刘昫等：《旧唐书》卷212，《高丽传》，北京：中华书局1975年版，第5328页。

③ （唐）魏征：《隋书》卷84，《突厥传》，北京：中华书局1973年版，第1864页。

④ （后晋）刘昫等：《旧唐书》卷194上，《突厥上》，北京：中华书局1975年版，第5153页。

⑤ 金宝祥、李清凌、侯丕勋、刘进宝等著：《隋史新探》，兰州：兰州大学出版社1989年版，第137页。

⑥ ［韩］金富轼著，孙文范等校注：《三国史记》卷19，《高句丽纪七》，长春：吉林文史出版社2003年版，第239页。

⑦ ［韩］金富轼著，孙文范等校注：《三国史记》卷20，《高句丽纪八》，长春：吉林文史出版社2003年版，第252页。

《隋书·突厥传》所载“高丽私通使启民所”[①] 就说明了这种关系。此外，两国还是姻国，高句丽莫离支高文简即为突厥可汗默啜的子婿，“高丽莫离支，十姓之婿也”[②]。而且它们壤地相接，地缘关系密切。可见，高句丽遗民投奔突厥不但有血缘上的原因，更有地缘上的便利条件。故高句丽灭亡后，大量遗民迁往突厥也是有可能的。

史书对高句丽遗民流入突厥之情况记载很少。《新唐书·突厥上》载，开元三年（715），高句丽莫离支高文简、大酋高拱毅和吐谷浑大酋慕容道奴、郁射施大酋鹘屈颉斤、苾悉颉力等“合万余帐相踵款边，诏内之河南”[③]。并拜文简为左卫大将军、辽西郡王，拱毅左领军为将军兼刺史、平城郡公。这些高句丽人都是在其国灭亡后，投奔到突厥的。到开元年间（713—741），唐处于“开元盛世”，而突厥因默啜年老，“部落渐多逃散”[④]。所以很多投奔突厥的人，又转而投向唐朝。至于这次投奔唐朝的高句丽遗民到底有多少，以现有史料无法得知。史书只记载了这次逃奔唐朝的包括高句丽人、突厥人、吐谷浑人在内的总数目，且史书说法不一：《旧唐书·玄宗纪上》说“前后总二千余帐”[⑤]，而同书《突厥上》说“前后总万余帐”[⑥]，《通典·突厥中》说“前后总万余帐”[⑦]，《文献通考·突厥中》说“前后总万余帐”[⑧]。可以看出，“万余帐”当为确切数字。按一帐五口计算，就有五万多人。但高句丽人只是其中的一部分，究竟有多少无法得知，只能存疑。唐朝把他们安置在“河南之旧地”[⑨]，“旧地”到底在哪里。《大唐六典》载：

---

① （唐）魏征：《隋书》卷84，《突厥传》，北京：中华书局1973年版，第1875页。

② （宋）司马光：《资治通鉴》卷211，《唐纪三十七》，开元三年，北京：中华书局1963年版，第6709页。

③ （宋）欧阳修等：《新唐书》卷215上，《突厥上》，北京：中华书局1975年版，第6048页。

④ （后晋）刘煦等：《旧唐书》卷194上，《突厥上》，北京：中华书局1975年版，第5172页。

⑤ （后晋）刘煦等：《旧唐书》卷8，《玄宗纪上》，北京：中华书局1975年版，第175页。

⑥ （后晋）刘煦等：《旧唐书》卷194上，《突厥上》，北京：中华书局1975年版，第5172页。

⑦ （唐）杜佑：《通典》卷198，《突厥中》，北京：中华书局1988年版，第5439页。

⑧ （元）马端临：《文献通考》卷343，《突厥中》，北京：中华书局1986年版，第2692页。

⑨ （元）马端临：《文献通考》卷343，《突厥上》，北京：中华书局1986年版，第2692页。

“凡关内，有团结兵，秦、成、岷、渭、河、兰六州，有高丽、羌兵。”①《文献通考·突厥上》载：“突厥之先，平凉杂胡也。”② 结合这两则史料，就基本可以断定，“河南之旧地”就是今甘肃的陇东、陇中地区。

上述史料中高文简、高拱毅他们是不是迁入突厥的全部呢？笔者认为，也可以说只是九牛一毛。原因在前面已经论及，在此不赘言。

（四）投奔契丹的高句丽人

契丹的强大是晚起之事，唐朝时才开始崭露头角，但力量并不强大。唐朝在其地设立松漠都督府。武则天万岁通天年间（698—699），由于不堪忍受唐营州都督赵文翙的凌辱，契丹人在其酋首李尽忠、孙万荣的带领下，起兵反唐，并在反唐的过程中逐渐壮大起来，成为东北的一支重要力量。

未见史书记载高句丽人投奔契丹的情形。史书没有记载，不等于历史上没有发生。笔者认为，高句丽人在其国灭亡后，有部分人投奔了契丹，成为契丹国家的重要成员。以后随着契丹的强大，而被其同化了。下面，我们就高句丽遗民投奔契丹的可能性进行探讨。首先，从地缘上来讲，契丹“东与高丽邻”③，有投奔的便利条件。其次，突厥在东北的势力衰弱后，契丹强大起来了，逐渐取代突厥而成为东北地区的最重要力量。再次，契丹和唐朝之间矛盾重重，也是高句丽人投奔的重要原因。

所以，在渤海国建立前，契丹必然也是高句丽遗民投奔的重要对象国之一。

（五）投奔震国的高句丽遗民

震国是698年大祚荣叛唐而立的政权，距离高句丽灭亡有三十年的光景。经大祚荣、大武艺等国王的拓疆掠地，境域日广，“复高丽之旧居”④。这里的“高丽”是指高句丽。

---

① ［日］广池千九郎，［日］内田智雄训点：《大唐六典》卷5，《尚书兵部》，东京：広池学园事业部1973年版，第120页。

② （元）马端临：《文献通考》卷343，《突厥上》，北京：中华书局1986年版，第2687页。

③ （后晋）刘煦等：《旧唐书》卷199下，《契丹传》，北京：中华书局1975年版，第5349页。

④ 《续日本书纪》卷10，神龟五年正月甲寅条，转引自张碧波《论4至10世纪东北亚政治格局及高句丽、渤海与日本“结援”的历史真相》，《北方论丛》2001年第2期。

投奔震国的高句丽人有两种情形：一是被唐朝强迁到营州，后又随大祚荣到辽东的那部分高句丽人。高句丽灭亡后，部分高句丽人被唐朝强制性地迁往中国内地，其中在营州也安置了一部分。这部分人在武则天万岁通天年间（698—699）的契丹之乱中，随大祚荣东走东牟山，阻奥娄河自固。这部分遗民重返故里，但物是人非，变成了震国人。二是在高句丽亡国后，留在原地的高句丽人。唐朝在迁徙高句丽遗民时，只是对那些富强之家进行迁移，而把贫弱者悉留原地。入震后，便附着在土地上，一道成为震国之人，“贫者留安东城傍，旧城往往没于新罗，余众散入靺鞨及突厥”①。《旧唐书·渤海靺鞨传》也说“高丽余烬稍稍归之”②。这两条史料所记流入震国者都指留在原地的高句丽人。

这两部分投奔震国的高句丽遗民，数量有多少，史书没有记载，但笔者认为，随着震国对原高句丽之地的占据，还是有相当数量的高句丽遗民成了震国国民。前引《旧唐书》中“余烬稍稍归之”这条史料说的是大祚荣初到辽东时的情况，并不是扩疆展地后的情形。

（六）迁往日本的高句丽人

中朝史书对高句丽和日本之间的关系少有论及，只在日本史书中偶尔提到。据《续日本书纪》载，752 年（日本孝谦天皇胜宝四年，大钦茂十五年），震国派辅国大将军慕施蒙出使日本。翌年，孝谦天皇在致大钦茂书中说：“仍检高丽旧记，国平之日上表云施惟按兄弟，义则君臣。或乞援兵，或贺践祚，修朝聘之恒式，效忠款之肯诚。”③ 从这则史料中可以看出，高句丽和日本之间是宗藩关系，尤其到了高句丽和隋、唐交恶时期，高句丽又和日本相奥援，从战略上造成对隋、唐的威胁。无独有偶，日本在隋唐时期，也在竭力争取与隋唐实行对等外交。这个巧合，也正好能证明高、日之间的亲密关系。故高句丽灭亡后，其遗民投奔日本也是大有可能的。

由于高、日两国路途遥远，大批人梯山航海到日本是不可能的。在日本史书《续日本书纪》中有一则史料，显得弥足珍贵，载“高丽人一七九九名迁于

① （宋）司马光：《资治通鉴》卷 202，《唐纪十八》，仪凤二年，北京：中华书局 1963 年版，第 6383 页。

② （后晋）刘昫等：《旧唐书》卷 199 下，《渤海靺鞨传》，北京：中华书局 1975 年版，第 5360 页。

③ 《续日本书纪》卷 5，天平胜宝五年六月丁丑条。转引自魏国忠、郭素美、魏建华《关于渤日交聘中的“高丽国”问题》，《北方文物》2001 年第 1 期。

武藏国"[①]。《续日本书纪》记载了日本天武天皇元年（697）至桓武天皇延历十年（791）近一百年的历史，时值渤海大祚荣建国前一年到大钦茂五十五年间的事。故这则史料中的 1 799 人当为这百年期间迁往日本的。当然，投奔日本的不止这些人，由于史无具载，只能存疑了。

（七）战后被杀的高句丽人

668 年，唐灭高句丽后，高句丽遗民便展开反抗唐朝和新罗的斗争，故有一些高句丽人死于兵灾。但这方面的史料也很少，仅在《三国史记·新罗纪七》中有一则史料载，672 年，新罗在攻克平壤北面的韩始城和马邑城后，在距白水城五百许步的地方布阵扎营。在这些地方，仍有很多高句丽人反对新罗对其地的占领。"我兵与高句丽逆战，斩首数千级。"[②]

由于灭高句丽的战事已经结束，之后在战争中阵亡或死于兵灾的人不会很多，但我们不能忽略他们。

综上，高句丽人在国家灭亡后，除了被强制性地迁往唐朝内地外，其余四散逃奔到了新罗、突厥、震国、契丹、日本等国，到迁入地后，融入汉、韩、突厥、渤海、契丹、大和等民族中，并逐步被他们同化。高句丽这个民族统一体也随着国破民逃而分崩离析了。

① 《续日本书纪》，转引自李德山《高句丽族人口去向考》，《社会科学辑刊》2006 年第 1 期。

② ［韩］金富轼著，孙文范等校注：《三国史记》卷 7，《新罗纪七》，长春：吉林文史出版社 2003 年版，第 97 页。

第三章 震国政权及相关问题

震国是大祚荣于武则天万岁通天年间（672—673）叛唐而立的政权，起初龟缩在东北东牟山一隅，后通过大祚荣、大武艺和大仁秀等国王的大力拓疆，成为一个地域辽阔、力量强大的国家，有“海东盛国”之美誉。震国的建立，改变了东北亚的国际关系格局，成为唐朝（包括后来的五代、辽）、新罗、突厥、日本等国竞逐的对象。学术界对震国归属问题的研究热情很高，但是在很多方面并没有形成共识，而是各执一说，互不相让。但从大体来说，这个分歧主要是在中国学者和日本、朝鲜、韩国学者之间。前者认为大祚荣是中国人，震国是中国辖下的地方政权；而后者的观点正好相反。产生这么巨大的分歧，原因是多方面的，既有政治方面的，也有学术本身的。本章主要对震国归属问题研究上的概念、族属、国号、疆域、灭亡后的领土和人口去向及震国在东北亚国际关系舞台上的表现等问题进行探讨，以期有利于对归属问题的深入研究。

第一节 “别种”——一个关键的概念

要探讨震国及其建立者大祚荣的民族归属问题，首先要搞清楚民族术语“别种”的准确含义。① 民族学上的“别种”，有时也写为“别类”、“别部”、“别裔”，意思完全一样，如《旧唐书·契丹传》谓：“契丹、突厥本是别类。”②《新唐书·沙陀传》谓：“沙陀，西突厥别部处月种也。”③《新唐书·波斯传》谓：“（波斯）其先波斯匿王，大月氏别裔。王因以姓，又为国

---

① 关于“别种”涵义的探讨，笔者已刊发文章，见赵炳林、牛恒：《“别种”辨义》，《中南民族大学学报（人文社会科学版）》2009 年第 1 期。

② （后晋）刘昫等：《旧唐书》卷 199 下，《契丹传》，北京：中华书局 1975 年版，第 5350 页。

③ （宋）欧阳修等：《新唐书》卷 218，《沙陀传》，北京：中华书局 1975 年版，第 6153 页。

号。"① 很遗憾，学术界在涉及它时，总是含糊其辞，不切要害。有学者为了达到某种目的，肆意曲解它的意思，产生了非常恶劣的影响，甚至影响到了国家间的关系。故有必要在这里专辟一节，通过对有全国代表性民族的考察，达到对"别种"的准确理解。

一、辞书对"别种"的解释

从语言学的角度来分析，"别"为"种"之修饰限制词，"种"为基本词，即词根。其中，"别"字是关键，它规定着彼此间的关系。段注《说文解字注》对"别"作这样的解释，"从冎从刀，冎者，分解之儿。刀者，所以分解也"；"分别、离别皆是也。"②《尚书注疏·夏书·禹贡》云"岷山导江，东别为沱"③ 中的"别"也为"分别、离别"之义。总之，"别"为"分开"之义。对"种"的解释是"先种后孰也"。《说文解字注》引《周礼内宰注》云："先种后孰谓之种。"④ 其中"孰"为"熟"的通假字。可见，"种"是后代、苗裔的意思。结合起来看，"别种"就是从母体中分离出去的后代。

但是，《说文解字注》对"别"的解释并不完整，它除了有从母体中分出的含义之外，还有"区别"的意思，如《荀子·君道》："知国之安危臧否，若别黑白。"⑤ 这里的意思很清楚，就是"区别、辨别"的意思。还有"另外"的意思，如《史记·高祖本纪》："使沛公、项羽别攻城阳"⑥，这里的"别"便是"另外"的意思。

把以上意思结合起来看，"别种"在辞书中有"不同的种"和"分出来的种"两层含义。

二、"别种"在生物学史料中的含义

"别种"既是民族学术语，又是生物学术语。翻检史籍，发现生物学上

① （宋）欧阳修等：《新唐书》卷221下，《波斯传》，北京：中华书局1975年版，第6258页。

② （清）段玉裁：《说文解字注》，上海：上海古籍出版社1981年版，第164页。

③ （汉）孔安国撰，（唐）孔颖达疏：《尚书注疏》卷5，《夏书·禹贡》，四库册54，第132页。

④ （清）段玉裁：《说文解字注》，上海：上海古籍出版社1981年版，第321页。

⑤ （战国）荀况著，（唐）杨倞注：《荀子》卷8，《君道》，四部丛刊初编本，第88页。

⑥ （汉）司马迁：《史记》卷8，《高祖本纪》，北京：中华书局1959年版，第354页。

的某些解释，对我们理解“别种”的含义，很有帮助。兹撷取几例，试作分析。《禹贡锥指·厥包橘柚锡贡》载：

> 传曰：小曰橘，大曰柚，其所包裹而致者，锡命乃贡，言不常。正义曰：橘柚二果，其种本别以实，相比则柚大橘小。小曰橘，大曰柚，犹诗传云大曰鸿，小曰雁，亦别种也。①

在这则史料中，橘和柚、鸿和雁，有很多相似的地方。人们往往认为它们是同类。但“其种本别以实”，也就是说，其在实质上是不同的。故上引史料中的“别种”有“不同种”之义。再看《尔雅翼·苽》的记载：

> 菰首者，菰蒋三年以上，心中生台如藕，至秋如小儿臂，大谓之茭首，本草所谓菰根者也，可蒸煮，亦可生食。其或有黑缕如墨点者名乌郁，或云别种。非也，但是植之黑壤，岁久不易地，污泥入其中耳。以潘水沤，则去之，此菰首之不臧者也。②

该则史料中的“菰”指“茭白”，是一种可食植物。说乌郁是菰根（茭首、菰首）的“别种”，是因为它们尽管属一类植物，但乌郁“黑缕如墨点”，还是有不同的地方。也就是说，它们“实”相同而“形”有别。故这里的“别种”有“分出来的种”之义，菰根（茭首、菰首）和乌郁为属种关系。

从上引两则史料看，植物学史料中的“别种”也有两层含义：一是“别以实”，实质是不同的，但有很多相似的地方；二是同属异种，属于同一种类，但有不同的外观特征。前者相当于辞书中的“区分”之义，后者相当于辞书中的“分出”之义。另外，还可以看出，不管是“分出”，还是“区分”，都是互相联系着的事物，或“属”相同，或“形”相似。

三、“别种”在民族学史料中的含义

中国古代民族众多，北方有夫余、东胡、匈奴等族及其苗裔，西部有羌、氐等族及其苗裔，西南有溪峒、南蛮、西南夷、乌蛮等族及其苗裔。这些民

---

① （清）胡渭：《禹贡锥指》卷7，《厥包橘柚锡贡》，四库册67，第417页。

② （宋）罗愿：《尔雅翼》卷1，《苽》，四库册222，第264页。

族繁衍生息，互相交流，变动不居，形成了极其繁杂的后裔分支和极其复杂的血缘或地缘关系。为了能比较全面地对“别种”的含义进行探讨，下面摘取有典型意义的历史记载，进行对比分析。

（一）匈奴史料中的“别种”

《梁书·芮芮国传》：芮芮国，盖匈奴别种。魏晋世，匈奴分为数百千部，各有名号，芮芮其一部也。①

《通志·昭帝纪》：十年，匈奴别种刘渊反晋于离石，自号汉王。②

《后汉纪·孝章皇帝纪下》卷十二：匈奴处北，种分以沙漠间，贱礼仪，衣食殊俗，此乃天一种民也。③

《新五代史·奚传》：奚本匈奴之别种。④

“芮芮”即蠕蠕、柔然，它们是同一民族实体在不同时期的称呼。从上引《梁书》史料可知，芮芮是匈奴“数百千部”中之“其一部”，是匈奴苗裔。故“别种”在这里为“分出来的种”之义，匈奴和芮芮国在族属上是属种关系，存在血缘关系。

《文献通考·刘渊》载：“刘渊新兴匈奴人，冒顿之后。初，汉高祖以宗女为公主妻冒顿，约为兄弟，故其子孙遂冒姓刘氏。”⑤ 说刘渊是新兴匈奴人，又说是匈奴“别种”，看似矛盾，其实不然。因他是冒顿和汉人的后代，为混血儿。称其为“别种”，是在强调他是匈奴人的同时，又表明他汉人的特点。“别种”在这里应理解为“分出来的种”，匈奴和刘渊在族属上也是属种关系。两种说法都用，说明在史籍中有径称“别种”为“种”的现象，只不过一个笼统，一个具体罢了。但必须在两者有血缘关系的情况下使用。

匈奴是“天生别种”，与汉人“殊俗”，故称“别种”。“别种”在这里是“不同的种”的意思。

奚，也叫库莫奚，是东胡种。何谓“东胡”？因在匈奴的东面，故称。为了和匈奴相区别，故称“匈奴之别种”。在这里，“别种”也是“不同的

---

① （唐）姚思廉：《梁书》卷54，《芮芮国传》，北京：中华书局1973年版，第817页。

② （宋）郑樵：《通志》卷15上，《昭帝纪》，北京：中华书局1987年版，第269页。

③ （东晋）袁宏：《后汉纪》卷12，《孝章皇帝纪下》，四部丛刊初编本，第106页。

④ （宋）欧阳修：《新五代史》卷74，《奚传》，北京：中华书局1974年版，第904页。

⑤ （元）马端临：《文献通考》卷341，《刘渊》，北京：中华书局1986年版，第2679页。

种”的意思。

综上，匈奴史料中的“别种”有两层含义：一为属种关系，即包含关系；二为并列关系，以示区别。

（二）羌族史料中的“别种”

《资治通鉴》卷120《宋纪二》元嘉元年条：宕昌，羌之别种也。① 但《梁书·宕昌国》谓：宕昌国在河南之东南，益州之西北，陇西之西，羌种也。②

《禹贡锥指》卷10：白兰者，羌之别种也，其地皆与吐谷浑接，吐谷浑在河湟之间，即先零、烧当诸羌故地。③

《南史·西戎传》：邓至国，居西凉州界，羌别种也。④

《河源纪略》卷31：党项，汉西羌别种，古析支也。⑤

《旧唐书·东女国传》：东女国，西羌之别种。以西海中复有女国，故称东女焉。俗以女为王，东与茂州党项接，东南与雅州接，界隔罗女蛮及白狼夷，其境东西九日行，南北二十日行。⑥

“宕昌”在今甘肃宕昌县东南。“白兰”在今青海南部、四川西部。《魏书·邓至传》谓：“邓至者，白水羌也”⑦，“白水”即白龙江，是长江的支流。《后汉书·西羌传》引《禹贡》云：“所谓析支者也，南接蜀汉徼外蛮夷，西北接鄯善、车师诸国。”⑧ 指四川北部和甘肃、青海及新疆的部分地区。

《文献通考·东女》载：“东女亦曰苏伐刺拏瞿咀罗，羌别种也。西海亦有女自王，故称东别之。东与吐蕃、党项、茂州接，西属三波诃，北距于阗，

① （宋）司马光：《资治通鉴》卷120，《宋纪二》，元嘉元年，北京：中华书局1963年版，第3774页。

② 《梁书》卷54，《宕昌国》，北京：中华书局1973年版，第815页。

③ （清）胡渭：《禹贡锥指》卷10，《黑水西河惟雍州》，四库册67，第513页。

④ （唐）李延寿：《南史》卷79，《西戎传》，北京：中华书局1975年版，第1979页。

⑤ 《河源纪略》卷31，四库册579，第274页。

⑥ 《旧唐书》卷197，《东女国传》，北京：中华书局1975年版，第5277页。

⑦ （北齐）魏收：《魏书》卷101，《邓至传》，北京：中华书局1974年版，第1245页。

⑧ （南朝宋）范晔：《后汉书》卷117，《西羌传》，北京：中华书局1965年版，第2869页。

东南属雅州罗女蛮、白狼夷。”① 茂州治今四川茂汶，雅州治今四川雅安。《蜀鉴·永昌郡》说“白狼在邛筰之外”②，白狼夷即白狼羌，是羌族的一支。故东女国当据有今四川西北、甘肃陇南、青海、新疆南部等广大地区。这一带正是羌人的分布区，即古析支地。所以，东女国当是羌人中的一支建立的国家。

可见，上引史料中的这些“羌别种”都是分布在不同地域的羌族分支。显然，“别种”有“分出来的种”之义，羌和它们在族属上是属种关系。由称“宕昌”为“羌种”、“羌之别种”来看，也有径称“别种”为“种”的现象，条件是它们之间有血缘关系。

（三）氐族史料中的“别种”

《魏书·氐传》：氐者，西夷之别种，号曰白马。③

《元和郡县志》卷39：梁州之域，古西戎地也，战国时白马氐居焉。氐即西戎之别种也。④

《舆地广记》卷16：白马氐国，西戎之别种也。⑤

氐有很多部族，《史记·西南夷列传》说：“在蜀之西，自駹以东北，君长以十数，白马最大，皆氐类也。”⑥ 由于白马氐在氐族中最大，故称“氐”为“白马”。

《史记·匈奴列传》引《风俗通》云：“二氐，本西南夷种”⑦，这里的“二氐”指氐和羌；引《地理志》云：“武都有白马氐。”⑧ 从上引《元和郡

① （元）马端临：《文献通考》卷339，《东女》，北京：中华书局1986年版，第2662页。

② （宋）郭允蹈：《蜀鉴》卷9，《永昌郡》，四库册352，第577页。

③ （北齐）魏收：《魏书》卷101，《氐传》，北京：中华书局1974年版，第2227页。

④ （唐）李吉甫：《元和郡县图志》卷39，四库册468，第613页。

⑤ （宋）欧阳忞著，李勇先、王小红校注：《舆地广记》卷16，《中下·阶州》，成都：四川大学出版社2003年版，第448页。

⑥ （汉）司马迁：《史记》卷116，《西南夷列传》，北京：中华书局1959年版，第2991页。

⑦ （汉）司马迁：《史记》卷110，《匈奴列传》，北京：中华书局1959年版，第2891页。

⑧ （汉）司马迁：《史记》卷110，《匈奴列传》，北京：中华书局1959年版，第2891页。

县志》的记载可以看出，白马氐是在战国时才据有“古西戎地”的，“古西戎”即烧当羌、先零羌等。这说明，“西戎”和“氐”并非一个民族。这就印证了《风俗通》中“（氐）本西南夷种”的说法。白马氐分布在今甘肃南部、四川西北部的广大地区。

故上引史料中“别种”的意思是“不一样的种”。那为什么要称“氐”为“西夷之别种”呢？主要是为了强调羌和氐的不同。因为羌和氐有很多相似的地方，而且地界相连，很容易发生混淆。

（四）吐蕃史料中的“别种”

在有关吐蕃的文献中，只搜检到一则有关“别种”的史料：

> 《玉海·咸平河西献马》：西凉州，吐蕃别种。①

“凉州”治今甘肃武威。“西凉州”是指吐蕃在今甘肃武威建立的以六谷联盟为基础的割据政权，即潘罗支政权，宋大中祥符八年（1015），被西夏大将苏守信所灭。唐安史之乱后，吐蕃北上东进，占据了河西、陇右之地。唐大中四年（850），敦煌人张义潮起兵，收回了瓜沙等十一州。吐蕃在这些地区的统治瓦解，如《宋史·吐蕃传》所说：“族种分散，大者数千家，小者百十家，无复统一矣。”② 六谷潘罗支政权就是由残留在今甘肃武威地区的吐蕃后裔建立的。《新唐书·吐蕃下》谓“赞普支属尚多”③，潘罗支即其一。故这里的“别种”是“分出来的种”之义，西凉州政权和吐蕃在族属上是属种关系。

（五）鲜卑史料中的“别种”

> 《魏书·库莫奚传》：库莫奚国之先，东部宇文之别种也。④
>
> 《通鉴地理通释》卷5：契丹与库莫奚异方同类，当辽西正北二百

① （宋）王应麟：《玉海》卷154，《咸平河西献马》，四库册947，第62页。

② （元）脱脱等：《宋史》卷492，《吐蕃传》，北京：中华书局1977年版，第14151页。

③ （宋）欧阳修等：《新唐书》卷216下，《吐蕃下》，北京：中华书局1975年版，第6105页。

④ （北齐）魏收：《魏书》卷100，《库莫奚传》，北京：中华书局1974年版，第2222页。

里，随水草畜牧，唐贞观中内属，以为松漠都督府。库莫奚，鲜卑宇文别种。①

《旧唐书·音乐二》：吐谷浑又慕容别种。②

《资治通鉴》卷82《晋纪四》太康十年条载："段氏，东部鲜卑也。杜佑曰：'宇文莫槐出于辽东塞外，代为鲜卑东部大人。徒河段疾六眷出辽西，因乱被卖为渔阳乌桓大人库傉家奴。'"③ 结合上引史料，可以看出，库莫奚（奚）属鲜卑东部宇文莫槐一系。《三国志·魏书·鲜卑传》载，契丹为"小种鲜卑"④。《新五代史·契丹传》载，契丹为"鲜卑之遗种"⑤。故契丹也是鲜卑的苗裔之一。可见，库莫奚（奚）和契丹都是鲜卑的苗裔，二者血缘关系相近，只是分布地域不同，"异方同类"。正如《隋书·契丹传》所云："契丹之先，与库莫奚异种而同类"⑥，分布在今青海、甘肃、四川等地的吐谷浑也是从鲜卑慕容一系分化出来的，"吐谷浑"最初是人名，后来才成为族名。

综上，库莫奚（奚）、契丹和吐谷浑都是鲜卑的分支。因此，上引史料中的"别种"都为"分出来的种"之义。鲜卑和它们在族属上都是属种关系，存在着血缘关系。

（六）夫余史料中的"别种"

《后汉书·高句丽传》：东夷相传以为夫余别种，故言语法则多同。⑦

《三国志·魏志·高句丽传》：东夷旧语以为夫余别种，言语诸事多

① （宋）王应麟：《通鉴地理通释》卷5，四库册312，第71页。

② （后晋）刘煦等：《旧唐书》卷29，《音乐二》，北京：中华书局1975年版，第1072页。

③ （宋）司马光：《资治通鉴》卷82，《晋纪四》，太康十年，北京：中华书局1963年版，第2593页。

④ （晋）陈寿：《三国志》卷30，《魏志·鲜卑传》，北京：中华书局1959年版，第838页。

⑤ （宋）欧阳修：《新五代史》卷72，《契丹传》，北京：中华书局1974年版，第886页。

⑥ （唐）魏征：《隋书》卷84，《契丹传》，北京：中华书局1973年版，第1881页。

⑦ （南朝宋）范晔：《后汉书》卷85，《东夷列传》高句骊条，北京：中华书局1965年版，第2813页。

与夫余同，其性气、衣服有异。①

《周书·百济传》：百济者，其先盖马韩之属国，夫余之别种。②

《钦定满洲源流考》卷1：高丽者出自夫余之别种也，百济国本亦夫余之别种。③

首先需要指出的是，《后汉书》和《三国志》中的“东夷”都特指高句丽。夫余为秽族，高句丽的王族来自夫余，也为秽族。《梁书·高句骊传》载，朱蒙“至夫余而王焉。其后支别为句骊种也”④。也就是说，由夫余人朱蒙繁衍下来的这一系人成了后来的句骊种。把朱蒙所建立的国家称为高句丽。《朝鲜史略》卷1载：“父高句丽王朱蒙以在东扶余时所娶礼氏女子类利为太子。温祚与兄沸流恐不相容，南行沸流，居弥邹忽。温祚都河南慰礼城，国号百济。”⑤ 可见，百济王温祚也是出自夫余王族一系。

综上，高句丽的建立者朱蒙和百济的建立者温祚都出自夫余，所以上引史料中的“别种”为“分出来的种”之义。从族属上来说，夫余和高句丽、百济都是属种关系。

（七）高句丽史料中的“别种”

《钦定满洲源流考》卷6引《五代史》曰：武后时契丹攻北边，高丽别种大乞乞仲象与靺鞨长乞四比羽走辽东，分至高丽故地。⑥

《旧唐书·渤海靺鞨传》：渤海靺鞨大祚荣者，本高丽别种也。⑦

《册府元龟·外臣部·种族》：渤海靺鞨大祚荣本高丽别种也。⑧ 同

① （晋）陈寿：《三国志》卷30，《魏志·高句丽传》，北京：中华书局1959年版，第843页。

② （唐）令狐德棻等：《周书》卷49，《百济传》，北京：中华书局1971年版，第886页。

③ （清）阿桂、于敏中等：《钦定满洲源流考》卷1，《部族一》，四库册499，第476页。

④ （唐）姚思廉：《梁书》卷54，《高句骊传》，北京：中华书局1973年版，第801页。

⑤ （明）无名氏：《朝鲜史略》卷1，四库册466，第371页。

⑥ （清）阿桂、于敏中等：《钦定满洲源流考》卷6，《渤海》，四库册499，第528页。

⑦ （后晋）刘煦等：《旧唐书》卷199下，《渤海靺鞨传》，北京：中华书局1975年版，第5360页。

⑧ （宋）王钦若等：《册府元龟》卷956，《外臣部·种族》，北京：中华书局1960年版，第11255页。

书《外臣部·继袭第二》：唐圣历中，高丽别种大祚荣自立为振国。①

说渤海或大祚荣为“高丽别种”的记载很多，几乎唐以后的正史都这么说，兹不再胪列。甚至有说渤海是高丽种的，如高丽史籍《三国遗事·靺鞨·渤海》谓：“高丽残孽类聚，北依太白山下，国号渤海。”② “残孽”实际上就是“残种”的意思。渤海是由肃慎发展而来的，《渤海国记·国统》云：“渤海者，肃慎之苗裔也。”③

隋时，粟末靺鞨和高句丽发生冲突，粟末靺鞨战败。一部分粟末靺鞨人随首领突地稽南下，投附隋朝，余者依附高句丽。总章元年（668），唐灭高句丽后，强迁依附高句丽的靺鞨人到营州。武则天万岁通天中（696—697），契丹酋首李尽忠等在营州反唐。靺鞨首领乞四比羽和乞乞仲象逃奔东牟山，占故高句丽之地。后大祚荣击败唐军，建立渤海国。大祚荣他们臣附高句丽和被迁营州，都是强制的结果。不能以此来判定大祚荣及渤海国的族属。

综上，说渤海或大祚荣为“高丽别种”，是为了把臣附过高句丽、并在一定程度上高句丽化了的粟末靺鞨人及其首领大祚荣与高句丽人区别开来。这里的“别种”是“不同的种”之义。《新唐书·靺鞨传》中的“附高丽者”和《东文选·表笺·谢不许北国居上表》中的“疣赘部落”④，反映的正是粟末靺鞨和高句丽之间的真实关系，即依附关系。“依附”和“同属”是两个完全不同的概念，是不能等量齐观的。

（八）西域史料中的“别种”

《魏书·嚈哒国传》：嚈哒国，大月氏之种类也，亦曰高车之别种。⑤

《周书·波斯传》：波斯国，大月氏之别种也。⑥

---

① （宋）王钦若等：《册府元龟》卷967，《外臣部·继袭第二》，北京：中华书局1960年版，第11374页。

② ［韩］一然著，孙文范等校注：《三国遗事》卷1，《靺鞨·渤海》，长春：吉林文史出版社2003年版，第34页。

③ （唐）张建章：《渤海国记》上篇，《国统》，辽海丛书本，第144页。

④ ［朝］徐居正：《东文选》卷33，《表笺·谢不许北国居上表》，首尔：韩国庆熙出版社1966年版，第429页。

⑤ （北齐）魏收：《魏书》卷102，《嚈哒国传》，北京：中华书局1974年版，第2279页。

⑥ （唐）令狐德棻等：《周书》卷50，《波斯传》，北京：中华书局1971年版，第919页。

《九朝编年备要》卷2：大食，波斯之别种也。[①]

《新唐书·沙陀传》：沙陀，西突厥别部处月种也。[②]

对于“高车”的得名，《太平寰宇记·突厥失国》有载，谓“其俗高轮车大，辐数至多”[③]，故称。《魏书·高车传》：“高车，盖古赤狄之余种也。初号为狄，历北方以为敕勒，诸夏以为高车、丁零，其语略与匈奴同，而时有小异，或云其先匈奴之甥也。”[④] 古赤狄有可能就是柔然（芮芮、蠕蠕）的先民，于晋景公七年为晋所灭。其余种西迁，后来建立高车国。

大月氏原居敦煌、祁连间，被匈奴击败后，先迁新疆西部伊犁河流域，后迁阿姆河上游今阿富汗东北部一带，建立国家。波斯就是其中之一。《魏书》卷102载：“大月氏国，都卢监氏城，在弗敌沙，西去代一万四千五百里，北与蠕蠕接，数为所侵，遂西徙，都薄罗城，去弗敌沙二千一百里。”[⑤]《周书·嚈哒国传》：“大月氏之种类，在于阗之西，东去长安一万百里。其王治拔底延城，盖王舍城也。其城方十余里，刑法、风俗与突厥略同。”[⑥] 可见，嚈哒和大月氏是同种，但由于与突厥地域相近，受到突厥的影响，有了突厥化的倾向，故“风俗与突厥略同”。那么嚈哒究竟是什么人种呢？《文献通考·嚈哒》谓：“其语与蠕蠕、高车及诸胡不同。”[⑦] 我们知道，风俗可以耳濡目染，但语言作为历史的活化石，有一定的稳定性。既然它的语言与高车、柔然等族不同，也就是说，它们不是柔然、突厥等系的苗裔。故嚈哒和大月氏的族属当在欧洲的古代民族中求。所以上引《魏书》中的“别种”当为“不同种”之义，以示嚈哒和高车在族属上的不同。

前面已论及，波斯是大月氏被匈奴击败，西迁阿富汗西北后建立的政权。故波斯和大月氏在族属上是属种关系。

---

① （宋）陈均：《九朝编年备要》卷2，四库册328，第65页。

② （宋）欧阳修等：《新唐书》卷218，《沙陀传》，北京：中华书局1975年版，第6153页。

③ （宋）乐史：《太平寰宇记》卷200，《突厥失国》，四库册470，第835页。

④ （北齐）魏收：《魏书》卷103，《高车传》，北京：中华书局1974年版，第2307页。

⑤ （北齐）魏收：《魏书》卷102，《大月氏传》，北京：中华书局1974年版，第2275页。

⑥ （唐）令狐德棻等：《周书》卷50，《嚈哒国传》，北京：中华书局1971年版，第918页。

⑦ （元）马端临：《文献通考》卷338页，《嚈哒》，北京：中华书局1986年版，第2653页。

《旧唐书·大食国传》载：“大食国，本在波斯之西。大业中，有波斯胡人牧驼于俱纷摩地那之山，忽有狮子人语，谓之曰：‘此山西有三穴，穴中大有兵器。汝可取之。穴中并有黑石白文，读之，便作王位。’胡人依言，果见穴中有石及鞘刃甚多。上有文，教其反叛。于是纠合亡命，渡恒曷水，劫夺商旅，其众渐盛，遂割据波斯西境，自立为王。波斯、拂菻各遣兵讨之，皆为所败。永徽二年，始遣使朝贡，其姓大食氏，名噉密莫末腻，自云有国。”① 这段话虽然荒诞不经，但能说明一个问题，就是大食是波斯人建立的国家。故上引《九朝编年备要》中的“别种”为“分出来的种”的意思，波斯和大食从族属上来讲是属种关系。

处月因居于金娑山之南，蒲类海之东，有大碛，故名沙陀，也叫沙陀突厥。可见，沙陀就是处月，因居大碛而得名，是西突厥人建立的政权之一，故称为“西突厥别部”。“别部”和“别种”意思一样，在这里都是“分出来的种”之义，西突厥和沙陀（处月）在族属上也是属种关系。

（九）西南夷史料中的“别种”

《资治通鉴》卷193：闰月丁未，东谢酋长谢元深、南谢酋长谢强来朝。诸谢皆南蛮别种，在黔州之西。东谢蛮在西爨之南，居黔州之西三百里，南谢蛮在隋牂柯郡地南百里。②

《新唐书·南诏上》：南诏或曰鹤拓、曰龙尾、曰苴咩、曰阳剑，本哀牢夷后，乌蛮别种也。③

《建炎以来系年要录》卷124：虚恨乃乌蛮之别种，所居高山之后。夷人以高为虚，以后为恨，故名焉。其地东接马湖，南抵邛部，川北接中镇，地方三百里，墟落数十。④

《续资治通鉴长编》卷15开宝七年七月壬子条：南丹州蛮，溪峒之

① （后晋）刘煦等：《旧唐书》卷198，《大食国传》，北京：中华书局1975年版，第5315页。

② （宋）司马光：《资治通鉴》卷193，《唐纪九》，贞观三年，北京：中华书局1963年版，第6067页。

③ （宋）欧阳修等：《新唐书》卷225上，《南诏上》，北京：中华书局1975年版，第6267页。

④ （宋）李心传：《建炎以来系年要录》卷124，北京：中华书局1988年版，第2030页。

别种也。①

需要指出，南蛮、西南夷（蛮）并不是某一个民族的专称，而是对一个区域内所有民族的总称。按《新唐书》的说法，上引史料中的西南夷（蛮）、南蛮、溪峒蛮和乌蛮都属于南蛮体系。《旧唐书》也只是将其分为南蛮和西南蛮。到了五代、宋代，对西南地区民族的记载才比较具体。“溪峒”、“虚恨”、“南丹州蛮”等是到了五代、宋时才出现于文献记载的，主要分布在今贵州、广西、云南、四川等省区。

《旧唐书·南蛮传》载，南蛮有林邑蛮、婆利蛮、盘盘蛮、真腊蛮、陁洹蛮、诃陵蛮、堕和罗蛮、堕婆登蛮等。西南蛮有东谢蛮、南谢蛮、牂牁蛮、南平獠、东女国、南诏蛮、骠国、西赵蛮等。② 故东谢、南谢是西南夷的其中两部，那么也就是西南夷的“别种”。但上引《资治通鉴》说，东谢、南谢为南蛮的别种，其实也不矛盾。因为《新唐书》把西南蛮和南蛮合并成南蛮了。所以西南蛮的“别种”，也可以说成是“南蛮”的“别种”。至于是否有属种关系。笔者认为不能确定它们和“南蛮”、“西南蛮”有血缘上的属种关系。因为“南蛮”、“西南蛮”本身就不是某个民族的专称，而且其内部也不是清一色的一个民族，如东女国是西羌别种，南诏是乌蛮别种。它们只是部分和全体的关系而已。故上引《资治通鉴》中的“别种”是“分出来的种”的意思，“东谢”、“南谢”和“南蛮”或“西南蛮”只存在包含关系，不存在血缘上的属种关系。

“哀牢夷”是西南地区古老的少数民族，至迟在汉代已经形成。《资治通鉴》卷 214 对它的活动地域有所交代，“居姚州之西，东南接交趾，西北接吐蕃蛮”③。“姚州”治今云南姚安。《后汉书·章帝纪》载：“（建初元年）九月永昌哀牢夷叛。”④“永昌”治今云南保山。故哀牢夷是分布在今云南姚安以西到保山之间的少数民族，以有哀牢山而得名。“南诏”即六诏中的

① （宋）李焘：《续资治通鉴长编》卷 15，开宝七年七月壬子，北京：中华书局 2004 年第 2 版，第 321 页。

② （后晋）刘昫等：《旧唐书》卷 197，《南蛮传》，北京：中华书局 1975 年版，第 5269 页。

③ （宋）司马光：《资治通鉴》卷 214，《唐纪三十》，开元二十六年，北京：中华书局 1963 年版，第 6835 页。

④ （南朝宋）范晔：《后汉书》卷 3，《章帝纪》，北京：中华书局 1965 年版，第 134 页。

“蒙舍诏”，也在这个范围之内。所以，“南诏”也属于哀牢夷。《旧唐书·南诏蛮传》的相关记载也印证了这一说法：“本乌蛮之别种也，姓蒙氏蛮。谓王为诏，自言哀牢之后，代居蒙舍州为渠帅。在汉永昌故郡东，姚州之西。”①

那么，乌蛮和南诏之间是什么关系？史无具载，还得依靠蛛丝马迹去探求之。《宋史·兵十二》：“明年（熙宁八年，1075），延庆言威、雅、嘉、泸、文、龙州地接乌蛮”②。“威州”治今四川汶川，“雅州”治今四川雅安，“嘉州”治今四川乐山，“泸州”治今四川泸州，“文州”治今甘肃文县西，“龙州”治今四川平武东南。《隋书·周法尚传》载“嶲州乌蛮叛，攻陷州城”③，“嶲州”治今四川西昌；《新唐书·德宗上》载“后东爨乌蛮守来朝贡”④，“东爨”在今四川宜宾东、泸州西。从以上记载来看，乌蛮的分布范围十分广泛，在今甘肃南部、四川全境，甚至云南东北部和贵州的西北部都有它的分布。

而前已论及，哀牢夷主要分布在今云南保山到姚安之间的广大地区，在乌蛮的西南部。所以现在可以肯定地说，乌蛮和哀牢夷并非同种。故上引《新唐书》中的“别种”当是“不同的种”之义，因为它们地域相接，容易混淆，故以“别种”辨之。

虚恨蛮是比较晚出的一个族种，到宋代才见于文献记载。虚恨蛮属于黎州部落蛮的一种，也称“三王蛮”。“黎州”治今四川汉源北。从上引《建炎以来系年要录》对它的记载来看，其分布在今四川西北地区。按谭其骧《中国历史地图集》的标注，其在今四川峨边附近，东靠大凉山。但又据《宋史·不悳传》载：“嘉州虚恨蛮入寇”⑤，嘉州治今四川犍为附近，说明虚恨蛮的势力范围在从今峨边到犍为的广大地区。这些地方在唐代为乌蛮之地，虚恨蛮极有可能是从乌蛮种分衍出来的一支，与南诏没有血缘上的关系，但因在其北面，故也以“别种”辨之。

《宋史·南蛮二》载，溪峒有南丹州蛮、诚徽州蛮，梅山峒蛮等。很清

---

① （后晋）刘昫等：《旧唐书》卷197，《南诏蛮传》，北京：中华书局1975年版，第5280页。

② （元）脱脱等：《宋史》卷198，《兵十二》，北京：中华书局1977年版，第4950页。

③ （唐）魏征：《隋书》卷65，《周法尚传》，北京：中华书局1973年版，第1528页。

④ （宋）欧阳修等：《新唐书》卷12，《德宗上》，北京：中华书局1975年版，第326页。

⑤ （元）脱脱等：《宋史》卷247，《不悳传》，北京：中华书局1976年版，第8759页。

楚，“南丹州蛮”是溪峒蛮的其中一个。故《续资治通鉴长编》中的“别种”有“分出来的种”之义。《宋史·蛮夷一·西南溪峒诸蛮上》载：“晋天福中，马希范承袭父业，据有湖南时，蛮傜保聚，依山阻江，殆十余万。至周行逢时，数出寇边。”① 同书《蛮夷二·西南溪峒诸蛮下》载：“其风土、习俗、服食、器械悉同猺人。”② 故溪峒蛮的族源即傜人，即今瑶族。而南丹州蛮、诚徽州蛮和梅山蛮就是这一族属下的三个族群。因此，上引《续资治通鉴长编》中的“别种”就是“分出来的种”之义，在族属上也是属种关系。

通过对北方、东北、西北、西部和西南地区民族史料中“别种”一词的考察，并结合辞书和生物学对“别种”的解释，可知，“别种”有其使用的规律性和适用性。它有两种含义：一为“分出来的种”，着重强调它们之间的血缘和属种关系；二是“不同的种”，着重强调它们之间的地缘关系和外在的相似点。但也有特殊使用的情形。在用词上，也有“种”替代“别种”的现象，但仍为“别种”之义，只是一个笼统，一个具体罢了。这种用法仅适用于有血缘关系的“属种”之间。

以上所讲，是从大量的史实中总结出来的一般规律。但我们在研究时，还必须具体问题具体分析，从一个民族的背景材料和彼此关系去判断。只有这样，才能做到准确、公正。

第二节　大祚荣政权的族称和国号问题

大祚荣所建政权的国号到底是什么？建国前后的族称到底是什么？对这些问题如何回答，关系到对其族属和政权归属的认定问题。学术界在回答这些问题时，总是把族称和国号混为一谈，把本来的族称说成了国号，把本来的国号说成了俗称，从而使问题变得非常复杂。本节拟在前人研究的基础上，对这些问题进行深入的探讨。③

---

① （元）脱脱等：《宋史》卷493，《蛮夷一·西南溪峒诸蛮上》，北京：中华书局1976年版，第14172页。

② （元）脱脱等：《宋史》卷494，《蛮夷二·西南溪峒诸蛮下》，北京：中华书局1976年版，第14187页。

③ 关于大祚荣政权的族称和国号问题，笔者已刊文发表，见赵炳林：《再论大祚荣政权的族称和国号问题》，《历史教学》（下半月刊）2010年第2期。

一、“勿吉”、“靺羯”、“靺鞨”三者之间不存在前后相继的关系

史称“勿吉”和“靺鞨”是分别出现于北魏和隋唐时的族称，如《四库全书总目·地理类》说，“在元魏为勿吉，在隋唐为靺鞨”①，学术界对此也持同样的观点，同时多认为“靺羯”是“靺鞨”的误写。但笔者在搜检查阅了大量文献后，发现它们是大体同时出现于北魏的族称，“靺羯”也不是“靺鞨”的误写。为了清楚起见，笔者对四库全书中的“靺羯”及它所由出现的史书中的“靺鞨”和“勿吉”两个名称作了相应的统计，具体如下：

史书	著者	成书年代	出现次数		
			勿吉	靺鞨	靺羯
《北齐书》	李百药	唐	1（卷1）	8（卷7、8）	2（卷7、41）
《北史》	李延寿	唐	21（卷1、3、4、5、8、94）	28（卷8、11、22、38、73、76、94、99）	1（卷64）
《唐六典》	张九龄	唐			1（卷3）
《通典》	杜佑	唐	6（卷185、186）	23（卷172、178、185、186、200）	2（卷200）
《张燕公集》	张说	唐			1（卷14）
《新五代史》	欧阳修	宋	1（卷74）	5（卷74）	1（卷72）
《通志》	郑樵	宋	35（卷15上、15下、16、41、194、200）	36（卷16、18、40、161、163、194、200）	3（卷42、161、162）
《文苑英华》	李昉	宋			1（卷471）
《通鉴总类》	沈枢	宋			2（卷19上）
《太平寰宇记》	乐史	宋	3（卷175）	41（卷71、124、172上、172下、173、175、198、199）	1（卷69）

① 《四库全书总目》卷68，《地理类一》，四库册2，第273页。

（续上表）

史书	著者	成书年代	出现次数		
			勿吉	靺鞨	靺羯
《证类本草》	唐慎微	宋			1（卷9）
《太平御览》	李昉等	宋	8（卷101、784）		2（卷801）
《册府元龟》	王钦若等	宋	31（卷956、957、969）	150（卷15、44、117、125、126、170、357、358、383、429、548、956、957、958、959、961、964、967、969、970、971、972、973、974、975、985、986、991、995、996、1 000）	11（卷42、117、372、397、411、977、984、998）
《水心集》	叶适	宋			1（别集类三）
《书蔡氏传旁通》	陈师凯	元	1（卷6下）		1（卷6下）
《经济类编》	冯琦瑗	明		1（卷70）	1（卷69）
《天中记》	陈耀文	明		1（卷53）	1（卷56）
《广博物志》	董斯张	明		1（卷43）	1（卷37）
《历代名臣奏议》	杨士奇	明		2（卷40、340）	1（卷229）
《格致镜原》	陈元龙	清		11（卷8、23、33、69、76）	1（卷93）

《四库全书》中“靺羯”的出现次数为36，涉及史书20种。在这20种史书中，除《唐六典》、《张燕公集》、《文苑英华》、《通鉴总类》、《证类本草》、《太平御览》、《水心集》、《书蔡氏传旁通》之外，“靺鞨”一词在其他12种史书中出现了143次；“勿吉”在《北齐书》、《北史》、《通典》、《新五代史》、《通志》、《太平寰宇记》、《太平御览》、《册府元龟》、《书蔡氏传旁通》等9种史书中出现了113次。

对于“勿吉”的得名，傅斯年认为，因为挹娄人征服了沃沮人并袭用其名称，才改名为“勿吉”的。[①] 这个解释委实有点牵强。挹娄属古突厥人，而沃沮属秽貊人，作为征服者是不可能采用被征服者的族号的。而且仅凭读音相似，就认为是袭用，似乎过于武断。笔者查阅史籍，发现“勿吉”最早是以“卜辞”出现于经书中的，如《仲氏易·聚卦》云：“苟所行，得主而顺安于正，此即象之所为顺承、卦之所为利贞者，何有勿吉？”[②]《读易日钞·下经》：“何勿吉乎？凡此皆以时升致之，以巽顺之，德刚应之，势致之也。凡欲升者，未有不由斯道者也。”[③] 如果不是巧合的话，史书中的“勿吉”当为经书中“勿吉”的借用，有轻蔑仇恨之意。“勿吉”在史书中出现，始于《魏书》，如《帝纪第一·序纪》载：“西兼乌孙故地，东吞勿吉，以西控陇上。”[④] 而“靺鞨”和“靺羯”是基本同出于《北齐书·武成帝纪》：“是岁（河清二年），室韦、库莫奚、靺鞨、契丹并遣使朝贡。”[⑤] “是岁（河清三年），高丽、靺羯、新罗并遣使朝贡”[⑥]。史料中的“靺鞨”和“靺羯”当指一个民族无疑。《史通·外篇》说《北齐书》是李百药“仍其旧录，杂采他书”[⑦] 而成。“旧录”、“他书”当为北齐之前的史书。《书蔡氏传旁通·肃慎》云：“黑水靺羯本号勿吉，当后魏时见中国。其国东至海，南界高丽，西接突厥，北邻室韦，盖肃慎氏之地也。”[⑧] 明确指出，“靺羯”在北魏时就已经活跃在中国的历史舞台上了。《读礼通考》引《北史》说：“勿吉亦谓之靺鞨。”[⑨] 可见，“勿吉”就是“靺羯”和“靺鞨”在北魏时的另一称呼。

综上，“勿吉”、“靺羯”和“靺鞨”是基本同时出现于北魏的，不存在前后相继的问题。它们不但同时出现，而且还基本上一直相杂存于古代史书中，连绵不绝。

---

① 傅斯年：《东北史纲》，北京：国立中央研究院历史语言研究所 1932 年版，第 119 页。

② （清）毛奇龄：《仲氏易》卷 4，《聚卦》，四库册 41，第 215 页。

③ （清）张烈：《读易日钞》卷 5，《下经》，四库册 42，第 417 页。

④ （北齐）魏收：《魏书》卷 1，《帝纪第一·序纪》，北京：中华书局 1974 年版，第 9 页。

⑤ （唐）李百药：《北齐书》卷 7，《武成帝纪》，北京：中华书局 1972 年版，第 92 页。

⑥ （唐）李百药：《北齐书》卷 7，《武成帝纪》，北京：中华书局 1972 年版，第 93 页。

⑦ （唐）刘知几：《史通》卷 12，《外篇》，四库册 685，第 96 页。

⑧ （元）陈师凯：《书蔡氏传旁通》卷 6 下，《肃慎》，四库册 62，第 441 页。

⑨ （清）徐乾学：《读礼通考》卷 118，《靺鞨》，四库册 114，第 692 页。

二、“勿吉”和“靺羯”是北朝统治者对“靺鞨”的蔑称

搞清楚三者基本同时出现于北魏，还远远不够。进一步弄清它们所包含的意思，对我们深入研究这个民族及它与中国王朝的关系大有裨益。前已述及，“勿吉”是占卜语言，为“不吉利”的意思。那么“靺羯”是何意呢？我们不妨借用辞书工具进行解释。

《辞源》释“靺”一为“袜”，古代用皮做原料，故用“革”旁；二为“靺鞨”。笔者认为，不管是前者还是后者，二者之间是有内在联系的。“靺鞨”的得名，与“革”赖以产生的畜牧业有关。释“羯”一为“被阉过的羊”；二为“古匈奴族别部”。后者是指西晋末年的羯族，当与“靺羯”无涉。《说文解字》谓：“羯，羊羖犗也。”段玉裁《说文解字注》引《广雅》曰：“羖羊犗曰羯。”引《牛部》曰：“犗者，騬牛也。”可见，“羊羖”即“羖羊”。《辞源》释“羖羊”为“黑色公羊”，释“犗”为“阉过的牛”，释“騬”为“马去势”。那么“羯”到底是阉羊、阉牛还是阉马呢？似乎越解释越糊涂。笔者认为，“犗”和“騬”在这里不能理解为阉过的牛和马，其义就是“阉”。只有这样，上述解释才能通达。故我们可以把“羯”理解为“阉过的黑色公羊”。

如果把“靺”和“羯”的意思连起来，就活脱脱地描绘出了它的身形：脚穿皮鞋袜，像阉过的黑公羊一样驰骋于白山黑水之间。如再深究其义的话，“靺羯”有三层意思：一是说它有比较发达的畜牧业，生产大量的皮革产品；二是说它矫健轻盈、勇敢顽强、好斗嗜战；三是说它像阉过的黑公羊，带有强烈的侮辱意味。古代以受腐刑为最大耻辱，士人耻与阉人为伍。如《资治通鉴》卷274后唐庄宗同光三年条载，郭崇韬素疾宦官，尝对魏王继岌曰：“大王他日得天下，騬马亦不可乘。”① 可见，“靺羯”应为包含以上三种含义的歧视性称号。

我们再用历史的方法来证实一下以上解释是否合理。前已论及，它们都产生于南北朝时期。而这个时期也正是中国民族关系纷繁复杂、民族矛盾十分尖锐的时期。南北对峙，双方之间互相诋毁，“南书谓北为索虏，北书指南为岛夷”②。不但如此，统治民族还对其他民族实行歧视政策。北魏时，柔

① （宋）司马光：《资治通鉴》卷274，《后唐纪三》，同光三年，北京：中华书局1963年版，第8951页。

② （唐）李延寿：《北史》卷100，《序传》，北京：中华书局1974年版，第3343页。

然崛起，不时南下攻略，遂蔑称其为“蠕蠕”或“芮芮”。靺鞨攻灭扶余，常为北魏的边患，故也有可能以极具侮辱性的“勿吉”、“靺羯”来称呼“靺鞨”。

对于二者是蔑称的观点，还有一个旁证，就是《隋书》中对“勿吉”或“靺羯”只字未提。考察隋朝与靺鞨的关系，便可得知：靺鞨与隋朝关系和好，一直站在隋一边，参加对高句丽的战争，“及辽东之役，度地稽率其徒以从，每有战功”；还单独与高句丽作战，“每寇高丽中”①。而且，隋文帝实行比较开明的民族政策，出现了“四夷宾服”② 的局面。对靺鞨更是着力拉拢，以牵制高句丽，“怀抚靺鞨、契丹，皆能致其死力”③。故隋朝的官方文献中很可能就没有使用“靺羯”或“勿吉”这两个带有侮辱性的称呼。作为监修《隋书》的唐太尉长孙无忌，一丝不苟，在著述过程中，又彻底清除了以前史书中“靺羯”、“勿吉”的孑遗，而代之以“靺鞨”。故在《隋书》中没有出现“靺羯”、“勿吉”的字样。这就从一个侧面证实了前面解释的合理性。

综上，“勿吉”、“靺羯”应是北朝统治者对“靺鞨”的蔑称。“靺羯”也是曾经存在的历史记忆。那些认为它是“靺鞨”误写的观点是错误的。

三、“靺鞨”是族称，而非国号

“靺鞨”本身是一个族称。但有学者认为，它是大祚荣政权初建之际的正式国号。④ 他们立论的依据是《新唐书·渤海传》中“自是始去靺鞨号，专称渤海”⑤ 这则史料。笔者认为，这个观点是错误的，是把族称和国名两个内涵和外延完全不同的概念等同了起来。就像说“中华”是“中国”的国号一样荒谬。因为这个问题涉及大祚荣所建政权的族属问题，故有必要澄清之。

“去靺鞨号”之前的“号”是什么？显然是“渤海靺鞨”或“靺鞨渤海”。对于这两个称号，孰是孰非。先看史书对二者的记载情况，笔者对

---

① （唐）魏征等：《隋书》卷81，《靺鞨传》，北京：中华书局1973年版，第1822、1821页。

② （唐）魏征等：《隋书》卷2，《高祖下》，北京：中华书局1973年版，第51页。

③ （唐）魏征等：《隋书》卷47，《韦冲传》，北京：中华书局1973年版，第1270页。

④ 纪胜利、郝庆云：《渤海国初建之际国号考》，《中国边疆史地研究》2004年第2期。

⑤ （宋）欧阳修等：《新唐书》卷219，《渤海传》，北京：中华书局1975年版，第6180页。

《四库全书》史部和子部中的两个称号作了统计：

出处	著者	成书年代	出现次数	
			渤海靺鞨	靺鞨渤海
《旧唐书》	刘昫	五代	10（卷 8、9、121、199 上、199 下）	
《新唐书》	欧阳修	宋	4（卷 5、220、224 上）	
《旧五代史》	薛居正	宋	1（卷 138）	
《通鉴纪事本末》	袁枢	宋	1（卷 32 上）	
《太平寰宇记》	乐史	宋	1（卷 175）	
《唐会要》	王溥	宋	2（卷 96）	
《册府元龟》	王钦若等	宋	38（卷 956、964、967、971、972、975、986）	2（卷 170、974）
《文昌杂录》	庞元英	宋	1（卷 1）	
《五代会要》	王溥	宋	1（卷 30）	
《玉海》	王应麟	宋	1（卷 192）	
《文献通考》	马端临	元	2（卷 326）	
《盛京通志》	福长安等	清	2（卷 58、105）	1（卷 23）
《满洲源流考》	阿桂等	清	15（卷 3、4、5、6、9、16、17、19）	2（卷 2、4）

从上表可以看出，写为“靺鞨渤海”的只有 5 处，而写为“渤海靺鞨”的则多达 79 处。不管哪个，都是为了和黑水靺鞨相区别。“渤海”和“黑水”都是用来限定“靺鞨”的，都应统一放在核心词的前面。再从它们在史书中出现的频度来分析，“渤海靺鞨”最有可能是其称号，而“靺鞨渤海”有可能是误写。只有去掉“渤海”之后的“靺鞨”，才能说“专称渤海”。但不应据此认为在去掉“靺鞨”之前，其国号就是“靺鞨”，因为去掉之前，它的全称是“渤海靺鞨”，与“靺鞨”是两个不同的概念，不能完全等同。如果按照他们的逻辑，“黑水靺鞨”在“去靺鞨号”专称“黑水”之前，其国号便也是“靺鞨”了。那两者岂不是一样了吗？所以，“靺鞨”、“靺鞨国”是建国之际国号的说法，是经不起推敲的。

综上，“靺鞨”、“粟末靺鞨”、“渤海靺鞨”皆为族称，而非国号。“靺鞨”是泛称；“粟末靺鞨”是和黑水靺鞨相区别而存在的粟末部人的族称；“渤海靺鞨”是大祚荣建立政权后民族共同体的称呼。这时渤海民族逐渐形成,① 但它已不是纯粹的粟末靺鞨人，还包括了白山部、高句丽等族人。

四、“震国”是国号，而非俗称

“震国”和“振国”同现于史书，如《新唐书·渤海传》载：“祚荣即并比羽之众，恃荒远，乃建国，自号震国王”。《旧唐书·渤海靺鞨传》载：“圣历中，自立为振国王。”② 有学者认为，“震国”或“振国”是“靺鞨”或“靺鞨国”的俗称。③ 这种说法同样也是站不住脚的。首先让我们来辨析一下“震国”和“振国”谁真谁伪的问题。笔者对《四库全书》史部和子部中的“震国”、“振国”也作了统计：

出处	著者	成书年代	出现次数	
			震国	振国
《旧唐书》	刘昫	五代		1（卷199）
《新唐书》	欧阳修	宋	2（卷219）	
《资治通鉴》	司马光	宋		1（卷210）
《册府元龟》	王钦若等	宋		3（卷959、967、1000）
《五代会要》	王溥	宋	1（卷30）	
《玉海》	王应麟	宋	1（卷153）	
《辽史》	脱脱	元	1（卷38）	
《文献通考》	马端临	元	2（卷326）	
《朝鲜史略》	无名氏	明	1（卷3）	
《满洲源流考》	阿桂等	清	4（卷2、6）	
《历代帝王宅京记》	顾炎武	清	1（卷20）	
《历代职官表》	永瑢等	清	2（卷71）	
《历代建元考》	钟渊映	清	1（卷9）	

① 孙进己：《渤海民族的形成发展过程》，《北方文物》1994年第2期。

② （后晋）刘煦等：《旧唐书》卷199下，《渤海靺鞨传》，北京：中华书局1975年版，第5360页。

③ 纪胜利、郝庆云：《渤海国初建之际国号考》，《中国边疆史地研究》2004年第2期。

从上表统计可以看出，“振国”这个称号在史部和子部中只出现了5次，而“震国”则达16次之多。

在武则天万岁通天年间（696—697）的营州之乱中，靺鞨酋首乞四比羽和乞乞仲象东奔，据东牟山，阻奥娄河自固。唐廷为了分化瓦解靺鞨的反唐势力，“封乞四比羽为许国公，乞乞仲象为震国公”①。《辽史·地理志二·东京道》谓：“武后万岁通天中，为契丹尽忠所逼，有乞乞仲象者度辽水自固。武后封为震国公。传子祚荣，建都邑，自称震王。”②《朝鲜史略·新罗纪·文武王》谓：“祚荣嗣骁勇，善骑射。高句丽余烬稍稍归之，乃建国号震国。”③所以“震国”的起名实与武则天封乞乞仲象为“震国公”有涉。“震，东方也。”④武则天封乞乞仲象，有承认其为东方民族首领之意。⑤韩国学者宋基豪也认为：“大祚荣在制定国号时，也有可能考虑其父所受的爵号。”⑥其实在中国古代，以封号为国家称号者比比皆是，如汉以“汉王”得名，隋以“隋国公”得名，唐以“唐国公”得名，等等。

从两个名称在史书中出现的频度，武则天封乞乞仲象为“震国公”的事实及历史上出现的先例来分析，“震国”是大祚荣所建政权的国号，“振国”是“震国”的误写。朝鲜有学者对“振国”望文生义的解释，⑦是不顾历史事实的凭空发挥。

大祚荣自立为“震国王”，到底给唐王朝传达了一个什么样的信息？张碧波认为，是“接受唐朝的册封”，更进一步说，“这也为后来的更高一级的册封——渤海郡王奠定了基础”⑧。张碧波的观点是在缺乏对以前历史事实考察的情况下，得出的一个错误判断。可以肯定地说，大祚荣立国号为“震

① （宋）欧阳修等：《新唐书》卷219，《渤海传》，北京：中华书局1975年版，第6179页。

② （元）脱脱等：《辽史》卷38，《地理志二·东京道》，北京：中华书局1974年版，第455页。

③ （明）无名氏：《朝鲜史略》卷3，《新罗纪·文武王》，四库册466，第405页。

④ （宋）章如愚：《群书考索续集》卷3，《上经》，四库册938，第38页。

⑤ 张碧波：《高句丽与渤海论略》，《黑龙江民族丛刊》2001年第3期。

⑥ ［韩］宋基豪：《渤海的建国过程和建国集团》，《东北亚历史与考古信息》1996年第2期。

⑦ 朝鲜社会科学院历史研究所编著，吉林社会科学院朝鲜研究所译的《朝鲜通史》第五卷中，对“振国”的解释为“国家威力威慑四方的大国”。见中国朝鲜历史研究会1985年内部刊行本，第19页。

⑧ 张碧波：《高句丽与渤海论略》，《黑龙江民族丛刊》2001年第3期。

国”，意思很清楚，是要背离唐朝。中国古代凡以封号作为国号者，莫不是对所由册封王朝的背叛，如汉王刘邦背叛项羽，隋国公杨坚背叛北周，唐国公李渊背叛隋朝，等等。所以，大祚荣以“震国”为国号，给唐朝带来的不是惊喜，而是担忧。故有唐联合黑水靺鞨和新罗，南北挟制渤海的外交举措。

五、“渤海”是族称，而非国号

唐册封大祚荣为渤海郡王，这是不容怀疑的历史事实。史书也多载此事，如《图书编·渤海》谓“唐封为渤海郡王”。为什么要封为“渤海郡王”呢？何光岳、张碧波诸学者早就对此做过深入探讨。何光岳说：“唐之封其为渤海国，因其祖先大庭氏原乃居于山东高苑及河北河间一带，为汉、刘宋时渤海郡之地，故封大祚荣为渤海国（郡）王，以崇其祖先之地望。”① 张碧波也表达了基本相同的观点。何、张的结论也有文献为证。《资治通鉴》卷210注引《风俗通义·大条氏》云：“盖东夷之有大姓，尚矣。”②《路史·大庭氏》谓：“后有大氏、大庭氏。大填为黄帝师，大山稽为黄帝司徒。唐代勃海尚其世也。”③ 可见，“大”是远古时代就已经存在的姓氏，且其地望就在渤海郡。从大祚荣父“乞乞仲象”的姓氏分析，大祚荣之姓“大”，有可能是冒姓。而称其族众为“渤海靺鞨”或“渤海”，是把“先世”的地望和族称联系在一起，其实也是一种假托。他之所以这样做，是为了增强号召力，壮大力量。这种事例，在古代也是不可胜举。

金毓黻认为：“乞乞仲象本与乞四比羽同族，而仲象附于契丹，官大舍利，其子祚荣遂以大为氏，非其固有之姓也。”④ 日本学者津田左右吉认为：“大祚荣当乞乞死时，为统御靺鞨军之他一首领，二人无父子之关系，亦非同人异名者也。”⑤ 笔者不敢苟同津田先生的观点。二者姓氏确实不同，但称“渤海靺鞨”、“渤海”是建国前后之事。大祚荣冒姓“大”和假托“渤海”之后，当然就不一样了，但不能以此否定他们之间的父子关系。

---

① 何光岳：《东夷源流史》，南昌：江西教育出版社1990年版，第424页。

② （宋）司马光：《资治通鉴》卷210，《唐纪二十六》，开元元年，北京：中华书局1963年版，第6680页。

③ （宋）罗泌：《路史》卷6，《大庭氏》，四库册383，第43页。

④ 金毓黻：《渤海国志长编》卷19，转引自王承礼、张中树的点校本《渤海国志三种》（唐宴：《渤海国志》，黄维翰：《渤海国记》，金毓黻：《渤海国志长编》），天津：天津古籍出版社1992年版，第613页。

⑤ ［日］津田左右吉：《渤海史考》，北京：商务印书馆1939年版，第24页。

唐册封大祚荣为"渤海郡王"，其实是顺水推舟，承认了大祚荣建立政权的既成事实，但也是一种非常无奈的政治选择。唐朝的最终目的是要将其纳入羁縻统治圈。

"渤海"充其量是一个民族共同体的称号，说它是国号，是把族称和国号混为一谈了。不可否认，在中国、朝鲜和日本史书中，有称"渤海国"的情形。如《旧唐书·宪宗下》谓："（元和）八年春正月乙夘朔庚午，册大言义为渤海国王，授秘书监、忽汗州都督"；《三国遗事·靺鞨·渤海》谓："高丽残孽类聚，北依太白山下，国号渤海。"①《续日本纪》卷23天平宝宇四年正月丁卯条载："渤海国使高南申等贡方物。"用族称代替国号，在古代也是很普遍的现象。聊举几例，如称辽朝为"契丹国"②、称中原王朝为"中华"③，称高丽为"新罗"④，等等。但不能说，"契丹"是辽朝的国号（一段时期国号是"契丹"），"中华"是中原某王朝的国号，"新罗"是高丽的国号。它们是特定语言情境下的运用，但有着不同的内涵和外延。再举一例，《宋史·仁宗二》载，宋仁宗明道元年（1032），"以德明子元昊为定难军节度使、西平王"⑤。我们能否因宋朝册封元昊为"西平王"，就说夏州政权的国号就是"西平"呢？显然不能。同样的，我们也不能因唐朝册封大祚荣为"渤海郡王"，就说其国号为"渤海"。

综上，"勿吉"、"靺羯"、"靺鞨"三个称号是基本同时出现于北魏的，不是前后相继的关系。"靺鞨"有可能是自称，而"勿吉"和"靺羯"是北朝统治者对"靺鞨"的蔑称。"靺羯"不是"靺鞨"的误写。"靺鞨"、"渤海靺鞨"、"渤海"都不是国号，而是不同时期的民族称号；"震国"是其真正的国号，而非俗称。族称和国号虽在一定的语言情境中可以互换，但绝不

① ［韩］一然著，孙文范等校注：《三国遗事》卷1，《纪异第二》，长春：吉林文史出版社2006年版，第34页。

② （宋）薛居正等撰：《旧五代史·周书第二·太祖纪二》广顺元年春二月丁巳条载："以尚书左丞田敏充契丹国信使"，见中华书局1976年版，第1469页。广顺元年即951年，这时，已改"契丹"为辽了，但还在称"契丹"，显然是在用"族号"称呼"国名"。

③ （元）马端临：《文献通考·车师前后王》载："然则河西为我腹心，高昌他人手足也，何必耗中华，事无用?"见新兴书局1965年版，第2638页。这条史料中的"中华"是指唐朝。

④ （元）脱脱等：《宋史·礼二十二》载："已而，金使复至，用新罗使人礼引见宣政殿"（见中华书局1977年版，第2810页）。到宋代时，高丽王建已经统一了朝鲜半岛。这里的"新罗"显然是指高丽，而非王建统一朝鲜半岛后的新罗。

⑤ （元）脱脱等：《宋史》卷10，《仁宗二》，北京：中华书局1977年版，第194页。

能把它们完全等同起来，因为它们有着不同的内涵和外延。

第三节　震国的归属问题

一、中外学者在震国归属问题上的分歧

震国是大祚荣在东北建立的一个地方政权，地跨今中国、朝鲜北部和俄罗斯的滨海地区。故我们可以把其民族——渤海及其前身靺鞨、渤海靺鞨称为跨国民族。由于渤海靺鞨和渤海是大祚荣建立震国后的民族族称，已经不是单纯的粟末靺鞨人，它们中已经融进了大量的白山、高句丽等人。所以，要讨论它的族属问题，必须要从粟末靺鞨开始。

对于震国族源的认定，中国与韩国、朝鲜、日本之间的分歧很大。朝鲜学者在这个问题上是比较极端的，认为渤海就是高丽种，大祚荣更是高丽人；韩国学者比较客观，认为渤海是由肃慎、勿吉、靺鞨一系发展而来，但认为渤海的建立者大祚荣是高丽人；① 日本学者一般也认为："渤海史应属于朝鲜史的范畴，并且主张渤海国是高句丽的继承国。"② 但也有些学者比较公正，如津田左右吉认为："前者（《旧唐书》）非规定渤海民族之种族者，乃谓主权者大祚荣为高句丽之别种也。《新唐书》指示国民之所属为粟末靺鞨，故其句下文又说明云'附高丽者姓大氏'。可见为指示主权者与高句丽之关系者。而组成渤海王国之主力实为靺鞨，故《旧唐书》于其传中称'渤海靺鞨'，《新唐书》亦称为'粟末靺鞨'。"③

造成这种结果的根源，在于史书记载上的差异以及现当代相关国家民族主义的抬头和某种政治图谋的影响。不可否认，中韩学者在论述这个问题时，都有很强的倾向性，有些结论是生硬的、经不起历史检验的。这是不应该出现的现象。在这个问题上，只有通过交流、对话，找到解决问题的契合点才是最主要的。声嘶力竭地空喊归属问题并无助于问题的解决，反而会使问题复杂化，甚至会影响到中国和朝、韩两国的友好关系。真理应是越辩越明，

① ［朝］朴荣海著，李云铎译：《渤海是继承高句丽的国家》，《东北亚历史与考古信息》1987 年第 1 期。

② ［日］熊谷公男著，王禹浪译：《日本与渤海的交流史及近年来日本方面的研究状况》，《北方文物》2000 年第 1 期。

③ ［日］津田左右吉著，陈清泉译：《渤海史考》，北京：商务印书馆 1939 年版，第 7 ~ 8 页。

但情形为什么相反呢？这确实需要各方去反思了。现在让我们在史料记载的基础上，进行探讨。

二、史书对“震国”及其建立者大祚荣族属的记载

《新唐书·渤海传》载：“渤海，本粟末靺鞨附高丽者，姓大氏。”①《旧唐书·渤海传》载：“渤海靺鞨大祚荣者，本高丽别种也。”②《新五代史·渤海传》载：“渤海本号靺鞨，高丽之别种也”③，同书卷又载：“武后时，契丹攻北边。高丽别种大乞乞仲象与靺鞨酋长乞四比羽走辽东，分王高丽故地。”④《宋史·渤海传》载：“渤海本高丽之别种。唐高宗平高丽，徙其人，居中国。则天万岁通天中，契丹攻陷营府。高丽别种大祚荣走保辽东。”⑤《唐会要·渤海》载：“高丽别种，后徙居营州，其王姓大氏。”⑥《五代会要·渤海》载：“渤海靺鞨本高丽种”，又载“高丽别种大舍利乞乞仲象与靺鞨反人乞四比羽走保辽东，分王高丽故地。大姓，舍利官，乞乞仲象名也。”⑦《续通典·渤海》载：“渤海本号靺鞨，其贵族姓大氏。唐武后时，高丽别种大祚荣有众四十万人，据挹娄，臣于唐。”⑧《册府元龟·外臣部·种族》载：“渤海靺鞨大祚荣本高丽别种也。”⑨ 同书《外臣部·继袭第二》载：“唐圣历中，高丽别种大祚荣自立为振国。”⑩《御定渊鉴类涵·渤海》载：“武后

① （宋）欧阳修等：《新唐书》卷219，《渤海传》，北京：中华书局1975年版，第6179页。

② （后晋）刘煦等：《旧唐书》卷199下，《渤海靺鞨传》，北京：中华书局1975年版，第5360页。

③ （宋）欧阳修《新五代史》卷74，《渤海传》，北京：中华书局1974年版，第919页。

④ （宋）欧阳修《新五代史》卷74，《渤海传》，北京：中华书局1974年版，第920页。

⑤ （元）脱脱等：《宋史》卷491，《渤海传》，北京：中华书局1977年版，第14129页。

⑥ （宋）王溥：《唐会要》卷96，《渤海》，上海：上海古籍出版社1991年版，第2042页。

⑦ （宋）王溥：《五代会要》卷29，《渤海》，北京：中华书局1998年版，第473页。

⑧ 《续通典》卷150，《渤海》，台北：新兴书局1965年版，第2016页。

⑨ （宋）王钦若等：《册府元龟》卷956，《外臣部·种族》，北京：中华书局1960年版，第11255页。

⑩ （宋）王钦若等：《册府元龟》卷967，《外臣部·继袭第二》，北京：中华书局1960年版，第11374页。

时契丹攻北边，高丽别种大乞乞仲象与靺鞨乞四比羽走辽东，分王高丽故地。”① 《金史·本纪一》载：“粟末靺鞨始附高丽，姓大氏。李勣破高丽，粟末靺鞨保东牟山。”②《文献通考·渤海》载：“渤海本粟末靺鞨附高丽者，姓大氏。”③《图书编·渤海》载：“本粟末靺鞨附高丽者，姓大氏。后建国，自号震国王。地方五千里，尽得夫余、沃沮、弁韩、朝鲜、海北诸国，唐封为渤海郡王。”④《三国遗事·靺鞨·渤海》载：“高丽残孽类聚，北依太白山下，国号渤海。”⑤《东文选·表笺·谢不许北国居上表》载：“按渤海之源流也，句丽未灭之时，本为疣赘部落，靺鞨之属，实繁有徒，是名粟末小番，尝逐句丽内徙。其首领乞四比羽及大祚荣等，至武后临朝之际，自营州作孽而逃，辄据黄丘。”⑥ 同书卷 10 载：“渤海本粟末靺鞨，即高句丽别种。”⑦

由上可以看出，入唐以来，说震国为“高句丽别种”或大祚荣为“高句丽别种”者几乎囊括了唐以后的绝大多数纪传体及典制体史书，从数量上来说，占有绝对优势。它们都把震国及其建立者大祚荣说成是高句丽别种，甚至说成是高句丽种。但我们从史源学的角度来看，虽然数量众多，却基本上都是不加辨别地抄袭了《旧唐书》的说法，甚至有的是原原本本的传抄，如《册府元龟》。故我们不能以史料数量来定夺一个十分严肃的历史命题。

三、渤海非高句丽种，大祚荣是粟末靺鞨人

要弄清楚渤海和高句丽的关系问题，首先要对“别种”有一个清醒的认识。上文已经对“别种”有过深入全面的讨论，这里的“别种”是“不一样的种”的意思，是为了把粟末靺鞨和高句丽区分开来。隋朝时，高句丽在隋、丽作战失败以后，一部分高句丽人随其首领突地稽南下投奔隋朝，被安

---

① 《御定渊鉴类涵》卷 231，《渤海》，四库册 988，第 16 页。

② （元）脱脱等：《金史》卷 1，《本纪一》，北京：中华书局 1975 年版，第 1 页。

③ （元）马端临：《文献通考》卷 326，《渤海》，北京：中华书局 1986 年版，第 2567 页。

④ （明）章潢：《图书编》卷 50，《渤海》，四库册 970，第 194 页。

⑤ ［韩］一然著，孙文范等校注：《三国遗事》卷 1，《靺鞨·渤海》，长春：吉林文史出版社 2003 年版，第 34 页。

⑥ ［朝］徐居正：《东文选》卷 33，《表笺·谢不许北国居上表》，首尔：韩国庆熙出版社 1966 年版，第 429 页。

⑦ ［朝］徐居正：《东文选》卷 33，《表笺·谢不许北国居上表》，首尔：韩国庆熙出版社 1966 年版，第 429 页。

置在营州①（治今辽宁朝阳）；一部分人依附高句丽，即乞乞仲象和大祚荣他们。投奔高句丽的那部分人，因和高句丽人长期居住在一起，已经趋于高句丽化了，或者如某些朝韩学者所说的有了“高句丽意识”，故用“别种”来辨之。这也就是笔者在前文所说的“实不同而形相似”。《新唐书·渤海传》中“附高丽者”和《三国遗事》中“疣赘”的说法，可视为对“别种”实事求是的注脚。《旧唐书·靺鞨传》中也说：“或附于高丽或臣于突厥。”②在这里，也应该严肃批评中国的某些学者，为了说震国是中国的地方政权和大祚荣是中国人，极力否认他们有高句丽化倾向。在隋朝时，高句丽国力强盛，粟末靺鞨在与它的斗争中失败，遂有突地稽率八部众南迁柳城之事。余众只好臣属高句丽，成为高句丽与隋、唐战争的马前卒。在总章二年（668），唐灭高句丽后，为了消弭其遗民的反抗，遂把高句丽遗民大量内迁，大氏集团及高句丽也在其中。孙万荣营州之乱及东突厥的再起，为大氏集团的崛起提供了良机。

在这里面，有一个不容否定的事实，这些依附高句丽的粟末遗民，肯定是受到了文化相对于它先进得多的高句丽的浸染，而被高句丽化了。同样的，依附突厥者，肯定存在突厥化的倾向。因为在当时，高句丽和突厥在社会经济文化等方面要比靺鞨先进得多。中国学者也应认识到这一点，不能把他们视为“铁板一块”。退一步讲，就说渤海是高句丽别种，它曾经也是中国古代的一个民族和政权，因为高句丽是存在于中国传统疆域内的地方政权，翁独健有一句在民族学术界被广为引用的话，“历史上的中国不仅包括中原王朝，而且也包括中原以外的少数民族建立的国家或政权”③，高句丽和震国当为其中之两个。

“依附”在很多时候，都不是自愿的，是在力量极不对称的情势下作出的政治选择，甚至可以说是一种权宜之计。在适当的时候会脱离关系，而寻求自立。迁居营州和依附高句丽，都是不能作为归属标准的。那是战争以后，

① （宋）乐史：《太平寰宇记》卷71引《北蕃风俗记》云：“开皇中，粟末靺鞨与高丽战，不胜，有厥稽部渠长突地稽者，率忽使来部、窟突施部、悦稽蒙部、越羽部、步护赖部、破奚部、步步括利部，凡八部，胜兵数千人，自扶余城西北举部落向关内附，处之柳城。”见四库册469，第580页。

② （后晋）刘昫等：《旧唐书》卷199下，《靺鞨传》，北京：中华书局1975年版，第5358页。

③ 翁独健主编，杜荣坤、任一飞、华祖根编：《中国民族关系史研究》，北京：中国社会科学出版社1984年版，第23页。

对战败者的强制行为，是违背他们意志的。中国和朝鲜、韩国的一些“爱国学者”说出利己的话，从情感上可以理解。但作为学术研究来说，是经不起推敲的，也是不具有说服力的。不管是和平环境下的“依附”，还是战争环境下的强制迁移，只能说在一段时间内附属，但不能说永久归属。但令人遗憾的是，学术界很多人为了政治目的，生硬地把它作为归属的一个重要标准或原因。如果像这样继续下去，要弥合中国与韩、朝的学术分歧是永远不可能的，只能是南辕北辙，越走越远，以致对国家间的关系产生恶劣影响。三方学者都应注意到这一点。

要研究震国政权的族属问题，必须从其源头做起，不能从隋粟末人之一部分依附高句丽开始。粟末和黑水、安车骨、白山等部都是从古肃慎（息慎）一系发展而来。它们虽和秽貊系列的高句丽的人为邻，甚至“白山、安车骨、伯咄等部落，似服属于高句丽”①，粟末部更不例外，但它们毕竟分属不同的族系。就连韩国学者李龙范也说：“不可以把这个国家的历史视为朝鲜历史的一部分。”② 俄国学者 Э. В. 沙弗库诺夫在其作《对朝鲜学者关于渤海国论著的客观评述》中认为：“文字史料毫无疑义地证明渤海国的部族主要是由古突厥的黑水部落构成的，即便赞同朝鲜学者提出的渤海国开国国王大祚荣是高句丽人，也不会改变问题的实质，因为出身外族的人登上某个国家国王的宝座却从来不会从根本上改变这个国家的民族成分，只有在一个民族征服了其他民族的情况下，才有可能发生这种情况。”③ 这位俄国学者虽在叙述中犯了知识性错误，把粟末靺鞨说成了黑水靺鞨，但其族属观是正确的。在大祚荣东走，抵抗唐朝军队的追击时，确有高句丽人参加对唐作战，且在建国后的渤海族中，肯定有大量的高句丽人存在。但这些高句丽遗民只是作为“遗烬”加入粟末靺鞨而不可能成为乞乞仲象—大祚荣粟末靺鞨的主体。④日本史书《类聚国史·渤海上》也说：“其国延袤二千里，无州县馆驿，处

---

① ［日］津田左右吉：《渤海史考》，北京：商务印书馆 1939 年版，第 10 页。

② ［韩］宋基豪：《渤海国历史研究现状》，首尔，1990 年第 3 卷，第 157 ~ 174 页。见［俄］Э. В. 沙弗库诺夫著，杨振福译：《对朝鲜学者关于渤海国论著的客观评述》，《北方文物》2006 年第 1 期。

③ ［俄］Э. В. 沙弗库诺夫著，杨振福译：《对朝鲜学者关于渤海国论著的客观评述》，《北方文物》2006 年第 1 期。

④ 张碧波：《高句丽与渤海论略》，《黑龙江民族丛刊》2001 年第 3 期。

处有村里，皆靺鞨部落。其百姓者，靺鞨多，土人少，皆以土人为村长。"①学术界对"土人"有各种论点。其中杨军认为，"土人"即粟末靺鞨人。笔者认为，杨先生所持观点是值得商榷的。他既然说"土人"是粟末靺鞨人，那么"靺鞨多"中的"靺鞨"指称为谁？很清楚，"土人"就是留居原地的高句丽遗民。他们中有部分人后来成为震国的显要，但毕竟是少数。故不否认，《类聚国史》的叙述有夸大其词之嫌。但无论如何，震国的族属不可能是高句丽，而是肃慎一系。

第四节 震国的疆域

大祚荣率部乘契丹李万荣之乱和当时东北契丹、突厥与唐朝敌对的形势，率部东走，在忽汗河上游的东牟山阻河倚山自立，在东北建立了继古朝鲜、高句丽之后的又一个政权。然后以旧国为根据地，四出扩张，成为一个"地方二千里，编户十余万，胜兵数万人"② 的强大国家。《高丽史》也谓："并有扶余、肃慎等十余国。"③ 如果要对其疆域的发展进行分期的话，大致可分为四个时期：大祚荣的初创时期、大武艺的"斥大土宇"时期、文王大钦茂时期和大玄锡时"海东盛国"的形成时期。

一、大祚荣的奠基时期

大祚荣仰赖高丽遗众和靺鞨人，打退唐将李楷固军的追击。《旧唐书·靺鞨渤海传》载："东保桂娄之故地，据东牟山，筑城以居之。"④ 但在《新唐书·渤海传》中却称"率众保挹娄之东牟山"。到底是"桂娄"还是"挹娄"？"桂娄"是指高句丽五部之一的桂娄部，而"挹娄"为后魏勿吉的前身。二者所指绝非一事，其中必有误者。"桂娄"故地在哪里？我们知道，它是高句丽王族所在的一部，为高句丽的核心，也叫"内部"。据刘子敏研

---

① ［日］菅原道真：《类聚国史》卷193，《渤海》，转引自魏存成《唐鸿胪井刻石与渤海政权的定名、定位及发展》，《吉林大学社会科学学报》2006年第1期。

② （后晋）刘煦等：《旧唐书》卷199下，《渤海靺鞨传》，北京：中华书局1975年版，第5360页。但《新唐书·渤海传》谓为"五千里"。

③ ［朝］郑麟趾：《高丽史》卷1，《太祖一》，平壤：朝鲜古书刊行会1957年版，第18页。

④ （后晋）刘煦等：《旧唐书》卷199下，《渤海靺鞨传》，北京：中华书局1975年版，第5360页。

究，“桂娄”在今集安辖境。[①]“挹娄”也就是《新唐书》中的“虞娄”。《后汉书》：“挹娄，古肃慎之国也，在夫余东北千余里，东滨大海，南与北沃沮接，不知其北所极。”[②]“北沃沮”在今吉林延边、牡丹江地区、俄罗斯滨海地区和朝鲜半岛的东北部。故挹娄故地当在这些地区以北求之，而集安在其很远的地方。而且《新唐书·渤海传》说得很清楚，震国的疆域“东穷海”。而集安在鸭绿江北岸，离海很远。另《渤海国记上·地理》：“上京龙泉府，故肃慎地，地直渤海旧国三百里，忽汗河之东，西南至安东都护府千五百里。”[③]据此可以判断，大祚荣所据者当为“挹娄”故地。据津田左右吉的研究，“东牟山”为“今镜泊之南二百里额敦山，其高六十里，正在虎儿河之西，此或是东牟山也，其出二河（东曰福儿虎河，西曰飞虎河），此或是奥娄河树壁处也，中京在此地”[④]。据魏国忠、朱国忱等人的研究，东牟山即今城山子山城址外，还包括其东五公里的永胜大型聚落址，以及今敦化市区的敖东城遗址。[⑤]

大祚荣在挹娄故地建立政权后，形势对他非常有利。突厥此时正和唐朝交恶，这样就在震国和唐朝之间树起了一道藩屏，有力地阻遏了唐朝对其的征伐。当时的唐朝也是政局混乱，无暇东顾。大祚荣遂采取了非常灵活的外交措施，取得西邻突厥的支持，“遣使交突厥”[⑥]，然后聚兵积谷，向其西北、东北、东南、西南地区扩张领土，“尽得扶余、沃沮、弁韩、朝鲜、海北诸国”[⑦]。

现在让我们来探讨一下这些地方所包括的地域。《后汉书·夫余传》载：“夫余国，在玄菟北千里，南与高句丽、东与挹娄、西与鲜卑接，北有弱水。

---

① 刘子敏：《高句丽疆域沿革考辨》，《社会科学战线》2001年第4期，第177～188页。

② （南朝宋）范晔：《后汉书》卷85，《挹娄传》，北京：中华书局1965年版，第2812页。

③ 黄仁翰：《渤海国记中篇·地理》，辽海丛书本，第151页。

④ ［日］津田左右吉：《渤海史考》，北京：商务印书馆1939年版，第119页。

⑤ 魏国忠、朱国忱、郝庆云：《渤海国史》，北京：中国社会科学出版社2006年版，第108页。

⑥ （宋）欧阳修等：《新唐书》卷219，《渤海传》，北京：中华书局1975年版，第6180页。

⑦ （宋）欧阳修等：《新唐书》卷219，《渤海传》，北京：中华书局1975年版，第6180页。

地方二千里，本秽地也。"①《三国志·魏志·东夷传》与《后汉书》的记载基本相同。史料中的"玄菟"当为侨置于辽东的第二玄菟郡，在今浑江流域和朝鲜慈江道地区。②"高句丽"当指高句丽县，而非高句丽国。③挹娄前已论及，在夫余东北、北沃沮以北地区。津田左右吉认为："肃慎之地大体范围自吉林省宁古塔一带，至俄领沿海州，而以不咸山为南境。"④"弱水"当为今东流松花江。故我们可以大致确定夫余的疆域范围：北到黑龙江，东北从黑龙江、松花江的合流处起，朝西南沿松花江和张广才岭一线，南边大体从张广才岭西，沿拉林河到嫩江下游一带。这是比较广泛意义上的夫余疆域范围，但实际上，在大祚荣时，不可能占有如此广大的地域。津田左右吉认为，夫余为今吉林农安县。⑤

沃沮有北沃沮和南沃沮（东沃沮）两部分。北沃沮的方位前面已经论及。东沃沮在哪里呢?《后汉书·东沃沮传》载："东沃沮在高句骊盖马大山之东，东滨大海，北与挹娄、夫余，南与涉貊接。其地东西狭，南北长，可折方千里。"⑥那么，"沃沮"当据中国吉林延边、牡丹江地区、俄罗斯滨海地区和朝鲜的咸镜南北道地区。

"弁韩"，又称"弁辰"。《新唐书·新罗传》载："新罗，弁韩之苗裔也。"⑦《通志·弁韩》载："弁韩，亦十二国。又有诸小别邑。"⑧日本学者白鸟库吉在其著《汉代的朝鲜》中说："弁韩之名来源于中国古代的十二支兽……弁韩介于辰韩和马韩之间，从乐浪郡来说正好相当于巳，即蛇的方位。"⑨日、韩两国学者所指是一致的，都说是在伽耶地区，即今韩国洛东江谷地的狭长地带。笔者认为，凭大祚荣建国初期的军事实力，断不能所向披

① （南朝宋）范晔：《后汉书》卷85，《东夷列传》夫余条，北京：中华书局1965年版，第2810页。

② 刘子敏：《高句丽疆域沿革考辨》，《社会科学战线》2001年第4期。

③ 张博泉：《夫余的地理环境与疆域》，《北方文物》1998年第2期。

④ ［日］津田左右吉：《渤海史考》，北京：商务印书馆1939年版，第127页。

⑤ ［日］津田左右吉：《渤海史考》，北京：商务印书馆1939年版，第127页。

⑥ （南朝宋）范晔：《后汉书》卷85，《东夷列传》东沃沮条，北京：中华书局1965年版，第2816页。

⑦ （宋）欧阳修等：《新唐书》卷220，《新罗传》，北京：中华书局1975年版，第6202页。

⑧ （宋）郑樵：《通志》卷194，《弁韩传》，北京：中华书局1987年版，第3107页。

⑨ ［日］白鸟库吉、箭内亘著，姜维公、高福顺译：《汉代的朝鲜》，《中朝关系史译文集》，长春：吉林文史出版社2001年版，第85页。

靡地打到半岛南部地区。故《新唐书·渤海传》说大祚荣占据“弁韩”之地是不可能的，有可能是误记。

“朝鲜”是指古朝鲜，即箕氏朝鲜和卫氏朝鲜。对于二者的疆域，前面章节已有专门论述，在此不再赘述。大体范围在朝鲜半岛辰国以北，包括今朝鲜咸镜南北道、慈江道、黄海南北道、两江道和中国吉林等地。

“海北诸国”的“海”指什么？笔者认为是指“忽汗海”，即今镜泊湖。其北当为拂涅、虞娄、越喜、铁利等部。

从以上分析可知，在大祚荣统治的22年间，震国已经占据了北达黑龙江，西逾张广才岭到小兴安岭，东到俄罗斯滨海、朝鲜咸镜南北道地区，南到朝鲜半岛北部地区。《新唐书·渤海传》对震国的东西境和南境都有记载，说：“南比新罗，以泥河为境，东穷海，西契丹。”① “泥河”是指今朝鲜的龙兴江。

大祚荣时期，是否达到这样大的疆域范围。以上只是根据《新唐书·渤海传》比定的大祚荣时期的疆土范围。笔者认为《新唐书》所记载的这个疆土范围可能是震国实力最强时期的范围，不可能是震国建国初期的范围。

二、大武艺的“斥大土宇”与大钦茂的向南发展

玄宗开元七年（719），大祚荣死，震国私谥其为高王。其子武艺立，年轻气盛，野心勃勃。一方面和日本“亲仁接援”，一方面对唐朝虚与委蛇，致力于边疆的拓展，“斥大土宇，东北诸夷畏臣之”②。“东北诸夷”是指那些民族呢？笔者认为是拂涅、铁利、虞娄、越喜等黑水靺鞨以南诸部。这可从前文看出。按《新唐书·渤海传》的记载，大祚荣在位时期的“海北诸国”，已经囊括进了震国的领疆。但为什么在同传中又称“东北诸夷畏臣之”③ 呢？它们所指是否同一。答案是肯定的，就指其北的靺鞨诸部。我们可以这样理解，在大祚荣时期，它们和震国进行了斗争，但震国并没有征服它们，直到大武艺时才征服了。《新唐书·黑水靺鞨》载：

---

① （宋）欧阳修等：《新唐书》卷219，《渤海传》，北京：中华书局1975年版，第6179页。

② （宋）欧阳修等：《新唐书》卷219，《渤海传》，北京：中华书局1975年版，第6180页。

③ （宋）欧阳修等：《新唐书》卷219，《渤海传》，北京：中华书局1975年版，第6180页。

拂涅、铁利、虞娄、越喜时时通中国，而郡利、屈设、莫曳皆不能自通。其朝京师者，附左方拂涅，亦称大拂涅。开元天宝间（713—755），八来，献鲸睛貂鼠白兔皮。铁利开元中（713—741）六来，越喜七来，贞元中（785—805）一来。虞娄贞观间（626—649）再来，贞元一来。后渤海盛，靺鞨皆役属之，不复与王会矣。①

《新唐书》这则史料是非常有价值的，可以给我们提供很多有关他们和渤海、唐朝关系的信息。从这则史料中可以看出，拂涅、铁利、虞娄、越喜是独立于黑水或震国的族众，它们可以单独地和唐朝进行交聘；而郡利、屈设、莫曳也和唐朝保持着一定的联系，但由于交通不便和黑水的横亘，朝唐机会少，且附拂涅而来；它们朝唐主要集中在唐开元年间（713—741），在这期间，拂涅朝唐 8 次，铁利 6 次，越喜 7 次；贞元年间（785—805），铁利、越喜、虞娄朝唐 1 次。拂涅部大体在忽汗河中游至今穆棱河一带，越喜部在今乌苏里江上游地区及其以东、绥芬河东北的滨海地带，虞娄部在今完达山以北的三江平原中南部一带，铁利部在虞娄部以北直到那河（东流松花江）下游一带②。安史之乱后，唐朝开始走下坡路，对东北诸夷的掌控力度减弱。但渤海却国势日上，咄咄逼人。所以在唐德宗贞元年间（785—805），它们朝唐的次数急剧下降，以至“不复王会”了。说明在这时，震国已经完全把这些部族纳入自己的版图中了。

黑水部的情况则不同，它在靺鞨诸部中最为雄强，“人劲健，善步战，常能患它部”③。在大武艺时，单独朝唐。大武艺认为，“黑水始假道于我，与唐通。异时请吐屯于突厥，皆先告我，今请唐官，不吾告，是必与唐腹背攻我也”④。又于仁安十年（729），派大将张文休从海路进攻唐朝登州，被唐打退。大武艺北伐黑水，南攻唐朝，一是想变被动为主动，二是想通过战争扩疆展土。

---

①（宋）欧阳修等：《新唐书》卷 219，《黑水靺鞨传》，北京：中华书局 1975 年版，第 6179 页。

② 魏国忠、朱国忱、郝庆云：《渤海国史》，北京：中国社会科学出版社 2006 年版，第 176 页。

③（宋）欧阳修等：《新唐书》卷 219，《渤海传》，北京：中华书局 1975 年版，第 6178 页。

④（宋）欧阳修等：《新唐书》卷 219，《渤海传》，北京：中华书局 1975 年版，第 6180 页。

综上，在大武艺时期，向北已经基本上使靺鞨以南的诸部臣服了。这个时候，唐朝为了阻遏震国的向北扩张，在震国北面的黑水部设立了黑水都督府和黑水军。这时其北的思慕部、郡利部、窟说部（屈说部）三部当还在黑水的势力范围之内，没有纳入震国的疆域。

大武艺对南境的开拓，文献缺乏直接可资利用的史料。我们只能通过一些间接材料，做一些旁证。《新唐书·地理志七下》引贾耽《道里记》载："登州东北海行至鸭绿江口，舟行百余里。又小舫泝流三十里至泊汋口，得渤海之境。又自显州正北如东六百里至渤海王城。"① "泊汋口"即今蒲石河口附近。"显州"即今吉林敦化。再联想到震国进攻唐朝，是从海路攻打唐登州的。那么到底是从哪里出发的？显然是先舟行鸭绿江，在鸭绿江口渡渤海，登陆山东半岛，然后向唐朝发起进攻的。说明震国在大武艺时的西南地境无疑到了鸭绿江口一带。

大武艺在西南面与唐、北面与黑水对立的同时，也在觊觎南邻新罗的领土。同时，日本也在配合震国方面的军事行动。新罗一方面向唐朝求援，一方面做自己的防御工作。这在《三国史记》中有记载。《三国史记·新罗本纪八》载，新罗圣德王二十年（721）秋七月，"征何瑟罗道丁夫二千，筑长城于北境"②。"何瑟罗"在今韩国江原道的三陟。二十一年（722）十月，"筑毛伐郡城，以遮日本贼路"。通过大修长城和城池来应对震国和日本方面的军事行动。同时，连续遣使入唐，又献方物，又献美女，又是贺正，又是谢恩，以乞得唐朝的帮助。魏国忠等先生认为，大武艺时的南境越过了图们江，到达朝鲜的东北地区。③

综上，大武艺时的扩疆情况大致是：向北征服了黑水以南的靺鞨诸部（即南黑水靺鞨），向西南一直到鸭绿江口附近，向南到了图们江以南的朝鲜东北地区。

开元二十六年（738），武艺死，震国私谥其为武王。其子钦茂立，改年

---

① （宋）欧阳修等：《新唐书》卷43下，《地理志七下》，北京：中华书局1975年版，第1147页。

② ［韩］金富轼著，孙文范等校注：《三国史记》卷8，《新罗纪八》，长春：吉林文史出版社2003年版，第114页。

③ 魏国忠、朱国忱、郝庆云：《渤海国史》，北京：中国社会科学出版社2006年版，第178页。

大兴。唐朝“有诏嗣王及所领”①。大钦茂在位时期，力矫其父大武艺穷兵黩武的政策，整饬内政，宪象唐朝，完善国家制度，同时积极发展同唐朝、日本的外交关系。他的灵活外交政策收到了很好的效果，如《新唐书·渤海传》说：“讫帝世，朝献者二十九。宝应元年（762），诏以渤海为国，钦茂王之。”② 把震国的地位由“郡”升为“国”，大钦茂由“渤海郡王”升为“渤海国王”。津田左右吉认为：“其进郡王为国王者，虽系唐对藩属一种恩典，一方亦因渤海之国力充实，使唐不得不有此举也。”③

在这里需要指出，王承礼认为，在大钦茂时期才并吞了铁利、越喜、拂涅诸部。④ 这是值得商榷的。事实上，在大祚荣和大武艺时期，只是曾经占据这些地方，但并没有完全征服。大钦茂时，迁都上京，确有加强控制以上诸部的考虑，但不能认为是因为他征服了这些地区，才迁都上京的。同样，迁都东京，也不是因为大钦茂占领了今俄罗斯滨海地区，才建立并迁都东京的，而是为了加强和日本的联系。

笔者认为，大钦茂的扩张主要集中在对新罗的蚕食上。当时，新罗政治日坏，动荡不安。于是，大钦茂乘此机会，大力向南发展势力。天宝七年（748）八月，新罗“遣阿餐官贞节等检查北边，始置大谷城等十四郡县”⑤。“大谷郡”在今黄海南道的平川附近。二十一年（762）夏五月，“筑五谷、鸺岩、汉城、獐塞、池城、德谷六城，各置太守”⑥。五谷、鸺岩、獐塞三地分别为今朝鲜黄海北道的瑞兴、凤山、遂安，汉城在今凤山之南，皆在浿水南岸50公里左右范围以内的地方。⑦ 宣德王四年（783），又以阿餐官体信为

① （宋）欧阳修等：《新唐书》卷219，《渤海传》，北京：中华书局1975年版，第6181页。

② （宋）欧阳修等：《新唐书》卷219，《渤海传》，北京：中华书局1975年版，第6181页。

③ ［日］津田左右吉：《渤海史考》，北京：商务印书馆1939年版，第34页

④ 王承礼：《渤海简史》，哈尔滨：黑龙江人民出版社1984年版，第64页。

⑤ ［韩］金富轼著，孙文范等校注：《三国史记》卷9，《新罗纪九》，长春：吉林文史出版社2003年版，第123页。

⑥ ［韩］金富轼著，孙文范等校注：《三国史记》卷9，《新罗纪九》，长春：吉林文史出版社2003年版，第126页。

⑦ 魏国忠、朱国忱、郝庆云：《渤海国史》，北京：中国社会科学出版社2006年版，第180页。

大谷镇军主。阿餐官是朝廷的大官,[1] 让其担任一镇之首，可见大谷的军事地理地位是何等的重要，也可看出，大谷以北不远处当为新罗和震国发生军事冲突的地方，当然修城的目的也在于防备震国的南下。以上这些地方，虽然不是震国所占之地，但肯定也是两国军事斗争的要冲地区。可见，大钦茂时期的军事实力还是很强的，曾经打到了新罗的核心地区。

三、宣王大仁秀“颇能讨伐海北诸部，开大境宇”

大钦茂之后的几个国王，寿命不永，国祚不长。直到唐宪宗元和十四年(819)，政局才逐渐平稳下来。大仁秀也是震国历史上少有的杰出国王，他励精图治，大力发展和唐朝、日本的关系，对唐几乎年年有交聘，对日本也频繁派使。

在大仁秀统治的十二年里（819—830），他继续征讨海北诸部，同时南定新罗，使震国的疆域达到了最大。《辽史·地理志二》谓：“唐元和中，渤海王大仁秀南定新罗，北略诸部，开置郡邑。”[2] 《文献通考·渤海》谓：“仁秀颇能讨伐海北诸部，开大境宇。”[3] 从这两则史料可以看出，“海北诸部”从大祚荣时开始征服，到大仁秀时，还是没有彻底征服。也有可能这时征服的是黑水部。

这时震国南面的新罗正处在宪德王及其子兴德王统治时期，更是衰败不堪，“州郡大饥，盗贼蜂起”[4]，叛乱此起彼伏。《三国史记·新罗纪十》载，昭圣王十八年（826）七月，“命牛岑太守白永征汉山北诸州郡人一万，筑浿江长城三百里”[5]。“浿江”即今大同江。兴德王四年（829）二月，“以唐恩郡为唐城镇，以沙餐极正往守之”[6]。“唐恩郡”在高句丽时代为“唐城郡”，

---

① 据《三国史记》卷38《职官上》记载，“阿餐”在新罗的官阶中，属于第七等官，又叫“重阿餐”或“阿尺干”。在阿餐这一官阶中，又有重阿餐、二重阿餐、三重阿餐和四重阿餐。在十七阶官职中，第七阶还是很高的。

② （元）脱脱等:《辽史》卷38,《地理二》，北京：中华书局1974年版，第457页。

③ （元）马端临:《文献通考》卷326,《四夷三·渤海》，台北：新兴书局1965年版，第2567页。

④ ［韩］金富轼著，孙文范等校注:《三国史记》卷10,《新罗纪十》，长春：吉林文史出版社2003年版，第141页。

⑤ ［韩］金富轼著，孙文范等校注:《三国史记》卷10,《新罗纪十》，长春：吉林文史出版社2003年版，第144页。

⑥ ［韩］金富轼著，孙文范等校注:《三国史记》卷10,《新罗纪十》，长春：吉林文史出版社2006年版，第145页。

领县有二：车城县和振威县。“车城县”即今龙仁，“振威县”今仍名。二者均在今韩国京畿道的南部地区，且为汉州所下，而“汉州”为今韩国京畿道广州。可以看出，改唐恩郡为唐城镇，是把它变成了一个具有军事性质的建制单位了。很清楚，新罗为了防御震国的南下，建立了几道军事防御线。据此可以认为，宣王大仁秀时期，震国的南拓行动，确实给新罗造成了严重威胁。《满洲源流考·新罗》载：“海州岩渊县，东界新罗，故平壤城在县西南。”① “海州”治今朝鲜咸镜南道的咸兴，“岩渊县”在今朝鲜咸镜南道郡内里附近，接近泥河（今龙兴江）。上世纪80年代，朝鲜学者在其领域内通过现场发掘发现了渤海国的一些文物，由此获得的最主要的成果之一，可算是确定了渤海国的南都位于咸镜南道的浦项。②

震国的西南在今天什么地方，学术界有比较热烈的讨论。魏国忠、朱国忱等人认为渤海的领疆到了辽东之地。③ 王绵厚却认为，其最盛时期的西南境也只是在夫余府、长岭府至泊灼口（今辽宁九连城）一线，一直没有到达以辽东城（今辽阳）为中心的辽东腹地。④ 而王小甫先生对此表示认同。⑤ 但据《辽史·地理二》“兴辽县”条载，“兴辽县”是大仁秀所定名，当也为其所据。“兴辽县”在今辽宁辽阳西南。不但如此，据《辽史·地理志》记载，整个辽东半岛和辽西走廊的辽宁锦州周围之地也是震国的领疆。《辽史·兵卫志下》谓“汉之辽东，为渤海故国”⑥。开州（治今辽宁凤城）、辰州（治今辽宁盖县）、卢州（辽宁熊岳）、铁州（治今辽宁海城南之营城子）、贵德州（治今辽宁抚顺）、显州（治今辽宁北镇）、干州（治今辽宁北镇西南双台子）等地就是分布在辽东和辽西地区的原震国州县。这些地方当也是在大仁秀时所占的。

四、大玄锡时期“海东盛国”局面的形成

唐文宗太和四年（830），宣王大仁秀死，历经大彝震、大虔晃两代后，

① （清）阿桂、于敏中等：《满洲源流考》卷4，《新罗》，四库册499，第513页。

② ［俄］Э. В. 沙弗库诺夫：《对朝鲜学者关于渤海国论着的客观评述》，《北方文物》2006年第1期。

③ 魏国忠、朱国忱、郝庆云：《渤海国史》，北京：中国社会科学出版社2006年版，第179～180页。

④ 王绵厚：《唐末契丹进入辽东的历史考察》，见《东北古族古国古文化研究》（中卷），哈尔滨：黑龙江教育出版社2000年版，第257～258页。

⑤ 王小甫：《新罗北界与唐朝辽东》，《史学集刊》2005年第3期。

⑥ （元）脱脱等：《辽史》卷36，《兵卫志下》，北京：中华书局1974年版，第417页。

大玄锡即位。在大玄锡统治时期，国运达到最盛，“海东盛国”局面最终形成，疆域也达到历史上的最大程度，即五京十五府六十二州之地。对此，《新唐书·黑水靺鞨》有载：

> 以肃慎故地为上京，曰龙泉府，领龙、湖、渤三州。其南为中京，曰显德府，领卢、显、铁、汤、荣、兴六州。獩貊故地为东京，曰龙原府，亦曰栅城府，领庆、盐、穆、贺四州。沃沮故地为南京，曰南海府，领沃、睛、椒三州。高丽故地为西京，曰鸭渌府，领神、桓、丰、正四州；曰长岭府，领瑕、河二州。扶余故地为扶余府，常屯劲兵，扞契丹，领扶、仙二州；鄚颉府领鄚、高二州。挹娄故地为定理府，领定、潘二州；安边府领安、琼二州；率宾故为率宾府，领华、益、建三州。拂涅故地为东平府，领伊、蒙、沱、黑、比五州。铁利故地为铁利府，领广、汾、蒲、海、义、归六州。越喜故地为怀远府，领达、越、怀、纪、富、美、福、邪、芝九州岛；安远府领宁、郿、慕、常四州。又郢、铜、涑三州为独奏州。涑州以其近涑沫江，盖所谓粟末水也。龙原东南濒海，日本道也。南海，新罗道也。鸭渌，朝贡道也。长岭，营州道也。扶余，契丹道也。①

在这五京十五府六十二州中，位于边疆地区的府自北向南有：怀远、安远、安边、率宾、定理、龙原、铁利、鄚颉、扶余、长岭、鸭绿、南海等十二府。它们和黑水靺鞨、室韦、契丹、唐朝、新罗为邻，东濒日本海。同书对震国的疆域范围有一个比较笼统的记载：“地直营州东二千里，南比新罗以泥河为界，东穷海，西契丹。”② 金毓黻对此进行了考释，认为：“南与新罗，以泥河为界，西南以鸭绿江之泊灼口，及长岭府之南境，与唐为界，东际海，西界契丹，东北至黑水靺鞨，西北至室韦，地方五千里。”③ 不管是《新唐书》还是《东北通史》，对渤海疆域的叙述都显得非常笼统。

在对震国疆域的研究中，王承礼叙述得比较具体，姑且概括转述于下：震国南接新罗，以泥河为界。据《三国史记·地理志》，后期新罗的西北边

---

① （宋）欧阳修等：《新唐书》卷 219，《渤海传》，北京：中华书局 1975 年版，第 6182 页。

② （宋）欧阳修等：《新唐书》卷 219，《渤海传》，北京：中华书局 1975 年版，第 6179 页。

③ （清）金毓黻：《东北通史》，北京：社会科学战线杂志社 1981 年版，第 297 页。

界为高句丽的悉达（今祥原郡）、加火岬、夫斯波衣（以上两县在中和郡），东北边界为井泉郡（治今朝鲜德源），与之相关的有蒜山县（高句丽的买尸达县）、松山县（高句丽的夫斯达）、幽居县（高句丽的东墟）①。泥河（今龙兴江）则是井泉郡以北的一条江，震国南边以泥河为界与新罗接壤。南边西部的边界，随着安东都护府从平壤撤离，唐王朝在大同江流域及其以北势力的削弱，震国一度将势力伸入大同江流域的一部分地区。这就是渤海南与新罗接壤的局面。西南以鸭绿江之泊灼口及长岭府（英额城附近）之南境，与唐王朝为界。长岭府地当海龙县之分水岭，如是，震国西南大体以现在宽甸、新宾、清源一线与唐王朝为界。东部的安远、安边、定理府，占有现在俄罗斯乌苏里江以东及广大的滨海地区，直至日本海。西与契丹为界。渤海的扶余府、鄚颉府与契丹接壤，大体在现在的昌图、梨树、农安、乾安一线。东北至黑水靺鞨，大致到现在的鹤岗、萝北、同江及其迤东一带。概括起来，震国强盛时，其疆域包括现在吉林省的绝大部分，黑龙江省的大部分，辽宁省的一小部分，以及俄罗斯滨海地区和朝鲜的咸镜南北道、两江道、慈江道和平安北道的一部分，成为幅员辽阔的“海东盛国”②。

蒋秀松对震国的疆域也有深入探讨，他说：“渤海立国长达二百二十余年，全盛时，其疆域南比新罗，东穷海，西邻契丹，囊括了肃慎故地、秽貊谷地、沃沮故地、高丽故地、扶余故地、挹娄谷地、率宾故地、拂涅故地、铁利故地、越喜故地等广大的地域。”③

笔者认为，其西南和南面所至大大超出了上述两位先生所说的范围。西南到达辽东半岛和辽西半岛的锦州地区，向南吞并了一部分原属百济的地方。这在《旧唐书·百济传》中有载：“其地自此为新罗及渤海靺鞨所分，百济之种遂绝”④。

第五节　东北亚格局中的震国

震国是大祚荣叛唐而建立的政权。为了求得生存和发展，建国伊始，就

---

① ［日］井上秀雄：《新罗史基础研究》，转引自王承礼先生《渤海简史》，哈尔滨：黑龙江人民出版社1984年版，第65页。

② 王承礼：《渤海简史》，哈尔滨：黑龙江人民出版社1984年版，第65～66页。

③ 蒋秀松：《女真与靺鞨》，《民族研究》1992年第3期。

④（后晋）刘昫等：《旧唐书》卷199上，《百济传》，北京：中华书局1975年版，第5334页。

事大于突厥、新罗，后又事大于唐朝、日本。学术界对震国事大于唐朝之事，多有讨论。但对事大于突厥、新罗和日本之事少有论及，甚至否认震国曾经事大于日本的事实。“事大”和“归属”是两个内涵不同的概念，前者不等于后者。本节拟以震国在东北亚国际舞台上的外交表现为介入点，来管窥其“事大”政策的实质。

一、对突厥先傍结后背离

突厥是横亘在唐朝和震国之间的强大势力。武则天万岁通天中（696—697），契丹酋首李尽忠、孙万荣杀营州都督赵文翙，起兵反唐。突厥“默啜遂攻讨契丹，部众大溃，尽获其家口。默啜自此兵众渐盛。”① 圣历元年（698，大祚荣元年），默啜向武则天提出了和亲、归地、索人等无理要求②，被武则天拒绝。默啜怨怒，拘留司宾卿田归道。武则天惧其侵扰边疆，遂尽驱六州降户数千帐，种子四万余硕，农器三千事以与之，“默啜浸强由此也”③。

作为叛唐自立的震国，唯恐唐朝进攻，故在其初建的698年，便遣使交通突厥，“始与契丹济恶，旋于突厥通谋”④。故震国是巧妙利用了突厥和唐朝冲突的机会，和突厥通谋、阻遏唐朝进攻的。这说明，当时震国有和突厥结盟，共同抵抗唐朝之意图。

武则天长安二年（702，大祚荣五年），在唐军的凌厉攻势下，默啜只好遣使求和，欲以己女嫁皇太子之子。武则天顺势许之，双方关系转向正常。中宗神龙元年（705，大祚荣八年），双方战端又起。唐中宗为了分化突厥和震国的联盟，即位当年，便主动遣侍御史张行岌前去招慰震国，寻求双方关系的和解。大祚荣则以派大门艺入唐侍卫为回应。睿宗即位后（710，大祚

---

① （后晋）刘昫等：《旧唐书》卷194，《突厥上》，北京：中华书局1975年版，第5168页。

② 《旧唐书·突厥传上》载：“圣历元年，默啜表请与则天为子，并言有女，请和亲。初，咸亨中（670—673），突厥诸部落来降附者，多处丰、胜、灵、夏、朔、代等六州，谓之降户。默啜至是又索此降户及单于都护府之地，兼请农器种子。”见中华书局1975年版，第5168页。

③ （后晋）刘昫等：《旧唐书》卷194，《突厥上》，北京：中华书局1975年版，第5169页。

④ ［朝］徐居正：《东文选》卷33，《表笺·谢不许北国居上表》，首尔：韩国庆熙出版社1966年版，第429页。

荣十三年），默啜又遣使向唐求和。这无疑对震国不利，遂有次年震国遣使入唐之举。

开元元年（713，大祚荣十六年），默啜派其子移涅可汗率精兵“围逼北庭”①。震国也和黑水部一起到突厥请吐屯②。唐朝为了瓦解突震联盟，唐玄宗遣郎将崔忻册封大祚荣为左骁卫员外大将军、渤海郡王、忽汗州都督等。自此，震国和唐朝实现了关系的正常化。突厥也频频遣使朝唐③。

因为唐朝和震国关系和好，所以突厥在震国外交战略中的地位下降了。震国对突厥的态度也随之发生逆转，不再像以前那样努力去维系与突厥的联盟关系了。开元二十一年（733，大武艺十四年），突厥遣使震国，欲联合震国攻打契丹和奚，但没有得到大武艺的回应。这说明，震国对突厥的事大政策和突震联盟关系到此终结了。

综上可见，震国初期与唐的关系，与其西邻突厥的强弱及其与唐关系的好坏有着直接的关系。凡是突厥强大，与唐交恶的时期，也是震国遣使交通突厥的时候。唐也总会主动遣使入震，力图拉拢震国，拆散突震的同盟关系；当突厥衰弱，或与唐和好的时期，也是震国主动朝唐的时期。显然，三者之间的微妙关系，都与突厥有关。

二、对新罗先事后侵

关于震国对新罗的外交政策，《旧唐书》、《新唐书》、《册府元龟》、《三国史记》等中国和朝鲜史书中对此记载很少，难以窥其全貌。但我们可以通过一些零星的记载，去作合理的推断。魏国忠等著的《渤海国史》中引用了一则弥足珍贵的史料，说大祚荣曾向新罗表示臣属并接受其“五品大阿餐”之职，韩国学者宋基豪先生在《有关渤海国历史的若干问题》一文中也说：“公元700年，即渤海国成立不久，大祚荣遣使臣服新罗，而新罗国王赐予大祚荣相当于五品官级的爵位。”新罗给大祚荣授予“五品大阿餐”之事，在

① （后晋）刘煦等：《旧唐书》卷194，《突厥上》，北京：中华书局1975年版，第5172页。

② “吐屯”本为突厥的一级官职，如《旧唐书·突厥传上》载：“领兵者皆谓之设，其大官屈律啜，次阿波，次颉利发，次吐屯，次俟斤。”（见卷194上，第5153页）后突厥往往以之为监督其藩属国的长官，相当于唐朝派往羁縻府州的“长史”。

③ 据《册府元龟·外臣部·褒异二》载，自开元十年后，突厥先后遣葛逻、昆池、阿史德暾泥熟、阿史那、瑟钵达干、可逻拔护他满庭干、各解颉利发、裴啜罗、延陁俱末啜刺达干等来朝（见卷975，北京：中华书局1960年版，第11448页、11449页、11456页）。

《崔致远全集》所收录的《孤云先生文集》卷1中也有记载。“大阿餐”是新罗身份制中授予王族的官位。可见，新罗将大祚荣视为王族，亦即臣下了，说明震国在建国之初也曾“事大”于新罗。现在让我们来考察一下震国实现这一政策的可能性。首先，震国建立之际，新罗刚统一半岛，国势隆盛；其次，震国是大祚荣背唐而建的政权，与唐有积怨；再次，对于新罗来说，668年灭掉百济和高句丽后，新罗又支持百济和高句丽遗民驱逐唐军在朝鲜半岛的势力，迫使安东都护府渐次北移，最后迁到了辽西地区。故在新罗统一半岛之初，他与唐朝嫌隙不小。这就为震国实现南联新罗、西结突厥创造了一定的历史条件。故震国初建之际，联合并“事大”于新罗是十分有可能的。

705年、713年，唐对大祚荣的招慰和册封，说明唐朝已经默认了震国存在的事实。对于震国来说，虽然心存疑虑，但毕竟实现了与唐朝关系的和解。这时的唐罗关系也趋于正常化，甚至在圣德王三十四年（735，大武艺十六年），唐朝“敕赐浿江以南地境”① 给新罗。震国南联新罗抵抗大唐已失去了往日的历史意义，故新罗在震国外交战略中的地位骤降。于是震国放弃对新罗的外交政策，开始从新罗那里夺回被认为是其“先人”高句丽的领土。震、罗之间的斗争就这样不可避免地发生了。期间，震国并没有理会新罗是唐朝藩属国这层特殊关系。唐朝也可能心有余悸，不愿再涉入吃力不讨好的半岛冲突，没有出兵或者派出外交使节去援助其中一方或调停他们之间的关系。

震国对新罗的军事行动，应该从大祚荣晚年就开始了。新罗圣德王十七年（718，大祚荣二十一年）二月，王巡抚国西州郡②。十月，筑汉山州都督管内诸城。这说明，新罗已经深感震国南下的压力，着手进行战备了。十九年（720，大武艺二年），大武艺继立后，一方面朝唐，另一方面大举南侵，开始了大规模的拓疆活动。二十年（721，大武艺三年）秋七月，新罗征何瑟罗丁夫两千，筑长城于北境。到8世纪30年代以后，侵略新罗的活动更加频繁，这可以从新罗的防御活动中看得出。三十年（731，大武艺十二年），命百官会的门，观射车弩。三十一年（732，大武艺十三年）十二月，以角干思恭、伊餐贞宗、允忠、思仁各为将军。孝成王五年（741，大钦茂四年）

① ［韩］金富轼著，孙文范等校注：《三国史记》卷8，《新罗纪八》，长春：吉林文史出版社2003年版，第117页。

② 以下这些活动见于《三国史记》卷8的第114页、117页，卷9的第122页、123页、130页，不再一一列出出处。

四月，命大臣贞宗、思仁阅弩兵。景德王七年（748，大钦茂十二年），遣阿餐贞节等检察北边，始治大谷城等十四郡县。二十一年（762，大钦茂二十六年）五月，筑五谷、鸺岩、汉城、獐塞、池城、德谷六城，各置太守。宣德王三年（782，大钦茂四十五年）二月，王巡幸汉山州，移民户于浿江镇。宪德王十八年（826，大仁秀大九年），命牛岑太守白永征汉山北诸州郡人一万，筑浿江长城三百里。以上这些阅兵、命将、筑城、建长城等举措，无疑是为了抵御震国南侵而动。尽管期间有新罗的和平努力，但也没能使震国南下的脚步停下来。

但当震国和新罗都成强弩之末，而契丹崛起并对它们的存在构成威胁时，两国似乎也进行过一些媾和活动。契丹太祖阿保机并八部、灭奚部，“大諲譔深惮之，阴与新罗诸国结援”①。宪康王十二年（886）春，北镇奏：“狄国人入镇，以片木挂树而归”。取以献，其木书十一字云：“实露国与黑水国人，共向新罗国和通”②。“狄国人”显然是指震国人。但它们貌合神离，新罗和高丽并没有在辽灭震国时予以实质性的援助，照样向契丹“贡方物”、“进宝剑”③。更有甚者，新罗还参与了辽灭震国的战争。

三、对唐朝貌恭而心不恪

唐玄宗开元元年（713，大祚荣十六年），唐玄宗遣郎将崔忻往拜大祚荣为左骁卫员外大将军、渤海郡王，加授忽汗州都督。唐、震宗藩关系自此正式建立。但震国貌恭而心不恪，对唐用兵，攻打唐辖下的辽西和登州；安史之乱中，又见危不救，骑墙旁观。下面就其不恭行为进行论述。

（一）北击黑水，南攻唐朝

黑水部处于靺鞨的最北面，“尤称劲健，每恃其勇，恒为邻境之患”④。“唯黑水部全盛，分为十六部，部又以南北为栅地”⑤。在高句丽时代，靺鞨

---

① （南宋）叶隆礼：《契丹国志》，上海：上海古籍出版社 1985 年版，第 7 页。

② ［韩］金富轼著，孙文范等校注：《三国史记》卷 11，《新罗纪十一》，长春：吉林文史出版社 2003 年版，第 158 页。

③ （元）脱脱等：《辽史》卷 1，《太祖一》，北京：中华书局 1974 年版，第 10 页。

④ （后晋）刘煦等：《旧唐书》卷 194 上，《突厥上》，北京：中华书局 1975 年版，第 5358 页。

⑤ （宋）乐史：《太平寰宇记》卷 175，《四夷四 · 勿吉国》，四库册 470，第 617 页。

诸部不相统一，“七国凡为数十部，各有酋帅，或附于高丽，或臣于突厥”①。白山部在高句丽灭亡后，因曾参与对唐作战，和高句丽人一起被迁往唐朝营州等地。伯咄等部亦因高句丽破败，“奔散微弱，今无闻焉。纵有遗人，并为渤海编户”②。

震国的历代国王都拓疆掠地，但却未能彻底征服黑水部。但至少在大祚荣即位初期，黑水部和震国的关系是友好平等的。它们一起到突厥请吐屯，也一起到唐朝朝贡。两者关系的恶化，当是从唐朝在黑水地设置黑水军和黑水府开始的。开元十三年（725，大武艺七年），“安东都护薛泰请于黑水靺鞨内置黑水军，续更以最大部落为黑水府，仍以其首领为都督，诸部刺史隶属焉。中国置长史，就其部落监领之”③。十四年（726，大武艺八年），“诏以其地为黑水州，仍置长史，遣使镇押”④。十六年（728，大武艺十年），赐其都督姓李名献诚，授云麾将军兼黑水经略使，仍以幽州都督为其押使，“自此朝贡不绝”⑤。

黑水军及黑水府的设置，成了震国与黑水部、唐朝交恶的导火线。大武艺认为，唐朝在其北设置两个机构，“必是与唐家通谋，腹背攻我也”⑥。客观地讲，唐在彼地设立府、军，一是为了更好地对其地进行管辖，二是正如大武艺所认为的那样，为了以此造成南北挟制震国的战略格局。也许有人会认为，震国已经成为唐朝的藩属国，且两国关系和好，唐朝不会那么做。这就错了，震国对唐的恭恪是建立在唐朝强大的基础上的。对此，唐朝非常清楚。震国为了打破这种南北夹击的局面，主动出击，北击黑水部。大武艺派其母弟大门艺和其舅任雅相率兵击黑水部，但大门艺为了顾全震、唐关系的大局，力阻出兵。大武艺又遣其从兄大壹夏代替大门艺领兵出征。

---

① （后晋）刘昫等：《旧唐书》卷194上，《突厥上》，北京：中华书局1975年版，第5358页。

② （后晋）刘昫等：《旧唐书》卷199下，《靺鞨传》，北京：中华书局1975年版，第5399页。

③ （后晋）刘昫等：《旧唐书》卷199下，《靺鞨传》，北京：中华书局1975年版，第5399页。

④ （后晋）刘昫等：《旧唐书》卷199下，《靺鞨传》，北京：中华书局1975年版，第5361页。

⑤ （后晋）刘昫等：《旧唐书》卷199下，《靺鞨传》，北京：中华书局1975年版，第5359页。

⑥ （后晋）刘昫等：《旧唐书》卷199下，《靺鞨传》，北京：中华书局1975年版，第5361页。

大门艺叛逃唐朝和唐朝对大门艺的荫庇，直接导致了震、唐战争的发生。他逃入唐朝后，大武艺即遣使入唐，陈述大门艺罪行，要求诛杀他。但唐朝并没有按照大武艺的要求去做，而是遣往安西，谎称投向岭南。后事泄，大武艺遣使责怪，说："大国示人以信，岂有欺诳之理！"① 极力要求唐朝杀掉大门艺。唐朝无奈，遣大门艺到了岭南。大武艺于是在开元二十年（732，大武艺十四年），从陆、海两路向唐发起进攻。陆路一直打到辽西榆关附近的马都山一带；海路派大将张文休率海贼攻打登州。唐朝急派大门艺领幽州兵迎击，同时，遣太仆员外卿金思兰"往新罗发兵，以攻其南境"②。但由于山阻天寒，新罗兵无功而返。对于整个战争结局，到底孰胜孰负。《旧唐书》和《新唐书》都没有交代。日本学者熊谷公男说："这场战争最后是以唐与新罗联军的失败而告终。"③ 对此，笔者颇感怀疑，新旧《唐书》是说新罗北上进攻震国失败，并没有说唐朝在两线作战失败。到底孰胜孰败，笔者对此存疑。据《辽史·地理志》记载，震国的西南界达到今辽西走廊的锦州附近和辽东半岛西南角。这些地方可能就是大武艺时所占据的地方。但是，震国并没有能在山东半岛立足，说明在登州登陆后，很快就被唐朝打退了。

震国在与唐战争的次年，即开元二十一年（733，大祚荣十四年），"遣大承庆朝唐，上表悔过"④。唐对其错误行为给予了充分谅解。唐玄宗在给大武艺的表文中说："卿往年背德，已为祸阶，近能悔过，不失臣节，迷非复善，即又可嘉。"⑤

震国攻打黑水及南下海陆两路攻唐，是一个很严重的事件。为什么要攻打黑水和唐朝？为什么要在攻唐次年即入唐朝贡、上表悔过呢？原因不言自明，前者是震国为了打破南北挟制局面的奋力一搏，其国家利益是至高无上的。也就是说，封贡关系只是实现其国家最高利益的工具而已，如果看不到这一点，就不能对古代封贡关系的实质进行很好的把握，但很遗憾，学术界

① （后晋）刘昫等：《旧唐书》卷199下，《靺鞨传》，北京：中华书局1975年版，第5361页。

② （后晋）刘昫等：《旧唐书》卷199下，《靺鞨传》，北京：中华书局1975年版，第5361页。

③ ［日］熊谷公男著，王禹浪译：《日本与渤海的交流及近年来日本方面的研究状况》，《北方文物》2000年第1期。

④ 王承礼：《渤海简史》，哈尔滨：黑龙江人民出版社1984年版，第124页。

⑤ （宋）李昉等：《文苑英华》卷471，《翰林制诏·渤海书》，北京：中华书局1966年版，第2405页。

往往把封贡关系看成最实质的东西，而把藩属国的国家利益置于其次；后者是在其遭受打击后为了保全自身而采取的一种策略。在这次激烈的军事冲突后，震国对自己实力的估计更加客观实际，深感无法抗衡唐朝，遂又诚惶诚恐地臣事唐朝。故在大武艺之后，双方没有再发生过军事冲突。但在大仁秀朝，由于其国力的显著增强和与日本关系的日益密切，对唐关系慢慢降温也是客观存在的，对此，学术界不应视而不见，也不要讳莫如深。

（二）对唐朝安史之乱冷眼旁观、骑墙不顾

天宝十四年（755，大钦茂二十年），安禄山“矫称奉恩命，以兵讨逆贼杨国忠”①，反于范阳，史称“安史之乱”。安史之乱持续了八年之久，直到广德元年（763，大钦茂二十七年）才被平息下去。

现在让我们来考察震国在安史之乱中对唐的态度。在这八年间，震国朝唐只有一次，即宝应元年（759，大钦茂二十三年），遣杨方庆、日人高元度入唐朝贡②。这次入唐的目的，显然是为了打探安史之乱的发展势态和唐朝的虚实。作为唐朝藩属国的震国是有义务参加平叛战争的，但震国采取了中立甚至倾向于安、史的立场，而且和日本共享唐朝与安、史斗争的情报。这与同为唐朝朝贡国的新罗截然相反。763 年，唐玄宗西避蜀地。新罗景德王闻玄宗在蜀，遣使入唐，溯江至成都朝贡。这让玄宗非常感动，御书五言十韵诗相赠，其中两句为：“益重青青志，风霜恒不渝。”③ 还要附带一提的是，在 819 年（新罗宪德王十一年）七月，唐郓州节度使李师道叛，唐宪宗派扬州节度使赵恭征新罗兵马，“宪德王命顺天军将军金雄元率甲兵三万以助之”④。

与震国对唐朝的冷眼旁观相反，唐朝在安史之乱期间，共派出了四批次人去震国，或征兵，或册王，或朝聘。第一次是在安禄山起兵的当年，即至德元年（756，大钦茂二十年），平卢军留后徐归道遣判官张元涧到震国去征

① （后晋）刘昫等：《旧唐书》卷 200 上，《安禄山传》，北京：中华书局 1975 年版，第 5370 页。

② 王承礼：《渤海简史》，哈尔滨：黑龙江人民出版社 1984 年版，第 125 页。

③ ［韩］金富轼著，孙文范等校注：《三国史记》卷 9，《新罗纪九》，长春：吉林文史出版社 2003 年版，第 124 页。

④ ［韩］金富轼著，孙文范等校注：《三国史记》卷 10，《新罗纪十》，长春：吉林文史出版社 2003 年版，第 141 页。

兵马①。徐归道为安禄山心腹，后被另一心腹侯希逸和安东都护王玄志所杀，这一事件在《旧唐书》和《新唐书》的《侯希逸传》、《刘全谅传》和《资治通鉴》中的《唐纪三十五》中有载。可见，张元涧到平卢节度邀领的震国去征兵的目的，并不是要其帮助镇压安禄山叛乱，而是要拉震国助纣为虐。第二次是至德二年（757，大钦茂二十一年），唐平卢节度王玄志遣王进义去震国朝聘。王玄志本为唐朝安东都护，且与侯希逸杀安禄山腹心人物徐归道。故他是坚决反对安禄山叛乱的。所以，他遣使入震国，肯定是为了稳住震国，防止其涉入安乱的。第三次是宝应元年（762，大钦茂二十六年），遣使册封大钦茂为震国国王。第四次是广德元年（763，大钦茂二十七年），遣内侍韩朝彩往聘。后两次应该也是唐朝为了稳住震国而采取的必要措施。广德元年（763，大钦茂二十七年）安史之乱被平息后，震国对唐态度出现了陡转，遣使朝唐的频度大大增加，从 763 年到 794 年大钦茂薨的 32 年中，共朝唐 18 次，尤其是 767 年，一年内朝唐次数竟达 5 次之多。

耐人寻味的是，在安史之乱期间，震国多次遣使往聘日本。前后有杨承庆、高南申、王新福等不顾惊涛骇浪，梯山航海到日本；日本更是积极，先后遣小野田守、高元度、阳玲璎、伊吉益麻吕、板振谦束、戒融等来聘震国②。两国频繁互聘，当然也有共同防止安、史侵入其国的意图，但也不乏对唐的戒心。震国和日本互聘及唐朝聘震国的频度都超过了历史上的其他任何时期。三者之间的微妙关系可见一斑。

从安史之乱前后，震国对唐、日的态度可以看出，震国对唐的“事大”，只是徒具形式而已，还远远比不上新罗对唐的关切。震国在唐朝处于危乱之际，虽没有落井下石，但也采取了冷眼旁观、骑墙观望的态度。

① 书中四次聘渤海的史料，都来自王承礼的《渤海简史》，哈尔滨：黑龙江人民出版社 1984 年版，第 125 页。

② 王承礼：《渤海简史》，哈尔滨：黑龙江人民出版社 1984 年版，第 125 页。

震、唐朝贡关系一览表

朝代	震国			唐朝	
	朝贡	宿卫	告奏、贺节、谢册封等	册封	报聘
大祚荣（698—719①）	遣使朝唐贡方物5次	705年，大门艺曾充质子至京师		705年，遣侍御史张行岌招慰；玄宗713年，遣郎将崔忻拜大祚荣为左骁卫大将军、渤海郡王、忽汗州都督②	
大武艺（720—737）	朝唐24次	725年，大武艺之弟大昌勃来朝，留宿卫。726年，大都利来，留宿卫。729年，大武艺弟大胡雅、大琳来朝，留宿卫	724年，遣使贺祚庆贺唐正旦。725年，遣乌借芝蒙贺唐正旦。731年，朝唐贺正旦	720年，册王嫡男大都利行为桂娄郡王（《渤海简史》）。大武艺袭父为左骁卫大将军、渤海郡王、忽汗州都督	720年，唐遣郎将张越来约讨奚、契丹（《渤海简史》）。726年，遣使报聘。738年，遣使吊慰

① 魏国忠等《渤海国史·渤海纪年表》谓大祚荣于718年死，大武艺同年继位。《新唐书·渤海传》和王承礼《渤海简史·渤海年表》都谓大祚荣于719年死，大武艺720年继位。魏《表》显然有误。

② （后晋）刘昫等:《旧唐书》卷199下《渤海靺鞨传》作“左骁卫员外大将军”。《新唐书·渤海传》这则史料中的年代错误，“先天”（712—713）是唐玄宗的年号，而非唐睿宗的年号。

（续上表）

朝代	震国			唐朝	
	朝贡	宿卫	告奏、贺节、谢册封等	册封	报聘
大钦茂（737①—794）	朝唐42次	739年，大钦茂弟大勖进来朝，留宿卫。743年，大钦茂弟蕃来朝，留宿卫。774年，唐放质子大英俊还国。茹富仇有可能曾为宿卫，762年十一月放还。791年，王子大贞翰②来朝请修宿卫	746、754、791年三次遣使朝唐贺正	738年，诏遣内侍段守简册钦茂为渤海郡王，仍嗣其父为左骁卫大将军、忽汗州都督。授其使大常靖为卫尉卿同正。794年正月以来朝王子大清允为右卫将军同正，其下三十余人拜官有差	756年，唐平卢留后徐归道遣判官张元涧来征兵马。757年，唐平卢节度王玄志遣王进义来聘
大嵩璘（795—809）	朝唐8次			开元中年（713—742），袭父位为郡王、左金吾大将军。天宝中年（742—756），累加特进、太子詹事宾客。795年二月，遣内常侍殷志赡册大嵩璘为渤海郡王	

① 关于大武艺死及大钦茂继立的时间，《旧唐书·渤海靺鞨传》说在唐玄宗开元二十五年，即737年。魏国忠等《渤海国史·渤海纪年表》同《旧唐书》。而王承礼《渤海简史·渤海年表》谓为开元二十六年，即738年。因王承礼的《年表》袭用金毓黻《渤海国志长编》中的渤海纪年。故在此予以纠正，应以《旧唐书》和《渤海国史》为准，王先生和金先生的纪年有误。

② （宋）王钦若等：《册府元龟》卷996《外臣部·纳质》谓为“太贞干”，北京：中华书局1960年版，第11694页。

（续上表）

朝代	震国			唐朝	
	朝贡	宿卫	告奏、贺节、谢册封等	册封	报聘
				798年加银青光禄大夫、检校司空，进封渤海郡王。762年，进封国王。大历中（766—780）累加拜司空太尉；805年①，顺宗加嵩璘金紫光禄大夫、检校司空；806年十月加检校太尉。762年十一月，以王侄大能信为左骁卫中郎将、虞候、娄蕃长、都督。茹富仇为右武卫将军	
大元瑜（810—812）	朝唐4次			809年，以嵩璘男元瑜为银青光禄大夫、检校秘书监、忽汗州都督，依前渤海国王	
大言义（813—817）	朝唐10次			813年正月，遣内侍李重旻授元瑜弟权知国务言义银青光禄大夫、检校秘书监、都督、渤海国王	

① 应为唐顺宗永贞元年，即805年。

（续上表）

朝代	震国			唐朝	
	朝贡	宿卫	告奏、贺节、谢册封等	册封	报聘
大明忠（818）	朝唐 2 次		818 年，遣使告哀		
大仁秀（819—830）	朝唐 12 次	824 年二月，大叡等五人来朝请修宿卫①	927 年，入唐贺正旦	诏检校司空，袭王	
大彝震（830—857）	朝唐 11 次		830 年，告哀于唐。833 年正月，遣同中书右平章事高宝英来谢册命	831 年，大仁秀卒，以权知国务大彝震为银青光禄大夫、检校秘书监、都督、渤海国王	832 年，唐遣王宗禹赴渤海。833 年，唐幽州节度府遣瀛洲司马张建章来聘
大虔晃（858—871）	朝唐 2 次②			858 年，以渤海国王弟权知国务大虔晃为银青光禄大夫、检校秘书监、忽汗州都督，册为渤海国王	

① （后晋）刘煦等：《旧唐书·敬宗上》载：“（长庆四年）壬午，渤海送备宿卫大聪叡等五十人入朝”（见卷 17 上，第 507 页）。这和《渤海靺鞨传》的记载有很大出入，人名和人数都不一样。

② 王承礼《渤海简史》中没有大虔晃朝唐的记载。但据《新唐书·渤海传》载“咸通时，三朝献”。“咸通”为唐懿宗的年号，时间为 860—874 年。大虔晃的在位时间为 858—871 年之间。而《渤海简史》谓大玄锡时朝（872—885）朝唐一次。故可推断，在大虔晃时，朝唐两次。

（续上表）

朝　代	震　国			唐　朝	
	朝　贡	宿　卫	告奏、贺节、谢册封等	册　封	报　聘
大玄锡（872—894）	朝唐 1 次		893 年，遣使入唐告哀		
大玮瑎（894—906）	朝唐 1 次				
合　计	122 次	13 次	11 次	27 次	6 次

四、对日本既事大又抗争

对于震国和日本之间的关系，中国学术界多认为震国与日本之间是平等的外交关系，如魏国忠先生说："渤海诸王和渤海当局始终都在坚持对等外交，不肯称臣或事大于日本"①；而日本学者则多认为二者之间存在着藩属关系，如日本学者上田正昭说，统一后的新罗和渤海，却被放在了向日本朝贡的"蕃国"位置上，也反映了当时日本政府中所谓的东夷"小中华思想"②。我们还是应从事实出发，去判断两者的关系。

据《续日本书纪》卷 8 载，大武艺元年（720，日本元正天皇养老四年），日本就"遣渡岛津轻司从七位上诸君鞍男等六人于靺鞨国，观其风俗"。这当为两国来往之始。从大武艺八年（727，日本神龟四年）始，至天成元年（926，日本延长四年）震国被辽灭亡为止，包括东丹国崔璆使日在内，震国共遣使日本 37 次③。其中，8 世纪以后的一百多年间，震国聘日高达 29 次。震国朝献日本的贡品主要是一些土特产，如虎皮、豹皮、貂皮、熊皮、人参等。如 727 年，以貂皮三百张献于圣武天皇；739 年，献虎皮七张、豹皮六张、人参二十斤、蜜三斛。另外，还进贡猎犬等，如 823 年，震国使

① 魏国忠：《论渤日关系中的对等外交》，《日本研究》1996 年第 1 期。

② ［日］上田正昭著，王维坤译：《古代日中关系史上的问题点——以隋、唐、渤海的交流为中心》，《西北大学学报》1996 年第 3 期。

③ 李良玉：《日本古籍中的渤海史料》，《学习与探索》1982 年第 3 期。

贞泰进献“契丹大狢二口，犭委二口”[①]。“狢”即狢獝，为短嘴的猎犬[②]。“犭委”可能也是一种猎犬。震国使者除了向天皇贡献土特产外，还要进行一些私下的馈赠活动。如《日本三代实录》卷21载，876年，震国使杨中远还“以珍玩玳瑁杯等献天子”。

日本对震国的朝贡，给予了积极的回应。在727—926年间，答聘14次。其中在8世纪60年代后的一百多年里，日本报聘唐朝才3次，但报聘震国则达8次之多。可见，日、震关系要远比日、唐关系亲密。

日本对震国的回赐，主要是一些丝织产品。如据《续日本书纪》卷5、卷6载，728年，圣武天皇“以彩帛10匹、绫10匹、絁20匹、丝150絇、调绵二百屯回赠渤海王”。777年，回赐“绢50匹、絁50匹、丝200絇、锦300屯、黄金小100两、水银大100两、金漆1缶、漆1缶、海石榴油1缶、精念珠4贯、槟榔扇10枚”，等等。天皇不仅要对震国回赐物品，作为回馈，而且还要对震国的使臣个人分别馈赠。如759年，清和天皇奖赏震国使臣乌孝慎东絁50匹、锦4屯；861年，又赏赐震国使臣李居正絁10匹、绵40屯，还以絁135匹、绵1 250屯分别赠予使团成员。

从以上叙述可以看出，震国确实在“朝”日本，日本也确实在“回赐”、“奖赏”震国；从互聘的频度来看，震国朝贡日本的次数要远远多于日本报聘的次数，完全符合宗藩之间的惯例。从双方交换的物品来看，震国在经济上要远落后于日本，有事大日本的必要。震国和新罗关系恶化后，还有结援日本邀击新罗的战略需要。进入9世纪以后，震国更是频频使日，而日本明显对震国的频繁来朝表现出不耐烦的情绪，报聘次数急剧减少，而且限制震国朝贡次数，延长朝贡周期。这与以后宋元明三朝对王氏高丽和李氏朝鲜限制来华朝贡次数的情况如出一辙。

另一方面，由于震国自身国力的增强，更由于日本在震国外交战略中的地位因震、唐关系的全面正常和震国对新罗战略优势的凸显而下降，故在坚持震、日宗藩关系的同时，也对日本表现出了不恭的态度，导致一些不可避免的外交纠纷。对于震国和日本在外交礼仪上的争端，李良玉、魏国忠等已有相当深入的论述[③]。但二者都以此得出了基本相同的结论，说震国并没有

① 金毓黻：《渤海国志长编》下编，长春：社会科学战线杂志社1984年版。转引自崔粲、杜尚侠：《渤海与日本通聘目的及影响初探》，《首都师范大学学报》1995年第3期。

② 胡裕树：《新编古今汉语大词典》，上海：上海辞书出版社1985年版，第484页。

③ 李良玉：《日本古籍中的渤海史料》，《学习与探索》1982年第3期；魏国忠：《论渤日关系中的对等外交》，《日本研究》1996年第1期。

称臣于日本，而是坚持对等外交。其结论不是实事求是的。尤其需要指出的是，魏先生把震国所携国书中诸如“伏惟大王天朝受命”、“忝当列国”等语说成了震国“拉关系”、“套近乎”，把一些以下待上的敬语说成是让日本“脸面有光，心里高兴”的“恭维话”、“中听话”。既然如魏先生所说，震国视国家尊严为“神圣天职”，那么在国书中为什么还要写那么多有辱国家尊严的“肉麻”之词呢？这不是自相矛盾吗？

尽管两国在外交礼仪等方面有很大矛盾，但不能否认震国曾经“事大”于日本的事实。震国同时事大于唐朝和日本，甚至短暂事大于新罗和突厥，其实并不矛盾。“事大”与“归属”是内涵迥异的概念，我们不应讳莫如深。

震国与日本朝聘关系一览表①

国王	时间	震国	日本
大武艺（720—737）	720 年		派诸君鞍男等六人到震国“观其风俗”
	727 年	遣高仁等通聘日本，只有高齐德等八人抵日廷	
	729 年		高齐德同日本报聘使抵震国
大钦茂（737—794）	739 年	遣胥要德、已珍蒙聘日本	
	740 年		已珍蒙等同日本报聘使大伴犬养使来
	746 年	渤海及铁利总一千一百余人到日本	
	753 年	遣慕使蒙通聘日本	
	759 年	遣杨承庆赴日报聘	日本遣小野田守通聘震国

① 本表以王承礼《渤海简史·渤海年表》为主，旁以他书补充，以求完整。

（续上表）

国　王	时　间	震　国	日　本
大钦茂（737—794）	760 年	遣高南申出使日本	杨承庆同日本使高元度来
	761 年		高南申同日本报聘使阳玲璆来
	762 年		日本遣伊吉益麻吕通聘震国
	763 年	遣王新福通聘日本	
	764 年		王新福同日本报聘使板振谦束来。冬，唐内常侍韩朝彩同日本僧戒融来
	771 年	遣壹万福等三百二十五人聘日本	
	772 年	遣乌须弗通聘日本	壹万福等同日本报聘使武生乌守来
	776 年	遣史都蒙聘日本	
	777 年		史都蒙同日本报聘使来
	778 年	遣张仙寿送日本聘使回国并致聘	
	779 年	遣高泮弼通聘日本	
	786 年	遣李元寿等六十五人通聘日本	
大嵩璘（795—809）	795 年	遣吕定琳等六十人聘日本	
	796 年	渤海国遣使献方物	吕定琳同日本报聘使长广岳来
	798 年	遣大昌泰通聘日本	遣内藏贺茂来聘
	799 年		大昌泰同日本报聘使滋野船白来
	809 年	遣高南容通聘日本	
大元瑜（810—812）	810 年	遣高南容通聘日本	
	811 年		高南容同日本聘使林东人来
大言义（813—817）	814 年	遣王孝廉、高景秀通聘日本	
大明忠（818）	818 年	遣慕感德聘日本	

（续上表）

国　王	时　间	震　国	日　本
大仁秀（819—830）	819 年	遣李承英通聘日本	
	821 年	遣王文矩通聘日本	
	823 年	遣高贞泰通聘日本	
	825 年	遣高承祖一百零三人通聘日本	
	826 年		日本约十二年通聘一次
	827 年	遣王文矩聘日本	
大彝震（831—857）	841 年	遣政堂省左允贺福延等一百零五人通聘日本	
	848 年	遣永宁丞王文矩等百人通聘日本	
大虔晃（858—871）	858 年	遣政堂省左允乌孝慎等一百零四人通聘日本	
	860 年	遣李居正等一百零五人通聘日本	
	871 年	遣政堂省左允杨成规等一百零五人通聘日本	
大玄锡（872—893 ）	872 年	杨成规等在日本互市	
	876 年	遣政堂省孔目官杨中远等一百零五人通聘日本	
	882 年	遣文籍院少监裴颋等一百零五人通聘日本	
	891 年	遣文籍院少监王龟谋等一百零五人通聘日本	
大玮瑎（894—906）	894 年	遣文籍院少监裴颋等一百零五人通聘日本	
合　计	震国通使日本 35 次		日本通使震国 14 次

五、震国“事大”政策的实质

综上可以看出，震国的事大政策是在不对称的力量对比中，所采取的一种保全自己、壮大自己的外交策略。它具有四个方面的特征：

一是功利性。震国的事大政策以实现国家安全、经济利益和文化交流为最高目标。在初建之际，为了能够站稳脚跟，确保其政权的安全是其外交的核心。故建国伊始，便交通突厥，称臣新罗和日本，试图从战略上牵制和阻遏唐朝对它的攻伐。在实现与唐朝关系正常化后，突厥在其外交战略中的地位下降，故对突厥的战略协作要求置之不顾；并且抛开与新罗的宗藩关系，不遗余力地从新罗手里争夺被认为是其“先人”高句丽领土的土地；震、日外交也纠纷不断。与此同时，从唐朝和日本那里取得巨大经济利益成为其外交的重点。震国在安史之乱前后对唐朝态度的截然不同，都是其事大政策具有功利性的表现。故“事大”是震国赖以实现其最高目标的一种手段而已，可谓口惠而心不至。

二是脆弱性。由于震国的外交是功利性外交，故决定了其“事大”政策的脆弱性，有利则事，无利则断，正是“以势交者，势倾则交疏”，“强必寇盗，弱则卑服”①。如攻唐朝，当时两国已经确立了藩属关系，就因唐在其北的黑水部设立军、府和唐无意诛杀大门艺而兵戎相向。安史之乱爆发后，震国一改以前勤谨事唐的态度，骑墙不顾，甚至对安、史表现出暧昧。安史之乱中，唐对震国的后三次遣使，就是为了防止震国倒向安、史一边而作的外交努力，也从另一个方面说明了震国事唐关系的脆弱性。

三是多向度性。前已论及，震国不但最初向突厥和新罗事大，后又向日本和唐朝事大。尽管对前两者事大的时间不长，但毕竟作为一种外交行为，曾经在历史上存在过。而且与后两者同时存在过一段时期。学术界很少论及

---

①（后晋）刘煦等：《旧唐书》卷194上，《突厥上》，北京：中华书局1975年版，第5162页。

震国对新罗和日本的事大关系，甚至否认震国事大于日本的事实①。笔者认为，这是把“事大”和“归属”两个概念混为一谈后讳莫如深的结果。它们是两个内涵迥异的概念。所以，震国的事大是多向度的，不只向唐朝一家事大。这和高句丽、王氏高丽比较相似，前者在南北朝时，同时向北朝和南朝政权称臣事大；王氏高丽则同时向辽朝、宋朝称臣事大。

四是表里不一性。追求国家利益最大化是震国事大政策的核心，为了达到这个终极目的，震国对唐朝朝贡、宿卫、贺正、求册封、接受册封；请突厥人为吐屯；接受新罗五品大阿餐的官职；朝贡日本，甚至向壹万福那样，不顾国家尊严，向日本天皇泣泪哭拜；这些都是事大政策的外在表现，属形式层面的东西。看似勤谨恭顺，实则有不可告人的目的。另一方面，它为了国家利益，打过唐朝、侵过新罗、拒过突厥、抗过日本，表现出明显的表里不一性。

所以，震国的“事大”只是一个赖以实现其最大利益的手段而已，寻求国家安全、振兴经济和文化交流是其最终目标。“事”与“不事”完全看己方、对方的强弱对比和周边事态的发展状况而定。所以，震国对唐朝、日本、新罗和突厥等大国的“事大”是形式层面的东西。我们对震国事大外交政策的评价应实事求是，不能过分拔高，也不能否认其存在。

第六节　震国灭亡后的领土去向

震国在垂国两百余年后，于天赞四年（925，高丽太祖八年）被其西邻大国辽国所灭。震国的灭亡使中国东北的人口分布和领土格局发生了巨大变

① 孙玉良在文章《日本古籍中的渤海史料》中认为，日本史料中有关渤海事大于日本的史料都是日本史官“暗做处理”的结果。但其所列证据非常牵强，主观臆断成分较多。孙玉良举了《日本后记》卷5中的一条史料：“渤海国王所上书疏，体无定例，词多不逊”。他说：“保存在日本古籍中的渤海致日本的书疏，其言词找不到有‘不逊’之处”。故其认定，“凡被视为‘体无定例，词多不逊’之处，均已消去，弃而不载”。然后得出篡改史书的结论（见《学习与探索》1982年第3期）。真不知道孙玉良所说的“不逊”到底是不逊到了什么程度。739年大钦茂遣使聘日，所携国书中径称日本为“彼国”。“彼国”应是大不敬之词吧，为什么没有“消去”、“不载”？后魏国忠在文章《论渤日关系中的对等外交》中也沿袭了孙玉良的说法（见《日本研究》1996年第1期）。笔者认为，在没有确凿证据证实的情况下，用简单否认史料真实性的方法来达到一种目的，虽然来得直接，但从历史研究方法上来说，是不够严谨的。

化，其领土被北邻黑水靺鞨（其后为女真）、辽朝、高丽所占据。震国领土的流向，也是判定其政权归属的一个重要标准，故有必要对其灭亡后领土的去向问题进行深入的探讨。为了便于探讨，我们大致以今天中国和朝鲜的分界线为准，分为北、南两部分，也就是下文中的“北疆”和“南疆”。

一、被辽国占据的领土

辽对震国领土的占据过程，也是女真南下、高丽北上和震国遗民割据的过程。四个过程并行不悖，最后形成了四大势力分据震国故地的疆域格局。

契丹“以渤海土地相接，常有并吞之志”①。但实际上，辽灭震国后，并没有全盘占据原属震国的领疆，只是承继了其中的一部分。而且这部分，也是和女真相间而居的。辽对直接统治区和间接统治区，都采取了比较务实和成熟的统治政策，根据不同的情况，施以不同的统治方式，这就是“因俗而治”。大致情况是：第一，建立东丹国，大量起用震国遗臣，以缓和震国遗民因祖国灭亡所带来的愤辽情绪；第二，易地强迁，与他族杂居，防范震国遗民聚族为变和图谋东山再起；第三，对女真聚居地区实行羁縻统治，使之成为辽国的臣民。

（一）辽对震国北疆的占据

辽对震国鸭绿江、图们江以北领土的占领，如果说全是直接占领，就显得言过其实了。因为，在女真灭亡震国的过程中，震国的北邻黑水靺鞨（女真）迅速南下，基本上占领了鸭绿江、图们江以北、以南的广大地区。这些女真就是《辽史》中所记载的长白山女真、鸭绿江女真、东海女真、回跋女真、蒲卢毛朵女真、曷苏馆女真、五国部、完颜部、乙典部、顺化王部等。这些女真族众聚族而居，分布在东北的广大地区，发展成为一个个不可忽视的政治力量。

由于行文需要，后面再探讨女真所占地区。在这里先讨论辽对震国北部疆域的直接占领情况。从《辽史·地理志》所载可知，其直接占领区仅限于震国西南、西北、东南的边缘地带。下面分述之。

① （清）徐松：《宋会要辑稿》第197册，蕃夷四之一〇五，北京：中华书局1957年版，第7766页。

1. 辽对震国北疆西南面的占据

东平郡（治今辽宁辽阳市），本震国之辽阳府，“汉之辽东，为渤海故国”①。天显三年（928，太祖十一年），迁东丹国民居之，升为南京。十三年（938，太祖二十一年），改南京为东京，府曰辽阳，所辖诸县均为原来震国的县。辽阳县，本渤海国金德县地（《地理志》中又说渤海长乐县）。仙乡县（治今辽宁牛庄附近），本汉辽队县，渤海为永丰县。鹤野县（治今辽宁鞍山西），本汉居就县地，渤海为鸡山县。析木县（治今辽宁岫岩），本汉望平县地，渤海为花山县。紫蒙县（治今辽宁辽阳附近），本汉镂芳（方）县地，后拂涅国置东平府（治今黑龙江密山东南），领蒙州紫蒙县，后徙辽城，并入黄岭县。渤海复为紫蒙县，应为侨置县。兴辽县（治今辽宁盖县南），本汉平郭县地，渤海改为长宁县。在唐元和中（806—820），渤海国王大仁秀开置郡名，遂定今名。肃慎县②（治今镜泊湖东北岸），以渤海户置。另归仁县、顺化县（两县治今辽宁普兰店市附近，具体不详）也当为渤海故县。

开州③（治今辽宁凤城），为震国时的鸭渌府，辖开远一县。辰州（治今辽宁盖县），本高丽盖牟城。渤海改为盖州，又改辰州，以辰韩得名，辖建安一县。卢州（治今辽宁熊岳），本渤海杉卢郡，辖熊岳一县。铁州，本汉

① （元）脱脱等：《辽史》卷36，《兵卫志下》，北京：中华书局1974年版，第417页。

② “肃慎”在镜泊湖东北岸，距离辽阳府遥远，不可能属于辽阳府的管辖范围。《辽史·地理志二》说它为辽阳府辖地，是错误的。

③《辽史·地理志二》所载“开州”条是错误的。“开州”在震国前期为唐朝卢龙节度使辖地，后入震国为鸭渌府，并非《辽史》所说是“涉貊地”，也非“东京龙原府”。谭其骧主编《中国历史地图集》更是错上加错，把同一个地方标注在了相距甚远的两个不同地点：一个标注在了今吉林珲春西南，一个标注在了辽东半岛的东海岸。“开远县”治今辽宁凤城，不可能是原来震国的“栅城地”，因为“栅城”就是震国的东京龙原府所在地。

安市县，高句丽为安市城（治今辽宁海城南之营城子），渤海置州[1]，辖汤池一县。

兴州（治今辽宁桦甸附近），本汉海冥县地[2]，渤海置州。

汤州（治今辽宁辽中），本汉襄平县地，渤海置州。

崇州[3]，本汉长岑县地，渤海置州，统崇信一县。

显州（治今辽宁北镇[4]），下辖三州三县，其中康州下辖率宾一县，本渤海率宾府地[5]。震国国力最强盛时，其统治范围可能延伸到了此地区。

宗州（治今不详）熊山县，本渤海县地。

干州（治今辽宁北镇西南双台子），本汉无虑县地，统一州四县。其中

① 《辽史·地理志二》所载显然有误，震国所置铁州，据张传玺、杨济安所编《中国古代史教学参考地图集》（北京：北京大学出版社 1982 年版），学术界有两种说法：一在今吉林敦化西南，一在今吉林珲春市南境。谭其骧主编《中国历史地图集》把“铁州”标注在了两个地方：一在吉林敦化西南（第五册《渤海》），一在辽宁海城西南（第六册《东京道》）。而且两个地方都标注了“穆州”及其辖县“会农”。谭先生显然是受《辽史》错误的影响，而没有进行辨误工作。《辽史·地理志二》把“铁州”说成了高句丽时的“安市城”，即今辽宁海城南之营城子。震国不可能在其境内设立两个地名完全一样的州，辖同样地名的两个县。从薛仁贵征东和辽圣宗征高丽的路线来看，他们都是渡鸭绿江，然后向南进攻的，不可能到离鸭绿江很远的今吉林珲春附近。而且薛仁贵大破高句丽名将温沙门，擒“善射者”的“石城”就在鸭绿江附近。《高丽史·崔承老传》谓：“夫以马歇滩为界，太祖之志也；鸭江边石城为界，大朝之所定也。”（见《高丽史》卷93，《崔承老传》，平壤：朝鲜古书刊行会 1957 年版，第 67 页。）故以此可判定，“铁州”就是高句丽时的“安市城”，并不是震国时的东京龙原府。我们还可以找到旁证，《新五代史·晋家人传》载，辽灭后晋后，押解晋主石重贵一行北上，谓：“又行十余日，渡辽水，至渤海国铁州，又行七八日，过南海府，遂至黄龙府”（见《新五代史》卷 17，《晋家人传第五》，北京：中华书局 1974 年版，第 178 页。）故“铁州”当为今辽宁海城南。

② 据《汉书·地理志》和《后汉书·郡国志》，“海冥县”在汉乐浪境。而“乐浪”并不辖“兴州”，即今辽宁桦甸附近地区。

③ 此处疑误。据《汉书·地理志八下》载，“长岑”为汉乐浪南部都尉辖地，不可能在今吉林敦化附近。故断定“崇州”还是在今辽宁省的西南部。《汉书》、谭其骧《中国历史地图集》和张传玺、杨济安《中国古代史教学参考地图集》中关于“崇州”的叙述和标注是错误的。

④ 《辽史·地理志二》谓“显州”为原震国显德府地，明显是错误的。因为下辖州奉先、山东、归义、嘉州、辽西州及属县长庆县、康州都在今辽宁锦州境内。“奉先县”即汉无虑县，也就是医巫闾山，为幽州的镇山，在今辽宁北镇。谭其骧《中国历史地图集》中对“显州”的正确标注，显然是纠正了《辽史·地理志二》错误的结果。

⑤ “率宾县”是辽世宗迁震国民所置，疑是侨置县。如是，则非原率宾府地了。

灵山县[①]（治今辽宁康平），本渤海灵峰县地。司农县（今地不详），本渤海麓郡县，后并麓波、云川二县。

贵德州（治今辽宁抚顺）贵德县，本汉襄平县，渤海为崇山县。奉德县（今地不详），本渤海缘城县地，尝置奉德州。

沈州（治今辽宁沈阳），本汉挹娄国地。渤海建沈州，辖下的岩州[②]（治今辽阳和本溪之间），本渤海白岩城，辽太宗拨属沈州，统白岩一县，为渤海所置。

集州（治今沈阳和铁岭之间），古陴离郡地，汉属险渎县，高句丽为霜岩县，渤海置州，统奉集一县，渤海时置。

银州（治今辽宁铁岭），本渤海富州，辽太祖以银冶更名，下辖三县：延津县，本渤海富寿县；新兴县，本故越喜国地[③]；永平县，本渤海优富县地。

同州（治今辽宁开原市西南），本汉襄平县地，渤海为东平寨。辽太祖置州，后更名同州。

遂州（治今内蒙古科左后旗），本渤海美州地，下辖山河县，本渤海县，辽并黑川、麓川二县置。

苏州[④]，本高句丽南苏，辽兴宗置州，当为原渤海之域。

双州（治今辽宁铁岭西），本挹娄故地[⑤]，渤海置安定郡，久废，下辖双城县，本渤海安夷县地。

---

①“灵山县”究竟在哪里。谭其骧《中国历史地图集》把它标注在了今辽宁法库西北。这是值得商榷的，因法库与州治干州相距甚远，中隔辽州、沈州、双州等州，干州不可能邀领灵山县。如果谭先生标注正确的话，那它就肯定不属于干州。或者“灵山县”就在辽西的锦州附近。

②“岩州”似应属于“辽阳府”范围，距离沈州很远。

③“越喜国”在今黑龙江佳木斯市、双鸭山市东北地区，与今辽宁铁岭相距甚远。作为在铁岭设置的“银州”不可能对其管辖。

④“苏州”究竟在哪里。按《辽史·地理志二》记载，“苏州”就是高句丽时期的“南苏”，即南苏州，位于今辽宁西丰。而谭其骧《中国历史地图集》把“苏州”标注在了今辽宁金县，即高句丽时期的卑沙城的位置。

⑤《辽史·地理志二》说“双州”为挹娄故地，是错误的。而“挹娄”是生息在靠近日本海的女真先民，《三国志·魏志·夫余传》谓：“夫余在长城之北，去玄菟千里，南与高句丽，东与挹娄，西与鲜卑接。”（见卷30，北京：中华书局1959年版，第841页。）

2. 辽对震国西北、中部领土的占领

广州①，汉属襄平县，高句丽为当山县，渤海为铁利郡。太祖迁渤海人居之，建铁利州。辽圣宗统和八年（990，高丽成宗十年）撤废。

辽州②，本拂涅国城，渤海为东平府。

通州（治今吉林四平），本扶余国王城，渤海号扶余城。辽太祖改龙州，辽圣宗改今名。下辖四县：通远县，本渤海扶余县，辽并布多县置；安远县，本渤海显义县，辽并鹊川县置。归仁县，本渤海强帅县③，并新安县置；渔谷县，本渤海县。四县具体位置不详。

韩州（治今吉林四平西），本橐离国，旧治柳河县。高句丽鄚颉府，都督鄚、高二州④。渤海因之，今废。辽太宗置三河、榆河二州。辽圣宗并二州置韩州。下辖柳河县，本渤海粤喜县地⑤，辽并万安县置。

祥州（治今吉林农安北），辽兴宗以铁利户置，下辖怀德一县。

---

① “广州”在何处。谭其骧《中国历史地图集》把它标注在了沈阳西南不远处。但这与《辽史·地理志二》的记载不相符合。《地理志二》谓“广州”为震国“铁利郡”，当为铁利部所在地区。而铁利部在今黑龙江依兰、佳木斯等地区，与沈阳相距遥远。故《中国历史地图集》的标注或《辽史》的记载是值得商榷的。

② 《辽史·地理志二》关于“辽州”条的记载是相当混乱的。震国的“东平府”确实是在拂涅地设立的。但拂涅地东平府和李绩所拔辽城、程振、苏定方到的新城，并不在同一个地区。“辽城”是指“辽东城”，即今辽宁辽阳。“新城”在辽宁抚顺附近，二者也不在同一地方。辽太祖阿保机伐渤海时，不可能先绕过忽汗城，攻破忽汗城东北的东平府后，然后再回师攻打忽汗城。《地理志二》中所述东平府原辖伊、蒙、陀、黑、北五州，都是分布在兴凯湖岸的州。但又说有辽河、蛇山、黑山等，而这些和所述辽州辖下的二县（安定、辽滨）一州（祺州，属下庆云县）却在今辽宁新民东北不远处。故可以说，《地理志二》所述“辽州”条是把本不相干的两个地方生硬地拼凑在了一起。震国时的“东平府”和辽代的“辽州”绝不是一个地方。

③ （元）脱脱等：《金史》卷24，《地理志上》载：“归仁，辽旧隶通州安远军，本渤海强师县”（中华书局1975年版，第554页）。

④ 《辽史·地理志二》载：“都督鄚、颉二州”，而《新唐书》卷191，《渤海传》载：“鄚颉府领鄚、高二州”。谭其骧主编《中国历史地图集》也注渤海鄚颉府下辖鄚、高二州。今从《新唐书》和《中国历史地图集》。

⑤ “韩州”之地前为扶余旧地，后被高句丽和震国相继占据，震国时为鄚颉府。而“粤喜”（越喜），当在粤喜所在地区，即今黑龙江双鸭山、富锦和饶河所在地区。不可能在高句丽和震国的“鄚颉府”所在地区。《中国历史地图集》把“粤喜”标注成了“奥喜”，显然是错误的。

咸州①，本高句丽铜山县地。渤海置铜山郡，在龙泉府南，下辖咸平县，辽太祖灭渤海后，复置安东军。辽圣宗开泰中（1012—1021）置县。铜州，渤海置，下辖析木县，渤海为花山县。

信州②，本越喜故城。渤海置怀远府（扶余府），今废。下辖武昌县，本渤海怀福县地；定武县，本渤海豹山县地。

宾州（治今吉林龙安东北万金塔东二十余里的东小城子），本渤海城。

龙州黄龙府（治今吉林农安），本渤海扶余府（治今吉林四平）③，统州五、县三。黄龙县，本渤海长平县，辽并富利、佐慕、肃慎置④；迁民县，本渤海永宁县，并丰水、扶罗置；永平县，渤海置。

3. 辽对震国北疆东北、东南领土的占领

湖州（治今镜泊湖西岸），郢州（治今黑龙江林口县莲花附近），涑州（治今吉林市西北松花江左岸），麓州（治今不详），皆为渤海置。

渤州⑤（治今黑龙江牡丹江市南），渤海置，下辖贡珍一县。

率宾府（治今俄罗斯双城子）、定理府（治今俄罗斯苏城）、铁利府（治今黑龙江依兰）、安边府⑥（治今俄罗斯奥耳加）、长岭府（治今吉林梅河口市），均为原渤海所设置的府。

综上，辽对震国北疆的据有，我们可以从两个方面来说：直接占领地，主要局限于原震国的西、西南面和东北、东南面的边缘地区。绝大多数地方

---

① 《辽史·地理志二》对“咸州”的记载是完全错误的，说它在震国龙原府南。但事实是，在龙原府南面的是震国铜州，是其独奏州，而非铜山，但可能以“铜山”而得名。《地理志二》记载了“铜州”下辖析木县。说其为“渤海置”，而震国所置的“铜州”就在龙原府南。笔者认为，《地理志二》把同一个“铜州”分成了两个地方。这也是《辽史》中普遍存在的现象。谭其骧《中国历史地图集》也没有进行辨误，把“咸州”标注在了今辽宁开原北，把“铜州”标注在了今辽宁大石桥市附近。

② 谭其骧《中国历史地图集》把“信州”治所标注在了今吉林长春，显然是错误的。按《辽史·地理志二》记载，“信州”为越喜古城，前已论及，它在今黑龙江佳木斯市、饶河、双鸭山等地区。震国在此设置了怀远府。这都与事实相符。故“信州”治所不可能在今长春地区，应在松花江和黑龙江汇合处以南的地方。

③ 辽代“黄龙府”与震国时期的“扶余府”并不在一个地方。前者在今吉林农安，后者在今吉林四平。

④ “肃慎”在镜泊湖东北岸，原震国龙泉府南，与黄龙府所在地吉林农安相距甚远，不可能并于黄龙府下的黄龙县。

⑤ “渤州”和“渤海州”似为同一个地方，后者为前者之误写。《地理志二》中的“渤海州”应为重复出现。

⑥ 《辽史·地理志二》误为“安定府”。震国没有安定府。

还是被其北邻女真南下所据。但由于这些女真人大多慑服于辽国的淫威，向辽称臣纳贡。这些地区也是辽的羁縻统治区，即间接的统治区域。

（二）辽对震国南疆的占据

1. 辽对震国南疆鸭绿江以南地区的占领

辽灭亡震国后，与南邻高丽土壤相接。虽然史书没有明确记载辽、丽的疆界，但还是能够根据一些散见史料勾画出来。高丽显宗时，“契丹使十人到鸭绿江，不纳”①。统和二年（984，成宗四年），高丽“命刑官御事李谦宜城鸭绿江岸以为关城，女真以兵遏之”②。“契丹伐女真，路由我境”③。这里的“女真”当为《辽史》中所说的鸭绿江女真，也是《高丽史》中所说的“西北女真”、“西女真”，如《高丽史·成宗纪》所载，统和十年（992，成宗十二年）五月，“西北界女真报契丹谋举兵来侵”④。它们所据地区为原震国的鸭渌府辖地。这说明，在高丽和辽之间，有一个女真人和高丽人杂居的宽广地带。高丽在鸭绿江地区设立行政机构，专门管理边界事务。“以李承干为鸭江渡勾当使，寻遣河拱辰代之。”⑤ 重熙五年（1036，靖宗三年）十月，“契丹以船兵侵鸭绿江”⑥。重熙七年（1038，靖宗五年），高丽遣户部郎中庾先安抚，仍请罢鸭绿江东加城堡。”⑦ 重熙二十二年（1053，文宗八年）七月，“契丹始设弓口门栏于抱州城东野”⑧。“抱州”又做“保州”，治今朝鲜平安北道的义州，在鸭绿江岸。清宁元年（1055，文宗九年），辽、

---

① ［朝］郑麟趾：《高丽史》卷4，《显宗一》，平壤：朝鲜古书刊行会1957年版，第59页。

② ［朝］郑麟趾：《高丽史》卷3，《成宗纪》，平壤：朝鲜古书刊行会1957年版，第37页。

③ ［朝］郑麟趾：《高丽史》卷3，《成宗纪》，平壤：朝鲜古书刊行会1957年版，第38页。

④ ［朝］郑麟趾：《高丽史》卷3，《成宗纪》，平壤：朝鲜古书刊行会1957年版，第45页，

⑤ ［朝］郑麟趾：《高丽史》卷3，《成宗纪》，平壤：朝鲜古书刊行会1957年版，第46页。

⑥ ［朝］郑麟趾：《高丽史》卷6，《靖宗纪》，平壤：朝鲜古书刊行会1957年版，第84页。

⑦ ［朝］郑麟趾：《高丽史》卷6，《靖宗纪》，平壤：朝鲜古书刊行会1957年版，第86页。

⑧ ［朝］郑麟趾：《高丽史》卷7，《文宗一》，平壤：朝鲜古书刊行会1957年版，第105页。

丽双方为辽在鸭绿江东筑城、设栏和邮亭等问题发生了外交纠纷。高丽强烈要求辽朝“悉令毁罢”①。但辽朝置之不理，而且继续在松岭东北“渐加垦田，或置庵子，屯蓄人物。”②“松岭”在今朝鲜义州东南的松山岘。鸭绿江女真虽然臣属于辽，但有很大的独立性，且往往接受高丽的官职，“受本国官职者十数人”③，摇摆于两大政权之间。以上这些地区都在鸭绿江沿岸。

以此推之，辽灭亡震国的过程，也是女真南下和高丽北上的过程。所以辽的势力并没有涉入鸭绿江以南很远的地区。高丽在其西北设置城镇，修建长城，用以抵抗辽的南下。高丽重熙四年（1035，靖宗二年）九月，“筑长城于西北路松岭迤东，以遏边寇之冲。”④ 这里的“边寇”当指辽侵略军或西女真。大安三年（1087，宣宗五年）二月，辽准备在鸭绿江岸设置榷场，引起了高丽的警觉。“遣中枢院副使李颜托为藏经烧香使，往龟州密备边事。”⑤可以说，辽、丽争夺的地域应是鸭绿江以南的六州之地，但在这些地区，高丽有着军事上的优势。

2. 辽对震国南疆长白山以东、以南地区的占领

这些地区原为震国鸭渌、南海、龙原、定理等府的所在地。在震国灭亡后，这些地方遂被辽、女真所据。

海州⑥，本沃沮国地，渤海号南京南海府，入辽后，统耀州（治今朝鲜咸镜南道耀德）、嫔州（治今朝鲜咸镜南道长津）和临溟县（治今不详，当在咸兴附近）二州一县。耀州本渤海椒州，下辖岩渊（治今朝鲜咸镜南道郡

① ［朝］郑麟趾：《高丽史》卷 8，《文宗二》，平壤：朝鲜古书刊行会 1957 年版，第 112 页。

② ［朝］郑麟趾：《高丽史》卷 7，《文宗一》，平壤：朝鲜古书刊行会 1957 年版，第 107 页。

③ ［朝］郑麟趾：《高丽史》卷 3，《成宗》，平壤：朝鲜古书刊行会 1957 年版，第 38 页。

④ ［朝］郑麟趾：《高丽史》卷 6，《靖宗纪》，平壤：朝鲜古书刊行会 1957 年版，第 82 页。

⑤ ［朝］郑麟趾：《高丽史》卷 10，《宣宗纪》，平壤：朝鲜古书刊行会 1957 年版，第 147 页。

⑥ “海州”在哪里。学术界有两种说法，一说在辽宁海城，一说在朝鲜咸兴附近。笔者认为，“海州”作为震国南海府的府治地，应在府所辖地区，不可能在远隔鸭渌府的西北很远处。故后一个说法是接近实际的。再从其所辖的晴州、椒州等来看，都在今朝鲜咸镜南道的咸兴附近。谭其骧《中国历史地图集》把“海州”及其所辖县标注在了今辽宁海城及其附近的大石桥市附近，是值得商榷的。

内里附近）一县。嫔州，本渤海晴州。

渌州（治今吉林临江西南），本高句丽故国，渤海号西京鸭渌府，都督神（治今吉林临江西南）、桓（治今辽宁桓仁）、丰（治今朝鲜咸镜北岛惠山）、正（治今吉林通化市）四州事，入辽后统四州二县。桓州，高句丽中都城。丰州，渤海置盘安郡。正州，本沸流王故地。渤海置沸流郡，统东那县，本汉东耐县地。慕州①，本渤海安远府地。

这些地方虽为辽的州县，但被长白山女真、秽貊人和东海女真所充斥。大致的情况是，辽的统治机构仅在州县治所，广大的山野被女真所占。笔者认为，下文中女真所在的“村”当指远离辽统治中心的村野。

二、被女真占据的领土

（一）女真对震国北疆的占据

震国灭亡后，尤其是辽迁东丹国人民后，其北邻黑水靺鞨迅速南下，占据了原属震国的大片地方②。对此，金毓黻也有相关论述：“由于东丹人民之南迁，使渤海故地‘浸以空虚，遂坐予黑水部以勃兴之机会’。”③ 而且一些原附属震国的靺鞨各部也基本恢复了独立地位，如铁骊（震国时的铁利）、白山部等。在震国灭亡的当年，即天显元年（926，太祖九年），“高丽、涉、貊、铁骊、靺鞨来贡”④。说明铁骊（利）在震国灭亡后，并没有被辽朝吞并，而是恢复了自己的独立地位；“靺鞨”在这里当指黑水靺鞨，它自始至终没有被震国征服，一直保持着独立的状态。天显三年（928，太祖十一年）正月己未，“黄龙府罗涅河女直、达卢古来贡”⑤。“黄龙府”治今吉林农安。说明黄龙府地区，在辽初即被女真所据。辽太宗会同三年（940，太祖二十

① 此处有误。《辽史·地理志二》谓“慕州”为原震国安远府地。又说它在辽时为渌州辖地，且说在州治西北二百里。它如果真为安远府地的话，就在州治的东北，而不是西北。而且渌州与安远府的距离很远，不可能对其进行有效统治。故“慕州”也应在鸭绿江流域。谭其骧在《中国历史地图集》中没有标注“慕州”的方位。

② 蒋秀松认为，“西女真”来源于当地原有而尚未融合入渤海族的靺鞨部落。如果说他们有的是从松花江下游或黑龙江下游南迁来的，那也是个别现象或很少部分（《“东女真”与“西女真”》，《社会科学战线》1994年第4期）。

③ 金毓黻：《东北通史》，北京：五十年代出版社1944年版，第341页。

④ （元）脱脱等：《辽史》卷2，《太祖下》，北京：中华书局1974年版，第22页。

⑤ （元）脱脱等：《辽史》卷3，《太宗上》，北京：中华书局1974年版，第28页。

三年），“鸭渌江女直遣使来觐”①，其后，鸭绿江女真屡次来贡。鸭绿江地区在震国时为鸭渌府。辽圣宗统和二年（984，成宗四年）二月，“五国乌限于厥节度使耶律隈洼以所辖诸部难治，乞赐诏给剑，便宜行事”②。五国部原为震国的怀远、铁利、东平三府和独奏州郢州所在地区。六年（988，成宗八年）八月，“滨海女直遣厮鲁里来修土贡”③。“滨海女直”即东海女直，为原震国安边、定理、龙原三府所在地。开泰元年（1012，显宗四年）正月癸未，长白山三十部女直酋长来贡，乞授爵秩，后又多次入朝，如开泰九年（1020，高丽显宗十二年）四月，“女直三十部酋长请各以其子诣阙祗候”④。“三十部女直”为原震国鸭渌、南海二府辖地，也称长白山女真。他们也就是《高丽史》中的“三十姓”，即：阿干顿、尼忽、尼方固、门质老、弗遮利、居质阿、黏闲逸、尼质阿、耶逻多、邀揭啰、邀悦逸、郁啱、乌临、蒙骨拽、晕底宪、徒怠、耶兀逸、拏乙信、拏乙晏、冬骨逸、支阇逸、鱼瑟殷、么乙逸、途没尼、云突梨、押闲伊、恼一伊、排门异、佛徐逸、满尹伊。⑤ 他们生息于吉林省东部等地区。辛卯，“曷苏馆大王曷里喜来朝”⑥。“曷苏馆”在今辽宁辽阳市南，为原唐朝卢龙节度使领地。太平八年（1028，显宗二十年）三月癸未，“回跋部太师踏剌葛来贡”⑦。“回跋部”在今吉林辽源南的辉发河地区，“回跋”就是“辉发”。后长白山和蒲卢毛多女真多次入朝，如重熙十七年（1048，文宗三年）六月，“长白山太师柴葛、回跋部太师撒剌都来贡方物”⑧。太平六年（1026，显宗十八年）四月戊申，“蒲卢毛多部多乌惹户，诏索之”⑨。蒲卢毛多部位于今牡丹江市、敦化、延吉之间的广大地区。太平十一年（1031，显宗二十二年）六月，“围场都太师女直着骨里”⑩ 等七人弃市。天庆二年（1112，睿宗八年）二月，“幸混同江钩

---

① （元）脱脱等：《辽史》卷 4，《太宗下》，北京：中华书局 1974 年版，第 47 页。
② （元）脱脱等：《辽史》卷 10，《圣宗一》，北京：中华书局 1974 年版，第 113 页。
③ （元）脱脱等：《辽史》卷 12，《圣宗三》，北京：中华书局 1974 年版，第 131 页。
④ （元）脱脱等：《辽史》卷 16，《圣宗七》，北京：中华书局 1974 年版，第 189 页。
⑤ ［朝］郑麟趾：《高丽史》卷 4，《显宗一》，平壤：朝鲜古书刊行会 1957 年版，第 55 页。
⑥ （元）脱脱等：《辽史》卷 15，《圣宗六》，北京：中华书局 1974 年版，第 170 页。
⑦ （元）脱脱等：《辽史》卷 16，《圣宗七》，北京：中华书局 1974 年版，第 185 页。
⑧ （元）脱脱等：《辽史》卷 20，《兴宗三》，北京：中华书局 1974 年版，第 239 页。
⑨ （元）脱脱等：《辽史》卷 17，《圣宗八》，北京：中华书局 1974 年版，第 199 页。
⑩ （元）脱脱等：《辽史》卷 18，《兴宗》，北京：中华书局 1974 年版，第 211 页。

鱼，界外生女直酋长在千里内者，以故事皆来朝”①。“界外”是何处？以什么为界？笔者认为“界外”就是混同江以北地区，也就是今东流松花江以北地区。以北为生女真生息之地，以南为熟女真生息之地。混同江是二者的分界线。天庆六年（1116，睿宗十二年）五月，女真攻下沈州（治今沈阳），复陷东京。

女真还不断侵蚀着辽的领土，“（辽）为邻部室韦、女真、回鹘所侵”②。应历五年（955，光宗七年）五月辛未，“女直侵边，杀都监达里迭、拽剌斡里鲁，驱掠边民牛马”③。八年（958，光宗十年），“女直侵贵德州东境”④。“贵德”为今辽宁抚顺。同年九月，又“袭归州五寨”⑤。“归州”是阿保机平震国后，徙震国人所置，为今辽东半岛西海岸兴城。说明女真的势力已达东北的南部地区。

可以看出，震国灭亡后，由于其国民四散逃亡和辽国的强制性移民，导致东北原渤海地区成为人烟稀少地区。原为震国北邻的女真迅速南下，填补了这个地带的空隙，形成和辽国人杂居的状况，但却保持了原来的部落形式。其势力远远超过了原震国在鸭绿江以北的范围，西南达到了辽东半岛的南端及今河北围场附近，西北超过了混同江一线，到了今黑龙江绥化、海伦、伊春等地。这些南下的女真人大致以混同江为界，分为生女真和熟女真，也就是史书上所说的东西女真。

（二）女真对震国南疆的占据

1. 女真对南疆东部的占据

占据此地的女真在《高丽史》中称东女真、东北女真、东蕃，黑水部、黑水蕃众等。统和二十二年（1004，穆宗八年），“东女真寇登州，烧州镇部

---

①（元）脱脱等：《辽史》卷27，《天祚皇帝一》，北京：中华书局1974年版，第326页。

②（宋）王溥：《五代会要》卷29，《契丹》，北京：中华书局1998年版，第348页。

③（元）脱脱等：《辽史》卷8，《景宗上》，北京：中华书局1974年版，第93页。

④（元）脱脱等：《辽史》卷8，《景宗上》，北京：中华书局1974年版，第95页。

⑤（元）脱脱等：《辽史》卷8，《景宗上》，北京：中华书局1974年版，第95页。

落三十余所”[①]。统和二十九年（1010，显宗二年），“东女真百余艘寇庆州”[②]。“东女真”在此当为《辽史》中的“长白山三十部女真”。他们可能是从海路进攻登州和庆州的。“登州”治今朝鲜江原道安边，在东海岸；“庆州”治今韩国庆州。《高丽史·文宗一》载：辽兴宗重熙十六年（1046，文宗元年）八月，“蒙罗古村、仰果只村等三十部落蕃长率众内附”[③]，十月，“东女真蒙罗等村古无诸等三百十二户来附”[④]。重熙十九年（1049，高丽文宗四年）四月，“命有司检定东女真大小乞罗尼村疆界以备寇”[⑤]。重熙二十一年（1051，文宗六年）五月，“北路三撒村贼魁高演与蕃兵围淄潭驿，兵马录事金忠简、慈州防御判官张立身等率兵出战，大破之。”[⑥]这些史料中的“村”就是这三十部落的聚落。统和二十九年（1011，显宗三年）五月，“东女真寇清河、迎日、长髻”[⑦]。“清河县”本高句丽阿兮县，新罗景德王改名海阿，为有邻郡领县，高丽初更今名；“长髻”是县名，本新罗只沓县，新罗景德王改名髻立，为义昌郡领县，高丽更今名；“迎日”疑为“延日”之误，本新罗斤乌支县，景德王改名临汀，为义昌郡领县，高丽初更今名[⑧]。三县的位置在今庆尚北道的环迎日湾地区。太平七年（1027，显宗十九年）十月丁亥，“东女真贼船十五艘寇高城。己丑侵龙津”。此年五月乙丑，“寇洞山县”[⑨]。“高城”为今朝鲜江原道的高城，“龙津”和“洞山县”当也在

① ［朝］郑麟趾：《高丽史》卷3，《穆宗纪》，平壤：朝鲜古书刊行会1957年版，第49页。

② ［朝］郑麟趾：《高丽史》卷4，《显宗一》，平壤：朝鲜古书刊行会1957年版，第54页。

③ ［朝］郑麟趾：《高丽史》卷7，《文宗一》，平壤：朝鲜古书刊行会1957年版，第97页。

④ ［朝］郑麟趾：《高丽史》卷7，《文宗一》，平壤：朝鲜古书刊行会1957年版，第97页。

⑤ ［朝］郑麟趾：《高丽史》卷7，《文宗一》，平壤：朝鲜古书刊行会1957年版，第101页。

⑥ ［朝］郑麟趾：《高丽史》卷7，《文宗一》，平壤：朝鲜古书刊行会1957年版，第103页。

⑦ ［朝］郑麟趾：《高丽史》卷4，《显宗一》，平壤：朝鲜古书刊行会1957年版，第55页。

⑧ ［朝］郑麟趾：《高丽史》卷57，《地理二》，平壤：朝鲜古书刊行会1957年版，第243、242页。

⑨ ［朝］郑麟趾：《高丽史》卷5，《显宗二》，平壤：朝鲜古书刊行会1957年版，第71页。

东部沿海地区，“洞山县”治今韩国江原道江陵。重熙四年（1035，靖宗二年）二月，“东蕃贼船寇三涉县桐津戍，略剽人民”①。“三涉县”治今韩国江原道三涉。重熙十、十一年（1041、1042，靖宗八年、九年），东女真曾侵犯烈山县、宁波戍、瑞谷县等地。“烈山县”为今韩国江原道东北沿海的杆城。重熙十二年（1043，靖宗十年），筑成定州、长州和元兴镇，“分屯要害，水陆捍御，贼不得近”②。据《高丽史·地理三》载，“定州”古称巴只，一云宣威。“长州”，太平九年（1029，显宗二十一年）为长州防御使，后改为县，属定州。“元兴镇”即狌川，为今朝鲜慈江道的狼林。三地在今朝鲜平安北道和慈江道。可见，东女真的势力是非常强大的，不但能侵犯到今朝鲜江原道地区，而且侵犯到了庆尚北道南部。侵犯之处当然不一定是其疆域所至。但可以肯定地说，长白山以南的广大地区当在其手。否则，它不可能长驱千里，一直打到庆尚南道的南部地区。据《高丽史·地理三》载：“成宗十四年，分境内为十道，以和州、溟州等郡县为朔方道。重熙四年（1035，靖宗二年）称‘东界’。重熙十六年（1047，文宗元年）称东北面，后咸州迤北没于东女真。乾统九年（1109，睿宗二年）以平章事尹瓘为元帅，知枢密院事，吴廷宠副之，率兵击逐女真，置九城，立碑于公岘镇之先春岭以为界。”③“咸州”治今朝鲜咸镜南道的咸兴，“先春岭”即今咸镜山脉。“公岘镇”据《高丽史·地理二》载，置于乾统七年（1107，睿宗三年）。究竟在何地，学术界说法不一，一云孔州，一云匡州，一云在先春岭东南、白头山东北，一云在苏下江边。笔者认为在先春岭东南、白头山东北，具体位置在今朝鲜咸镜北道的镜城附近。学术界有人把咸兴作为界限，是不对的。经过尹瓘和吴廷宠的追逐，其界限肯定在咸兴以北地区。据《高丽史·文宗一》载，重熙十七年（1048，文宗三年）六月，“云岩县折冲军队正惟古等十一人夜巡行到泉井戍，有蕃贼四十余人突入屯中，军卒皆奔匿。”④

① ［朝］郑麟趾：《高丽史》卷6，《靖宗纪》，平壤：朝鲜古书刊行会1957年版，第82页。

② ［朝］郑麟趾：《高丽史》卷6，《靖宗纪》，平壤：朝鲜古书刊行会1957年版，第92页。

③ ［朝］郑麟趾：《高丽史》卷58，《地理三》，平壤：朝鲜古书刊行会1957年版，第268页。

④ ［朝］郑麟趾：《高丽史》卷7，《文宗一》，平壤：朝鲜古书刊行会1957年版，第100页。

七月，“东蕃贼又寇金壤县，掳二十人”①。“泉井戍”在今江原道的德源。寿昌二年（1096，肃宗二年）七月，“东女真贼船十艘寇镇溟县，东北面兵马使金汉忠遣判官姜拯与战，克之。”②

东女真和西女真一样，既接受辽的官职，又接受高丽的官职，摇摆不定。开泰八年（1019，显宗十一年）二月，“东女真黔佛罗等七人来献契丹官印一颗及土马”③。太平五年（1025，显宗十七年）五月甲子，“契丹遣御院判官耶律骨打来请假途，将如东北。不许”④。重熙五年（1036，靖宗三年）正月，西北路兵马使捕东女真交通契丹者沙伊逻等五十五人送于西界”⑤。可见，东女真也是臣属契丹，并接受其统治的。但也有一些东女真臣属于高丽，如重熙十二年（1043，靖宗十年），东女真将军乌乙达等男女一百四十四人来献骏马，奏曰：“我等在贵国之境，慕化臣服有年矣。”⑥

在高丽文宗统治时期，东女真大批投附高丽。《高丽史·文宗二》载，咸雍五年（1072，文宗二十七年）二月，“东女真归顺州都领大常古刀化、副都领古舍，益昌郡都领、归德将军高舍、都领黔夫，毡城州都领、奉国将军耶好、归德将军吴沙弗，恭州都领、奉国将军多老、番长巴诃弗，恩服州都领、元甫阿忽、都领那居，首温州都领三彬阿老大，诚州都领尼多弗等率众内附，乞为郡县。”“城州都领、奉国将军苏德等十四人来献名马。”⑦ 这些州郡现在何处，已无从得知。据韩国学者卢启铉研究，当在定平近处的咸兴平原一带⑧。“丙子，制曰：‘东北边十五州外蕃人相继归附，愿置郡县，于

① ［朝］郑麟趾：《高丽史》卷 7，《文宗一》，平壤：朝鲜古书刊行会 1957 年版，第 100 页。

② ［朝］郑麟趾：《高丽史》卷 11，《肃宗一》，平壤：朝鲜古书刊行会 1957 年版，第 160 页。

③ ［朝］郑麟趾：《高丽史》卷 4，《显宗一》，平壤：朝鲜古书刊行会 1957 年版，第 63 页。

④ ［朝］郑麟趾：《高丽史》卷 5，《显宗二》，平壤：朝鲜古书刊行会 1957 年版，第 69 页。

⑤ ［朝］郑麟趾：《高丽史》卷 6，《靖宗纪》，平壤：朝鲜古书刊行会 1957 年版，第 84 页。

⑥ ［朝］郑麟趾：《高丽史》卷 6，《靖宗纪》，平壤：朝鲜古书刊行会 1957 年版，第 93 页。

⑦ ［朝］郑麟趾：《高丽史》卷 9，《文宗三》，平壤：朝鲜古书刊行会 1957 年版，第 127 页。

⑧ ［韩］卢启铉著，紫荆、金荣国译：《高丽外交史》，延吉：延边大学出版社 2002 年版，第 162 页。

今不绝。'" 同卷还提到其他一些村落名，它们是：三山村（又名三撤，今咸镜南道德北青)、那复其村、骨面村、由战村、海边山头村、罗场村、罗竭村、大兰、大小支栎村、所乙浦村、罗其那村、夷州、大齐村、者古村、河舍村、那发村、裹卧里村、大信村、西好村、无主其村等，还有一些诸如豆龙、骨伊、余波汉等部落名。这些村、部落都乞内附，成为高丽的郡县。高丽为了安置这些归顺的东女真人，设立滨、利、福、恒、舒、湿、闽、戴、敬、付、苑十一州，各赐朱记，仍隶属于归顺州①。这些地方大致在今咸镜南道的洪原、咸兴和北青②。还有一些东女真的城，如八助音部曲城③，在东部海滨地区，常遭东女真海贼的侵扰，后被高丽迁入内地。据《高丽史·肃宗一》载，还有如伊位村、乃只巴村、弓汉伊忽村、广滩村等。它们在肃宗时入朝，接受高丽的统治。"弓汉" 即今朝鲜咸镜北道的吉州。上载诸村当都在咸镜北道的南部地区，亦即摩天岭以北不远处。

2. 女真对南疆西部的占据

占据鸭绿江以南的女真主要是鸭绿江女真，也即《高丽史》中的西女真、西北女真。《高丽史·徐熙传》谓："自契丹东京至我安北府，数百里之地，皆为生女真所据。"④ 同书《崔承老传》也谓："自新罗之季至我国初，西北边民每被女真蕃骑往来侵盗。"⑤《高丽史·太祖一》载："平壤古都荒废虽久，基址尚存，而荆棘滋茂，蕃人游猎于其间，因而侵掠边邑，为害大矣，宜徙民实之，以固藩屏，为百世之利"⑥。说明在高丽初期，西女真已经南下到了高丽西北部地区，甚至抵近大同江地区的平壤。对于其具体范围，由于与高丽人杂居，不好确定。《高丽史·显宗一》载，显宗九年十月，"丁

---

① ［朝］郑麟趾：《高丽史》卷 9，《文宗二》，平壤：朝鲜古书刊行会 1957 年版，第 130 页。

② ［韩］卢启铉著，紫荆、金荣国译：《高丽外交史》，延吉：延边大学出版社 2002 年版，第 164 页。

③ ［朝］郑麟趾：《高丽史》卷 9，《文宗二》，平壤：朝鲜古书刊行会 1957 年版，第 134 页。

④ ［朝］郑麟趾：《高丽史》卷 94，《徐熙传》，平壤：朝鲜古书刊行会 1957 年版，第 77 页。

⑤ ［朝］郑麟趾：《高丽史》卷 93，《崔承老传》，平壤：朝鲜古书刊行会 1957 年版，第 63 页。

⑥ ［朝］郑麟趾：《高丽史》卷 1，《太祖一》，平壤：朝鲜古书刊行会 1957 年版，第 15 页。

未，赐龟州女真木史等三十四人绢绸布五百余匹，以赏捕贼功”①。《高丽史·文宗一》载，重熙十九年（1050，文宗五年）甲辰，“龟州郎将康邻昌、州别将康彦、崔立等捕杀蕃贼六人”②。这说明，今平安北道的龟州等地是西女真频繁活动的地区。

西女真和高丽的关系相较于东女真而言，要密切得多，但也是虚与委蛇于辽和高丽两大势力之间，以求得生存的空间。既接受辽的官职，又接受高丽的官职，有时还参与高丽抵抗辽朝和拓边斗争，从而得到高丽的嘉赏。重熙元年（1032，德宗二年），因“西女真亏火等一百五十六人开拓关城时并有功劳，加爵一级”③。重熙十年（1041，靖宗八年）二月，西女真酋长高之知等十二人来献土物。礼宾省奏：“之知等于往年平虏、宁远两城开拓之时，颇有劳效，请优赐礼物。”④ 西女真也是以村落为单位，聚族而居，自有其酋长。《文宗二》载，清宁十年（1064，文宗十八年）正月，西北路兵马使奏：“去壬寅年，蒙浦村贼谋侵我疆，潜入平虏镇（治今平安北道永柔，在宁远西），设伏折冲、降魔两戍间，有化内蕃长齐俊那知之来告。镇将先伏兵草莽以待之。贼果突入，我兵齐发，俘斩甚多。请厚赏俊那金帛。”⑤ 史料中的“蒙浦村”即西女真之一聚落。西女真与东女真一样，也要求归附高丽，并乞设郡县。咸雍八年（1072，文宗二十七年），西北面兵马使奏：“西女真酋长曼豆弗等诸蕃请依东蕃例，分置州郡，永为藩翰。”⑥ 又奏：“平虏镇近境蕃帅、柔远将军骨于夫及觅害村要结等告云：‘我等曾居伊齐村，为契丹大完，迩者再蒙招谕，于己酉年十一月赴朝，厚承恩赉，且受官职，不胜感戴。所居距此四百里，往复为难，请与狄耶好等五户引契丹化内蕃人内徙觅害村

① ［朝］郑麟趾：《高丽史》卷 4，《显宗一》，平壤：朝鲜古书刊行会 1957 年版，第 61 页。

② ［朝］郑麟趾：《高丽史》卷 7，《文宗一》，平壤：朝鲜古书刊行会 1957 年版，第 102 页。

③ ［朝］郑麟趾：《高丽史》卷 5，《德宗纪》，平壤：朝鲜古书刊行会 1957 年版，第 78 页。

④ ［朝］郑麟趾：《高丽史》卷 6，《靖宗纪》，平壤：朝鲜古书刊行会 1957 年版，第 89 页。

⑤ ［朝］郑麟趾：《高丽史》卷 8，《文宗二》，平壤：朝鲜古书刊行会 1957 年版，第 119 页。

⑥ ［朝］郑麟趾：《高丽史》卷 9，《文宗三》，平壤：朝鲜古书刊行会 1957 年版，第 128 页。

附籍，永为藩屏。’于是检得户三十五，口二百五十二，请载版图。”[①]“觅害村”在今咸镜南道地区。

鸭绿江和长白山以南的那些东、西女真，随着与高丽政治、经济和文化联系的紧密而逐渐融入了高丽民族，成为高丽族的重要组成部分。

三、震国境内的割据者

震国灭亡后，一些震国的名门望族往往聚族而居，图谋再起。“渤海旧领土中，已有割据者”[②]。燕颇无疑是其中之一，他多次反叛辽朝。统和十三年（995，成宗十五年）七月丁巳，“乌惹乌昭度、渤海燕颇等侵铁骊”[③]。“乌惹”是占据原震国铁利、上京、鄚颉三府交界地区的女真之一部。二十一年（1003，穆宗七年）四月戊辰，“乌惹、渤海、奥里米、越里笃、越里吉等五部遣使来贡”[④]。重熙十五年（1046，靖宗十三年）十一月己亥，“渤海部以契丹户例通括军马”[⑤]。史料中的“渤海”当为震国灭亡后其国内的割据者。太平八年（1028，显宗二十年）九月，“以渤海宰相罗汉东京统军使”[⑥]。天庆四年（1114，睿宗十年）七月，“遣海州刺史高仙寿统渤海军应援”[⑦]。高仙寿是震国人的后代，当为世代留居或被迁徙到海州（治今朝鲜咸镜南道咸兴）地区震国人的后裔，后成为当地的酋首。最大的割据者，当属定安国。《宋史·定安国传》称：“定安国本马韩之种，为契丹所攻破，其酋帅纠合余众，保于西鄙，建国改元，自称定安国。”[⑧] 其国王乌玄明更是自称：“臣本以高丽旧壤，渤海遗黎，保据方隅，涉历星纪。”定安国就是存在于鸭绿江沿岸的震国遗民割据者，直到统和三、四年（985、986，成宗五年、六年），才被辽讨灭之。

还应注意到，震国灭亡后，被聚族迁居到异地的震国人，始终没有忘记灭

① ［朝］郑麟趾：《高丽史》卷 9，《文宗三》，平壤：朝鲜古书刊行会 1957 年版，第 128 页。

② ［日］津田左右吉：《渤海史考》，北京：商务印书馆 1939 年版，第 56 页。

③ （元）脱脱等：《辽史》卷 13，《圣宗四》，北京：中华书局 1974 年版，第 147 页。

④ （元）脱脱等：《辽史》卷 14，《圣宗五》，北京：中华书局 1974 年版，第 158 页。

⑤ （元）脱脱等：《辽史》卷 19，《兴宗二》，北京：中华书局 1974 年版，第 234 页。

⑥ （元）脱脱等：《辽史》卷 17，《圣宗八》，北京：中华书局 1974 年版，第 202 页。

⑦ （元）脱脱等：《辽史》卷 27，《天祚皇帝一》北京：中华书局 1974 年版，第 328 页。

⑧ （元）脱脱等：《宋史》卷 491，《安定国传》，北京：中华书局 1974 年版，第 14128 页。

国之恨，并图谋东山再起。在辽处于颓势时，震国人纷纷而起，反对辽的统治。天庆六年（1116，睿宗十二年）九月，辽国耶律章奴反，“率麾下掠庆、饶、怀、祖等州，结渤海群盗，众至万人”①，屡败辽军。七月，“春州渤海二千余户叛，东北路统军使勒兵追及，尽俘而还”②。

史书虽然没有明确记载辽境内震国遗民的割据者，但这是客观存在的历史事实，学术界不应忽视他们的存在。

四、被高丽占据的震国领土

对于被高丽占据的震国南疆地区，我们也只能根据一些双方活动的动向作出判断。统和二十九年（1011，显宗三年）六月，由于高丽王不能到契丹亲朝，契丹主大怒，“诏取兴化、通州、龙州、铁州、郭州、龟州等六城”③。“兴化”为今义州东南三江桥北侧，“龙州”为今平安北道的龙川，“通州”为今平安北道的宣川，“郭州”为今平安北道的郭山，“龟州”为今平安北道的龟城，“铁州”为今平安北道的铁山。辽多次交涉，想收回六城，但都无果而终。在外交难以奏效的情况下，辽多次欲用武力夺回六城④。这六城方圆之地是两国争夺的地区，也是最初的边境地区。到统和十一年（993，成宗十二年），高丽王治遣朴柔良奉表请罪，“诏取女直鸭绿江东数百里地赐之”⑤，把鸭绿江以东之地赐给高丽后，两国才以鸭绿江为界。但在鸭绿江两岸地区也有大量的女真部落，即鸭绿江女真。“契丹伐女真，路由我境”⑥，说明女真的势力已经深入到了高丽的北部，且与高丽人相间分布了。韩国学

① （元）脱脱等：《辽史》卷28，《天祚皇帝二》，北京：中华书局1974年版，第333页。

② （元）脱脱等：《辽史》卷28，《天祚皇帝二》，北京：中华书局1974年版，第335页。

③ ［朝］郑麟趾：《高丽史》卷4，《显宗一》，平壤：朝鲜古书刊行会1957年版，第55页。

④ 据《高丽史·显宗一》载：显宗四年、五年、六年，契丹先后派遣耶律行平、李松茂等四人次来索要六城。同时，多次侵犯六城。如显宗五年，契丹萧敌烈来侵通州兴化镇；六年正月己未契丹兵围兴化镇，甲辰又侵通州，己亥又侵龙州，九月己未，攻通州；七年正月，契丹侵郭州，等等。（见《高丽史》卷4，《显宗一》，平壤：朝鲜古书刊行会1957年版，第56～59页）。

⑤ （元）脱脱等：《辽史》卷13，《圣宗四》，北京：中华书局1974年版，第143页。

⑥ ［朝］郑麟趾：《高丽史》卷3，《成宗》，平壤：朝鲜古书刊行会1957年版，第38页。

者卢启铉认为，高丽的西北境延伸到了清川江，然后在大同江和清川江之间设置了沨西十三镇，并使高丽的影响波及鸭绿江口①。卢先生这个判断是基本正确的。开泰元年（1012，显宗四年），“壬寅女真引契丹兵将渡鸭绿江，大将军金承渭等击却之”②。三年（1014，显宗六年），“契丹作桥于鸭绿江来桥，筑东西城，遣将攻破，不克”③。大康四年（1078，文宗三十二年）四月，“高丽遣使乞赐鸭渌江以东地，不许”④。可见，两国的实际控制线在显宗时已达到了鸭绿江地区。

通过对震国灭亡后领土流向的考察，可知，震国北疆领土被辽朝和东西女真（《辽史》中的鸭绿江女真、长白山女真、蒲卢毛多女真、滨海女真等）所据，附着在其上的人口被辽朝强制迁移到都城附近和其他一些地方，与他族杂居，以达到分而治之的目的；一些可能融入了南下的黑水靺鞨；一些震国遗民割据建国，成为新的国家，如定安国。鸭绿江和长白山以东、以南的地区，辽在初期曾经占有过一些地方，在西面，占据过江东六城附近之地。大部分地区为东西女真和高丽所据。后来由于高丽的向北拓边和东西女真的主动归附，高丽最终实现了对鸭绿江东和长白山以东、以南地区的占领，从而使中国东北的边疆格局发生了很大的变化。

第七节 震国灭亡后的人口去向

震国灭亡后，其遗民并没有全部成为辽朝编民，他们或被辽朝易地强迁到其他州县，或就地安置，或赐给一些有功之家，或自愿迁入高丽国，或融合于同源异流的黑水靺鞨（女真）各部，“其民或亡入新罗、女直”⑤。更有流入五代各国的，如《五代会要·渤海》载，显德元年（954，光宗五年）七月，“渤海国崔乌斯多等三十人归化”⑥，投奔后周政权。震国作为一个民

① ［韩］卢启铉著，紫荆、金荣国译：《高丽外交史》，延吉：延边大学出版社 2002 年版，第 20 页。

② ［朝］郑麟趾：《高丽史》卷 4，《显宗一》，平壤：朝鲜古书刊行会 1957 年版，第 56 页。

③ ［朝］郑麟趾：《高丽史》卷 4，《显宗一》，平壤：朝鲜古书刊行会 1957 年版，第 57 页。

④ （元）脱脱等：《辽史》卷 23，《道宗三》，北京：中华书局 1974 年版，第 280 页。

⑤ （元）脱脱等：《辽史》卷 3，《太宗上》，北京：中华书局 1974 年版，第 30 页。

⑥ （宋）王溥：《五代会要》卷 29，《渤海传》，北京：中华书局 1998 年版，第 475 页。

族共同体，随着国家的灭亡、领土的丧失和人民的流移而最终解体，其民族也被移入地同化了。

一、流入辽国

辽朝灭震国后，一个非常棘手的问题就是怎么去有效管理“三人渤海当一虎”① 的震国人。前面已经有过讨论，辽朝主要采取了三种可行办法来解决震国移民问题。在这里，只讨论震国遗民的流向问题。流入辽国的震国遗民，主要流向辽的上京、东京和中京等地。下面分述之。

（一）上京临潢府（治今内蒙古巴林左旗南）②

长泰县，本震国长平县民，灭渤海后，“迁其人于京西北，与汉民杂居，户四千”。定霸县，本渤海扶余府强师县民，下扶余后，“迁其人于京西，与汉人杂处，分地耕种”。保和县，本震国富利县民，“破龙州，尽徙富利县人散居京南”。在潞县（本蓟州潞县，太祖破蓟州后，侨置潞县于京东）还有很多震国人。易俗县，本辽东渤海之民，太平九年（1029，显宗二十一年），大延琳结构辽东夷叛，困守经年，乃降，尽迁于京北，置县居之。是年，又徙渤海叛人家属置焉，户一千。渤海县，本东京人，在大延琳叛后，徙置上京附近。宣化县，本渤海神化县民，太祖破鸭渌府后，尽徙其民居京之南。兴仁也当为徙渤海人后置的县。上述徙渤海民而置的县，均环上京四周。饶州原为唐置的州，为契丹之大本营，“今渤海人居之”。

祖州（治今内蒙古巴林左旗西南石房子村）。长霸县，本震国龙州县民，迁至长霸，户二千。咸宁县，本震国长宁县，破辽阳后，迁其民置，户一千。

怀州（治今内蒙古林西附近），本唐归诚州。天显元年（926，太祖九年），阿保机攻下扶余城、龙泉府后，徙置。扶余县，本渤海龙泉府，阿保机迁扶余县降户置。世宗时，置为县，有户一千五百。显理县，本渤海显理府人，灭渤海后，俘其王大諲譔，迁民徙置。世宗时置县，户一千。

庆州（治今内蒙古巴林右旗西北察罕城）。富义县，本义州，太宗迁渤海义州民置，在重熙元年（1032，德宗二年）降为义丰县。

永州（治今内蒙古西拉木伦河与老哈河合流处）。长宁县，本显德府，

---

① （宋）洪皓：《松漠纪闻》卷 1，四库册 407，第 698 页。

② 据（元）脱脱等：《辽史》卷 37，《地理志一》，北京：中华书局 1974 年版，第 437 ~ 451 页。余者加注。

县名。太祖平渤海，迁其民于此，户四千五百。义丰县，本铁利府义州。辽攻破后，迁其民于南楼之西北，仍名义州。

仪坤州（治今内蒙古巴林右旗西南），以太后在阿保机开拓四方、平渤海时有功，置州。俘略有伎艺者多归帐下，谓之属珊，以所生之地置州。广义县，本回鹘部牧地。应天皇后以四征所俘居之，因建为州县。统和八年（990，成宗十年），以诸宫提辖司户置来远县，重熙十三年（1044，靖宗十一年）并入，户二千五百，当有一定数量的震国俘虏。

降圣州（治今内蒙古奈曼旗西南）永安县，本龙原府庆州县名。阿保机平渤海，攻破怀州之永安，迁其人置寨于此，建县。

饶州（治今内蒙古宁城西），本唐饶乐府地。长乐县本辽城县名。太祖伐渤海，迁其民，建县居之，户四千。临河县，本丰永县人，太宗分兵伐渤海，迁于潢水之曲，户一千。安民县，太宗以渤海诸邑所俘杂置，户一千。天庆五年（1115，睿宗十一年）二月，饶州渤海古欲等反①，屡败辽军。

不但上京路所辖上述诸县有大量的渤海遗民，而且在上京路的投下军州和边防城中，也有被迁移的渤海人。投下军州中的凤州，橐离国故地，渤海之安宁郡境，南王府五帐分地，户四千②。边防城中的镇州，本可敦城，“渤海、女直、汉人配流之家七百余户，分居镇、防、维三州”。

（二）东京辽阳府③

神册四年（919，太祖二年），葺辽阳故城，以渤海、汉户建东平郡，为防御州。天显三年（928，太祖十一年），迁东丹国民居之，后升为南京。辽阳府下的一些县中还有大量的未被迁渤海人。辽阳县户一千五百，仙乡县、鹤野县户一千二百，析木县户一千，紫蒙县户一千，兴辽县户一千。肃慎县，以渤海户置。另归仁县、顺化县也当为渤海故县。

开州，开远县，圣宗东讨时，复置，民户一千。盐州户三百，贺州户三百，辰州户二千，卢州户三百。

海州，移泽州民实之，户一千五百。属州嫔州，户五百。

---

①（元）脱脱等：《辽史》卷28，《天祚皇帝二》，北京：中华书局1974年版，第331页。

②（元）脱脱等：《辽史》卷36，《兵卫志下》载为“凤州丁一千”，北京：中华书局1974年版，第420页。

③ 据（元）脱脱等：《辽史》卷38，《地理志二》，北京：中华书局1974年版，第455～477页。余者加注。

渌州，平定大延琳叛后，迁余党于上京，置移俗县居之，在者居二千。属州桓州户七百，丰州户三百，正州户五百，慕州户二百。

显州，属县奉先县，辽世宗析辽东长乐县民以为陵户，隶长宁宫。归义县，初置显州，渤海民自来助役，籍其人户置县，隶长宁宫。康州，世宗迁渤海率宾府人户置。

广州，太祖迁渤海人居之，建铁利州。

辽州，渤海为东平府。太祖伐渤海，先破东平府，迁民实之。故东平府都督伊、蒙、陀、黑、北五州，领县十八，皆废。辽太祖改为州，下辖祺州，本渤海蒙州地。

遂州，本渤海美州地，下辖山河县，本渤海县，辽并黑川、麓川二县置。

通州，保宁七年（975，景宗元年），以黄龙府叛人燕颇余党千余户置。

宁州，统和二十九年（1011，显宗三年）伐高丽，以渤海降户置，下辖新安一县。辽圣宗开泰八年（1019，显宗十一年）五月乙亥，迁宁州渤海户于辽、土二河之间。“土河”即老哈河。

归州，辽太祖平渤海，以降户置，后废。统和二十九年（1011，显宗三年）伐高丽，以所俘渤海户复置。

另外，东州、尚州，麓州，以渤海户置。铁州户一千，兴州户两百。汤州，户五百。崇州户五百，他们当中也有很多震国人。同州、咸州、信州、宾州、龙州黄龙府、湖州、郢州、涑州、渤州、铜州、率宾府、定理府、铁利府、安定府、长岭府、渤海州、苏州、祥州、韩州、双州、集州、沈州、宗州、干州、归德州、银州等府州原为震国之地，当也有大量未被移走的遗民。这些人自然也就成为辽国的属民了。

（三）中京大定府、兴中府

震国遗民被迁到此地者不多，主要分布在下列地区：大定县，白霫故地，以诸国俘户居之。渤海人当也有之；恩州，本汉新安平县地，开泰年间（1012—1020，显宗四年至十二年），以渤海户实之。

安德县，太祖平渤海，以所俘户居之。盛吉县，太祖平渤海，俘兴州盛吉县民来居，因置县。锦州岩州，太祖平渤海，迁汉户杂居兴州境。迁州，本汉阳乐县地。圣宗平大延琳之叛后，迁归州民置。归州是阿保机平渤海后，以降户所置的州，统迁民一县。润州，圣宗平大延琳之乱后，迁宁州之民居此，统海阳县，本汉阳乐县地。迁润州，本东京城内的渤海民户，因叛移于此。太平十年（1030，显宗二十二年）十一月，“诏渤海旧族有勋劳材力者叙用，余分居来、隰、迁、润等州”①。

流入或留居辽国的震国人中，不乏才能卓越者，如太平三年（1023，显宗十五年）七月乙卯，以“高守贞河西军节度使”②。如东京舍利军详稳大延琳，后“遂僭位”③。再如渤海裨将高永昌，于天庆六年（1116，睿宗十二年），僭号称帝。

综上，流向辽国的震国遗民，从地域上讲，主要流入了辽朝的上京临潢府和东京辽阳府所在地区。其次，中京大定府、兴中府也有少量移入。移民政策带有非常鲜明的政治强制性和政治目的，那就是要把他们从震国的核心地区移出来，以免他们聚族叛乱复国。客观上讲，这一强制性移民措施确实收到了一定的功效。但是，具有强烈民族凝聚力和反叛精神的震国人，还是发起了很多反辽复国的运动，如黄龙府燕颇（975 年）、东京大延琳（1029 年）、饶州古欲（1115 年）、高永昌（1116 年）等都发动了反辽复国运动。但这些复国运动基本上都昙花一现，很快被镇压。从迁移时间上讲，大规模的移民有三次：最大的一次是在阿保机灭渤海后；其次是辽太宗耶律德光时的移民；四次叛乱发生后，也进行了一些移民。

笔者对震国流到辽国（包括留居原地者）遗民的流动情况作了不完全统计，有确切数字的户数为 107 400 户，按“五口之家”的通则计算，就有 537 000 人左右。没有确切数字的县，按平均每县 1 000 户算（这个数字基本上是平均数，但略低），就有 96 000 户，480 000 万人左右（多为留居原地者）。两者合计，共 1 017 000 人左右。但有一个问题，这些数字是在没有标准年的情况下统计的，有的是辽初，如天显元年（926）；有的是辽中期，如保宁七年（975）。所以灭亡时的数字，肯定要小于以上这些数字。对这一点，我们千万不能忽略。

① （元）脱脱等：《辽史》卷 17，《圣宗八》，北京：中华书局 1974 年版，第 206 页。
② （元）脱脱等：《辽史》卷 16，《圣宗七》，北京：中华书局 1974 年版，第 190 页。
③ （元）脱脱等：《辽史》卷 17，《圣宗八》，北京：中华书局 1974 年版，第 203 页。

震国遗民流向辽国一览表

震国移出地	辽国移入地	迁移时间	户数（约数）	震国移出地	辽国移入地	迁移时间	户数（约数）
长平县	常泰县	天显元年	四千（含汉户）	强师县	定霸县	天显元年	二千（含汉户）
富利县	保和县	天显元年	四千	—	潞　县	天赞元年	三千（含汉户）
辽东诸县	易俗县	太平九年	二千（至少）	辽东诸县	迁辽县	太平九年	一千
辽阳县	渤海县	太平九年	—	—	兴仁县	开泰二年	—
神化县	宣化县	天显元年	四千	长宁县	咸宁县	破辽阳后	一千
长平县	长霸县	天显元年	二千	盖州（辰州）	祖　州	—	三百人（含蕃、汉）
扶余府、龙泉府	怀　州	天赞中	—	龙泉府	扶余县	天显元年	一千五百
显理府	显理县	天显元年	一千	义　州	富义县	太宗时	—
显德府	长宁县	天显元年	四千五百	义　州	义丰县	—	一千五百
—	仪坤州	天赞、天显年间	应有震国人	—	广义县	应为太宗时	二千五百（应有震国人）
永安县	永安县	天显元年	八百	辽城县	长乐县	天显元年	四千
丰永县	临河县	太宗时	一千	震国诸邑	安民县	太宗时	一千
宁　州①	横　州	开泰八年	二百	安宁郡	凤　州	—	四千
—	镇、防、维州	统和二十二年	七百余（含女真、汉人）	金德县	辽阳县	天显三年	一千五百（留、迁）
永丰县	仙乡县	天显三年	一千五百（留、迁）	鸡山县	鹤野县	天显三年	一千二百（留、迁）
花山县	析木县	天显三年	一千（留、迁）	紫蒙县	紫蒙县	天显三年	一千（留、迁）
长宁县	兴辽县	天显三年	一千（留、迁）	肃慎县	—	天显三年	留、迁
归仁县	—	天显三年	留、迁	顺化县	—	天显三年	留、迁
龙原府	开　州	圣宗时	留居	龙原县	开远县	圣宗时	留居
龙和郡	盐　州	圣宗时	留居	惠农郡	穆　州	圣宗时	留居
吉理郡	贺　州	圣宗时	留居	盖州（辰州）	辰　州	—	二千

① （元）脱脱等：《辽史》卷16，《圣宗七》，北京：中华书局1974年版，第186页。

（续上表）

震国移出地	辽国移入地	迁移时间	户数（约数）	震国移出地	辽国移入地	迁移时间	户数（约数）
杉卢郡	卢　州	—	三百	铁　州	铁　州	—	一千
兴　州	兴　州	—	二百	汤　州	汤　州	—	五百
崇　州	崇　州	—	五百	南海府	迁辽县	太平四年	一千五百
椒　州	耀　州	太平九年	七百	岩渊县	岩渊县	太平九年	留居
晴　州	嫔　州	太平九年	五百	鸭渌府	移俗县	太平九年	二千
—	弘闻县	太平九年	留居	—	神乡县	太平九年	留居
—	桓　州	太平九年	七百	盘安郡	丰　州	太平九年	三百
沸流郡	正　州	太平九年	五百	安远府	慕　州	太平九年	二百
东京	显　州	世宗时	三百余	长乐民	奉先县	世宗时	—
永丰县	山东县	穆宗时	—	—	归义县	世宗时	—
—	嘉　州	—	—	率宾府	康　州	世宗时	—
渤海县地	熊山县	圣宗时	留居	灵峰县	灵山县	世宗时	留居
麓郡县	司农县	圣宗时	留居	崇山县	贵德县	世宗时	留居
缘城县	奉德县	圣宗时	留居	沈　州	沈　州	太宗时	留居
白岩城	岩　州	太宗时	留居	集　州	集　州	太宗时	留居
铁利郡	广　州	天显元年	—	东平府	辽　州	天显元年	留居
蒙州地	祺　州	天显元年	留居	美　州	遂　州	—	留居
渤海县	山河县	—	留居	黄龙府	通　州	保宁七年	千余户（含留居）
扶余县	通远县	保宁七年	迁留	显义县	安远县	保宁七年	迁留
强师县	归仁县	保宁七年	迁留	渤海县	渔谷县	保宁七年	迁留
鄚颉府	韩　州	圣宗时	留居	粤喜县	柳河县	圣宗时	留居
安边郡	双　州	太宗时	留居	安夷县	双城县	太宗时	留居
富　州	银　州	太祖时	留居	富寿县	延津县	太祖时	留居
银　州	新兴县	太祖时	留居	优富县	永平县	太祖时	留居
东平寨	同　州	太祖时	留居	—	东平县	太祖时	留居
—	永昌县	太祖时	留居	铜山郡	咸　州	开泰八年	留居
—	咸平县	开泰八年	留居	怀远府	信　州	开泰初	留居

（续上表）

震国移出地	辽国移入地	迁移时间	户数（约数）	震国移出地	辽国移入地	迁移时间	户数（约数）
怀福县	武昌县	开泰初	留居一千户	豹山县	定武县	开泰初	留居、迁徙
渤海城	宾州	统和十七年	留居	扶余府	龙州	开泰九年	留居
长平县	黄龙县	开泰九年	留居、合并	永宁县	迁民县	开泰九年	留居、合并
—	永平县	开泰九年	留居	—	益州	开泰九年	留居
—	威州	开泰九年	留居	—	清州	开泰九年	留居
—	雍州	开泰九年	留居	湖州	湖州	—	留居
渤州	渤州	—	留居	郢州	郢州	—	留居
铜州	铜州	—	留居	析木县	花山县	—	留居
涞州	涞州	—	留居	率宾府	率宾府	—	留居
挹娄故地	定理府	—	留居	铁利府	铁利府	—	留居
安边府	安定府	—	留居	长岭府	长岭府	—	留居
—	东州	—	留居	吉州	吉州	—	留居
—	尚州	—	留居	麓州	麓州	—	留居
—	宁州	统和二十九年	—	—	归州	天显元年、统和二十九年	—
—	苏州	兴宗时	留居	来苏县	来苏县	—	留居
—	怀化县	—	留居	—	复州	兴宗时	留居
—	永宁县	—	留居	—	肃州	重熙十年	留居
—	安州	—	留居	—	渤海州	—	留居
—	祥州	兴宗时	留居	—	怀德县	兴宗时	留居
—	大定县	—	当有震国人	高丽	三韩县	开泰中	当有震国人
高丽	高州	开泰中	当有震国人	—	黔州	天显元年	—
兴州盛吉县	盛吉县	天显元年	—	岩州	岩州	天显元年	留居
归州	迁州	太平九年	—	归州	迁民县	太平九年	—
宁州	润州	太平九年	—	东京城	海阳县	太平九年	—
—	安远州	开泰九年	留居				

二、流入高丽的震国人①

辽太祖天赞四年（925，太祖八年），震国灭亡。随后，震国遗民大批自愿逃奔到高丽，“其国人来奔者相继”。在灭亡的当年，就有很多震国政要逃奔高丽。秋九月丙申，渤海将军申德等五百人来投。庚子渤海礼部卿大和钧、均老司政大元钧、工部卿大福谟、左右卫将军大审理等率民一百户来附。十二月戊子，渤海左首卫小将冒豆干、检校开国男朴渔等率民一千户来附。辽太祖天显二年（927，太祖十年）三月甲寅，渤海工部卿吴兴等五十人、僧载雄等六十人来投。三年（928，太祖十一年）三月戊申，渤海人金神等六十户来投。秋七月辛亥，渤海人大儒范率民来附。九月丁酉，渤海人隐继宗等来附。四年（929，高太祖十二年）六月庚申，渤海人洪见等以船二十艘载人物来附。九月丙子，渤海正近等三百余人来投。九年（934，太祖十七年）秋七月，渤海国世子大光显率众数万来投，赐姓名王继，附之宗籍；特授元甫守白州以奉其祀；赐僚佐爵军士田宅有差。十二月，渤海陈林等一百六十人来附。辽太宗会同元年（938，太祖二十一年），渤海人朴升以三千余户来投。辽景宗乾亨元年（979，景宗五年）渤海人数万来投。丙申，渤海高城等二十人来投。辽圣宗太平十年（1030，显宗二十二年）五月乙丑，契丹水军指挥使、虎骑尉大道、李卿等六人来投，自是契丹渤海人来附甚众。十月，契丹、奚哥、渤海民五百余人来附，处之东界。次年七月丁卯，渤海监门军大道行郎等十四人来投。己巳，渤海诸军判官高真祥、孔目王光禄自契丹持牒来投。辽兴宗重熙元年（1032，高丽德宗二年）正月，渤海沙志、明童等二十九人来投。二月戊申，渤海史通等十七人来投。四月丁丑，渤海萨武德等十五人来投。六月辛亥，渤海亏音、若已等十二人来投。乙卯，渤海所乙史等十七人来投。七月丙申，渤海高城等二十人来投。十月丙午，渤海押司官李南松等十人来投。重熙二年（1033，高丽德宗三年）四月戊戌，渤海首乙分等十八人来投。戊午，渤海可守等三人来投。五月癸巳，渤海监门队正奇叱火等十九人来投。六月辛丑，渤海先宋等七人来投。次年，渤海奇叱火等十一人来投，处之南地。重熙十七年（1048，高丽文宗三年）四月，渤海开好等来投。

现在我们对投归高丽的震国人的数目作一统计，户按“五口之家”计算，“数万”按最少三万计算，再加上没有确切数字的，投奔高丽的震国人

① 据［朝］郑麟趾：《高丽史》，平壤：朝鲜古书刊行会1857年版，余者加注。

数至少当在八万以上。高丽把他们安置在了今白州和高丽的南部地区。随着历史的迁移，他们也就融入了高丽民族，成为现在朝鲜族的重要族源。

流入高丽的渤海人中，不乏位高权重者，如陀失即为其一，位及礼部郎中。他于辽圣宗统和二十八年（1010，高丽显宗元年）投奔辽朝，这在《辽史·圣宗六》中有记载，云："高丽礼部郎中渤海陀失来降"。"陀失"就是大道秀，在辽侵高丽的第一次战争中，曾在高丽西北的安戎镇（治今朝鲜平安北道的安州）抵抗契丹军。在第二次入侵中，已经升为将军的他投归了辽朝。而大怀德在郭州（治今平安北道的建州）坚持抵抗，战死沙场。总体来说，投附高丽的震国人在高丽国中的社会地位是很低的①。

现在我们可以对震国灭亡后的人口数字大致作一个蠡测，终辽一朝，迁徙或留居到辽国的震国遗民有 1 017 000 人左右，自愿投奔到高丽的震国遗民有 80 000 人以上，两者合计，共有 1 097 000 人左右。考虑到这些数字是在没有标准年的情形下统计的，实际数字当在百万以下。笔者的推测也不是没有根据的。《新唐书·渤海传》载，大门艺劝诫大武艺不要对唐用兵时说："昔高丽盛时士三十万，抗唐为敌，可谓雄强，唐兵一临，扫地尽矣。今我众比高丽三之一，王将违之，不可。"② 也就是说，震国的兵力只有高句丽的三分之一，即十万左右。而到辽太祖天显元年（926，高丽太祖九年），辽灭震国时，兵力增加了很多。魏国忠等认为"可能达到 300 万口以上"③ 的估计。他们的依据是《辽史·兵卫志上》中的史料"天显元年灭渤海国，地方五千里，兵数十万，五京、十五府、六十二州，尽有其众，契丹益大"④。以此推估出"300 万"的数字。据《辽史·地理志》，最大的州才有户数"四千五百户"，最小的才"三百户"，按震国"六十二州"计算的话，最多也就一百三十九万人左右。孙进己先生"约 70 万人"的数字可能比较接近实际⑤。故渤海遗民中，被强制易地迁徙和留居原地者占震国总人口的绝大多数，自愿投奔高丽者不到十分之一。

---

① ［日］北村秀人著，陈春霞译，刘晓东校：《高丽时代渤海系人管见》，《北方文物》2000 年第 4 期。

② （宋）欧阳修等：《新唐书》卷 219，《渤海传》，北京：中华书局 1975 年版，第 6180 页。

③ 魏国忠、朱国忱、郝庆云：《渤海国史》，北京：中国社会科学出版社 2006 年版，第 197 页。

④ （元）脱脱等：《辽史》卷 34，《兵卫志上》，北京：中华书局 1974 年版，第 397 页。

⑤ 孙进己：《东北民族源流》，哈尔滨：黑龙江人民出版社 1989 年版，第 166 页。

结 语

历史时期东北诸民族政权的研究，是一项很系统、也很复杂的工程。本书对历史时期曾经存在过的箕子朝鲜、卫氏朝鲜、高句丽和震国四个政权的族名、族属、疆域、沿革变化、中外关系、归属等问题进行了比较深入的探讨，同时对桓檀政权的真伪问题做了探究。

桓檀政权是传说，不是真实的历史。它是高丽在面临亡国的历史时刻，为了唤醒民族自觉而出现的历史神话。桓檀神话并不是在远古时期就有，在元朝以前的中外史籍中没有任何记载，一然和尚《三国遗事》说桓檀神话来自《古记》和《魏书》，这只是一种假托。《古记》即《桓檀古记》，也成书于元代。《魏书》如有关于桓檀的记载，那陈寿《三国志》及以后史书肯定会有所提及。所以，桓檀朝鲜是在元朝时才出现于人类历史舞台的。

箕子朝鲜是商朝末年的贤人箕子于周灭商当年东走古朝鲜后建立的政权，前后存续约 587 年的时间。箕子来周为周武王演述洪范是在周灭商后的第四个年头。周武王分封箕子确有其事，但箕子是否接受周武王的分封并不像学术界所说的那样简单。通过研究发现，箕子在当时是拒绝了周武王的分封的，“封而不受”可能最接近历史实际。箕子朝鲜部分阶段的历史缺乏记载，但我们不能据此认为箕子朝鲜是虚构的，因为世系犹存。箕子朝鲜的疆域前后变化较大，在遭到燕国军事打击之前，其北部的西边界在清川江以北，甚至到了鸭绿江以北和辽西地区。之后大体上稳定在清川江一线；东界当领有今朝鲜的两江道、慈江道、咸镜南道和中国延吉等地区。

卫氏朝鲜是卫满在东北建立的政权。卫满是燕国具有周王室血统的汉人，而不是古朝鲜人。他是西汉初年燕王卢绾的手下大将，在卢绾和刘邦矛盾激化时，为了避乱，远走辽东，然后骗取箕子朝鲜的信任，进而夺取政权。卫满建立政权，是在孝惠、高后之间的某一年，具体时间无从考证。卫氏朝鲜的疆域基本上继承了箕子朝鲜的范围，并有所扩大。卫氏朝鲜前期，和西汉的关系融洽，并得到了西汉政府的支持。之后由于其国王右渠骄恣，侵凌邻国，壅塞邻国入朝道路而遭到了西汉的大张挞伐，国家遂亡。

高句丽是朱蒙于公元前 37 年在卒本川建立的政权。高句丽的族名是朱蒙南下后用当地的土著句骊族的名称，再在其前加上表示超越的“高”而形成的名称。高句丽的族源为句骊，是单一的民族，而非多源多流。在其流变过程中，又吸纳了汉、秽、貊、肃慎、古朝鲜等民族，然后变成了一个多民族的共同体。它作为一个民族共同体，主要包括夫余、沸流、荇、鲜卑、乌桓、匈奴、梁貊、海头、曷思、盖马、句荼、乐浪、澡那、秽、沃沮、商、汉、百济、新罗、契丹、肃慎、突厥、倭等民族。高句丽的疆域范围相较于箕子朝鲜、卫氏朝鲜要大得多，在西部达到了辽河，甚至到了辽河以西地区，向东达于大海，向北到了今东流松花江地区，向南达汉江甚至以南的庆尚南道地区。高句丽针对不同的国家，施以不同的外交策略，纵横捭阖于几个大国之间，灵活运用各种外交手段，事大中有斗争，斗争中求发展，最终从一个蕞尔小国发展为一个幅员辽阔，敢于同历代中国王朝争衡的大国，并在东北亚的政治格局中起着举足轻重的作用。总章元年（668）唐朝灭亡高句丽后，其领土被新罗、唐朝和震国所占据。其人口主要流向了唐朝、新罗、突厥、契丹、震国、日本等国。随着国家灭亡、土地丧失和人口流离，高句丽作为一个民族共同体也淡出了历史舞台。中国正史对高句丽归属问题的立场，大致以《晋书》为界，之前主要还是把高句丽作为境内少数民族政权来看待，之后就把它和百济、新罗和倭等国相提并论了。从《旧五代史》和《新五代史》开始，明确把高句丽作为《外国传》或《四夷传》里的国家来看待。从高句丽在正史记载中的地位变化可以看出高句丽从中国地方政权向独立的域外政权发展的轨迹，也可以看出中国历代王朝和高句丽政权的斗争过程，这也符合“疆域是历史形成的”这一规律。

震国是大祚荣于672年叛唐而建立的政权。大祚荣是高句丽的别种，但这里的“别种”为“不同的种”之意，并不像朝韩学者所说的就是高句丽人。大祚荣政权的族称是靺鞨，勿吉和靺羯是对它的蔑称。三者之间也不存在像学术界所说的那种前后相继关系。靺鞨是族称，而非国号。震国是国号，而非俗称。渤海是族称，而非国号。渤海不是高句丽种，大祚荣是粟末靺鞨人。从族属上来看，大祚荣建立的震国不可能是高句丽的继续，只能说是在高句丽的土地上建立的国家。震国的疆域经过大祚荣的奠基、大武艺的“斥大土宇”、大钦茂的向南发展、大仁秀的“讨伐海北诸部，开大境宇”，到大玄锡时期“海东盛国”局面最终形成。其疆域囊括了今吉林省的大部分地区、黑龙江的大部分、辽宁省的一小部分，俄罗斯滨海地区和朝鲜咸镜南北道、两江道和平安北道的一部分。震国在东北亚的政治舞台上扮演着十分重要的角色。对突厥先傍结后背离，对新罗先事后侵，对唐朝貌恭而心不恪，对日本既事大又抗争。这些举措表现了震国外交政策的功利性、脆弱性、多向度性和表里不一性。天赞四年（925），震国被辽朝灭亡后，其领土和人口随之丧失和流离。领土被辽国、女真、高丽所据有，同时，震国境内还有一些割据者。其人口主要流向了辽国的上京临潢府、东京辽阳府、中京大定府、兴中府等地和高丽国。

参考文献

一、基本古籍

1.（战国）荀况著，（唐）杨倞注：《荀子》，四部丛刊初编本。

2.（春秋）左丘明著，（汉）刘向整校：《战国策》，上海：上海古籍出版社 1978 年第 2 版。

3.（汉）班固：《汉书》，北京：中华书局 1964 年版。

4.（汉）桓宽：《盐铁论》，上海：上海古籍出版社 1990 年版。

5.（汉）孔安国著，（唐）孔颖达注：《尚书注疏》，台北：文渊阁四库本。

6.（汉）无名氏：《越绝书》，台北：文渊阁四库本。

7.（汉）荀悦：《前汉纪》，四部丛刊初编本。

8.（汉）司马迁：《史记》，北京：中华书局 1959 年版。

9.（晋）孔晁注：《逸周书》，台北：文渊阁四库本。

10.（晋）陈寿：《三国志》，北京：中华书局 1959 年版。

11.（晋）郭璞注：《山海经》，台北：文渊阁四库本。

12.（魏）王弼：《周易注》，台北：文渊阁四库本。

13.（魏）郑小同：《郑志》，台北：文渊阁四库本。

14.（北齐）魏收：《魏书》，北京：中华书局 1977 年版。

15.（南朝宋）范晔：《后汉书》，北京：中华书局 1965 年版。

16.（南朝梁）沈约：《竹书纪年》，台北：文渊阁四库本。

17.（唐）姚思廉：《梁书》，北京：中华书局 1973 年版。

18.（唐）姚思廉：《陈书》，北京：中华书局 1972 年版。

19.（唐）杜佑：《通典》，北京：中华书局 1988 年版。

20.（唐）房玄龄等：《晋书》，北京：中华书局 1973 年版。

21.（唐）李百药：《北齐书》，北京：中华书局 1972 年版。

22.（唐）李百药：《南史》，北京：中华书局 1975 年版。

23.（唐）李延寿：《北史》，北京：中华书局 1974 年版。

24.（唐）李吉甫：《元和郡县图志》，北京：中华书局 1983 年版。

25.（唐）李林甫等：《唐六典》，北京：中华书局1992年。
26.（唐）令狐德棻等：《周书》，北京：中华书局1971年版。
27.（唐）刘知几：《史通》，台北：文渊阁四库本。
28.（唐）魏征：《隋书》，北京：中华书局1973年版。
29.（唐）张说：《张燕公集》，台北：文渊阁四库本。
30.（后晋）刘煦等：《旧唐书》，北京：中华书局1975年版。
31.（宋）薛居正等：《旧五代史》，北京：中华书局1976年版。
32.（宋）乐史：《太平寰宇记》，台北：文渊阁四库本。
33.（宋）胡宏：《皇王大纪》，台北：文渊阁四库本。
34.（宋）李焘：《续资治通鉴长编》，北京：中华书局分次出版本，2004年第2版。
35.（宋）李延寿：《建炎以来系年要录》，北京：中华书局1988年版。
36.（宋）章如愚：《群书考索续集》，台北：文渊阁四库本。
37.（宋）真德秀：《大学衍义》，台北：文渊阁四库本。
38.（宋）李昉：《太平御览》，北京：中华书局1960年版。
39.（宋）李昉：《文苑英华》，北京：中华书局1964年版。
40.（宋）杜大珪：《名臣碑传琬琰之集》，台北：文渊阁四库本。
41.（宋）方勺：《泊宅篇》，台北：文渊阁四库本。
42.（宋）陈均：《九朝编年备要》，台北：文渊阁四库本。
43.（宋）邓名世著，王立平点校：《古今姓氏书》，南昌：江西人民出版社2006年版。
44.（宋）林之奇：《尚书全解》，台北：文渊阁四库本。
45.（宋）罗愿：《尔雅翼》，台北：文渊阁四库本。
46.（宋）罗泌：《路史》，台北：文渊阁四库本。
47.（宋）欧阳忞著，李勇先、王小红校注：《舆地广记》，成都：四川大学出版社2003年版。
48.（宋）欧阳修等：《新唐书》，北京：中华书局1975年版。
49.（宋）欧阳修等：《新五代史》，北京：中华书局1974年版。
50.（宋）庞元英：《文昌杂录》，台北：文渊阁四库本。
51.（宋）司马光：《资治通鉴》，北京：中华书局1963年版。
52.（宋）沈括：《梦溪笔谈》，台北：文渊阁四库本。
53.（宋）沈枢：《通鉴总类》，台北：文渊阁四库本。
54.（宋）时澜：《增修东莱书说》，台北：文渊阁四库本。

55. （宋）宋敏求：《唐大诏令集》，北京：商务印书馆 1959 年版。
56. （宋）苏轼：《书传》，台北：文渊阁四库本。
57. （宋）唐慎微：《证类本草》，台北：文渊阁四库本。
58. （宋）王溥：《五代会要》，上海：上海古籍出版社 2006 年版。
59. （宋）王钦若等：《册府元龟》，北京：中华书局 1960 年版。
60. （宋）王存：《元丰九域志》，北京：中华书局 1984 年版。
61. （宋）王应麟：《玉海》，台北：文渊阁四库本。
62. （宋）王应麟：《通鉴地理通释》，台北：文渊阁四库本。
63. （宋）王应麟：《诗地理考》，台北：文渊阁四库本。
64. （宋）王应麟：《困学纪闻》，台北：文渊阁四库本。
65. （宋）熊克：《中兴小记》，台北：文渊阁四库本。
66. （宋）无名氏：《宋史全文》，台北：文渊阁四库本。
67. （宋）徐兢：《宣和奉使高丽图经》，丛书集成初刊本。
68. （宋）叶适：《水心集》，台北：文渊阁四库本。
69. （宋）叶隆礼：《契丹国志》，上海：上海古籍出版社 1985 年版。
70. （宋）袁枢：《通鉴纪事本末》，北京：中华书局 1965 年版。
71. （宋）郑樵：《通志》，北京：中华书局 1987 年版。
72. （辽）毕恭等修，任洛等重修：《辽东志》，沈阳：辽海丛书本。
73. （清）博明希哲：《凤城琐录》，沈阳：辽海丛书本。
74. （元）脱脱等：《辽史》，北京：中华书局 1974 年版。
75. （元）脱脱等：《金史》，北京：中华书局 1975 年版。
76. （元）脱脱等：《宋史》，北京：中华书局 1977 年版。
77. （元）马端临：《文献通考》，北京：中华书局 1986 年版。
78. （元）陈桱：《通鉴续编》，台北：文渊阁四库本。
79. （元）陈师凯：《书蔡氏传旁通》，台北：文渊阁四库本。
80. （明）陈耀文：《天中记》，台北：文渊阁四库本。
81. （明）董斯张：《广博物志》，台北：文渊阁四库本。
82. （明）冯琦瑗：《经济类编》，台北：文渊阁四库本。
83. （明）马明衡：《尚书疑义》，台北：文渊阁四库本。
84. （明）宋濂：《元史》，北京：中华书局 1976 年版。
85. （明）陶宗仪：《说郛》，台北：文渊阁四库本。
86. （明）王樵：《尚书日记》，台北：文渊阁四库本。
87. （明）无名氏撰，（清）兰泉之辑：《朝鲜志》卷上，丛书集成初刊本，上海：商务印书馆1936年版。

88.（明）无名氏：《朝鲜史略》，台北：文渊阁四库本。

89.（明）杨士奇：《历代名臣奏议》，台北：文渊阁四库本。

90.（明）杨循吉：《辽小史》，沈阳：辽海丛书本。

91.（明）杨循吉：《金小史》，沈阳：辽海丛书本。

92.（明）章潢：《图书编》，台北：文渊阁四库本。

93.（明）郑若曾：《郑开阳杂著》，台北：文渊阁四库本。

94.（清）阿桂等：《满洲源流考》，台北：文渊阁四库本。

95.（清）沈炳巽：《水经注集释订讹》，台北：文渊阁四库本。

96.（清）董秉忠等：《盛京通志》，台北：文渊阁四库本。

97.（清）毕沅：《续资治通鉴》，上海：上海古籍出版社1987年版。

98.（清）曹廷杰：《东北边防辑要》，沈阳：辽海丛书本。

99.（清）陈廷敬：《皇清文颖》，台北：文渊阁四库本。

100.（清）陈元龙：《格致镜原》，台北：文渊阁四库本。

101.（清）傅泽洪：《行水金鉴》，台北：文渊阁四库本。

102.（清）傅恒等：《历代通鉴辑览》，台北：文渊阁四库本。

103.（清）顾炎武：《历代帝王宅京记》，台北：文渊阁四库本。

104.（清）兰泉之辑：《朝鲜志》，丛书集成初刊本。

105.（清）李锴：《尚史》，台北：文渊阁四库本。

106.（清）穆彰阿，潘锡恩：《大清一统志》，台北：文渊阁四库本。

107.（清）黄遵宪：《日本国志》（上下卷），天津：天津人民出版社2005年版。

108.（清）黄遵宪：《日本国志》，载王宝平主编：《晚清东游日记汇编》，上海：上海古籍出版社2001年版。

109.（清）惠士奇：《礼说》，台北：文渊阁四库本。

110.（清）厉鹗：《辽史拾遗》，振绮堂刊本。

111.（清）厉鹗：《宋诗纪事》，台北：文渊阁四库本。

112.（清）西清：《黑龙江外记》，丛书集成初刊本，上海：商务印书馆1936年版。

113.（清）徐文范：《东晋南北朝舆地表》，丛书集成初编。

114.（清）徐元诰撰，王树民、沈长云点校：《国语集解》，北京：中华书局2002年版。

115.（清）徐松：《宋会要辑稿》，北京：中华书局1957年版。

116.（清）杨镳：《辽阳州志》，沈阳：辽海丛书本。

117.（清）杨宾：《柳边纪略》，丛书集成初刊本，上海：商务印书馆1936年版。

118.（清）永瑢等：《历代职官表》，台北：文渊阁四库本。

119.（清）允禄、允礼等：《骈字类编》，台北：文渊阁四库本。

120.（清）张烈：《读易日抄》，台北：文渊阁四库本。

121.（清）张廷玉等：《明史》，北京：中华书局1974年版。

122.（清）张玉书等：《佩文韵府》，台北：文渊阁四库本。

123.（清）钟渊映：《历代建元考》，台北：文渊阁四库本。

124.（清）朱鹤龄：《尚书埤传》，台北：文渊阁四库本。

125.（清）《御定渊鉴类涵》，台北：文渊阁四库本。

二、外文译著

1. ［日］广池千九郎训点，内田智雄补订：《唐六典》，东京：広池学园事业部刊本。

2. ［日］箭内亘、稻叶岩吉、松井等：《满洲历史地理》，东京：南满洲铁道株式会社大正二年（1913）版。

3. ［日］林泰辅：《朝鲜通史》，京都：日本进光社昭和十九年版。

4. ［日］学习院东洋文化研究社：《李朝实录》，学习院东洋文化研究社版。

5. ［日］野原休一：《日本书记》，京都：国书刊行会明治四十五年版。

6. ［日］津田左右吉著，陈清泉译：《渤海史考》，北京：商务印书馆1939年版。

7. ［日］白鸟库吉、箭内亘：《满鲜历史地理》，东京：南满洲铁道株式会社大正二年版。

8. ［日］饭田武乡：《日本书纪通释》，东京：内外书籍株式会社昭和五年版。

9. ［朝］丁镛：《大韩疆域考》，载《丁茶山全书》，首尔：弘益人间出版社1966年版。

10. ［朝］韩致组：《海东绎史》，首尔：景仁文化社1974年版。

11. ［朝］韩百谦：《东国地理志》，首尔：一潮阁1982年版。

12. ［朝］金富轼著，孙文范等校注：《三国史记》，长春：吉林文史出版社2003年版。

13. ［朝］李肯翊：《燃藜室记述》，入选潘喆：《清入关前史料选辑》，北京：中国人民大学出版社 1984 年版。

14. ［朝］李源益：《东史约》，首尔：大韩民国文教部国史编纂委员会 1989 年版。

15. ［朝］徐居正：《东文选》，首尔：庆熙出版社 1966 年版。

16. ［朝］一然著，孙文范等校注：《三国遗事》，长春：吉林文史出版社 2003 年版。

17. ［朝］郑麟趾：《高丽史》，平壤：朝鲜古书刊行会 1957 年版。

三、今人著作

1. 曹德全：《高句丽·渤海研究集成》，哈尔滨：哈尔滨出版社 1997 年版。

2. 吉林文史出版社编：《好太王碑》，长春：吉林文史出版社 1999 年版。

3. 耿铁华：《高句丽好太王碑》，长春：吉林大学出版社 2012 年版。

4. 耿铁华：《好太王碑新考》，长春：吉林人民出版社 1994 年版。

5. 耿铁华：《高句丽民族起源与民族融合》，长春：吉林文史出版社 2003 年版。

6. 耿铁华：《中国高句丽史》，长春：吉林文史出版社 2002 年版。

7. 刘子敏：《高句丽历史研究》，延吉：延边大学出版社 1996 年版。

8. 马大正等：《古代中国高句丽历史续论》，北京：中国社会科学出版社 2003 年版。

9. 朴灿奎：《高句丽史研究》，哈尔滨：黑龙江朝鲜民族出版社 2003 年版。

10. 王臻：《朝鲜前期与明朝建州女真关系研究》，北京：中国文史出版社 2005 年版。

11. 王承礼、张中树：《渤海国志三种》，天津：天津古籍出版社 1992 年版。

12. 王承礼：《渤海简史》，哈尔滨：黑龙江人民出版社 1984 年版。

13. 王承礼：《中国东北的渤海国与东北亚》，长春：吉林文史出版社 2000 年版。

14. 王承礼、刘振华：《渤海的历史与文化》，延吉：延边人民出版社 1991 年版。

15. 王承礼、张中树的点校本《渤海国志三种》（唐宴：《渤海国志》，黄维翰：《渤海国记》，金毓黻：《渤海国志长编》），天津：天津古籍出版社1992年版。

16. 金毓黻：《渤海国志长编》，长春：社会科学战线杂志社1982年版。

17. 魏国忠、朱国忱、郝庆云：《渤海国史》，北京：中国社会科学出版社2006年版。

18. 陈芳芝：《东北史探讨》，北京：中国社会科学出版社1995年版。

19. 国史编纂委员会编：《海鹤遗书》，1974年版。

20. 国史编纂委员会编：《韦庵文稿》，1955年版。

21. 申采浩：《丹斋申采浩全集》，汉城：萤雪出版社1877年版。

22. 丁山：《古代神话与民族》，北京：商务印书馆2005年版。

23. 佟冬主编：《中国东北史》，长春：吉林文史出版社1998年版。

24. 傅朗云、杨旸：《东北民族史略》，长春：吉林人民出版社1983年版。

25. 傅斯年：《东北史纲》，北京：国立中央研究院历史语言研究所1932年版。

26. 高亨：《诗经今注》，上海：上海古籍出版社1986年版。

27. 高延青：《北方民族文化新论》，哈尔滨：哈尔滨出版社2001年版。

28. 何光岳：《东夷源流史》，南昌：江西教育出版社1990年版。

29. 顾馨、徐明校点：《春秋谷梁传》，沈阳：辽宁教育出版社1997年版。

30. 郭沫若：《殷契粹编》，北京：科学出版社1965年版。

31. 简修炜、庄辉明、章义和：《六朝史稿》，上海：华东师范大学出版社1994年版。

32. 金少英校补，李庆善整理：《大金吊伐录》，北京：中华书局2001年版。

33. 金宝祥、李清凌、侯丕勋、刘进宝：《隋史新探》，兰州：兰州大学出版社1989年版。

34. 金毓黼：《东北通史》，长春：社会科学战线杂志社1944年版。

35. 李大龙：《汉唐藩属体制研究》，北京：中国社会科学出版社2006年版。

36. 李德山、栾凡：《中国东北古民族发展史》，北京：中国社会科学出版社2003年版。

37．李济：《中国民族的形成》，南京：江苏教育出版社 2005 年版。

38．李澍田主编：《吉林新志》、《吉林公署政书》（两书收入《长白丛书》第四集），长春：吉林文史出版社 1991 年版。

39．李燕光、关捷：《满族通史》，沈阳：辽宁民族出版社 1991 年版。

40．李云泉：《朝贡制度史论——中国古代对外关系体制研究》，北京：新华出版社 2004 年版。

41．刘利、纪凌云译注：《左传》，北京：中华书局 2007 年版。

42．刘厚生：《黑土地的中国文明》，呼和浩特：远方出版社 1999 年版。

43．刘金钊主审，何静彬主编：《日本历史与文化》（古代篇），大连：大连理工大学出版社 2003 年版。

44．刘惠云：《朝鲜·韩国地图册》，北京：中国地图出版社 2004 年版。

45．刘永智：《中朝关系史研究》，郑州：中州古籍出版社 1994 年版。

46．逯耀东：《从平城到洛阳——拓跋魏文化转变的历程》，北京：中华书局 2006 年版。

47．马大正等：《中国边疆经略史》，郑州：中州古籍出版社 2000 年版。

48．马大正主编：《中国东北边疆研究》，北京：中国社会科学出版社 2003 年版。

49．马戎、周星：《中华民族凝聚力形成与发展》，北京：北京大学出版社 1999 年版。

50．穆鸿利、黄凤岐：《辽金史论集》第七辑，郑州：中州古籍出版社 1996 年版。

51．聂鸿音：《塞北三朝》，北京：中华书局 2001 年版。

52．潘光旦：《中国民族史料汇编》，天津：天津古籍出版社 2005 年版。

53．全国图书馆文献缩微复制中心：《朝鲜史料汇编》，北京：全国图书馆文献缩微复制中心 1994 年版。

54．全国图书馆文献缩微复制中心：《日本史料汇编》，北京：全国图书馆文献缩微复制中心 1994 年版。

55．舒焚：《辽史稿》，武汉：湖北人民出版社 1984 年版。

56．孙进己：《东北民族源流》，哈尔滨：黑龙江人民出版社 1987 年版。

57．孙进己、郭守信：《东北古史资料丛编》，沈阳：辽沈书社 1989 年版。

58．孙进己：《东北民族史稿》，长春：吉林大学出版社 1977 年版。

59．孙进己、魏国忠、蒋秀松：《东北民族史研究》，郑州：中州古籍出版社 1994 年版。

60. 孙宏年：《四海一家——边疆治理与民族关系》，长春：长春出版社 2004 年版。

61. 孙岿：《中国突厥语族诸民族文化发展研究》，银川：宁夏人民出版社 2004 年版。

62. 沈仁安：《日本起源考》，北京：昆仑出版社 2004 年版。

63. 申友良：《中国北方民族及其政权研究》，北京：中央民族大学出版社 1998 年版。

64. 谭其骧主编：《中国历史地图集》，北京：中国地图出版社 1975 年版。

65. 王彩梅：《燕国简史》，北京：紫禁城出版社 2001 年版。

66. 王承礼：《辽金契丹女真史译文集》，长春：吉林文史出版社 1990 年版。

67. 王崇实、李正夫、曹树森、黄大公：《朝鲜文献中的东北史料》，长春：吉林文史出版社 1991 年版。

68. 王金林：《简明日本古代史》，天津：天津人民出版社 1984 年版。

69. 王绵厚：《东北古族古国古文化研究》，哈尔滨：黑龙江教育出版社 2000 年版。

70. 王绵厚：《中国考古集成·东北卷》，北京：北京出版社 1995 年版。

71. 王叔岷：《左传考校》，北京：中华书局 2007 年版。

72. 王文光：《中国民族发展史》，北京：民族出版社 2005 年版。

73. 王钟翰：《中国民族史概要》，太原：山西教育出版社 2004 年版。

74. 王钟翰：《中国民族史》，北京：中国社会科学出版社 1994 年版。

75. 汪高鑫、程仁桃：《东亚三国古代关系史》，北京：北京工业大学出版社 2006 年版。

76. 韦东超、王瑞莲：《中国民族流变史》，武汉：湖北人民出版社 2000 年版。

77. 魏志江：《中韩关系史研究》，广州：中山大学出版社 2006 年版。

78. 翁独健：《中国民族关系史纲要》，北京：中国社会科学出版社 2001 年版。

79. 吴楚克：《中国边疆政治学》，北京：中央民族出版社 2005 年版。

80. 萧君和：《中华民族族体论》，北京：民族出版社 1999 年版。

81. 杨建新：《中国少数民族通论》，北京：民族出版社 2005 年版。

82. 杨圣敏主编：《中国民族志》，北京：中央民族大学出版社 2003 年版。

83. 徐杰舜：《汉民族发展史》，成都：四川民族出版社 1992 年版。

84. 袁诃：《山海经校译》，上海：上海古籍出版社 1985 年版。

85. 杨渭生：《十至十四世纪中韩关系史料汇编》，杭州：杭州大学出版社 2002 年版。

86. 杨昭全、何彤梅：《中国——朝鲜·韩国关系史》（上下册），天津：天津人民出版社 2001 年版。

87. 杨昭全等：《中朝边界史》，长春：吉林文史出版社 1993 年版。

88. 吴廷璆主编：《日本史》，天津：南开大学出版社 1993 年版。

89. 叶渭渠：《日本文化史》，桂林：广西师范大学出版社 2003 年版。

90. 张博泉、苏金源、董玉瑛：《东北历代疆域史》，长春：吉林人民出版社 1981 年版。

91. 张博泉、魏存成：《东北古代民族·考古与疆域》，长春：吉林大学出版社 1998 年版。

92. 张维华：《中国古代对外关系史》，北京：高等教育出版社 1993 年版。

93. 中国军事史编写组：《中国历代军事战略》，北京：解放军出版社 2002 年版。

94. 周振鹤：《西汉政区地理》，北京：人民出版社 1987 年版。

95. ［美］朱学渊：《中国北方诸族的源流》，北京：中华书局 2002 年版。

96. ［朝］朝鲜社会科学院历史研究所、延边大学朝鲜问题研究所译：《朝鲜通史》，延吉：延边大学出版社 1998 年版。

97. ［朝］李肯翊：《燃藜室记述》，《清入关前史料选辑》第一辑，北京：中国人民大学出版社 1984 年版。

98. ［韩］卢启铉著，紫荆、金荣国译：《高丽外交史》，延吉：延边大学出版社 2002 年版。

99. ［韩］姜吉仲：《高丽与宋金外交经贸关系史论》，台北：文津出版社 2004 年版。

100. ［韩］金贞培著，高岱译：《韩国民族的文化和起源》，上海：上海文艺出版社 1993 年版。

101. ［日］太田亮：《汉韩史籍に显はれたる日韩古代史资料》，东京：

东京矶部甲阳堂藏版昭和三年版。

102. ［日］外山军治著，李东源译：《金朝史研究》，哈尔滨：黑龙江朝鲜民族出版社 1988 年版。

103. ［日］依田熹家著，卞立强、李天工、雷慧英译：《简明日本通史》，上海：上海远东出版社 2004 年版。

四、今人论文

1. 陈蒲清：《故朝鲜族源神话与古代朝中文化关系》，《求索》1996 年第 3 期。

2. 陈蒲清：《箕子开发古朝鲜考》，《求索》2003 年第 1 期。

3. 傅朗云：《朝鲜民族族源神话研究》，《黑龙江民族丛刊》1995 年第 2 期。

4. 耿铁华：《高句丽起源及建国问题探析》，《求是学刊》1986 年第 1 期。

5. 顾铭学、南昌龙：《战国时期燕朝关系的再探讨》，《社会科学战线》1990 年第 1 期。

6. 韩忠富：《国内高句丽归属问题研究综述》，《社会科学战线》2001 年第 5 期。

7. 蒋秀松：《关于东北民族源流的问题》，《黑龙江民族丛刊》2000 年第 3 期。

8. 金宝祥：《吐蕃的形成、发展及其和唐的关系》，《西北史地》1985 年第 1—2 期合刊。

9. 金岳：《东北貊族源流研究》，《辽海文物学刊》1994 年第 2 期。

10. 李春华著，雷子金译：《〈春香传〉：朝鲜民族深层文化意识的再现》，《延边大学学报》1999 年第 8 期。

11. 杨军：《再论古朝鲜研究中的几个问题——答张碧波先生》，《吉林大学社会科学学报》2000 年第 6 期。

12. 李德山：《关于古朝鲜几个问题的研究》，《社会科学战线》2002 年第 2 期。

13. 徐东日：《朝鲜古典说话：朝鲜民族的文化意识》，《中央民族大学学报》2003 年第 6 期。

14. 许辉勋：《对朝鲜民族文化心理本原的神话学阐说》，《延边大学学报》1998 年第 4 期。

15．许辉勋：《试论朝鲜神话所表现的原初宇宙观》，《延边大学学报》2002 年第 4 期。

16．张琏瑰：《檀君与政治》，《中共中央党校学报》1997 年第 3 期。

17．王志国：《檀君神话和弘益人间思想》，《吉林华侨外国语学院双语学院学报》2005 年第 1 期。

18．宇汝松：《试论檀君神话与道教的基本文化精神》，《中国道教》2004 年第 2 期。

19．苑利：《朝鲜族熊虎同穴神话源出北方羌族考——兼论中国彝语支民族熊虎图腾崇拜的北来问题》，《民族文学研究》2003 年第 4 期。

20．苑利：《韩民族熊图腾文化来源考》，《乌鲁木齐职业大学学报》2003 年第 3 期。

21．苑利：《满通古斯民族与朝鲜民族神话传说之比较》，《延边大学学报》2004 年第 2 期。

22．都兴智：《关于古朝鲜研究的几个问题》，《史学集刊》2004 年第 4 期。

23．张碧波：《对古朝鲜文化的几点思考》，《北方论丛》1998 年第 1 期。

24．张碧波：《朝鲜研究的误区》，《黑龙江民族丛刊》1999 年第 4 期。

25．张博泉：《箕子与朝鲜研究的问题》，《吉林大学社会科学学报》2000 年第 5 期。

26．黄历鸿、吴晋生：《“箕氏朝鲜”钩沉》，《北方文物》2001 年第 3 期。

27．阎海：《箕子东走朝鲜探因》，《北方文物》2001 年第 2 期。

28．张春海：《试论“朝鲜”和“阿斯达”的含义及关系》，《中央民族大学学报》2002 年第 1 期。

29．张方和：《箕子与朝鲜半岛》，《中州古今》2000 年第 2 期。

30．张碧波、喻权中：《朝鲜箕氏考》，《社会科学战线》1997 年第 6 期。

31．张碧波：《古朝鲜文化探源》，《北方论丛》2000 年第 1 期。

32．张碧波：《关于箕子东走朝鲜问题的论争——与阎海先生商榷》，《北方文物》2002 年第 4 期。

33．赵杨：《韩国和朝鲜神话研究之比较》，《东疆学刊》2005 年第 3 期。

34．赵杨：《熊女神话母题在韩国文化作品中的复制》，《解放军外国语学院学报》2001 年第 1 期。

35．朱亚非：《箕子东渡考索》，《寻根》1995 年第 4 期。

36. 赵炳林：《箕氏朝鲜及相关问题再考证》，《黑龙江史志》2010 年第 2 期。

37. 吴彦勤：《论卫满是中国人而非朝鲜人——与韩国学者金贞培商榷》，《蒙自师范高等专科学校学报》2001 年第 2 期。

38. 张碧波：《卫氏朝鲜文化考论》，《社会科学战线》2002 年第 4 期。

39. 李淑英、耿铁华：《两汉时期高句丽的封国地位》，《中国边疆史地研究》2004 年第 4 期。

40. 梁玉多：《高句丽遗民的渤海化进程》，《哈尔滨学院学报》2002 年第 9 期。

41. 李德山：《高句丽族称及其族属考辨》，《社会科学战线》1992 年第 1 期。

42. 刘子敏：《高句丽族源研究》，《社会科学战线》2002 年第 5 期。

43. 刘子敏：《高句丽故地沿革考》，《通化师范学院学报》1996 年第 1 期。

44. 刘子敏：《古代高句丽同中原王朝的关系》，《东疆学刊》1996 年第 3 期。

45. 范恩实：《靺鞨与高句丽关系史研究》，《鞍山师范学院学报》2003 年第 3 期。

46. 李德山：《高句丽族人口去向考》，《社会科学辑刊》2006 年第 1 期。

47. 秦升阳：《高句丽人口问题研究》，《中国边疆史地研究》2004 年第 4 期。

48. 赵炳林：《高句丽灭亡后的人口去向考》，《前沿》2010 年第 9 期。

49. 秦升阳、李乐莹、黄甲元：《高句丽人口问题研究》，《通化师范学院学报》1997 年第 4 期。

50. 朴灿奎：《高句丽侯驺考——王莽朝高句丽记事与高句丽侯驺考》（上），《延边大学学报》2000 年第 3 期。

51. 朴灿奎：《高句丽侯驺考——王莽朝高句丽记事与高句丽侯驺考》（下），《延边大学学报》2004 年第 4 期。

52. 于春海：《中国野史中的高丽史料研究》，《延边大学学报》1999 年第 1 期。

53. 张碧波：《高句丽与渤海论略》，《黑龙江民族丛刊》2001 年第 3 期。

54. 张甫白：《高句丽五部与统一的民族和国家》，《黑龙江社会科学》1996 年第 1 期。

55. 张学锋:《四~五世紀における東アジア世界の形成と東晉南朝——中國側の史料を中心として——》,《中日文化研究》2006 年第5 期。

56. 赵炳林:《高句丽的民族构成述略》,《长春理工大学学报》2010 年第 1 期。

57. [韩] 姜仁淑著, 文一介译:《关于先行于高句丽的古代国家高句丽》,《历史与考古信息·东北亚》1992 年第 1 期。

58. 刘子敏:《从新罗建国神话传说看中国历史与文化的影响》,《东疆学刊》2001 年第 1 期。

59. 张博泉:《夫余的地理环境与疆域》,《北方文物》1998 年第 2 期。

60. 杨保隆:《黑水部和黑水靺鞨地域考》,《北方论丛》1984 年第 3 期。

61. 武玉环:《渤海与高句丽族属及归属问题探析》,《史学集刊》2004 年第 4 期。

62. 魏国忠:《论渤日关系中的对等外交》,《日本研究》1996 年第 1 期。

63. 魏国忠、郭素美:《"海东盛国"——渤海在历史上的地位和作用》,《满语研究》2005 年第 2 期。

64. 肖红:《从渤海国和中央皇朝关系的演变看渤海国的归属性质》,《北方文物》2004 年第 1 期。

65. 李良玉:《日本古籍中的渤海史料》,《学习与探索》1982 年第 3 期。

66. 孙进己:《渤海民族的形成发展过程》,《北方文物》1994 年第 2 期。

67. 杨军:《粟末靺鞨与渤海国》,《中国边疆史地研究》2005 年第 9 期。

68. 张碧波:《关于渤海王室高句丽意识的考辨》,《北方论丛》2002 年第 1 期。

69. 赵炳林:《再论大祚荣政权的族称和国号问题》,《历史教学(下半月刊)》2010 年第 2 期。

70. [韩] 宋基豪:《渤海的建国过程和建国集团》,《东北亚历史与考古信息》1996 年第 2 期。

71. [韩] 朴荣海著, 李云铎译:《渤海是继承高句丽的国家》,《东北亚历史与考古信息》1986 年第 13 期。

72. 纪胜利、郝庆云:《渤海国初建之际国号考》,《中国边疆史地研究》2004 年第 2 期。

73. [俄] Э. В. 沙弗库诺夫著, 杨振福译:《对朝鲜学者关于渤海国论著的客观评述》,《北方文物》2006 年第 1 期。

74. [日] 北村秀人著, 陈春霞译, 刘晓东校:《高丽时代渤海系人管见》,《北方文物》2000 年第 4 期。

75. 刘子敏、金星月:《辽代女真长白山部居地辨》,《延边大学学报》1998 年第 4 期。

76. 董万仑:《古代东方秽与貊研究的思考》,《北方文物》1998 年第 3 期。

77. 董万仑:《古代东方秽与貊研究的再思考》,《北方文物》1999 年第 4 期。

78. 李健才:《平壤地区是否只有后汉而无前汉时代的遗迹、遗物》,《中国边疆史地研究》1998 年第 4 期。

79. 李健才:《公元前 3—公元前 2 世纪古朝鲜西部边界的探讨》,《社会科学战线》1998 年第 5 期。

80. 李健才:《评汉代乐浪郡在今辽河以西说》,《中国边疆史地研究》2001 年第 3 期。

81. 李健才:《评辽水、浿水、列水均指今滦河说》,《黑龙江民族丛刊》1999 年第 3 期。

82. 刘子敏:《"崔氏乐浪"考辨》,《北方文物》2001 年第 2 期。

83. 刘子敏:《战国秦汉时期辽东郡东部边界考》,《社会科学战线》1996 年第 5 期。

84. 刘子敏:《"秦故空地上下障"考》,《博物馆研究》1996 年第 1 期。

85. 刘子敏、金荣国:《山海经貊国考》,《北方文物》1995 年第 4 期。

86. 刘子敏:《驳〈"百济略有辽西"记事初探〉》,《延边大学学报》2001 年第 3 期。

87. 苗威:《乐浪郡研究综述》,《中国边疆史地研究》2006 年第 3 期。

88. 倪屹:《第二玄菟郡探讨》,《延边大学学报》2002 年第 2 期。

89. 孙杰:《阜新地区燕北长城调查》,《辽海文物学刊》1997 年第 2 期。

90. 谭其骧:《历史上的中国和中国历代疆域》,《中国边疆史地研究》1991 年第 1 期。

91. 武尚胜:《白寿彝先生论中国统一的多民族国家的形成和发展》,《史学史研究》1996 年第 1 期。

92. 徐友渔、傅国涌:《权力废掉了"历史"》,《南都周刊》2007 年 10 月 9 日。

93. 阎忠:《燕北长城考》,《社会科学战线》1995 年第 2 期。

94. 张碧波:《长白山与太伯山考论》,《满语研究》2002 年第 2 期。

95．张博泉：《真番郡考》，《北方文物》1985年第4期。

96．赵红梅：《真番郡考疑》，《社会科学战线》2004年第6期。

97．赵炳林：《“别种”辨义》，《中南民族大学学报》2009年第1期。

98．［韩］金得榥：《白头山与北方疆界——鸭绿江、图们江不是我们的国境》，《东北民族与疆域研究动态》1999年第1期。

99．李大龙：《不同藩属体系的重组与王朝疆域的形成——以西汉时期为中心》，《中国边疆史地研究》2006年第1期。

100．李德山：《东北边疆和朝鲜半岛古代国家研究》，《中国边疆史地研究》2001第4期。

101．王小甫：《新罗北界与唐朝辽东》，《史学集刊》2005年第3期。

后 记

这是我博士论文的最后修订稿。在保持原文的同时，对近几年的相关学术成果也有所关照。

当时之所以选“东北地区古代民族政权研究”作为博士论文题目，首先是为了解决当时的经济困境，因为韩国国际交流财团在南京大学设立“韩国学奖学金”，如果研究与朝鲜历史有关的课题，可以得到一定的经济支持。当然人数也极其有限，我是在刘迎胜教授和本人的博士生导师李昌宪教授的推荐下取得的。其次，与我志大才疏的个性有关，硕士阶段致力于西北史。读了博士，也想研究一下东北史，拓宽自己的知识范围。主要出于这两个原因，我选择了这个论题。这个选择让我痛苦不已。东北对我这个西北人来说，是一个完全陌生的领域。所选课题对我来说，又是一个全新领域，而且学术界对东北史的研究已经非常成熟了。在这种情况下，要写出有创新的论文，真不是件容易的事。所以，在南京大学读博士的三年，我几乎每一天都是在高强度的学习中度过的，在地图上熟悉东北和朝鲜半岛的山山水水，在各种信息中了解东北及朝鲜的风土人情，复印并研读了几乎所有所能见到的相关论文，阅览了能够搜检到的所有相关书籍。所以，该论文尽管有许多问题，甚至错误，但我倾注了很多心血，态度是认真的。

在论文写作过程中，导师李昌宪教授给予了我很多的指导和关心。南京大学历史学系胡阿祥教授、高荣盛教授在学业上也多有帮助。南京大学域外汉籍研究所所长张伯伟教授给我提供了很多方便，使我得以在那里查阅很多国内极少见到的域外汉文资料。历史学系韩籍专家尹恩子教授帮我做了一些朝鲜古今地名的对照工作，也帮我了解了很多韩国方面的相关研究状况。我的硕士生导师、西北师范大学历史系刘建丽教授对我的学习多有指导，对我的生活亦多有关心。吉林大学王广义副教授在学业上帮助很多，给我提供了数量众多的东北史资料，使我的研究得以顺利进行。此外，杨骏老师也对我帮助颇多。

南京大学历史系刘迎胜教授、张学锋教授、夏维中教授，南京师范大学社会发展学院的李天石教授和刘进宝教授（现调浙江大学历史系）在论文答辩时提出了很多中肯的意见，使我的论文更加完善，在此深表谢意！

师兄朱奎泽及同年韦琦辉，师弟邢东升、李宗俊、尤东进、邹锦良，同级好友刘宝山博士、任冰心博士、刘涛博士、张文华博士等也对我帮助颇多。韩国留学生、师弟赵贤植帮我在韩国复印了很多有用的资料，也帮我做了一些朝鲜古今地名的对照。日本国田中秀树博士帮助我学习日文，教我怎么看日文论文，使我受益良多。董淑慧博士、武国权博士、谭备战博士等不但是我生活上的好朋友，也是我学业上的好帮手。越南留学生阮维东小姐在我外出查阅资料、学习和找工作的过程中，经常帮我照看小孩，接送小孩上学，特此对阮维东小姐表示衷心感谢！

我的奋斗少不了父母的全力支持。2002 年我从甘肃敦煌中学的教师岗位上走下来，连续六年不带薪读硕士和博士。在经济匮乏的同时，心理压力也很大，但二老一直给了我很多关心和支持。在读硕士、博士期间，女儿赵薇和我一路走来，带来了很多生活乐趣，舒缓了我的心情，增强了我学习的动力。工作后，在论文修改过程中，爱人杨宝珍女士也为之付出了很多，在时间、精力和精神上给予我非常强大的支持。

感谢广东技术师范学院科研处和民族学院领导对拙著出版的支持和关心。感谢暨南大学出版社吕肖剑、牛攀老师的认真负责，最大限度地避免了一些错误的发生。

由于学识有限、时间仓促和资料缺乏，书中肯定有不够允当或错误的地方，祈请批评指正。

赵炳林

2013 年 6 月 23 日于广州